Konfliktfeld Globalisierung

Wirtschaftswissenschaftliche Beiträge

Informationen über die Bände 1–110 sendet Ihnen auf Anfrage gerne der Verlag.

Band 111: G. Georgi, Job Shop Scheduling in der Produktion, 1995. ISBN 3-7908-0833-4

Band 112: V. Kaltefleiter, Die Entwicklungshilfe der Europäischen Union, 1995. ISBN 3-7908-0838-5

Band 113: B. Wieland, Telekommunikation und vertikale Integration, 1995. ISBN 3-7908-0849-0

Band 114: D. Lucke, Monetäre Strategien zur Stabilisierung der Weltwirtschaft, 1995. ISBN 3-7908-0856-3

Band 115: F. Merz, DAX-Future-Arbitrage, 1995. ISBN 3-7908-0859-8

Band 116: T. Köpke, Die Optionsbewertung an der Deutschen Terminbörse, 1995. ISBN 3-7908-0870-9

Band 117: F. Heinemann, Rationalisierbare Erwartungen, 1995. ISBN 3-7908-0888-1

Band 118: J. Windsperger, Transaktionskostenansatz der Entstehung der Unternehmensorganisation, 1996. ISBN 3-7908-0891-1

Band 119: M. Carlberg, Deutsche Vereinigung, Kapitalbildung und Beschäftigung, 1996. ISBN 3-7908-0896-2

Band 120: U. Rolf, Fiskalpolitik in der Europäischen Währungsunion, 1996. ISBN 3-7908-0898-9

Band 121: M. Pfaffermayr, Direktinvestitionen im Ausland, 1996. ISBN 3-7908-0908-X

Band 122: A. Lindner, Ausbildungsinvestitionen in einfachen gesamtwirtschaftlichen Modellen, 1996. ISBN 3-7908-0912-8

Band 123: H. Behrendt, Wirkungsanalyse von Technologie- und Gründerzentren in Westdeutschland, 1996. ISBN 3-7908-0918-7

Band 124: R. Neck (Hrsg.) Wirtschaftswissenschaftliche Forschung für die neunziger Jahre, 1996. ISBN 3-7908-0919-5

Band 125: G. Bol, G. Nakhaeizadeh/ K.-H. Vollmer (Hrsg.) Finanzmarktanalyse und -prognose mit innovativen quantitativen Verfahren, 1996. ISBN 3-7908-0925-X

Band 126: R. Eisenberger, Ein Kapitalmarktmodell unter Ambiguität, 1996. ISBN 3-7908-0937-3

Band 127: M.J. Theurillat, Der Schweizer Aktienmarkt, 1996. ISBN 3-7908-0941-1

Band 128: T. Lauer, Die Dynamik von Konsumgütermärkten, 1996. ISBN 3-7908-0948-9

Band 129: M. Wendel, Spieler oder Spekulanten, 1996. ISBN 3-7908-0950-0

Band 130: R. Olliges, Abbildung von Diffusionsprozessen, 1996. ISBN 3-7908-0954-3

Band 131: B. Wilmes, Deutschland und Japan im globalen Wettbewerb, 1996. ISBN 3-7908-0961-6

Band 132: A. Sell, Finanzwirtschaftliche Aspekte der Inflation, 1997. ISBN 3-7908-0973-X

Band 133: M. Streich, Internationale Werbeplanung, 1997. ISBN-3-7908-0980-2

Band 134: K. Edel, K.-A. Schäffer, W. Stier (Hrsg.) Analyse saisonaler Zeitreihen, 1997. ISBN 3-7908-0981-0

Band 135: B. Heer, Umwelt, Bevölkerungsdruck und Wirtschaftswachstum in den Entwicklungsländern, 1997. ISBN 3-7908-0987-X

Band 136: Th. Christiaans, Learning by Doing in offenen Volkswirtschaften, 1997. ISBN 3-7908-0990-X

Band 137: A. Wagener, Internationaler Steuerwettbewerb mit Kapitalsteuern, 1997. ISBN 3-7908-0993-4

Band 138: P. Zweifel et al., Elektrizitätstarife und Stromverbrauch im Haushalt, 1997. ISBN 3-7908-0994-2

Band 139: M. Wildi, Schätzung, Diagnose und Prognose nicht-linearer SETAR-Modelle, 1997. ISBN 3-7908-1006-1

Band 140: M. Braun, Bid-Ask-Spreads von Aktienoptionen, 1997. ISBN 3-7908-1008-8

Band 141: M. Snelting, Übergangsgerechtigkeit beim Abbau von Steuervergünstigungen und Subventionen, 1997. ISBN 3-7908-1013-4

Band 142: Ph. C. Rother, Geldnachfragetheoretische Implikationen der Europäischen Währungsunion, 1997. ISBN 3-7908-1014-2

Band 143: E. Steurer, Ökonometrische Methoden und maschinelle Lernverfahren zur Wechselkursprognose, 1997. ISBN 3-7908-1016-9

Band 144: A. Groebel, Strukturelle Entwicklungsmuster in Markt- und Planwirtschaften, 1997. ISBN 3-7908-1017-7

Band 145: Th. Trauth, Innovation und Außenhandel, 1997. ISBN 3-7908-1019-3

Fortsetzung auf Seite 286

Michael Pflüger

Konfliktfeld Globalisierung

Verteilungs- und Umweltprobleme der weltwirtschaftlichen Integration

Mit 20 Abbildungen

Physica-Verlag
Ein Unternehmen
des Springer-Verlags

Reihenherausgeber
Werner A. Müller

Autor
Priv.-Doz. Dr. Michael Pflüger
Deutsches Institut für Wirtschaftsforschung
Königin-Luise-Str. 5
14195 Berlin

Als Habilitationsschrift auf Empfehlung der Wirtschaftswissenschaftlichen Fakultät der Albert-Ludwigs Universität Freiburg gedruckt, mit Unterstützung der Deutschen Forschungsgemeinschaft

---

ISSN 1431-2034
ISBN 3-7908-1466-0 Physica-Verlag Heidelberg

Die Deutsche Bibliothek – CIP-Einheitsaufnahme
Pflüger, Michael: Konfliktfeld Globalisierung / Michael Pflüger. – Heidelberg: Physica-Verl., 2002
(Wirtschaftswissenschaftliche Beiträge; Bd. 187)
ISBN 3-7908-1466-0

Physica-Verlag Heidelberg
ein Unternehmen der BertelsmannSpringer Science+Business Media GmbH

Umschlaggestaltung: Erich Kirchner, Heidelberg

SPIN 10860981 88/2202-5 4 3 2 1 0 – Gedruckt auf säurefreiem und alterungsbeständigem Papier

Für Andrea, Maria und Verena

Vorwort

Zu den Reizwörtern, die die öffentliche Diskussion an der Wende des zweiten Jahrtausends beherrschen und polarisieren, zählt zweifellos jenes der 'Globalisierung'. Während die einen diese als Ausdruck einer außer Rand und Band geratenen, menschen- und umweltverachtenden kapitalistischen Wirtschaftsweise betrachten, sehen die anderen in ihr einen Weg, der es allen Menschen möglich machen sollte, ihre Lebensgrundlagen und ihren Wohlstand zu sichern. Zwei Problemfelder, die mit der 'Globalisierung' gegenwärtig in Verbindung gebracht werden, werden in der vorliegenden Arbeit zur Analyse aufgegriffen, erstens, die Frage, ob die relative Verschlechterung der Einkommens- und Beschäftigungsposition unqualifizierter Arbeitskräfte in den Industrieländern auf die fortschreitende wirtschaftliche Integration zurückzuführen ist, und zweitens, die Frage des Einflusses der Globalisierung auf die natürliche Umwelt und die Möglichkeiten der Umweltpolitik.

Die vorliegende Schrift ist von der Wirtschaftswissenschaftlichen Fakultät der Albert-Ludwigs-Universität Freiburg im Frühjahr 2000 als Habilitationsschrift angenommen worden. An dieser Stelle möchte ich meinen akademischen Lehrern, meinen Kollegen und Freunden für die Unterstützung danken, die sie mir gewährt haben. Mein besonderer Dank gilt Prof. Dr. Oliver Landmann, der mich in allen Belangen in besonderer Weise unterstützt hat. Prof. Dr. Gerold Blümle gebührt mein Dank für die Übernahme des Korreferates. Unter jenen, die mich in all den Jahren der Abfassung dieser Arbeit mit Rat und Tat begleitet haben möchte ich hervorheben: Johannes Gebhard, Andreas Haufler, Pekka Helstelä, Jürgen Jerger, Jochen Michaelis und Alexander Spermann. Auch möchte ich all jenen danken, deren Kommentare und Anregungen in die einzelnen Forschungsprojekte eingegangen sind, die die Grundlage dieser Schrift bilden: Torben M. Andersen, Fredrik Andersson, Stefan Bender, Thiess Büttner, Michael Burda, Jeffrey Campbell, Alan Deardorff, Bernd Fitzenberger, Wolf-Dieter Glatzel, Gebhard Kirchgässner, Michael Kohlhaas, Erkki Koskela, Edward Leamer, Phillipe Martin, Thomas Osang, Armin Sandhövel, Karlhans Sauernheimer, Günther Schulze, Friedrich Sell, Kristina Steenbock, Hubert Strauss, Winfried Wagner, Berthold Wigger, Alan Woodland und Ian Wooton.

Für die finanzielle Förderung danke ich der Deutschen Forschungsgemeinschaft (DFG), die diese Arbeit auf Empfehlung der Wirtschaftswissenschaftlichen Fakultät der Albert-Ludwigs-Universität Freiburg unterstützt.

Die Arbeit ist den drei Frauen gewidmet, die in meinem Leben die größte Rolle spielen, meiner Frau und meinen beiden Töchtern.

M. Pflüger Im Herbst 2001

Inhaltsverzeichnis - Überblick

Inhaltsverzeichnis

Teil III - Umwelt und wirtschaftliche Integration

Teil I

Problemstellung

1. Einführung

The new challenges (to the theory and policy of Free Trade) are twofold. One comes from the demands for Fair Trade as a precondition for Free Trade; the other, from the concern that Free Trade, while efficient, immiserises the unskilled in the richer countries."

Jagdish Bhagwati, 1994, S. 231

1.1 Die Freihandelsdoktrin vor neuen Herausforderungen

Die Doktrin des Freihandels, von zahllosen Denkern seit dem Altertum angedacht und von Adam Smith, James Mill, David Ricardo, Robert Torrens, John Stuart Mill und anderen zur Reife gebracht und ausformuliert, sah sich in der Ideengeschichte mit zahlreichen Anfechtungen und Gegenargumenten konfrontiert, die in aller Regel die, im historischen Kontext relevanten, gesellschaftlichen Probleme und Auseinandersetzungen spiegelten: so wurde die Freihandelsdoktrin in der Zeit nach Adam Smith vor allem herausgefordert durch Terms of Trade-Argumente, Schutz- und Erziehungszollerwägungen, steigende Skalenerträge, Verteilungsargumente und makroökonomische Erwägungen (Irwin, 1991; 1996). Auch in der Zeit nach dem Zweiten Weltkrieg, in welcher der Gedanke freien Handels durch die Entwicklung des GATT in institutioneller Hinsicht gestärkt wurde, hielten die Anfechtungen an. Der Erziehungszollgedanke spielte in den Entwicklungsländern eine bedeutende Rolle, die hieraus eine Begründung für Protektionismus und eine Politik der Abschottung und Importsubstitution ableiteten. Die Beschäftigung mit Entwicklungsländern führte auch zu einer Diskussion, ob aus Unvollkommenheiten der Arbeitsmärkte - in Form von intersektoralen Lohndifferentialen, Reallohnrigiditäten und Nachfragemonopolen – allgemeingültige Argumente gegen den Freihandel abgeleitet werden können (Bhagwati, 1994). Der Entwicklungserfolg der exportorientierten südasiatischen Länder hat diesen Überlegungen einen Riegel vorgeschoben. Neue Anfechtungen der Freihandelsdoktrin entstanden durch die Hinwendung zu Gütermarktunvollkommenheiten in der Neuen Außenhandelstheorie in den 80er Jahren, die - aufbauend auf industrieökonomischen Fortschritten - Abweichungen vom Freihandelsprinzip im Sinne strategischer Handels- und Industriepolitik vorteilhaft erscheinen ließen. Die Einsicht, daß diese Argumente nicht robust, weil nur unter sehr einschränkenden Annahmen gültig sind, hat weite Kreise zur Einschätzung gelangen lassen, daß die Freihandelsdoktrin letztlich gestärkt aus dieser Diskussion hervorgegangen ist und zur Feststellung geführt: „Free trade is not passé" (Krugman, 1987).

Die aktuellen Herausforderungen für die Freihandelsdoktrin kommen paradoxerweise aus dem Kreis der heutigen Industrieländer, die die Entwicklung eines regelgebundenen multilateralen Handelssystems betrieben haben (und von diesem System selbst in starkem Maße profitiert haben) und nun im Angesicht der sich vertiefenden internationalen Arbeitsteilung hauptsächlich von zwei Sorgen geleitet sind. Erstens besteht die Sorge um mangelnde „Fairness" im internationalen Wettbewerb, weil gemutmaßt wird, daß sich Länder durch Manipulation ihrer Wirtschaftspolitik künstliche Wettbewerbsvorteile zu Lasten anderer sichern. Zweitens wird befürchtet, daß die fortschreitende wirtschaftliche Integration zu einer Verarmung der unqualifizierten Arbeitskräfte in den reichen Ländern führt, sei dies in der Form daß eine Beschäftigung nur zu Hungerlöhnen erfolgen kann, oder daß die unqualifizierten Arbeitskräfte in die Arbeitslosigkeit gedrängt werden.

Die vorliegende Arbeit ist diesen beiden Bedenken gewidmet. Die Sorge um die relative Schlechterstellung unqualifizierter Arbeitnehmer im Zuge der wirtschaftlichen Integration wird in einem ersten Hauptteil der Arbeit aufgegriffen. Im anderen Hauptteil wenden wir uns der „Fairness"-Frage zu, die sich heute in mehreren Politikbereichen stellt. Von den Politikfeldern, in denen Manipulationen vermutet werden, - zu nennen sind die Bereiche der Sozial- und Arbeitsstandards, der Steuerpolitik, des Wettbewerbsrechts und der Umweltpolitik, - wird der letzte exemplarisch herausgegriffen. Der Gang der Arbeit wird nun genauer beschrieben.

1.2 Zum Gang der Arbeit

In Kapitel 2 des Einleitungsteiles I skizzieren wir den Hintergrund der Befürchtungen, die aktuelle Globalisierungsdiskussion, und wir charakterisieren das Fortschreiten der wirtschaftlichen Integration, das Globalisierungsphänomen, genauer. Wir beschreiben dessen Ursachen, Ausprägungen und Ausmaß und wir fertigen eine Bestandsaufnahme der aktuellen Problemfelder an.

In Teil II der Arbeit, der mit „Globalisierung, Lohnungleichheit und Beschäftigung" überschrieben ist, widmen wir vier Kapitel der Frage, ob und in welchem Umfang, die verschlechterte Einkommens- und Beschäftigungsposition unqualifizierter Arbeitskräfte, die für die Länder der OECD diagnostiziert wurde, mit der fortschreitenden Integration der Weltwirtschaft zusammenhängt. Kapitel 1 skizziert die Faktenlage und kontrastiert anhand eines elementaren 2x2 Heckscher-Ohlin-Modells, in einer Ausprägung mit flexiblen Faktorpreisen und in einer Ausprägung mit rigiden Faktorpreisen, die qualitativen Implikationen des Nord-Süd-Handels mit den Auswirkungen der prominentesten Gegenthese, des technologischen Fortschritts. Gestützt durch dieses theoretische Modell nehmen wir in Kapitel 2 die Evidenz unter die Lupe, die vermittels verschiedener empirischer Verfahren zur Unterstützung der beiden Thesen bislang zusammengetragen wurde. Besonderes Gewicht wird hierbei auf eine methodenkritische Analyse der verschiedenen Untersuchungsverfahren gelegt. In Kapitel 3 greifen wir neuere Überlegungen auf, die über das elementare Heckscher-Ohlin-Modell hinausgehen und die vor allem die Koexistenz verschiedener Arbeitsmarktinstitutionen in der Weltwirtschaft und den Aspekt der Kapitalmobilität zum Gegenstand haben. In Kapitel 3 findet sich auch eine Diskussion komplementärer Hypothesen, denen bislang noch wenig Beachtung geschenkt wurde. Kapitel 3 enthält überdies ein Fazit und einen wirtschaftspolitischen Ausblick. Die kritischen Überlegungen der Kapitel 1-3 aufgreifend, entwickeln wir in Kapitel 4 ein 3x3-Modell generellen Gleichgewichts, mit Hilfe dessen wir sowohl den Güterhandel als auch die Kapitalmobilität erfassen können. Dieses Modell wenden wir für eine numerische Analyse an, die sich auf die Bundesrepublik bezieht.

In Teil III der Arbeit, der mit „Umwelt und wirtschaftliche Integration" überschrieben ist, greifen wir die Sorge um die mangelnde Fairness in den weltwirtschaftlichen Beziehungen auf, indem wir exemplarisch auf die nationalen Umweltpolitiken eingehen. In Kapitel 1 systematisieren wir die Bezüge zwischen Umweltpolitik und wirtschaftlicher Integration. Nach einer Diskussion grundlegender Konzepte fragen wir insbesondere nach der Interaktion zwischen Umweltpolitik und Güterhandel und zwischen Umweltpolitik und Kapitalmobilität. In Kapitel 2 entwickeln wir ein Modell monopolistischer Konkurrenz, welches uns neue theoretische Ansatzpunkte für eine Diskussion der Beziehungen zwischen Umweltpolitik, Handel und Kapitalmobilität bietet. Kapitel 3 schließlich ist der Frage der zukünftigen institutionellen Ausgestaltung der Welthandelsordnung und der Umweltpolitiken gewidmet.

Unsere Arbeit schließt mit Teil IV, einem Postskriptum, welches einige überblicksartige und zusammenfassende Reflexionen enthält.

2. Der Hintergrund: Die Globalisierungsdiskussion

2.1 Das Globalisierungsphänomen

2.1.1 Definition und Ursachen

Die aktuelle Globalisierungsdiskussion bildet den Hintergrund für die gegenwärtigen Anfechtungen der Freihandelsdoktrin. Der reißende Absatz, den Abhandlungen mit Titeln wie „Die Globalisierungsfalle“ (Martin und Schumann, 1996) oder „Der Terror der Ökonomie“ (Forrester, 1997) finden und die große Resonanz, auf welche die darin entwickelten Thesen in der Öffentlichkeit stoßen, belegen dies exemplarisch. Unter Fachökonomen werden die in solchen Schriften enthaltenen globalisierungskritischen Thesen nicht selten als „glo-baloney“ (Baldwin und Martin, 1999, S.1) entlarvt und die öffentlichen Aufgeregtheiten als „globaphobia“ (Burtless et. al., 1998) gewertet. Die intensive öffentliche Diskussion zwingt die Frage „Has Globalization Gone Too Far“ jedoch auch auf die Agenda der Fachökonomen – daher auch der gleichlautende programmatische Titel einer jüngeren Monographie von Rodrik (1997a). Bevor wir die gegenwärtig diskutierten Problemfelder, die im Zusammenhang mit der Globalisierung gesehen werden, aufgreifen und systematisieren, wird das Globalisierungsphänomen nachfolgend genauer charakterisiert. Wir präzisieren zunächst, was in der vorliegenden Arbeit unter Globalisierung verstanden wird, wir beschreiben deren Ursachen und Ausprägungen und wir relativieren ihr Ausmaß. Nach der Systematisierung der Problemfelder stecken wir die Ansatzpunkte der vorliegenden Arbeit ab.

Die vorliegende Arbeit versteht unter dem Begriff der 'Globalisierung' den *Prozeß* der wachsenden internationalen Verflechtung der wirtschaftlichen Aktivität. Zwei Faktoren sind als Ursachen dieser wachsenden weltweiten wirtschaftlichen Interdependenz zu benennen, erstens, der politisch motivierte Abbau von künstlichen Mobilitätshemmnissen für Güter und Produktionsfaktoren und zweitens, der technische Fortschritt, der zu einer Verringerung von Transport- und Kommunikationskosten geführt hat. Beide Faktoren haben dazu beigetragen, daß die Güter-, Kapital- und Arbeitsmärkte heute international stärker vernetzt sind als je zuvor und daß sich die Globalisierung heute vor allem in wachsenden Güter-, Kapital-, Informations- und Technologieströmen, in geringem Maße auch in Migrationsströmen, manifestieren kann, wie wir nun veranschaulichen werden.

2.1.2 Ursachen und Ausprägungen

Welthandel

Der Abbau künstlicher Handelshemmnisse läßt sich anhand mehrerer Indikatoren belegen, so zum Beispiel anhand des Zollabbaus, der im Zuge der periodischen Verhandlungsrunden des Allgemeinen Zoll- und Handelsabkommens (GATT) stattgefunden hat. Abbildung I-2-1 zeigt, daß das durchschnittliche Zollniveau im Warenhandel („merchandise trade"), welches bei der Gründung des GATT 1947/48 ca. 40% ausmachte, im Jahre 2000 unter 4% gesunken sein wird.

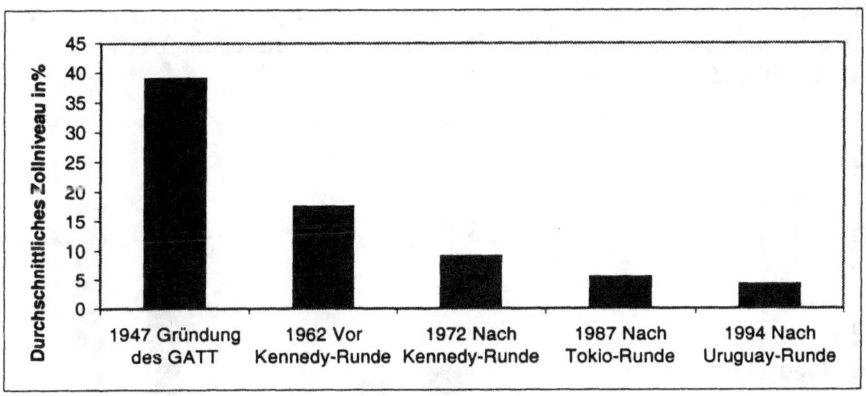

Abbildung I-2-1: Absenkung der durchschnittlichen Zölle im Zuge der GATT-Runden
Eigene Graphik nach OECD (1998, S.31)

Ein anderer Beleg für den politischen Willen zur Verringerung von Handelsbarrieren findet sich in der ständigen Zunahme der Mitgliedsländer des GATT bzw. der Welthandelsorganisation (WTO), die in Abbildung I-2-2 dokumentiert ist. Die Liste der GATT/WTO-Mitglieder ist Ende August 1998 bereits auf 132 Länder angewachsen (WTO, 1998) und weitere 32 Länder, inklusive China und Rußland, streben aktiv nach einer WTO-Mitgliedschaft (OECD 1998, S.36).

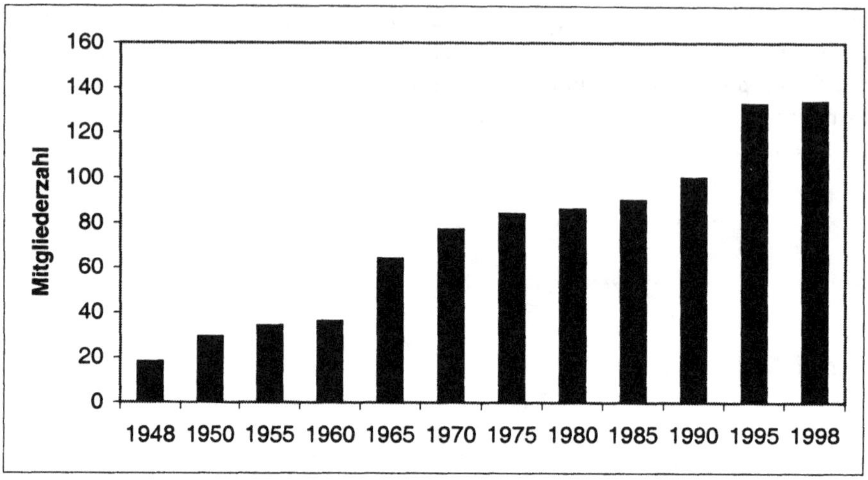

Abbildung I-2-2: Entwicklung der GATT/WTO-Mitgliederzahl
Eigene Graphik nach Economist (1998, S.4)

Abbildung I-2-3 liefert ein weiteres Indiz für die Verringerung künstlicher Barrieren, die steigende Zahl regionaler Handelsabkommen, die beim GATT bzw. der WTO notiert sind.

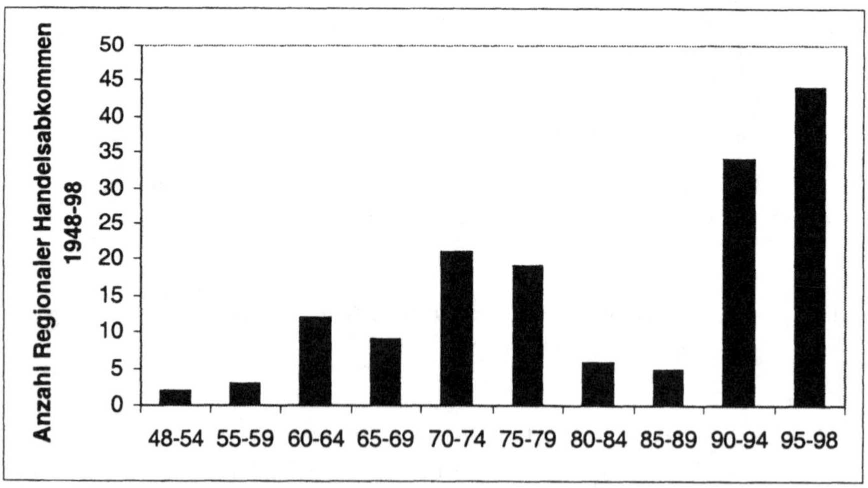

Abbildung I-2-3: Entwicklung der Zahl Regionaler Handelsabkommen
Eigene Graphik nach Economist (1998, S.21)

Auffällig ist vor allem die Dynamik in den letzten Jahren: so sind zwischen 1990 und 1994 33 solcher regionaler Abkommen notiert worden, was einem Drittel aller regionaler Handelsabkommen seit 1948 entspricht (OECD, 1998, S.35). Durch Indikatoren für den Grad der Außenhandelsorientierung eines Landes, wie z.B. jenen von Sachs und Warner (1995), lassen sich die weltweit wachsenden Liberalisierungsbestrebungen ebenfalls belegen.[1] Betrachtet man speziell die Entwicklungsländer, so läßt sich heute eine generelle Tendenz zu einer Politik der Export- und Marktorientierung selbst bei jenen Ländern feststellen, die einst in einer Politik der Abschottung und Importsubstitution den Entwicklungserfolg gesucht haben (OECD 1998 S.35).

Fortschritte im Transport-, Informations- und Telekommunikationsbereich haben zu einer dramatischen Verringerung von Transport- und Kommunikationskosten und somit zu einem Abbau der natürlichen Mobilitätshemmnisse geführt. Abbildung I-2-4 dokumentiert exemplarisch die Reduktion der Kosten für See- und Luftfracht, für Satelliten (Kommunikation) und für ein transatlantisches Telephongespräch, im Zeitraum 1920 - 1990.

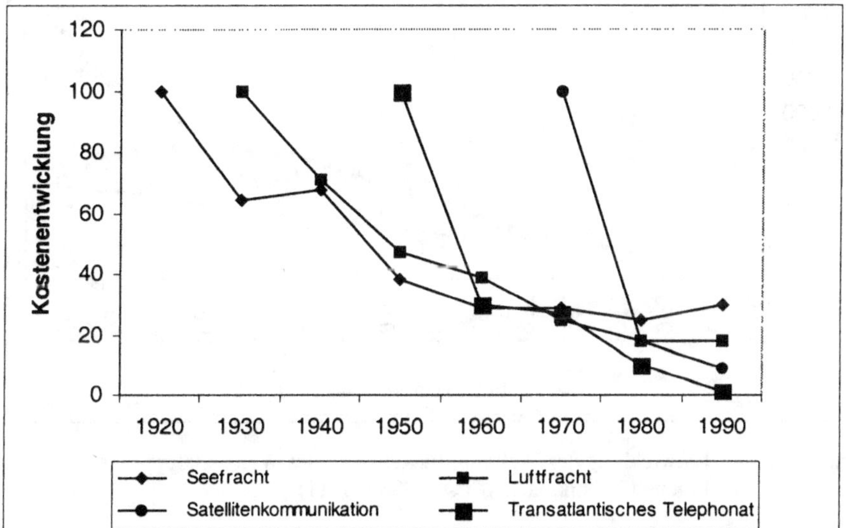

Abbildung I-2-4: Entwicklung von Transport- und Kommunikationskosten
Eigene Graphik nach Baldwin und Martin (1999, S.13)

1 Der Indikator von Sachs und Warner (1995, S.22) betrachtet eine Volkswirtschaft als geschlossen, wenn sie eines der folgenden fünf Merkmale aufweist: hohe Zölle, hohe nicht-tarifäre Hindernisse, ein sozialistisches Wirtschaftssystem, ein staatliches Monopol bei wichtigen Exportgütern und ein starkes Abweichen des Wechselkurses auf Schwarzmärkten vom offiziellen Wechselkurs.

Auffällig an dieser Graphik ist vor allem der anhaltende Trend der Reduktion der Kosten im Bereich der Kommunikation. Der IMF hat diesbezüglich in einer der letzten Ausgaben des World Economic Outlook auf die Entwicklung des Computer-Preisdeflators des U.S. Department of Commerce hingewiesen, dessen Wert 1960 noch 125,000 betrug, in den Jahren 1970 und 1980 auf 194,74 bzw. 3,620 fiel und 1990 einen Wert von 1,000 aufwies.[2]

Die Liberalisierungsbemühungen und der Abbau natürlicher Mobilitätshemmnisse haben sich in stark ansteigenden Handelsströmen niedergeschlagen. So dokumentiert der Jahresbericht 1998 der Welthandelsorganisation, daß der reale Output in den Jahren 1948 bis 1997 mit einer jährlichen Rate von 3,7% gewachsen ist, der Welthandel dagegen mit einer Rate von 6%, so daß sich die Handelsströme in diesem Zeitraum um den Faktor 17 vervielfacht haben, der Output dagegen (nur) um den Faktor 6 (WTO 1998, Hauptheft, S.5).

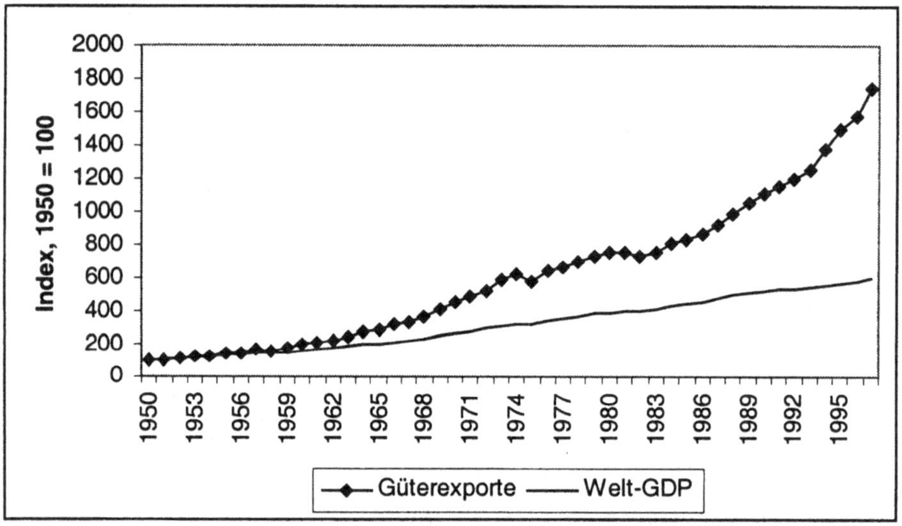

Abbildung I-2-5: Entwicklung des Weltgüterhandels und des Weltsozialprodukts
Eigene Graphik nach WTO (1998a, S. 11)

Abbildung I-2-5 veranschaulicht die Schere, die sich zwischen der (Volumen-) Entwicklung des Güterhandels („merchandise trade") und dem realen Sozialprodukt der Welt öffnet. Der Anteil des Handels am gesamten Welthandel (Handel in Gütern und Dienstleistungen) hält sich in der jüngeren Vergangenheit stabil auf einem Niveau von ca. 80% (WTO, 1998). Unterteilt man den Güterhandel in die Sparten Industriegüter („Manufactures"), Agrargüter („Agriculture") und Berg-

2 IMF (1997, nach Richard J. Herring und Robert E. Litan, Financial Regulation in the Global Economy, Washington, Brookings Institution, 1995, S.14).

bauprodukte („Mining"), so ist festzustellen, daß die Industriegüter mit einem Anteil von 74% im Jahre 1997 den Weltgüterhandel dominieren (Tabelle I-2-1).

Tabelle I-2-1: Die Komponenten des Güterhandels 1997 (in Prozent)
Datenquelle: WTO (1998, Statistisches Heft, S. 73, Table IV1)

	1990	1997
Alle Güter*	100.0	100.0
Agrargüter	12.2	10.9
Nahrungsmittel	9.3	8.6
Rohmaterialien	2.9	2.3
Bergbauprodukte	14.3	11.3
Erze und andere Mineralien	1.6	1.1
Brennstoffe	10.5	8.2
Nichteisenhaltige Metalle	2.1	1.9
Industriegüter	70.6	74.0
Eisen und Stahl	3.1	2.7
Chemikalien	8.7	9.2
Andere halbfertige Industriegüter	7.8	7.5
Maschinen und Transport	35.8	39.6
Büro und Telekommunikation	8.8	12.7
Kraftfahrzeugindustrie	9.4	9.3
Andere Maschinen und Produkte	17.6	17.5
Textilien	3.1	2.9
Bekleidung	3.2	3.3
Andere Konsumgüter	8.9	8.8

* Beinhaltet unspezifizierte Güter mit einem Anteil von 4% an den Weltgüterexporten 1997

Aus Abbildung I-2-6 ist zu erkennen, daß sich der Handel mit Industriegütern verglichen mit den anderen beiden Komponenten des Güterhandels am dynamischsten entwickelt hat.

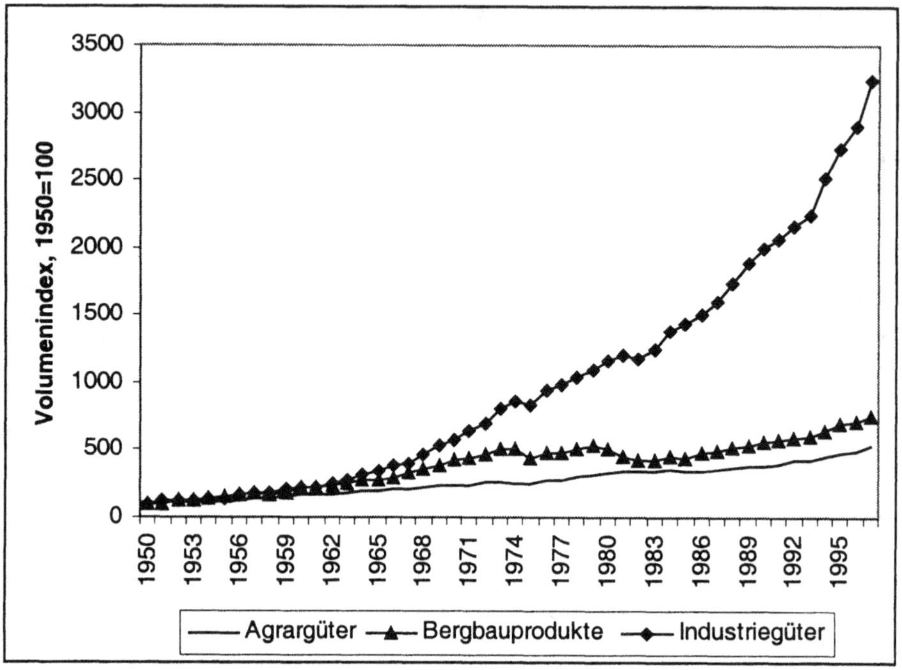

Abbildung I-2-6: Entwicklung der Komponenten des Güterhandels
Eigene Graphik nach WTO (1998a, S. 11)

Kapitalbewegungen

Die frühen 70er Jahre markieren den Startpunkt des Abbaus der noch bestehenden massiven Kapitalverkehrs- und Devisenkontrollen in vielen industrialisierten Ländern, ein gradueller Prozess der bis in die jüngste Vergangenheit reicht (IMF, 1997, S.60). Ein weiterer Beleg für den Abbau von Mobilitätsbarrieren für den Faktor Kapital wird durch die Zunahme bilateraler Investitionsschutzabkommen geliefert, die heute auf mehr als 1600 angewachsen sind: in den 80er Jahren sind nach der OECD (1998, S.35) die Hälfte dieser Abkommen vereinbart worden, im Jahre 1996 an jedem zweiten Tag eines. Der Abbau der Kapitalverkehrs- und Devisenkontrollen hat zu Umsätzen auf den Weltkapital- und Weltdevisenmärkten geführt, die buchstäblich ins Astronomische reichen. Eine zu Illustrationszwecken gerne angeführte Größe ist der tagesdurchschnittliche Umschlag auf den Devisenmärkten, der Mitte der 90er Jahre $1.2 Billionen betrug und damit 85% der Devisenreservehaltung aller Länder zusammen (und ca. 19% des Welthandels) ausmachte und sich mit einem Betrag von $200 Milliarden Mitte der 80er Jahre (damals bereits schon ca. 37 % der Reservehaltung) vergleicht (OECD, 1998, S. 37; IMF, 1997, S.61ff). Der explosionsartige Anstieg der Bruttokapitalströme läßt sich auch durch die Entwicklung der grenzüberschreitenden Transaktionen in Wertpapieren und Aktien (bonds and equities) deren Relation zur Wirtschaftsleistung in Tabelle I-2-2 für einige Länder abzulesen ist, veranschaulichen. Für die Bundesrepublik, um ein Beispiel herauszugreifen, ist der entsprechende Wert von 3.3 % im Jahre 1970 auf über 196.8% im Jahre 1996 angestiegen.

Tabelle I-2-2: Grenzüberschreitende Transaktionen in Wertpapieren und Aktien[1] in % des BIP. Datenquelle: IMF (1997, S.60)

	1970	1975	1980	1985	1990	1995	1996[2]
USA	2.8	4.2	9.0	35.1	89.0	135.3	151.5
Japan	...	1.5	7.7	63.0	120.0	65.1	82.8
Deutschland	3.3	5.1	7.5	33.4	57.3	169.4	196.8
Frankreich	...	...	8.4[3]	21.4	53.6	179.6	229.2
Italien	...	0.9	1.1	4.0	26.6	252.8	435.4
Vereinigtes Königreich	...	...	...	367.5	690.1	...	...
Kanada	5.7	3.3	9.6	26.7	64.4	194.5	234.8

[1] "Gross purchases and sales of securities between residents and non-residents".
[2] Januar bis September.
[3] Zahl für 1982.

Diese enorme Entwicklung der Bruttokapitalströme hat sich nun allerdings *nicht* in entsprechenden Netto-Größen niedergeschlagen. Der Absolutwert der Leistungsbilanzsalden in den Industrieländern ist sowohl in Relation zur jeweiligen Wirtschaftsleistung als auch im historischen Kontext gering geblieben. Für die fortgeschrittenen Industrienationen ergibt sich in den 1990er Jahren ein Durchschnittswert von ungefähr 2% für das Verhältnis des Absolutwertes der Leistungsbilanzsalden zum Sozialprodukt (IMF, 1997, S.60). Das geringe Ausmaß dieser Größe im historischen Vergleich wird in Tabelle I-2-3 dokumentiert. Mit Ausnahme Deutschlands, Japans und den USA sind die heutigen Werte kleiner als vor dem Ersten Weltkrieg.

Tabelle I-2-3: Verhältnis des Leistungsbilanzsaldos (Absolutwert) zu Sozialprodukt einiger ausgewählter Länder 1870 – heute
Datenquelle: Baldwin und Martin (1998) nach Taylor (1996)

	Vereinigtes Königreich	USA	Argentinien	Australien	Kanada	Frankreich	Deutschland	Italien	Japan
1870-1889	4.6	0.7	18.7	8.2	7.0	2.4	1.7	1.2	0.6
1890-1913	4.6	1.0	6.2	4.1	7.0	1.3	1.5	1.8	2.4
1919-1926	2.7	1.7	4.9	4.2	2.5	2.8	2.4	4.2	2.1
1927-1931	1.9	0.7	3.7	5.9	2.7	1.4	2.0	1.5	0.6
1932-1939	1.1	0.4	1.6	1.7	2.6	1.0	0.6	0.7	1.0
1947-1959	1.2	0.6	2.3	3.4	2.3	1.5	2.0	1.4	1.3
1960-1973	0.8	0.5	1.0	2.3	1.2	0.6	1.0	2.1	1.0
1974-1989	1.5	1.4	1.9	3.6	1.7	0.8	2.1	1.3	1.8
1989-1996	2.6	1.2	2.0	4.5	4.0	0.7	2.7	1.6	2.1

Die Vorstellung der grenzenlosen Kapitalmobilität, die durch den Handel mit Devisen und kurzfristigen Finanztiteln genährt wird, wird nicht nur durch diese geringen Leistungsbilanzsalden relativiert, sondern auch durch die empirische Studie von Feldstein und Horioka (1980) und daran anknüpfende Arbeiten, die zeigen, daß die heimischen Investitionen vor allem durch heimische Ersparnisse finanziert werden. Abbildung I-2-7 zeigt für den Zeitraum von 1870 bis heute die von Taylor (1996) ermittelte Korrelation zwischen heimischen Investitionen und heimischer Ersparnis zwölf großer Länder. Es ist unschwer zu erkennen, daß die Korrelation in den 80er Jahren zwar geringer ist als in den unmittelbar vorangegangen Jahrzehnten – eine geringe Korrelation kann als Indikator für ein hohes Integrationsniveau des Kapitalmarktes gedeutet werden –, aber immer noch hoch ist verglichen mit den zeitlichen Episoden vor der Jahrhundertwende und zwischen den beiden Weltkriegen.

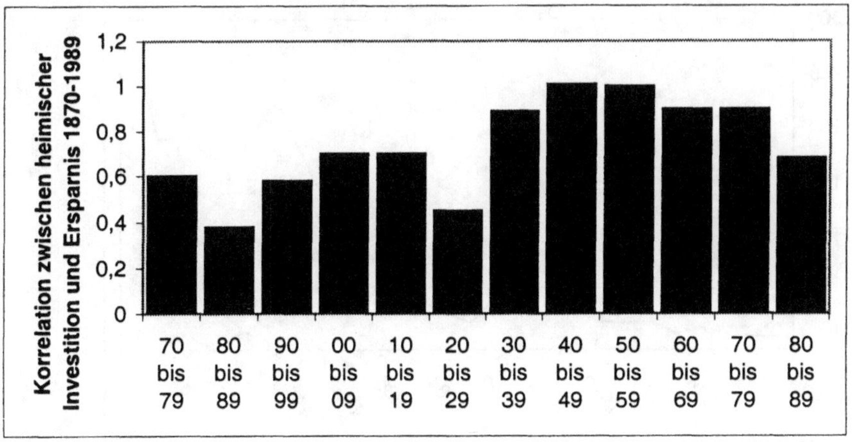

Abbildung I-2-7: Korrelation zwischen heimischer Investition und Ersparnis
Datenquelle: Baldwin und Martin (1998) nach Taylor (1996)

Daß Kapitalbewegungen dennoch als treibende Kraft der Globalisierung am Ende des 20. Jahrhunderts und, dem Weltinvestitionsbericht der UN (UNCTAD) gemäß, sogar als "productive core of the globalizing world economy" (nach Hesse, 1998, S.162) gedeutet werden, liegt an der Entwicklung der ausländischen Direktinvestitionen, die sich in den letzten Jahren noch dynamischer entwickelt haben als der Welthandel. In den Zeiträumen 1986 – 1990 und 1991 – 1995 sind die Direktinvestitionsexporte mit durchschnittlichen jährlichen Raten von 27,1% und 15,1% gewachsen (UNCTAD, 1998, S.2). Der Weltgüterhandel hingegen ist im Zeitraum 1990-1997 mit durchschnittlichen jährlichen Raten von 6,5% gewachsen und um Zeitraum ab Mitte der 1970er mit noch geringeren Raten (WTO, 1998a). In Abbildung I-2-8, oberer Teil, ist die explosionsartige Entwicklung der Direktinvestitionsexporte (FDI Outflows) der wirtschaftlich fortgeschrittensten Länder seit den 1970er Jahren dokumentiert. Setzt man die Direktinvestitionsexporte hingegen in Beziehung zu den heimischen Investitionen, so wird, wie im unteren Ausschnitt der Abbildung zu sehen ist, deutlich, daß sich diese Entwicklung von einem geringen Niveau aus vollzieht und immer noch sehr gering ist (IMF, 1997, S.61). Ein zweiter Indikator für die fortschreitende Internationalisierung der Produktion ist die Aktivität der Tochtergesellschaften multinationaler Unternehmungen. Im Jahre 1997 betrugen die Verkäufe der ca. 448 000 ausländischen Töchter von 53 000 Muttergesellschaften rund 9500 Billionen $ (US billions) (UNCTAD, 1998). Seit 1987 übersteigt die internationale Produktion die Güter- und Dienstleistungsexporte um einen Faktor von 1,2 bis 1,4 und ist somit das dominante Verfahren, die verschiedenen Märkte zu versorgen (OECD, 1998, S.26; UNCTAD, 1998, S.2).

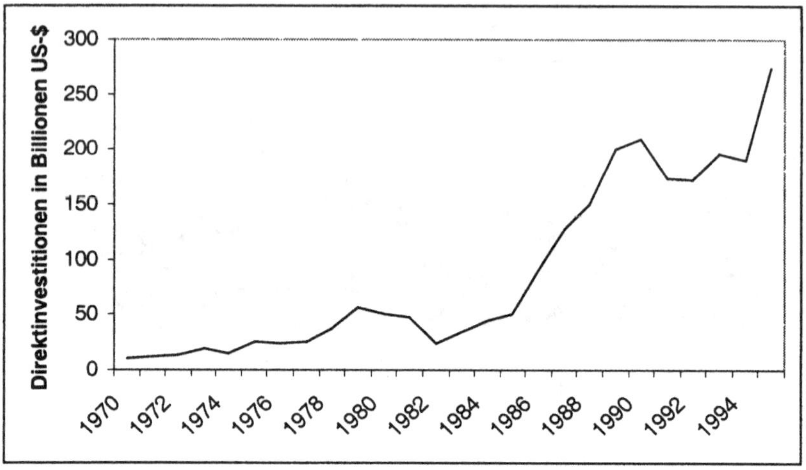

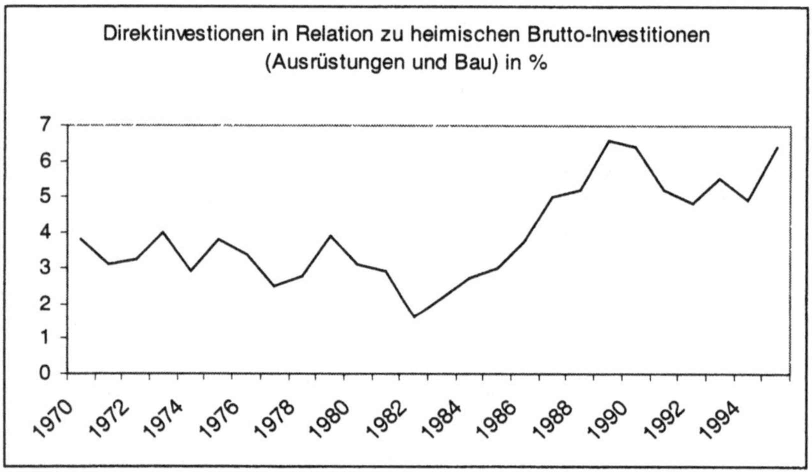

Abbildung I-2-8: Direktinvestitionen absolut und relativ zu heimischen Investitionen nach IMF (1997, S.61). Länder: Belgien, Kanada, Frankreich, Deutschland, Italien, Japan, Niederlande, Schweden, Schweiz, Vereinigtes Königreich und USA. Über 80% des Bestandes an Outward-FDI entfallen auf diese Länder. Die Daten schliessen aus Deutschland vor 1971, Frankreich und Belgien vor 1975, Japan vor 1977 und die Schweiz vor 1983

Migration

Das Globalisierungsphänomen kann sich prinzipiell auch in (wachsenden) Migrationsströmen niederschlagen. In der Tat waren massive Migrationsströme (neben Kapitalströmen) das „hallmark" der Internationalisierung der Wirtschaftsprozesse Ende des vergangenen Jahrhunderts, wie Baldwin und Martin (1999, S.19) feststellen. Ein gänzlich anderes Bild bietet sich heute: „International migration is the absentee in the current wave of globalisation", wie Faini et.al. (1999, S.1) bemerken. Während die Handelsströme und die Direktinvestitionsströme im Verhältnis zur Weltproduktion gestiegen sind, haben sich die Migrationsströme – einmal abgesehen von der temporären Erhöhung im Zuge des Zusammenbruchs der sozialistischen Regime in Osteuropa – kaum verändert. Tabelle I-2-4 dokumentiert für einige Industrieländer den Anteil der Immigranten an der jeweiligen Bevölkerung in den Jahren 1981 und 1991. Eine Inspektion bestätigt mit einigen wenigen Ausnahmen (etwa jener der Schweiz) die Einschätzung von Faini et. al. Die geringen Migrationsströme in den letzten beiden Dekaden stehen auch im Kontrast zu den 1960er Jahren, wo die internationale Arbeitsmobilität eine zentrale Rolle bei der wirtschaftlichen Integration gespielt hat (Faini et. al., 1999).

Tabelle I-2-4: Prozentualer Anteil der Immigranten an der Bevölkerung
Quelle: Friedberg und Hunt (1995, S.24)

	1981[1]	1991[2]
Australien	20.6	22.7
Österreich	3.9	6.6
Belgien	9.0	9.2
Kanada	16.1	15.6
Dänemark	2.0	3.3
Finnland	0.3	0.7
Frankreich	6.8	6.3
West-Deutschland	7.5	8.2
Italien	0.6	1.5
Luxemburg	26.1	28.4
Niederlande	3.8	4.8
Norwegen	2.1	3.5
Spanien	0.5	0.9
Schweden	5.0	5.7
Schweiz	14.3	17.1
Vereinigtes Königreich	2.8	3.1
USA	6.2	7.9

Klassifikation nach Geburt oder Staatsangehörigkeit abhängig vom jeweiligen Land.
[1]1986 für Kanada, 1982 für Frankreich, 1984 für Vereinigtes Königreich und 1980 für USA.
[2]1990 für Frankreich, Westdeutschland, Luxemburg und Vereinigtes Königreich.

Informations- und Technologieströme

Vierte und letzte Kraft der Internationalisierung der wirtschaftlichen Aktivität sind Informations- und Technologieströme, deren Ausmaß direkt zu beziffern schwer möglich ist. Offensichtlich ist allerdings, daß Technologien bei einem Absinken v.a. der Kommunikationskosten leichter und schneller zugänglich sind. Auch ist davon auszugehen, daß Informations- und Technologieströme in den Handels- und Investitionsströmen verkörpert sind. Als indirekten Beleg für die Intensivierung des Informations- und Technologietransfers können wir somit die bereits skizzierten Verringerungen natürlicher Mobilitätsbarrieren und das Anwachsen des Welthandels und der Direktinvestitionen anführen. Die Internationalisierung der Forschungs- und Entwicklungsanstrengungen von multinationalen Unternehmen und die stürmische Entwicklung des Welthandels im Informationstechnologie-Sektor (office and telecom equipment) bieten direktere Evidenz. Letztere ist in Tabelle I-2-1 dokumentiert: der Anteil des IT-Sektors am Weltgüterhandel liegt heute bei 12,7% und damit bereits vor dem Automobilsektor (9,3%) und den Bereichen Eisen und Stahl, Textilien und Kleidung zusammengenommen (WTO, 1998; siehe auch OECD, 1998, S. 37).

2.1.3 Relativierung des Globalisierungsphänomens

Die bislang aufgezeigten Entwicklungen dürfen nicht darüber hinweg täuschen, daß der Begriff ‚Globalisierung' - wenn weniger auf den Aspekt des *Fortschreitens* der Integration als auf den Aspekt *global* abgestellt wird - eine Übertreibung, wenn nicht sogar Irreführung, beinhaltet. In dreierlei Hinsicht ist der Begriff ‚Globalisierung' zu relativieren, in historischer, faktischer und regionaler Dimension.

Faktische Relativierung: Verbleibende Mobilitätsbarrieren

In faktischer Hinsicht ist wegen der auch heute noch verbleibenden beträchtlichen Mobilitäts- und Handelsbarrieren eine Relativierung am Globalisierungsbegriff vorzunehmen. Das gilt zuvörderst für den Aspekt der Migration, wie wir bereits dargelegt haben. Es gilt aber auch für die Bereiche Handel und FDI. Die in Abbildung I-2-1 dokumentierte Absenkung der durchschnittlichen Zollniveaus verbirgt, daß es in einzelnen Industrien noch beträchtliche konventionelle Handelsbarrieren gibt, so im Industriegütersektor, vor allem aber in den Bereichen Landwirtschaft und Textilindustrie (Economist, 1998). Auch und gerade im Dienstleistungsbereich sind weitere Liberalisierungsschritte möglich. Die Forderungen, diese Thematik auf einen vorderen Platz der Agenda der WTO für eine neue Welthandelsrunde zu nehmen, belegen dies. Das Potential für weitere ausländische Direktinvestitionen zeigte sich nicht zuletzt in der Diskussion über ein internationales

Investitionsabkommen und dem hastigen (und gescheiterten) ersten Versuch der OECD, ein in ihren Kreisen konzipiertes Modell, das MAI - Multilateral Agreement on Investment -, durchzusetzen.

Regionale Relativierung

Auch in räumlicher Hinsicht ist das Globalisierungsphänomen zu relativieren. Zwei Aspekte sind zu unterscheiden. Der erste Aspekt hängt mit der bereits vorgenommenen faktischen Relativierung zusammen: die UNDP wird in ihren Weltentwicklungsberichten (Human Development Reports) nicht müde zu betonen, daß die verbleibenden Handelsbarrieren (z.B. im Bereich der Landwirtschaft) vor allem den ärmeren Entwicklungsländern die Partizipation am Welthandel verwehren und somit eine wirkliche ‚Globalisierung' verhindern (UNDP, 1997; 1999). Bezüglich der Handelsströme gilt, daß sich ungefähr 70% der Güterexporte zwischen EU, Japan und den USA bewegen und daß dieser Wert auf 84% ansteigt, wenn man noch die 10 wichtigsten Schwellenländer hinzunimmt (WTO, 1998). Es nimmt daher kein Wunder, daß heute in Bezug auf die Weltwirtschaft von einer ‚Triade' oder ‚Tripolarität' mit den Regionen: Nordamerika (USA und Kanada), Westeuropa (EU und EFTA) und pazifischer Raum (Japan, Singapur, Hongkong, Südkorea, Taiwan, China, Indonesien, Malaysia, Philippinen, Thailand, Australien, Neuseeland) gesprochen wird (Landmann und Kappel, 1997).

Eine Relativierung in regionaler Hinsicht muß aber auch deshalb vorgenommen werden, weil in dem in Abbildung I-2-3 skizzierten Anwachsen der Zahl regionaler Handelsabkommen und in der Vielzahl bilateraler Investitionsschutzabkommen, die in den letzten Jahren geschlossen wurden, auch eine Abkehr von dem multilateralen Handelssystem gesehen werden kann.

Historische Relativierung

In historischer Hinsicht muß deshalb eine Relativierung vorgenommen werden, weil die gegenwärtige Globalisierungsphase im geschichtlichen Kontext nicht außergewöhnlich ist, sondern vielmehr an die Entwicklungen Ende des letzten Jahrhunderts anknüpft. Krugman (1995) und Rodrik (1997a) sprechen im Rückgriff auf jüngere wirtschaftshistorische Arbeiten davon, daß von einer „truly global economy" bzw. einem „truly global market" bereits in den 70er Jahren des vergangenen Jahrhunderts gesprochen werden konnte: so wurde die Weltwirtschaft durch eine Transportkosten- und Kommunikationsrevolution (man denke beispielsweise an den Suez Kanal oder die Union Pacific Eisenbahn) vernetzt. Eine Bestandsaufnahme der langfristigen Entwicklung des Anteils des Handels am Sozialprodukt der führenden Nationen zeigt ein massives Anwachsen bis 1913, danach ein starkes Abfallen bis 1950, eine Rückkehr auf das Vorkriegsniveau um 1973-1985 und in der Gegenwart das Erreichen eines Höchstniveaus (Krugman, 1995; Bairoch und Kozul-Wright, 1996). Die wirtschaftshistorische Forschung zeigt auch, daß die Kapitalmarktintegration hoch und nicht zuletzt die Migrationsbewegungen (von der „Alten" in die „Neue" Welt) von beträchtlichem Ausmaß waren (Williamson, 1996; 1998). In Hinblick auf diese Entwicklungen Ende des vergangen Jahrhunderst kann man heute aus gutem Grunde auch von einer ‚Reglobalisierung' sprechen (Landmann, 1999).

Die jüngere Forschung zeigt allerdings auch, daß die beiden Globalisierungsphasen im Detail doch einige Unterschiede aufweisen: so waren früher sowohl die Kapitalmobilität als auch die Arbeitsmobilität hoch, während heute erstere wiederum hoch, letztere hingegen niedrig ist (Rodrik, 1997a); so ist heute der überwiegende Teil des Handels, der intra-industrielle Handel mit ähnlichen Gütern zwischen ähnlichen (hochentwickelten) Ländern, während der inter-industrielle Tausch (Primärgüter für Industriegüter) früher der Handel schlechthin war. Neuere Phänomene sind das „slicing up the value added chain", i.e. das Phänomen, daß viele Güter heute in mehreren Schritten an mehreren Standorten produziert werden, daß „Supertrading Economies" wie z.B. Singapore, Hong Kong, Malaysia, Belgien, Irland, Niederlande entstanden sind und daß sich die exportorientierten Schwellen- und Entwicklungsländer zu Exporteuren (billig gefertigter) Industriegüter entwickelt haben (Krugman, 1995a). Baldwin und Martin (1999) heben als weiteren Unterschied die heute ungleich massiveren Kostenersparnisse im Kommunikationsbereich hervor, die eine Intensivierung des weltweiten Austausches von Ideen erlauben. Ein weiterer Unterschied, der hervorzuheben ist, liegt in der historischen Ausgangssituation: so begann die erste Globalisierungsphase in einer Zeit, in welcher (praktisch) alle Nationen arm und bäuerlich organisiert waren, während es heute eklatante Wohlfahrtsunterschiede zwischen den reichen und den armen Ländern gibt (Baldwin und Martin, 1999); auch wurde und mußte in der ersten Globalisierungsphase im Gegensatz zu heute kein Wohlfahrtsstaat finanziert werden, ein Aspekt, den insbesondere Rodrik (1997a) hervorhebt.

2.2 Eine Bestandsaufnahme der aktuellen Problemfelder

Der soeben beschriebene Prozess der wachsenden weltwirtschaftlichen Verflechtung stößt vor allem in den entwickelten Industrieländern, die sich nach dem Zweiten Weltkrieg zu Fürsprechern der wirtschaftlichen Integration und einer multilateralen Handelsordnung gemacht haben, auf wachsende Besorgnis und Kritik. Etwas stilisiert ausgedrückt, haben sich die Perspektiven gedreht: waren es nach dem Zweiten Weltkrieg die Entwicklungsländer, die sich gegen eine (allzu schnelle) Integration in den Welthandel gesträubt haben, so kommen heute aus den fortgeschrittensten Nationen, nicht zuletzt den USA, die kritischsten Töne am Globalisierungsprozess. Daniel Cohen spricht in diesem Zusammenhang von „The Great Fear of the Western World" (Cohen, 1998). Wenngleich auch heute noch auf Seiten der Entwicklungsländer die Sorge besteht, den Unbilden der Preisentwicklung auf den Weltmärkten ausgesetzt zu sein, so setzen doch mehr und mehr

Entwicklungsländer auf eine exportorientierte Entwicklungsstrategie und so fordern Entwicklungsländer heute verstärkt den Abbau handelshemmender Praktiken seitens der Industrieländer ein. Die Problemfelder, die heute in den öffentlichen Diskussionen in den Industrieländern im Zusammenhang mit dem Globalisierungsprozess gesehen werden, lassen sich grob in drei Teilbereiche einordnen, Bedrohungen für den Faktor Arbeit, die Umwelt und den Sozialstaat. Wir halten diese Befürchtungen im folgenden - unkommentiert – überblicksartig fest und stecken dabei die Gegenstände unserer Arbeit ab.[3]

Globalisierung und der Faktor Arbeit

Die Bedrohungen, die für den Faktor Arbeit aus der Globalisierung erwachsen könnten, werden in drei Feldern gesehen.[4] Erstens wird befürchtet, daß die Intensivierung des Außenhandels und die Möglichkeit von Kapitalverlagerungen die Erwerbstätigen in den Industrieländern in direkte Konkurrenz mit Arbeitern aus Entwicklungs- und Schwellenländern bringt, die ihre Arbeitskraft zu einem Bruchteil des Lohnes, der in Industrieländern erzielt wird, anbieten. Aus dieser Überlegung leitet sich die Sorge ab, daß die Reallöhne in den Industrieländern stagnieren oder schrumpfen müssen. Zweitens wird befürchtet, daß ein Verteilungskonflikt zwischen den Faktoren Kapital und Arbeit unvermeidlich ist: der Lohn wird durch die weltweite Konkurrenz gedrückt, während die Möglichkeit der Renditeerzielung für den Faktor Kapital durch die wachsende Offenheit immer größer wird. Drittens findet sich die Hypothese, daß es in den Industrieländern weniger zu einer ökonomischen Spaltung zwischen den Faktoren Kapital und Arbeit kommt, sondern daß eine Spaltung innerhalb der Arbeit stattfindet: die Billiglohnkonkurrenz wird als Bedrohung für die unqualifizierten Arbeiter gesehen, die zu „working poor“ degradiert oder in die Arbeitslosigkeit abgeschoben werden, während qualifizierte Arbeitskräfte vom Globalisierungstrend profitieren.

Globalisierung und die Umwelt

Für die Umwelt und damit die Lebensgrundlage des Menschen werden aus der wachsenden weltwirtschaftlichen Verflechtung ebenfalls drei Bedrohungen abgeleitet. So wird erstens befürchtet, daß die Intensivierung der internationalen Arbeitsteilung zu einer katastrophalen Belastung der Umwelt und Ausbeutung natürlicher Ressourcen führt. Zweitens wird gemutmaßt, daß Nationalstaaten diesem Prozess ohnmächtig ausgesetzt sind und in einen zerstörerischen Wettlauf des Unterbietens ihrer Umweltstandards gezwungen werden. Drittens findet sich die

---

3 Monetäre Problemfelder der Globalisierung - Stichwort: "Hot Money" - werden im Rahmen der vorliegenden Arbeit nicht aufgegriffen. Deren Relevanz soll damit keineswegs bestritten werden. Einen Einstieg in diese Problemfelder liefert Obstfeld (1998).

4 Siehe z.B. Lawrence (1996).

Sorge, daß die Institutionen des Welthandels, das GATT und die WTO, die Implementierung als für notwendig erachteter strenger nationaler Umweltpolitiken unterbinden.

Globalisierung und der Sozialstaat

Auch sozialstaatliche Errungenschaften werden als von der Globalisierung bedroht betrachtet. So wird erstens befürchtet, daß die Globalisierung zur Erosion sozialer Normen und sozialer Errungenschaften (Arbeitsstandards, Sozialstandards, Gewerkschaftsrechte) führt. Zweitens wird die Sorge geäußert, daß der Sozialstaat durch die Globalisierung deshalb in die Klemme kommt, weil einerseits die Ansprüche an den Staat, soziale Sicherheit zu bieten, steigen und weil andererseits die Fähigkeit des Staates, eine solche Versicherungsfunktion wahrzunehmen, abnimmt, da ein immer größerer Teil der Steuerbasis mobil wird. Ähnlich wie im Umweltbereich, so wird auch im Bereich der sozialstaatlichen Leistungen befürchtet, daß die Nationalstaaten in einen zerstörerischen Standortwettbewerb (Steuer- und Subventionswettbewerb) gezwungen werden, der zu einer Unterversorgung mit öffentlichen Gütern führt und nationale Regulierungs- und Fiskalsysteme zum Spielball mobilen Kapitals und multinationaler Unternehmen macht.

Zur Abgrenzung der Gegenstände unserer Arbeit

In der vorliegenden Arbeit werden die ersten beiden Problemfelder adressiert, d.h. es wird analysiert, welche Gefährdungen aus der Globalisierung für den Faktor Arbeit und die Umwelt erwachsen. Beiden Bereichen ist jeweils ein Hauptteil unserer Arbeit gewidmet. Die Gefährdungen, die sich für sozialstaatliche Einrichtungen ergeben, bleiben aus der vorliegenden Arbeit hingegen ausgeklammert. Dieses Vorgehen bedeutet nicht, daß wir die Relevanz der Problemfelder im Bereich ‚Globalisierung und Sozialstaat‘ geringer einschätzen als jene in den anderen beiden Bereichen. Es sei allerdings darauf hingewiesen, daß, wie schon die kurze Charakterisierung gezeigt hat, die Problemfelder im Umwelt- und Sozialstaatsbereich viele Parallelen aufweisen: im Kern geht es um die Fragen der Ohnmacht und Fairness in der Wahl regulatorischer nationalstaatlicher Politiken. Mit der Hinwendung zur Analyse der Umweltproblematik wählen wir daher exemplarisch und in Stellvertretung für andere Bereiche (die natürlich bei einer genauen Inspektion in den Details ihre jeweiligen Eigenheiten offenbaren würden) eine Ausprägung dieser übergeordneten Problematik. Zusammen mit dem Arbeitsmarktteil, der sich mit den Verteilungsimplikationen der wachsenden weltwirtschaftlichen Integration beschäftigt, erfasst unsere Analyse daher die beiden aktuellen Herausforderungen der Freihandelsdoktrin, die Jagdish Bhagwati in seiner (zweiten) Harry Johnson Lecture herausgearbeitet hat, und die wir, eines seiner Worte aufgreifend, unserer Arbeit voran gestellt haben.

Teil II

Globalisierung, Lohnungleichheit und Beschäftigung

1. Europe Jobless, America Penniless: Fakten und HOS-Theorie

1.1 Einführung[5]

Die Arbeitsmärkte gehören seit geraumer Zeit zu den wirtschaftlichen und gesellschaftlichen Problembereichen, die den Regierungen der industrialisierten Welt am meisten Kopfzerbrechen bereiten. Die Zahl der Arbeitslosen im OECD-Raum stieg seit Beginn der 70er Jahre mit jeder Rezession auf einen neuen Rekordwert. Projektionen der OECD zeigen, daß das im Jahre 1997 erreichte Niveau von ungefähr 35 Millionen auch in den Jahren 1999 und 2000 Bestand haben wird.[6] Besonders gravierend ist die Unterbeschäftigung in der Europäischen Union, die mit etwa 35% der OECD-Arbeitskräfte einen Anteil von 50% an die Gesamtheit der Arbeitslosen aller OECD-Länder beisteuert. Die Anzahl der Arbeitsplätze im privaten Sektor der europäischen Volkswirtschaften hat seit 1970 praktisch stagniert, während die durchschnittliche Dauer der Arbeitslosigkeit markant angestiegen ist, was seinen Niederschlag auch im starken Anstieg der Langzeitarbeitslosigkeit gefunden hat (OECD 1994a). Überdurchschnittlich betroffen sind die Arbeitskräfte der niedrigsten Qualifikationsstufen. Ganz anders das Bild in den Vereinigten Staaten von Amerika, wo der Arbeitsmarkt eine rasch wachsende Zahl von Arbeitskräften ohne einen trendmäßigen Anstieg der Arbeitslosenquote absorbiert hat. Aber obwohl in diesem Zusammenhang gerne vom amerikanischen „Beschäftigungswunder" gesprochen wird, ist man sich in Europa alles andere als sicher, ob dieses Modell denn so nachahmenswert sei. Denn das dynamische Arbeitsplatzwachstum ist mit einer substantiellen Verlangsamung des Reallohnwachstums einhergegangen, wobei es auch hier wieder die unqualifizierte Arbeit

---

5 Die einführenden Überlegungen und die Abschnitte 1.2 und 1.3 knüpfen an Landmann und Pflüger (1996) an.

6 Vgl. hierzu und zum nachfolgenden: OECD (1999).

ist, die unter dieser Entwicklung am meisten gelitten hat und z.T. einschneidende absolute Einkommenseinbußen hinnehmen mußte.

Bei aller augenscheinlichen Gegensätzlichkeit der Arbeitsmarktentwicklung in den USA und in der EU wird somit eine bedeutungsvolle Gemeinsamkeit sichtbar. Die Position der unqualifizierten Arbeitskräfte hat sich – wenngleich auf ganz unterschiedliche Art – im Vergleich zur Position der Qualifizierten über die letzten zwei Jahrzehnte hinweg in allen Industrieländern deutlich verschlechtert. Während sie in Europa aus dem Beschäftigungssystem hinausgedrängt und als „Outsider" dem Sozialstaat überantwortet werden, so scheint es, bleiben sie in den USA zu tiefen und sinkenden Löhnen beschäftigt und bilden die Klasse der „working poor". Dieses „Paradoxon wachsenden ökonomischen Elends inmitten wachsenden Wohlstandes", wie Krugman (1994b S.20) es genannt hat, birgt erheblichen sozialen wie politischen Sprengstoff in sich und beansprucht auf der Agenda der wirtschaftswissenschaftlichen Forschung allein deshalb schon hohe Priorität.

In einem Punkt dürfte weitgehende Einigkeit bestehen. Die relative Arbeitsmarktposition der unqualifizierten Arbeitskräfte hat sich so systematisch und dauerhaft verschlechtert, daß es sich um eine Entwicklung handeln muß, die nicht mit dem vorübergehenden Einfluß konjunktureller Schocks[7], sondern nur mit strukturellen, langfristig wirksamen Faktoren erklärt werden kann (Drèze und Sneesens 1994). Naheliegend ist die These, daß es dieselben Kräfte sind, die auf den Arbeitsmärkten Europas und der USA eine Erosion der relativen Nachfrage nach unqualifizierten Arbeitskräften bewirkt haben. Während sich diese Nachfrageverschiebung auf dem flexiblen amerikanischen Arbeitsmarkt in ständig zunehmenden Lohndifferentialen zwischen den verschiedenen Typen von Arbeitskraft niedergeschlagen hat, so das Argument, ist in Europa ein solches Auseinanderdriften der Löhne nicht toleriert worden, weshalb sich die veränderte Nachfragestruktur in einer wachsenden Arbeitslosigkeit entladen mußte, die in erster Linie die Unqualifizierten getroffen hat.

Welches sind nun aber die Kräfte, die diese Entwicklungen verursacht haben sollen? Im Vordergrund stehen zwei mögliche Ursachen:

1. Die Globalisierung der Wirtschaft und die damit verbundene Intensivierung der „Billiglohnkonkurrenz", die den reichen industrialisierten Hochlohnländern von Seiten der Entwicklungs-, Schwellen- und Transformationsländer erwachsen ist. Diese These ist nicht zuletzt bei einer besorgten Öffentlichkeit auf fruchtbaren Boden gefallen, leuchtet doch die Vorstellung unmittelbar ein, daß der

---

7 Zyklische Schocks können zumindest theoretisch den relativen Lohn oder die Arbeitsplätze unqualifizierter Arbeitskräfte in Bedrängnis bringen, etwa weil sich in solchen Situationen der Konkurrenzdruck höher Qualifizierter stärker bemerkbar macht („ladder effect") oder weil Firmen in konjunkturellen Krisenzeiten eher qualifizierte als unqualifizierte Arbeitskräfte beschäftigt halten („horten").

Arbeitsplatz und/oder das Lohnniveau des deutschen, französischen oder US-amerikanischen Arbeiters den Wettbewerb mit dem ungleich schlechter bezahlten malaysischen, tschechischen oder mexikanischen Kollegen nicht unbeschadet überstehen kann.

2. Der rapide technologische Wandel, der in Form einer rapiden Ausbreitung von Informationstechnologien und Computern, einer Roboterisierung der Arbeitsplätze und einer Reorganisation der Arbeitsformen auftritt, den Bedarf an gut ausgebildeten Arbeitskräften ansteigen läßt und bestimmte Kategorien von Arbeitskräften, insbesondere wenig qualifizierte Industriearbeiter, einzusparen erlaubt.[8]

Daß sowohl die Globalisierung als auch der technologische Fortschritt eine Reduktion der relativen Nachfrage nach unqualifizierten Arbeitskräften bewirkt und damit zu den oben geschilderten Arbeitsmarktentwicklungen beigetragen haben, wird in der wissenschaftlichen Diskussion kaum bestritten. Äußerst kontrovers wird jedoch darüber debattiert, wieviel Gewicht jeder der beiden Ursachen beizumessen ist, welches im einzelnen die ökonomischen Wirkungszusammenhänge sind, und welche Art von empirischer Evidenz welche Schlüsse zu ziehen erlaubt.

In den folgenden 4 Kapiteln versuchen wir, zu diesen Fragen einen klärenden Beitrag zu leisten. In Abschnitt 1.2 dieses Kapitels werden wir zunächst die Fakten, die den Hintergrund der Debatte bilden, genauer in Augenschein nehmen und in Abschnitt 1.3 erörtern, welcher Modellansatz die Zusammenhänge zwischen den beschriebenen Phänomenen theoretisch am besten erfaßt. Wir werden argumentieren, daß der Kern des Problems - in einer ersten Annäherung - am besten durch ein Modell in der Tradition der Heckscher-Ohlin-Samuelson- (kurz: HOS)-Faktorproportionentheorie modelliert wird, wobei die Faktorkategorien qualifizierte und unqualifizierte Arbeit zugrunde zu legen sind. In unserer theoretischen Analyse fassen wir die Industrieländer des Nordens – die OECD-Länder mit hohem Einkommen - unter dem Kürzel „Norden“ und die Entwicklungs- und Schwellenländer unter dem Kürzel „Süden“ zusammen. In Abschnitt 1.4 verwenden wir das kanonische HOS-Modell mit 2 Faktoren und 2 Gütern, um die Wirkungen der Globalisierung und des technologischen Wandels zu kontrastieren. Unter Globalisierung verstehen wir dabei zunächst vereinfachend das Vordringen von Industriegüterexporten aus dem Süden, während wir in bezug auf den technologischen Wandel eine Vielzahl von Varianten zulassen. Die unterschiedliche Funktionsweise der amerikanischen und der europäischen Arbeitsmärkte legt es zudem nahe, zwischen einem „amerikanischen Szenario“ mit flexiblen Faktorpreisen und einem „europäischen Szenario“ mit rigiden Lohnstrukturen zu unterscheiden.

---

8 In der Öffentlichkeit kehrt auch die These vom Freisetzungseffekt des technischen Fortschritts, die natürlich auf eine lange Geschichte zurückblicken kann, mit steter Regelmäßigkeit wieder. So fehlt es auch heute nicht an apokalyptischen Visionen, die angesichts des gewaltigen Automatisierungspotentials der neuen Technologien bereits das „Ende der Arbeit“ (Rifkin 1994) schlechthin herannahen sehen.

Vor dem Hintergrund dieser Analyse diskutieren wir in Kapitel 2 die empirische Evidenz, mit der in der Literatur versucht worden ist, die relative Bedeutung der Globalisierung und des technologischen Wandels zu evaluieren. Wie sich dabei zeigen wird, erlaubt keines der eingesetzten Verfahren - ob Implikationentests, Faktorgehaltsanalysen, Regressionsanalysen oder Kalibrationsstudien - eine schlüssige und eindeutige Antwort zu geben. Dies liegt nicht zuletzt daran, daß es eigentlich unzulässig ist, die Globalisierung und den technologischen Wandel als voneinander unabhängige Prozesse zu behandeln.

Abgesehen von der Problematik der Gewinnung definitiver empirischer Evidenz wirft das 2x2-Modell - welches die bisherige wissenschaftliche Debatte stark geprägt hat - auch aus theoretischer Sicht einige Fragen auf, die in Kapitel 3 behandelt werden. Wir wenden uns zunächst der Problematik zu, daß zur Erklärung der gegensätzlichen Arbeitsmarktentwicklungen in den USA und in Kontinentaleuropa innerhalb der Logik des Standard-HOS-Modells mit isolierten Szenarien operiert wurde, in welchen die jeweiligen Arbeitsmarktinstitutionen durch flexible bzw. rigide Faktorpreisrelationen abgebildet wurden. Da der Süden und die beiden Nord-Regionen jedoch simultan im Weltmarkt agieren, wäre ein Modell, das die Koexistenz beider Szenarien abbildet, vorzuziehen. Wie sich zeigt, überleben die in Abschnitt 1.4 ermittelten qualitativen Modelleigenschaften eine derartige Verknüpfung der Szenarien nicht ohne weiteres. Ein zweites Hauptthema von Kapitel 3 sind Erklärungsansätze, die jenseits der Mechanismen des kanonischen HOS-Modells operieren. Das Kapitel schließt mit einem überblicksartigen Fazit und einer kurzen Diskussion der Politikimplikationen, die sich aus unserer Analyse ergeben.

In Kapitel 4 entwickeln wir ein numerisches Modell, welches drei Sektoren (Exportsektor, Importsektor und Sektor nicht-handelbarer Güter) und drei Faktoren (unqualifizierte und qualifizierte Arbeit als international immobile Faktoren und Kapital als international mobilen Faktor) umfaßt und auf die Bundesrepublik angewendet wird. Die Kalibration des Modells erfolgt auf Basis von Daten aus der Input-Output-Tabelle der deutschen Volkswirtschaft und der Beschäftigtenstichprobe des Instituts für Arbeitsmarkt- und Berufsforschung (IAB) in Nürnberg. Das Modell erlaubt die Simulation zweier „Globalisierungsschocks", eines konventionellen Schocks im Sinne einer Änderung der relativen Güterpreise auf den Weltmärkten und eines Realzinsschocks, der sich aus der relativen Kapitalknappheit der Schwellen- und Transformationsländer ableitet.

1.2 Fakten und Thesen

1.2.1 Beschäftigungs- und Lohntrends

Zwei Merkmale der Beschäftigungsentwicklung in den OECD-Ländern sind in unserem Zusammenhang von Bedeutung: Erstens der Kontrast zwischen der trendmäßigen Verschlechterung der Beschäftigungslage in der Europäischen Union, wo die Arbeitslosenquote, ausgehend von ca. 2% in den 60er Jahren, in mehreren Schüben auf heute nahezu 12% angestiegen ist, und der langfristigen Stabilität in den USA, wo die Arbeitslosenquote im gleichen Zeitraum um eine kaum veränderte durchschnittliche Rate von 5,5 - 6% geschwankt hat, wie Abbildung II-1-1 dokumentiert.

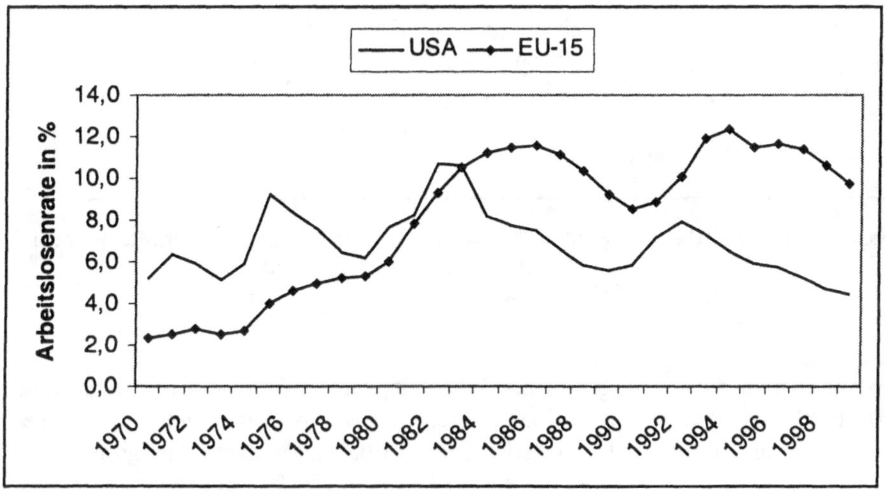

Abbildung II-1-1: Arbeitslosigkeit in den USA und der EU (Arbeitslose/Erwerbstätige in %; ab 1995 Erwerbstätige für EU nach ESVG 1995; Arbeitslose bis 1990 gemäß nationalen Abgrenzungen, für EU ab 1991 EU harmonisierte Zahlen); Datenquelle: SVR (2000)

Zweitens die Tatsache, daß von der Arbeitslosigkeit in besonderem Maße die weniger qualifizierten Arbeitskräfte betroffen sind. Zwar ist die Abgrenzung qualifizierter von unqualifizierter Arbeit nicht ganz unproblematisch. Da Qualifikation nicht direkt meßbar ist, müssen Proxies wie Löhne, Ausbildung oder Beruf herangezogen werden.[9] Einige in der Literatur populäre Klassifizierungen - wie z.B. „production workers vs. non-production workers“ oder „blue collar vs. white collar“ - sind mit Recht als zu grob kritisiert worden. Legt man den Ausbildungsgrad der Arbeitskräfte als Maßstab zugrunde, so findet sich jedoch ein klarer Beleg für die besondere Betroffenheit der unqualifizierten Arbeitskräfte, wie Abbildung II-1-2 zeigt.[10]

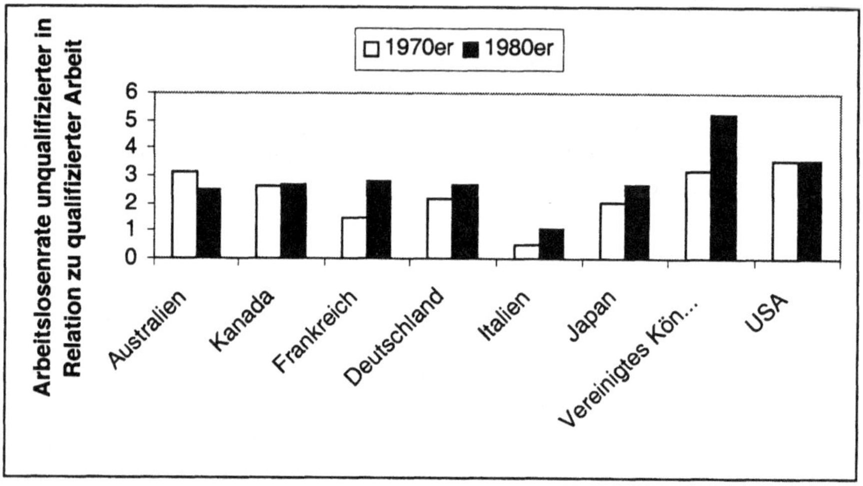

Abbildung II-1-2: Arbeitslosigkeit nach Qualifikation (Arbeitslosenrate für Männer gemäß Ausbildung; 1.Quartil in Relation zum 4. Quartil).
Quelle: OECD (1994a)

Analysiert man die Entwicklung der Löhne in den OECD-Ländern auf gesamtwirtschaftlicher Ebene, so finden sich keine Anhaltspunkte für einen systematischen Trend zur Umverteilung des Volkseinkommens zuungunsten der

---

9 Diese Proxies sind überdies nicht einfach implementierbar: sollte beispielsweise der Ausbildungsgrad eher anhand der Ausbildungszeiten oder anhand der Ausbildungskosten gemessen werden? (Wood 1994, S.48). Des weiteren ergeben sich Probleme im internationalen Vergleich: „What constitutes a skill, and skill intensity or competence, is inherently difficult to define and to measure, especially on an internationally comparable basis.“(OECD 1994b, S.11). Die Problematik wird in OECD (1997, S.95f.) vertieft.

10 Die Jobs Study der OECD dokumentiert auch die Entwicklung der Arbeitslosenraten gemäß beruflicher Tätigkeit (OECD 1994b, S.38ff). Für die meisten OECD-Länder ist die Arbeitslosenrate der „blue collar worker“ relativ stabil eineinhalb bis zweimal so hoch ist, wie jene der „white-collar worker“. Als „blue collar workers“ werden „transport and production workers and labourers“ angesehen, als „white collar workers“ sind „professional, technical, administrative, managerial, clerical and sales workers“ klassifiziert (OECD 1994b, Table 1.15, S.38ff).

Arbeitnehmer. Wohl ist in einigen Ländern in den 80er Jahren die Lohnquote gesunken. Verlängert man jedoch den Beobachtungszeitraum bis in die frühen 60er Jahre zurück, so zeigt sich für die betreffenden (insbesondere europäischen) Länder, daß dieser Rückgang der Lohnquote im wesentlichen nur einen ausgeprägten Anstieg korrigiert hat, der sich in der ersten Hälfte der 70er Jahre vollzogen hatte (OECD 1994a, Chart 13, S.22). Für die theoretische Analyse der Globalisierung und des technologischen Wandels bedeutet dies, daß sie die funktionale Einkommensverteilung zwischen Kapital und Arbeit nicht unbedingt in den Vordergrund zu stellen hat (Krugman 1995a,b).

Was die Entwicklung des Lohndifferentials zwischen qualifizierter und unqualifizierter Arbeit anbelangt, besteht ein auffälliger Gegensatz zwischen den angelsächsischen Ländern (USA, Großbritannien und auch Kanada) einerseits, wo sich das Lohndifferential deutlich vergrößert hat und die Reallöhne der unqualifizierten Arbeitskräfte z.T. absolut gefallen sind, und auf der anderen Seite den meisten Ländern Kontinentaleuropas (Deutschland, Frankreich, Dänemark,...), wo das Lohndifferential in etwa stabil geblieben oder sogar leicht zurückgegangen ist (OECD, 1997, S.100f).

Somit wird deutlich, daß sich die wirtschaftliche Position niedrig qualifizierter Arbeitskräfte im gesamten OECD-Raum fortlaufend verschlechtert hat - und dies vor dem Hintergrund, daß sich die Struktur des Arbeitskräftepotentials gleichzeitig markant in Richtung einer Höherqualifikation entwickelt hat (sog. „upskilling"), wie dies die OECD (1994b, S. 11ff. und Tabelle 1.6) anhand generell gestiegener Schul- und Ausbildungszeiten dokumentiert. Man kann also durchaus von einer relativen Verknappung der unqualifizierten Arbeit sprechen. Wenn sich ihre Position dennoch verschlechtert hat, so deutet dies darauf hin, daß die Anpassung der Qualifikationsstruktur auf der Angebotsseite des Arbeitsmarktes mit der technologisch und/oder weltwirtschaftlich bedingten raschen Zunahme der Qualifikationsanforderungen auf der Nachfrageseite nicht Schritt zu halten vermochte. Während dies auf dem flexiblen Arbeitsmarkt der USA dazu führte, daß am unteren Ende der Einkommenspyramide die Löhne sanken und sich so die Klasse der „working poor" bildete bzw. vergrößerte, haben in Kontinentaleuropa der hohe Standard des Wohlfahrtsstaates sowie zahlreiche sozialpolitisch motivierte Arbeitsmarktinstitutionen die Lohnstrukturen gegen die Marktkräfte immun gemacht - mit der Konsequenz, daß sich der Rückgang der relativen Nachfrage nach unqualifizierter Arbeit in höheren Arbeitslosenquoten niederschlagen mußte. Der Anstieg der Arbeitslosigkeit in Europa stellt somit einfach die Kehrseite der zunehmenden Lohndisparitäten in den USA dar (Freeman 1995 S. 19) - was Krugman (1994b) auf die griffige Formel „Europe Jobless, America Penniless" gebracht hat.

Die kausale Beziehung zwischen dem Flexibilitätsgrad der Lohnstruktur und den Beschäftigungswirkungen von Schocks, die diese Segmente asymmetrisch treffen, ist theoretisch so zwingend, daß der Zusammenhang in der Literatur kaum ernsthaft in Frage gestellt worden ist. Die Grafik in Abbildung II-1-3, veranschaulicht diesen Zusammenhang, indem sie für 9 OECD-Länder die Änderung der Arbeitslosenquote niedrig qualifizierter Arbeitskräfte auf der einen und die Reallohnentwicklung im Niedriglohnsegment des jeweiligen Arbeitsmarkts auf der anderen Seite einander gegenüberstellt. Systematische formale Evidenz für den Zusammenhang scheint demgegenüber nicht ganz einfach beizubringen zu sein. So stellen Nickell und Bell (1995, S. 46) in einer ökonometrischen Studie zwar fest, daß sich die relative Nachfrage nach unqualifizierter Arbeit in allen der von ihnen untersuchten OECD-Länder eindeutig verringert hat. Ihre Daten bieten aber wenig Unterstützung für die These, daß dieser Nachfragerückgang dort am meisten Arbeitslosigkeit ausgelöst hat, wo die Wirkung auf die Lohnstruktur am geringsten gewesen ist. Dabei ist freilich in Rechnung zu stellen, daß es nie einfach ist, spezifische Wirkungen zu isolieren, wenn sich eine Vielzahl von exogenen Änderungen gleichzeitig überlagern.

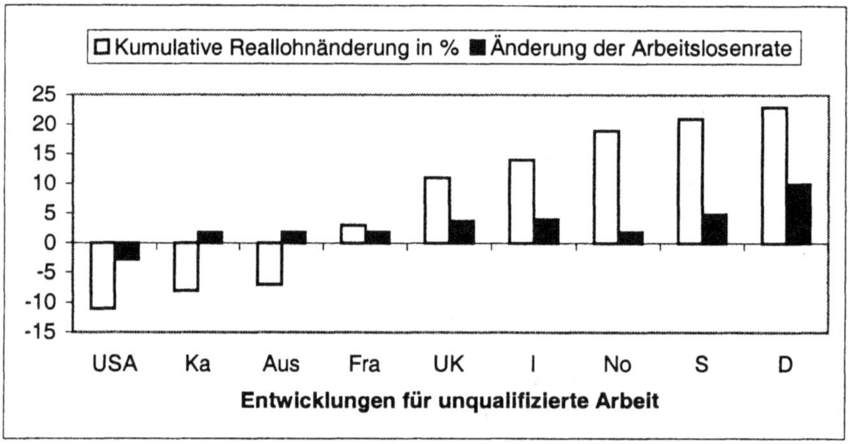

Abbildung II-1-3: Veränderung des Reallohnes der am geringsten bezahlten Arbeit und Veränderungsraten der Arbeitslosigkeit der "blue-collar workers". Für Deutschland und Italien Änderung der Arbeitslosenrate für Arbeiter mit weniger als sekundärer Ausbildung. (USA 1980-89 bzw. 1980-90; Ka = Kanada 1981-90 bzw. 1980-90; Aus = Australien 1980-91 bzw. 1981-90; Fra = Frankreich 1980-87 bzw. 1982-91; UK = Vereinigtes Königreich 1980-92 bzw. 1984-93; I = Italien 1980-87 bzw. 1980-89; No = Norwegen 1980-91 bzw. 1982-91; S = Schweden 1981-91 bzw. 1980-92; D = Deutschland 1983-88 bzw. 1978-87).
Datenquelle: Weltbank (1995, S.4)

1.2.2 Globalisierung

Das Globalisierungsphänomen und seine Ausprägungen wurden bereits in Teil I der vorliegenden Arbeit ausführlich charakterisiert. Für die nachfolgenden Überlegungen sind aber nicht allein das enorme Wachstum des Welthandels seit dem 2.

Weltkrieg und die noch stärkere Dynamik der internationalen Direktinvestitionsströme von Belang, sondern vor allem auch strukturelle Entwicklungen.

So beruhte die Dynamik des Welthandels zunächst maßgeblich auf dem intraindustriellen Handel unter den hoch entwickelten Industrieländern, der vor allem Größenvorteile bei der Produktion differenzierter Industriegüter auszuschöpfen erlaubte und somit Ein- und Ausfuhren in den einzelnen Wirtschaftszweigen meist mehr oder weniger parallel anwachsen ließ. Die Dritte Welt blieb, sieht man von einigen punktuell wichtigen Rohstofflieferanten ab, eine Randerscheinung der Weltwirtschaft. Noch 1970 trugen die Entwicklungsländer nur gut 5% zum Weltindustriegüterhandel bei. Seither haben sich allerdings sowohl das Volumen als auch die Struktur des Nord-Süd-Handels grundlegend zu ändern begonnen. Das traditionelle Muster, wonach der Norden industrielle Güter (manufactured goods) exportiert und Primärprodukte aus dem Süden importiert, verliert zunehmend an Gültigkeit. Denn eine ganze Reihe von Entwicklungs- und Schwellenländern, vorab im asiatischen Raum, verzeichnet schon seit längerem ein rasches, exportgestütztes Wirtschaftswachstum und erobert dementsprechend zunehmende Marktanteile auf den Weltmärkten. Im Unterschied zum Nord-Nord-Handel ist der Nord-Süd-Handel nicht in erster Linie intra-industrieller Natur, sondern beruht darauf, daß die Entwicklungsländer aufgrund ihrer niedrigen Lohnkosten einen offenkundigen komparativen Vorteil in arbeitsintensiven Wirtschaftszweigen besitzen (Wood 1994; Krugman 1995a). Dies ist auch der Grund, warum die Exporte des Südens im Norden als Bedrohung wahrgenommen werden - als Bedrohung jener Sektoren, die dem Wettbewerb mit den neu in die Märkte eingetretenen Anbietern nicht gewachsen sind, und als Bedrohung mithin auch für jene gesellschaftlichen Gruppen, deren Einkommenspositionen bzw. Arbeitsplätze mit dem wirtschaftlichen Wohlergehen dieser Sektoren verknüpft sind. Betrug der Anteil der Primärgüter und der verarbeiteten Primärgüter an den Exporten des Südens in den Norden im Jahre 1955 noch 94,8%, so waren es 1989 nur noch 45,3%. In der gleichen Zeitspanne ist aber der Anteil der Industriegüter an den Exporten von 5,9% auf 53,3% gestiegen (nach Wood 1994, S.2, Table 1.1). Hierdurch hat sich das Gewicht der Entwicklungsländer im globalen Handel mit Industriegütern vervierfacht. Der Abbau von Handelshemmnissen hat es insbesondere lohnend gemacht, daß Inputs und Halbfertigfabrikate in jenen Ländern weiterverarbeitet werden, die die jeweils günstigsten Kosten aufweisen, so daß eine Aufsplittung der Wertschöpfungskette eines Fertigproduktes („slicing up the value added chain") möglich geworden ist (Krugman 1995a; Wood 1994 S.7). Relativiert wird dieses Vordringen des Südens auf den Weltindustriegütermärkten allerdings durch die Feststellung, daß das gesamte Volumen des Nord-Süd-Handels auch 1992 noch nicht mehr als 4% des Sozialprodukts der OECD-Länder ausmachte. Wie wir unten noch sehen werden, ist es in der laufenden Diskussion umstritten, ob derlei Zahlen Schlüsse darauf zulassen, wie groß die Auswirkungen des Nord-Süd-Handels auf die Volkswirtschaften der Industrieländer sind.

Unbestritten ist jedoch, daß selbst wenn die quantitative Bedeutung der Entwicklungsländerexporte heute noch vergleichsweise bescheiden ist, deren noch unausgeschöpftes Expansionspotential gewaltig ist. Die bisherigen Exporterfolge der Dritten Welt entfallen überwiegend auf einige wenige, eher kleine sog. Schwellenländer. Eine Anzahl von weiteren, z.T. außerordentlich bevölkerungsreichen Ländern ist jedoch auf dem Sprung, ebenfalls Schwellenländer zu werden und sich in die weltwirtschaftliche Arbeitsteilung einzuklinken. Tabelle II-1-1 führt vor Augen, mit welchen Größenordnungen wir es in diesem Zusammenhang zu tun haben.

Tabelle II-1-1: Arbeitskräfte weltweit
Datenquelle: Financial Times vom 24.7.1995 nach dem Weltentwicklungsbericht 1995 der Weltbank

	Anteil an den Arbeitskräften weltweit in %	Lohnhöhe (in $, 1992)
Afrika, Bauern	7	700
China, Bauern	20	1130
Südasien, Bauern	14	1570
China, Unqualifizierte	7	2000
Südasien, Unqualifizierte	7	2400
Transitionsländer, Unqualifizierte	6	3200
Südasien, Qualifizierte	4	3600
Lateinamerika, Unqualifizierte	6	4500
China, Qualifizierte	3	5800
Transitionsländer, Qualifizierte	3	10050
OECD, Unqualifizierte	8	16900
OECD, Qualifizierte	7	32700

Deutlich wird dabei nicht nur, wie groß das weltweite Arbeitskräftereservoir ist, das zunehmend auf Teilnahme am Welthandel drängen wird, sondern es springt auch unmittelbar ins Auge, wie steil das Lohngefälle zwischen den OECD-Ländern, die nicht einmal 20% des globalen Arbeitskräfteangebots stellen, und dem Rest der Welt ist. So übersteigt etwa das Einkommen eines qualifizierten OECD-Arbeitnehmers den weltweiten Medianlohn um nicht weniger als das 16-fache. Vor diesem Hintergrund wird verständlich, daß in den Industrieländern immer wieder die Frage aufgeworfen wird, ob und wie diese einsame Spitzenstellung in der globalen Einkommenshierarchie auf Dauer gehalten werden kann.

1.2.3 Thesen

Daß bereits die bisher registrierte Zunahme der Exporte aus dem Verarbeitenden Gewerbe des Südens für die Erosion der Löhne unqualifizierter Arbeitskräfte (in den USA) bzw. für den Verlust der entsprechenden Arbeitsplätze (in Europa) verantwortlich sein soll, wird insbesondere mit der zeitlichen Koinzidenz dieser Entwicklungen begründet, die beide in den 70er Jahren eingesetzt haben (Wood 1994). Gegen diese 'Globalisierungsthese' läßt sich allerdings einwenden, daß auch die rapide Ausbreitung des Computers an den Arbeitsplätzen in etwa in dieselbe Zeit fällt, so daß der technologische Fortschritt als Erklärungsalternative allein aufgrund des Timing nicht ausgeschlossen werden kann. Was prima facie ebenfalls nicht gerade für die Globalisierungsthese spricht, ist zudem die Tatsache, daß im gleichen Zeitraum die Nachfrage nach unqualifizierten Arbeitskräften auch in jenen Sektoren des Nordens gefallen ist, die nicht-handelbare Güter und Dienstleistungen herstellen (Freeman 1995, S.30; Krugman 1994b).

Insgesamt bieten aber solche Beobachtungen eine methodisch eher schwache und wenig tragfähige Grundlage für eine trennscharfe Identifikation der Rolle, die der Globalisierungstrend für die Arbeitsmarktentwicklungen in den Industrieländern gespielt hat. Einen Schritt weiter geht Wood (1995) mit dem Argument, daß nicht alle OECD-Länder in gleichem Masse durch die Zunahme der Industriegüterexporte aus dem Süden betroffen sind, und daß man folglich im Querschnitt einen Zusammenhang zwischen dem Ausmaß dieser Zunahme und einem relevanten Arbeitsmarktindikator finden müßte, wenn die Globalisierungsthese tatsächlich Erklärungskraft besäße. In der Tat zeigt er, daß es über die einzelnen OECD-Länder hinweg eine klare inverse Korrelation zwischen der Änderung des Beschäftigungsanteils des industriellen Sektors zwischen 1970 und 1990 und dem Grad der Importdurchdringung der Industriegütermärkte seitens der Entwicklungsländer in demselben Zeitraum gibt. Bereits das Streudiagramm der Beobachtungspunkte (Abbildung II-1-4) macht diese inverse Beziehung augenfällig. Das Bild, das sich ergibt, so Wood (1995, S. 63) „make(s) it hard to believe that trade had only small effects, for if this were so, the association would surely be disguised by other influences." Weder die Tatsache, daß die entlang der Abszisse gemessenen Werte der Importzunahme absolut sehr klein sind, noch die Denkmöglichkeit, daß die

Korrelation nicht Ausdruck einer Kausalität, sondern Reflex einer gemeinsamen dritten Ursache sein könnte, läßt Wood als Einwände gegen seine Interpretation gelten.

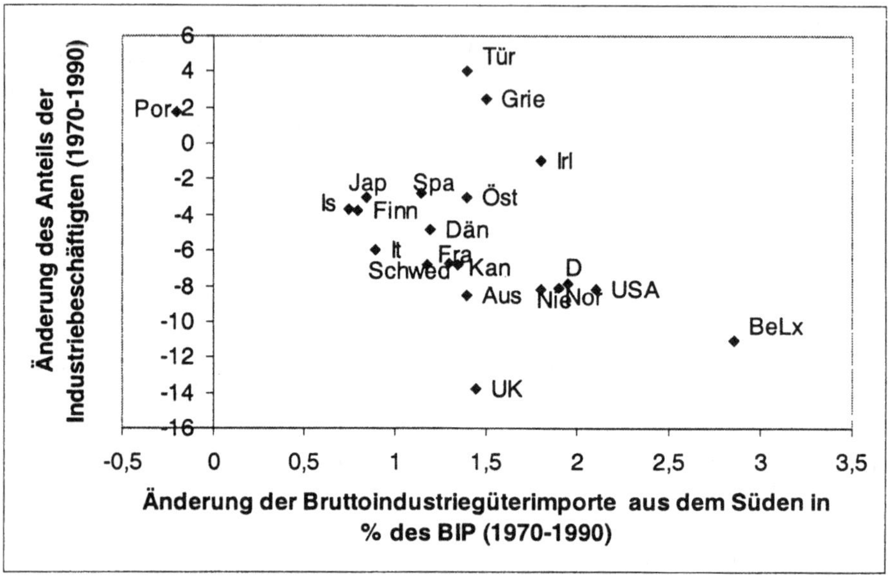

Abbildung II-1-4: Die Zunahme der Industriegüterimporte aus Entwicklungsländern und die Änderung der Industriebeschäftigung in den OECD-Ländern. Datenquelle Saeger (1997, Figure 2a, S.590 nach OECD, STAN, Foreign Trade Statistics und Labor Force Statistics).

Auch hier zeigt sich wieder, daß die Auseinandersetzung mit Argumenten und Gegenargumenten, losgelöst von einer tieferen theoretischen Analyse, welche die Wirkungszusammenhänge im Kontext eines allgemeinen Gleichgewichtssystems untersucht, nicht weit führen kann. So wenden wir uns im folgenden Abschnitt denn auch der Frage zu, wie die Zusammenhänge am besten modelliert werden können, und welche systemweiten Auswirkungen im Rahmen einer solchen Modellierung von dem Globalisierungstrend bzw. den angesprochenen technologischen Änderungen zu erwarten sind.

1.3 Modellierungsstrategie

Daß die Globalisierung der Wirtschaft und die Mobilisierung des in der Dritten Welt vorhandenen - wenn auch in weiten Teilen noch schlummernden - wirtschaftlichen Potentials weitreichende Rückwirkungen auf die Volkswirtschaften der etablierten Industrieländer des Nordens hat und noch haben wird, ist sicher. Ebenso sicher ist, daß diese Rückwirkungen nicht ausschließlich positiv sein müssen. Zu den warnenden Stimmen gehört auch keine geringere als diejenige von Paul Samuelson:

> „As the billions of people who live in east Asia and Latin America qualify for good, modern jobs, the half-billion Europeans and North Americans who used to tower over the rest of the world will find their upward progress in living standards encountering tough resistance.“[11]

Allerdings herrschen in der öffentlichen politischen Diskussion teilweise Vorstellungen über mögliche Szenarien und Wirkungsmechanismen der Globalisierung vor, die einer ökonomischen Analyse nur schwer standhalten. Dazu gehört etwa der Glaube, daß sich die Nationen untereinander in zunehmendem Masse in einem Verdrängungswettbewerb befänden (‘head-to-head-competition’), den die gesättigten Industriestaaten des Nordens mit ihrem hohen Kostenniveau zu verlieren drohten, womit unweigerlich eine empfindliche Absenkung des Lebensstandards verbunden wäre. Das solchen Argumentationen zugrundeliegende Konzept der Wettbewerbsfähigkeit von Nationen ist oft durch die Analogie mit der Wettbewerbsfähigkeit von Unternehmungen inspiriert und überträgt damit, zumindest implizit, die Konsequenzen, die mangelnde Wettbewerbsfähigkeit auf Unternehmensebene hat, auf die Ebene ganzer Volkswirtschaften. Daß diese Analogie in gravierender Weise irreführend ist und deshalb dazu beigetragen hat, die Wettbewerbsfähigkeit zu einer geradezu „gefährlichen Obsession“ werden zu lassen, ist in den letzten Jahren insbesondere Paul Krugman (1994c,1994d) nicht müde geworden zu betonen.

Damit stellt sich aber die Frage, wie sich denn die Intensivierung des Wettbewerbs auf den Weltmärkten wirklich auswirkt, und wie diese Auswirkungen analysiert werden können. Die von Samuelson angesprochenen Konsequenzen des gewaltigen Reichtums an billiger Arbeitskraft, über den der Süden verfügt, können sich grundsätzlich auf drei Arten manifestieren. Zum einen schafft das eklatante Lohngefälle zwischen Nord und Süd einen starken Wanderungsanreiz für Arbeitskraft. Derartige Wanderungen wirken grundsätzlich nivellierend auf die Löhne. Dies ist denn auch der Grund, warum die Industrieländer des Nordens die Zuwanderung aus dem Süden, die potentiell ohne Zweifel sehr groß werden könnte, einschneidenden Beschränkungen unterwerfen und warum Faini et al. (1999) davon sprechen können, die internationale Migration sei die „absentee“ in der gegenwärtigen

---

11 Vortragsmanuskript 1992, zitiert von Bhagwati/Dehejia (1994).

Globalisierungsperiode.[12] Wir klammern den Aspekt der Arbeitsmobilität daher zunächst aus unseren Überlegungen aus.

Ein zweiter, potentiell mindestens so bedeutsamer Effekt ist, daß Kapital vom Norden in den Süden abwandern kann, um dort von den Ertragschancen zu profitieren, die das reichliche Arbeitsangebot bietet. Dieser Mechanismus, der sich tendenziell genauso nivellierend auf das Lohngefälle zwischen Nord und Süd auswirkt wie die Migration von Arbeitskräften in umgekehrte Richtung, gibt in der aktuellen Standortdiskussion Anlaß zu erheblicher Beunruhigung (Stichwort: Produktionsverlagerungen). Obwohl sich Kapital wesentlich freier als Arbeitskraft international bewegen kann, ist das Ausmaß der Netto-Kapitalströme, die aus den Industrie- in die Entwicklungsländer fließen, gemessen an der eklatanten Unterkapitalisierung des Südens, erstaunlich gering, wie wir in Kapitel 2.1.2 des Einleitungsteils dokumentiert haben. Die Gründe hierfür sind nicht völlig klar (Lucas 1990, Mankiw 1995), hängen aber damit zusammen, daß die Ertragsraten des Kapitals im Norden und im Süden bei weitem nicht so stark differieren, wie die relativen Knappheitsverhältnisse auf den ersten Blick vermuten lassen könnten. Selbst die recht substantiellen Kapitalströme, die seit 1990 in die sog. „Emerging Economies" geflossen sind, bewegen sich im Vergleich zum globalen Spar- und Investitionsvolumen - oder auch nur im Vergleich zu den Beträgen, die die öffentlichen Haushalte der OECD-Länder den Kapitalmärkten entziehen - noch immer in eher bescheidenen Größenordnungen (Krugman 1994c). Anekdotische Evidenz über punktuelle Auswirkungen von Produktionsverlagerungen mag gelegentlich dazu verleiten, die bisherige quantitative Bedeutung dieses Kanals der internationalen Faktorarbitrage zu überschätzen. Obwohl sicher nicht völlig vernachlässigbar, können die internationalen Kapitalbewegungen daher *nicht* der erste und zentrale Anknüpfungspunkt unserer theoretischen Analyse sein.

Bleibt als dritte mögliche Konsequenz des reichlichen Arbeitskräfteangebots in den Entwicklungsländern der internationale Handel mit Gütern und Dienstleistungen. Die theoretische Grundlage der Erwartung, daß die unterschiedliche Ausstattung mit Produktionsfaktoren Handelsströme zwischen Nord und Süd in Gang setzt, und daß dieser Handel negative Rückwirkungen auf die Einkommensposition der Arbeitnehmer im Norden haben könnte, ist natürlich das populäre Heckscher-Ohlin-Samuelson-(HOS)-Paradigma, laut welchem der internationale Handel die Produktionsfaktoren einer Volkswirtschaft grundsätzlich demselben Wettbewerbsdruck aussetzt, dem sie sich auch in einer Welt der ungehinderten Faktormobilität ausgesetzt sähen. Wenn die Entwicklungsländer komparative

---

12 Vergleiche unsere Ausführungen in Kapitel 2.1.2 des Einleitungsteils I. Vor allem die Immigration unqualifizierter Arbeitskräfte wird aufgrund befürchteter negativer externer Effekte politisch verhindert. Bei qualifizierten Arbeitskräften, deren Migration für das Empfängerland eher mit positiven externen Effekten verbunden sind, sind weniger politische Faktoren als individuelle Präferenzen, also sozio-kulturelle Ursachen, für die relative Immobilität verantwortlich (Minford et.al. 1995, S.6f.).

Wettbewerbsvorteile in arbeitsintensiven Gütern besitzen und daher auf dem Weltmarkt solche Güter zu tieferen Preisen anbieten können als der Norden, lassen dann nicht das Stolper-Samuelson-Theorem und das Faktorpreisausgleichtheorem erwarten, daß die Position des Faktors Arbeit im Norden unter Druck gerät und sich das Lohndifferential zwischen Nord und Süd vermindert, ja vielleicht sogar völlig einebnet?

Fragen dieser Art haben in letzter Zeit zu einer eigentlichen Renaissance des HOS-Modells geführt und vor allem dazu Anlaß gegeben, die Grundlagen und die Prämissen des Modells einer erneuten Analyse zu unterziehen, nachdem das Paradigma zuvor jahrelang ein wenig aktives Forschungsfeld gewesen ist und jedenfalls im Schatten der 'New Trade Theory', d.h. im wesentlichen der Theorie des intra-industriellen Handels, gestanden hat. Trotzdem ist es einigermaßen überraschend, daß methodische Fragen der korrekten Interpretation und Handhabung des HOS-Modells in der aktuellen Diskussion, wie wir sehen werden, selbst zwischen führenden Vertretern des Fachs außerordentlich kontrovers debattiert werden.

Weitgehende Einigkeit herrscht immerhin im Hinblick auf einen zentralen Punkt, nämlich die Frage, welches die relevante Abgrenzung der Produktionsfaktoren ist, deren Knappheitsverhältnisse die komparativen Vorteile im Nord-Süd-Handel begründen. Ein naheliegender Ansatz bestünde ja darin, die relative Verfügbarkeit von Arbeit und Kapital in Nord und Süd in den Vordergrund zu rücken. Das Argument liefe dann im Kern darauf hinaus, daß die bevölkerungsreichen und kapitalarmen Volkswirtschaften - nicht nur Asiens und Lateinamerikas, sondern auch Osteuropas -, die in die Weltwirtschaft hineindrängen, die globalen Knappheitsrelationen zwischen Kapital und Arbeit verschieben, wodurch im Norden die Reallöhne generell sinken und die Kapitalerträge steigen müßten. Obgleich sowohl die klassischen Theoreme als auch die Mehrzahl der empirischen Tests des HOS-Paradigmas in Kategorien von Kapital und Arbeit formuliert waren (und in dieser Form auch bis heute in den Lehrbüchern erscheinen), hat die Literatur über die Arbeitsmarktwirkungen des Nord-Süd-Handels diesen Aspekt nicht in den Mittelpunkt gestellt. Eine ganze Anzahl von theoretischen wie auch empirischen Studien, insbesondere auch diejenige von Wood (1994), geht sogar so weit, die Rolle des physischen Kapitals ganz aus der Analyse auszublenden. Weshalb?

Der Grundgedanke der Faktorproportionen-Theorie ist, daß die Handelsströme Unterschiede in der Ausstattung mit originären, standortgebundenen Ressourcen widerspiegeln - das sind Ressourcen, die weder international mobil noch reproduzierbar sind, deren Bestand sich mithin nicht endogen aus dem Wirtschaftsprozeß heraus ergibt, sondern die wirklich als exogen vorgegeben betrachtet werden können. Hierzu ist das Realkapital nicht zu zählen. Denn dieses ist im Unterschied etwa zu Bevölkerung oder Bodenschätzen nicht unveränderlich vorgegeben, sondern sowohl produzierbar als auch in zunehmendem Grade international verschiebbar; seine Verfügbarkeit ist folglich im wesentlichen eine Funktion der Standortbedingungen, die ihm geboten werden.

Schon rein empirisch entspricht das Bild nicht dem, was zu erwarten wäre, wenn der Nord-Süd-Handel zur Hauptsache durch einen exogenen relativen Sachkapitalreichtum des Nordens begründet wäre. In diesem Falle hätte nämlich schon das bisherige Wachstum des Nord-Süd-Handels im Norden eine Verschiebung der funktionalen Einkommensverteilung zugunsten des Faktors Kapital und zuungunsten des Faktors Arbeit bewirken müssen. Wie oben schon erläutert, sind für die Lohnquoten der OECD-Länder aber keine systematischen Trendveränderungen feststellbar. Die relativen Sachkapitalausstattungen der Weltregionen scheinen somit, wie vor allem Krugman (1995a,b) wiederholt betont hat, nicht der Kern des Problems zu sein. Dazu paßt auch, daß die Ertragsraten des Realkapitals zwischen Nord und Süd nicht wesentlich differieren und somit auch wenig Anlaß zu der Form von indirekter Faktorarbitrage bieten, mit der das HOS-Paradigma die Handelsströme erklärt.

Ob die relative Ähnlichkeit der Kapitalertragsraten in Nord und Süd die Folge einer hohen internationalen Mobilität des Faktors Kapital ist, wie häufig argumentiert wird (Wood 1991, 1994; Minford et al. 1995), erscheint angesichts des oben vermerkten geringen Umfangs der Nord-Süd-Kapitalströme etwas fraglich. Von Bedeutung ist eher ein anderer Punkt: Obwohl die physische Kapitalausstattung der Industrieländer ungleich besser ist als diejenige der Entwicklungsländer, reicht die unterschiedliche Realkapitalintensität bei weitem nicht aus, um das massive Lohngefälle zu erklären, das die komparativen Vorteile des Südens im internationalen Handel begründet. Nicht umsonst ist es eines der zentralen Anliegen der aktuellen Wachstumsforschung, die Faktoren zu identifizieren, die für das Ausmaß und die Entwicklungstrends der Einkommens- bzw. Lohndisparitäten zwischen Nord und Süd verantwortlich sind. Besondere Aufmerksamkeit hat hierbei die Rolle des Humankapitals erhalten (Mankiw 1995, Mankiw/Romer/Weil 1992). Hohe Löhne sind nach dieser Sicht der Dinge nicht primär die Folge einer reichlichen Ausstattung mit physischen Produktionsanlagen, sondern die Folge einer hohen Humankapitalintensität. In den hohen Lohndifferentialen ist m.a.W. eine substantielle Ausbildungs- bzw. Qualifikationsprämie mit enthalten. Im Hinblick auf eine HOS-Modellierung des Nord-Süd-Handels bietet es sich somit an, die Ausstattung mit Humankapital, d.h. die relative Verfügbarkeit von qualifizierter und unqualifizierter Arbeit, ins Zentrum zu stellen.[13] Diese Schlußfolgerung wird auch durch eine genauere Analyse der sektoralen Struktur der Netto-Importe von OECD-Ländern aus den „Emerging Economies", die die OECD (1997, S.104ff) vorgelegt hat, gestützt. Diese Analyse zeigt, daß die Netto-Importe der OECD-Länder nahezu ausnahmslos Gütergruppen betreffen, die intensiv mit unqualifizierten Arbeitskräften hergestellt werden, wie z.B. Textilien und Beklei-

13 Nur am Rande sei daran erinnert, dass derselbe Schluss seinerzeit schon aus Leontieffs (1954) vergeblichem Versuch gezogen wurde, die Außenhandelsstruktur der kapitalreichen USA in Kategorien von relativer Kapital- bzw. Arbeitsintensität der Ein- und Ausfuhren zu erklären.

dung, Holzprodukte, Gummi- und Kunststoffprodukte oder Spielzeuge (in der Tabelle unter „Other manufacturing“ geführt).

Selbst wenn der Nord-Süd-Handel im Einklang mit dem HOS-Modell nivellierend auf die Faktorpreise wirken sollte, folgt hieraus natürlich nicht, daß er nivellierend auf das Einkommen von Arbeitskräften wirkt, die in ganz unterschiedlichem Masse mit Humankapital ausgestattet sind (Leamer 1995). Vielmehr folgt, daß sich in den Industrieländern die relative Nachfrage nach hoch qualifizierten bzw. unqualifizierten Arbeitskräften verändert - also genau das Phänomen, welches für die Arbeitsmärkte des OECD-Raums charakteristisch ist.

Im folgenden werden wir nun im Rahmen eines solchen Modellrahmens die Auswirkungen der Globalisierung im einzelnen analysieren und mit den Konsequenzen verschiedener Ausprägungen des technischen Fortschritts kontrastieren. Dabei unterscheiden wir jeweils zwischen einem „amerikanischen Szenario“, in dem die exogenen Änderungen durch flexible Löhne aufgefangen werden, und einem „europäischen Szenario“, in dem es aufgrund rigider Lohnrelationen hauptsächlich zu Mengenreaktionen kommt.[14] Auf die anderen Globalisierungskanäle, die wir hier zunächst als zweitrangige Transmissionskanäle eingestuft haben - insbesondere die Kapitalmobilität -, werden wir an späterer Stelle zurückkommen.

---

[14] Mit der Wahl des HOS-Modells als Analyseinstrument wollen wir nicht suggerieren, dass die Faktoproportionentheorie die Auswirkungen des Nord-Süd-Handels erschöpfend beschreiben kann. Ausgeblendet werden insbesondere Skalen- und Marktstruktureffekte, die mit diesem Handel verbunden sein können. Auch die zusätzlichen Anpassungsprobleme, die sich aus der Tatsache ergeben können, daß die Globalisierung der Produktion die komparativen Vorteile von Standorten fragiler werden läßt, bleiben im folgenden ausgeklammert. Siehe dazu den Abschnitt 3.4 weiter unten.

1.4 Handel und technischer Fortschritt im HOS-Modell[15]

1.4.1 Der grundlegende HOS-Modellrahmen

Die weiteren Überlegungen greifen auf das Standardmodell der Außenhandelstheorie mit zwei Gütern und zwei Faktoren zurück. Von zentraler Bedeutung ist die Produktionsseite dieses Modells, die wir zunächst charakterisieren (Jones, 1965). Wir nehmen an, daß unter Einsatz von qualifizierter Arbeit, H, und unqualifizierter Arbeit, L, ein High-Tech Gut, X_H, und ein Low-Tech Gut, X_L, unter Bedingungen vollkommener Konkurrenz bei konstanten Skalenerträgen und mit abnehmenden Grenzprodukten hergestellt werden. Bezeichnen wir den Lohnsatz für qualifizierte Arbeit mit w_H und den Lohnsatz für unqualifizierte Arbeit mit w_L, so lauten die Kostenfunktionen $C_i = c_i(w_H, w_L)X_i$ für $i = H, L$ (Güterindex). Die Durchschnittskosten (zugleich Grenzkosten) sind durch $c_i(w_H, w_L)$ repräsentiert. Aus den partiellen Ableitungen dieser Funktionen nach den Faktorpreisen lassen sich die Faktoreinsatzkoeffizienten gewinnen, $\delta c_i(w_H, w_L)/\delta w_j = a_{ji}$ für $j = H, L$ (Faktorindex) und $i = H, L$. Das High-Tech Gut ist (definitionsgemäß) dadurch charakterisiert, daß es bei jeder gegebenen Faktorpreisrelation mit einer höheren Intensität an qualifizierter Arbeit erstellt wird als das Low-Tech Gut, mithin: $H_H / L_H = a_{HH} / a_{LH} > H_L / L_L = a_{HL} / a_{LL}$. Die Produktionsseite des Modells ist vollständig durch folgende vier Gleichungen charakterisiert:

$$a_{LL} X_L + a_{LH} X_H = L \tag{1.1}$$

$$a_{HL} X_L + a_{HH} X_H = H \tag{1.2}$$

$$c_L(w_H, w_L) = a_{LL} w_L + a_{HL} w_H = p_L \tag{1.3}$$

$$c_H(w_H, w_L) = a_{LH} w_L + a_{HH} w_H = p_H \tag{1.4}$$

Die Gleichgewichte auf den Märkten für unqualifizierte und qualifizierte Arbeitskräfte sind in den Gleichungen (1.1) und (1.2) beschrieben, wobei konstante Faktorangebote L und H unterstellt sind. Gleichungen (1.3) und (1.4) bringen die Annahme der vollkommenen Konkurrenz auf den Gütermärkten zum Ausdruck: Die Stückkosten der Güter müssen den jeweiligen Güterpreisen, p_i, entsprechen.

---

15 Die folgenden Ausführungen knüpfen an Landmann/Pflüger (1998) an.

Für den Zweck der komparativ-statischen Analyse überführen wir das obige System durch Log-Linearisierung in die gängige Änderungsratenformulierung:[16]

$$\lambda_{LL}\tilde{X}_L + \lambda_{LH}\tilde{X}_H = \tilde{L} - [\lambda_{LL}\tilde{a}_{LL} + \lambda_{LH}\tilde{a}_{LH}] \tag{1.1a}$$

$$\lambda_{HL}\tilde{X}_L + \lambda_{HH}\tilde{X}_H = \tilde{H} - [\lambda_{HL}\tilde{a}_{HL} + \lambda_{HH}\tilde{a}_{HH}] \tag{1.2a}$$

$$\theta_{LL}\tilde{w}_L + \theta_{HL}\tilde{w}_H = \tilde{p}_L - [\theta_{LL}\tilde{a}_{LL} + \theta_{HL}\tilde{a}_{HL}] \tag{1.3a}$$

$$\theta_{LH}\tilde{w}_L + \theta_{HH}\tilde{w}_H = \tilde{p}_H - [\theta_{LH}\tilde{a}_{LH} + \theta_{HH}\tilde{a}_{HH}] \tag{1.4a}$$

Die Parameter λ_{ji} bezeichnen jeweils den Anteil des Sektors i an der Beschäftigung von Faktor j, i.e. $\lambda_{Li} = L_i / L$ und $\lambda_{Hi} = H_i / H$. Somit gilt: $\lambda_{jL} + \lambda_{jH} = 1$. Die Parameter θ_{ji} bringen die Faktoranteile in jeder Industrie zum Ausdruck, d.h. $\theta_{ji} \equiv a_{ji}w_j / p_i$. Wegen der Nullprofitbedingung gilt: $\theta_{Li} + \theta_{Hi} = 1$. Der technische Fortschritt entfaltet in diesem Modell seine Wirkung dadurch, daß er die Inputkoeffizienten, a_{ji}, reduziert. Somit hängen die a_{ji} sowohl vom Faktorpreisverhältnis, w_L / w_H, als auch vom Stand der Technologie, t, ab: $a_{ji} = a_{ji}(w_L / w_H, t)$. Entsprechend lassen sich die Änderungen der Inputkoeffizienten in zwei Komponenten zerlegen (Jones, 1965): $\tilde{a}_{ji} = \tilde{s}_{ji} - \tilde{b}_{ji}$. Die erste Komponente gibt die Veränderung des Inputkoeffizienten a_{ji} aufgrund einer Änderung der Faktorpreisrelationen an: $\tilde{s}_{Hi} = \theta_{Li}\sigma_i(\tilde{w}_L - \tilde{w}_H)$ und $\tilde{s}_{Li} = -\theta_{Hi}\sigma_i(\tilde{w}_L - \tilde{w}_H)$ wobei die σ_i die Substitutionselastizitäten der sektoralen Produktionsfunktionen (wo $i = H, L$) bezeichnen (Änderungen der Faktoreinsatzrelation entlang einer gegebenen Isoquanten)[17]. Die Änderung der Faktorpreisrelationen kann im Kontext des allgemeinen Gleichgewichts selbst wieder eine Sekundärwirkung des technologischen Wandels oder auch einer Güterpreisänderung sein. Die zweite Komponente, $\tilde{b}_{ji}$, bringt die direkte Wirkung des technischen Fortschritts zum Ausdruck, die unabhängig von Faktorpreisänderungen eintritt (Änderung der Inputkoeffizienten bei Veränderung der Isoquanten durch technischen Fortschritt und konstanten Faktor-

---

16 Eine Tilde (~) über einer Variable bezeichnet deren relative Änderung (z.B. $\tilde{X}_i = d\,ln\,X_i = dX_i / X_i$).

17 Die vier Terme $\tilde{s}_{ji}$ wie im Text angegeben lassen sich aus den beiden Definitionsgleichungen $\sigma_i = (\tilde{s}_{Hi} - \tilde{s}_{Li})/(\tilde{w}_L - \tilde{w}_H)$ und den beiden Gleichungen $\theta_{Li}\tilde{s}_{Li} + \theta_{Hi}\tilde{s}_{Hi} = 0$ für $i = H, L$ (Enveloppen-Argument bei der Kostenminimierung) ermitteln.

preisen). Da die Inputkoeffizienten, a_{ji}, eine negative Funktion von t sind ($\delta a_{ji} / \delta t < 0$), gilt $\tilde{b}_{ji} > 0$.

Betrachtet man die Güterpreise zunächst als exogene Größen, so läßt sich das durch Gleichungen (1.1a) - (1.4a) charakterisierte Produktionsmodell rekursiv lösen. Aus den Bedingungen der wettbewerblichen Preisbildung (1.3a) und (1.4a) folgt zunächst für die Faktorpreise:

$$\tilde{w}_L = \frac{\theta_{HH}}{|\theta|}\left(\tilde{p}_L + \pi_{X_L}\right) - \frac{\theta_{HL}}{|\theta|}\left(\tilde{p}_H + \pi_{X_H}\right) \tag{1.5a}$$

$$\tilde{w}_H = -\frac{\theta_{LH}}{|\theta|}\left(\tilde{p}_L + \pi_{X_L}\right) + \frac{\theta_{LL}}{|\theta|}\left(\tilde{p}_H + \pi_{X_H}\right) \tag{1.5b}$$

$$\left(\tilde{w}_L - \tilde{w}_H\right) = \frac{1}{|\theta|}\left[\left(\tilde{p}_L - \tilde{p}_H\right) - \left(\pi_{X_H} - \pi_{X_L}\right)\right] \tag{1.5}$$

wobei
$$|\theta| = \theta_{LL} - \theta_{LH} = \theta_{HH} - \theta_{HL} > 0$$

$$\pi_{X_L} = \theta_{LL}\tilde{b}_{LL} + \theta_{HL}\tilde{b}_{HL}$$

$$\pi_{X_H} = \theta_{LH}\tilde{b}_{LH} + \theta_{HH}\tilde{b}_{HH}$$

Der Ausdruck $|\theta|$, die Differenz der Einkommensanteile der Faktoren in den beiden Industrien ist positiv, weil das High-Tech-Gut qualifikationsintensiver produziert wird als das Low-Tech-Gut. Die Parameter π_{X_i} sind (mit den Faktoranteilen) gewichtete Mittel der technischen Fortschrittsfaktoren $\tilde{b}_{ji}$ und sind als Zunahme der totalen Faktorproduktivität in jedem Sektor zu interpretieren. Die Gleichungen (1.5a) und (1.5b) verdeutlichen, daß die Faktorentgelte positiv mit dem Preis desjenigen Gutes korreliert sind, welcher in der Produktion relativ intensiv eingesetzt wird, und daß eine inverse Beziehung zum Preis des jeweiligen anderen Gutes besteht. Gleichung (1.5) gibt den von Stolper und Samuelson (1941) beschriebenen Zusammenhang zwischen Faktor- und Güterpreisen wieder: Die relative Entlohnung der unqualifizierten Arbeit nimmt mit dem relativen Preis des die unqualifizierte Arbeit intensiv nutzenden Low-Tech-Gutes zu. Abbildung II-1-5 zeigt diese Beziehung im linken oberen Quadranten.[18] Da für die Einkommensanteile

---

18 Der rechte untere Quadrant wird bis zu den Überlegungen in 1.4.3 ausgeblendet.

gilt, $0 < \theta_{ji} < 1$, folgt unmittelbar, $0 < |\theta| < 1$. Gleichung (1.5) bringt daher den von Jones beschriebenen "Magnification Effect" zum Ausdruck: Die Erhöhung des relativen Preises der High-Tech-Güter p_H / p_L im Zuge der Handelsliberalisierung schlägt sich in einer überproportionalen Verringerung des relativen Lohnes der unqualifizierten Arbeit w_L / w_H im Norden nieder.

Die Faktormarktgleichgewichtsbedingungen (1.1a) und (1.2a) lassen sich nach den Produktionsmengen der beiden Güter auflösen, die nach Maßgabe des Theorems von Rybczynski (1955) Funktionen der Faktorausstattung und der Faktorpreise sind. Unter Berücksichtigung der oben erläuterten Technologie- und Faktorpreisabhängigkeit der $\tilde{a}_{ji}$ resultiert für die sektorale Struktur der Produktion:

$$\tilde{X}_L = \frac{1}{|\lambda|}\left[\lambda_{HH}\left(\pi_L + \tilde{L}\right) - \lambda_{LH}\left(\pi_H + \tilde{H}\right)\right] + \frac{\left(\tilde{w}_L - \tilde{w}_H\right)}{|\lambda|}\left(\lambda_{HH}\partial_L + \lambda_{LH}\partial_H\right) \tag{1.6a}$$

$$\tilde{X}_H = \frac{1}{|\lambda|}\left[-\lambda_{HL}\left(\pi_L + \tilde{L}\right) + \lambda_{LL}\left(\pi_H + \tilde{H}\right)\right] - \frac{\left(\tilde{w}_L - \tilde{w}_H\right)}{|\lambda|}\left(\lambda_{HL}\partial_L + \lambda_{LL}\partial_H\right) \tag{1.6b}$$

$$\left(\tilde{X}_L - \tilde{X}_H\right) = \frac{1}{|\lambda|}\left[\left(\pi_L - \pi_H\right) + \left(\tilde{L} - \tilde{H}\right)\right] + \left(\tilde{w}_L - \tilde{w}_H\right)\frac{\left(\partial_L + \partial_H\right)}{|\lambda|} \tag{1.6}$$

wobei

$$|\lambda| = \lambda_{LL} - \lambda_{HL} = \lambda_{HH} - \lambda_{LH} > 0$$

$$\pi_L = \lambda_{LL}\tilde{b}_{LL} + \lambda_{LH}\tilde{b}_{LH}$$

$$\pi_H = \lambda_{HL}\tilde{b}_{HL} + \lambda_{HH}\tilde{b}_{HH}$$

$$\partial_L = \lambda_{LL}\theta_{HL}\sigma_L + \lambda_{LH}\theta_{HH}\sigma_H$$

$$\partial_H = \lambda_{HL}\theta_{LL}\sigma_L + \lambda_{HH}\theta_{LH}\sigma_H$$

Die Größe $|\lambda|$, die Differenz zwischen den Beschäftigungsanteilen der beiden Faktoren in jeder Industrie, ist – wie oben schon $|\theta|$ – positiv, weil das High-Tech-Gut qualifikationsintensiver produziert wird als das Low-Tech-Gut. Die gewichteten Produktivitätssteigerungsraten, π_j $(j = H, L)$, geben an, wieviel qualifizierte bzw. unqualifizierte Arbeit der technische Fortschritt in den beiden Sektoren insgesamt einzusparen erlaubt, und die Summe $\partial_L + \partial_H$ stellt ein Sammelmaß für die Leichtigkeit der Faktorsubstitution in den beiden Sektoren dar. Die Kernaussage von Gleichung (1.6) lautet, daß die Low-Tech-Produktion im Verhältnis zur High-Tech-Produktion umso mehr Gewicht erhält, je größer der relative Bestand an unqualifizierten Arbeitskräften ist, wobei auch deutlich wird, daß technologisch bedingte Faktoreinsparungsmöglichkeiten genau gleich wirken wie eine Vermehrung der entsprechenden physischen Faktormengen.

Durch Substitution der Gleichungen (1.5a), (1.5b) und (1.5) in (1.6a), (1.6b), (1.6) läßt sich der Einfluß des Güterpreisverhältnisses auf die Produktionsmengen ableiten:

$$\tilde{X}_L = \frac{1}{|\lambda|}\left[\lambda_{HH}\left(\pi_L + \tilde{L}\right) - \lambda_{LH}\left(\pi_H + \tilde{H}\right)\right] + \frac{1}{|\lambda||\theta|}\left[\left(\tilde{p}_L - \tilde{p}_H\right) + \left(\pi_{X_L} - \pi_{X_H}\right)\right]\left(\lambda_{HH}\partial_L + \lambda_{LH}\partial_H\right) \qquad (1.7a)$$

$$\tilde{X}_H = \frac{1}{|\lambda|}\left[-\lambda_{HL}\left(\pi_L + \tilde{L}\right) + \lambda_{LL}\left(\pi_H + \tilde{H}\right)\right] - \frac{1}{|\lambda||\theta|}\left[\left(\tilde{p}_L - \tilde{p}_H\right) + \left(\pi_{X_L} - \pi_{X_H}\right)\right]\left(\lambda_{HL}\partial_L + \lambda_{LL}\partial_H\right) \qquad (1.7b)$$

$$\left(\tilde{X}_L - \tilde{X}_H\right) = \frac{1}{|\lambda|}\left[\left(\pi_L - \pi_H\right) + \left(\tilde{L} - \tilde{H}\right)\right] + \sigma_S\left[\left(\tilde{p}_L - \tilde{p}_H\right) + \left(\pi_{X_L} - \pi_{X_H}\right)\right] \qquad (1.7)$$

$$\text{mit} \qquad \sigma_S = \frac{1}{|\lambda||\theta|}\left(\partial_L + \partial_H\right)$$

Der Parameter σ_S sammelt bereits definierte Größen und läßt sich mit Jones (1965) als angebotsseitige Substitutionselastizität (Substitutionselastizität entlang der Güter-Transformationskurve) auffassen. Die Gleichungen (1.7a), (1.7b) und (1.7) enthalten die Quintessenz des allgemeinen Gleichgewichtsmodells und des Heckscher-Ohlin-Paradigmas: Der sektorale Outputmix X_L / X_H ist eine Funktion der relativen Güterpreise und der Faktorausstattung. In Abbildung II-1-5 wird dieser Sachverhalt im Quadranten rechts oben durch die steigend verlaufende relative Angebotsfunktion $AT(K/L)$ zum Ausdruck gebracht.

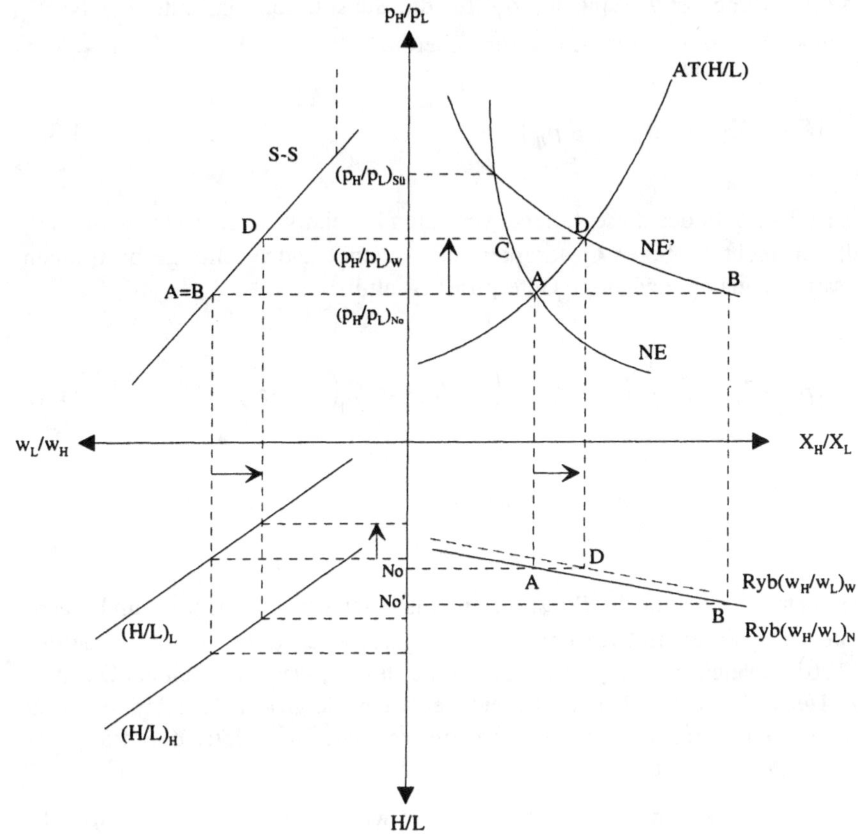

Abbildung II-1-5: Heckscher-Ohlin-Modell und Nord-Süd-Handel

Wir schließen das Modell mit einer Spezifikation der Nachfrageseite. Aus Gründen der Vereinfachung unterstellen wir homothetische Präferenzen.[19] Die relative Nachfrage nach Low-Tech-Gütern hängt dann allein vom relativen Preis p_L / p_H ab,

$$\frac{X_L^D}{X_H^D} = f\left(\frac{p_L}{p_H}\right) \tag{1.8a}$$

[19] Die Logik der Heckscher-Ohlin-Theorie bleibt erhalten, solange Unterschiede in den Präferenzen (der "demand bias") die (durch die unterschiedlichen Ausstattungen bedingten) Unterschiede der Produktionsgegebenheiten (den "production bias") nicht überkompensieren (Jones und Neary, 1984, S.18).

Unter Verwendung des Parameters σ_D für die Substitutionselastizität der Nachfrage, können wir in Änderungsraten formulieren:

$$\left(\tilde{X}_L^D - \tilde{X}_H^D\right) = -\sigma_D\left(\tilde{p}_L - \tilde{p}_H\right) \tag{1.8b}$$

Abbildung II-1-5 bildet diese fallend verlaufende relative Nachfragekurve *NE* ebenfalls im rechten oberen Quadranten ab. Angebot und Nachfrage bestimmen gemeinsam das gleichgewichtige Güterpreisverhältnis:

$$\left(\tilde{p}_L - \tilde{p}_H\right) = -\frac{|\theta|}{\sigma}\left[\left(\pi_L - \pi_H\right) + \left(\tilde{L} - \tilde{H}\right) + \sigma_S|\lambda|\left(\pi_{X_L} - \pi_{X_H}\right)\right] \tag{1.9}$$

$$\text{mit} \qquad \sigma = |\lambda||\theta|\left(\sigma_S + \sigma_D\right)$$

Der Parameter σ vereint die Substitutionselastizitäten auf Angebots- und Nachfrageseite zu einer gesamtwirtschaftlichen "aggregierten Substitutionselastizität" (Jones 1965). Gleichung (1.9) ist die Kehrseite dessen, was wir oben als Quintessenz der Heckscher-Ohlin-Theorie bezeichnet haben: Je größer der relative Vorrat an qualifizierten Arbeitskräften ist, umso billiger wird das relativ qualifikationsintensive High-Tech-Gut.

Anhand des kanonischen HOS-Modells können wir nun die Debatte über die Ursachen der Verschiebung der Arbeitsnachfrage von unqualifizierter zu qualifizierter Arbeit in den hochentwickelten Volkswirtschaften des Nordens adressieren. Die beiden potentiellen Hauptursachen dieser Entwicklung, die in der laufenden Diskussion im Vordergrund stehen - die Globalisierung in Form des Nord-Süd-Handels und der technologische Wandel –, lassen sich in unserem Modellrahmen leicht miteinander konfrontieren. Wir beginnen mit dem „amerikanischen Szenario", in welchem die exogenen Änderungen durch flexible Löhne aufgefangen werden.

1.4.2 Das „amerikanische Szenario": Flexible Faktorpreise

1.4.2.1 Nord-Süd-Handel

Die Stolper-Samuelson-Logik

Um die Konsequenzen intensivierter Handelsbeziehungen zwischen dem Norden (in diesem Szenario: den USA) und den in den Weltmarkt eintretenden Schwellen- und Entwicklungsländern (dem Süden) darzustellen, ergänzen wir das obige Modell um die Annahme, daß ein Handelspartner auf den Plan tritt (eben der Süden), der über einen komparativen Vorteil in der Produktion des Low-Tech-Gutes, X_L, verfügt. Die Wirkungen der Globalisierung ermitteln wir dadurch, daß wir das in Abbildung II-1-5 dargestellte Autarkie-Gleichgewicht des Nordens mit demjenigen Gleichgewicht vergleichen, das sich einstellt, wenn es einen Güteraustausch zwischen Süd und Nord gibt. Für den Norden bedeutet die Aufnahme des Nord-Süd-Handels, daß er mit einem Nettoangebot an Low-Tech-Gütern und einer entsprechenden Nettonachfrage nach High-Tech-Gütern aus dem Süden konfrontiert ist. Die Nachfrage nach High-Tech- *relativ* zu Low-Tech-Gütern vergrößert sich im Vergleich zum Autarkiezustand somit um die *relative* Nettonachfrage des Südens. In Abbildung II-1-5 läßt sich dies durch eine Verlagerung der relativen Nachfragekurve von *NE* zu *NE'* abbilden. *NE* und *NE'* schneiden sich beim Preis $(p_H / p_L)_{Sü}$, dem relativen Autarkiepreis des Südens, der annahmegemäß über dem Autarkiepreis des Nordens $(p_H / p_L)_{No}$ liegt. Bei Vernachlässigung von Transportkosten und anderen Handelshemmnissen ergibt sich ein einheitliches Weltmarktpreisverhältnis $(p_H / p_L)_W$, wobei natürlich gilt: $(p_H / p_L)_{No} < (p_H / p_L)_W < (p_H / p_L)_{Sü}$. Die Konsequenzen für den Norden lassen sich aus Abbildung II-1-5 unmittelbar ablesen: Entsprechend seinem komparativen Vorteil dehnt der Norden die relative Produktion des High-Tech-Gutes aus (Zunahme von X_H / X_L oben rechts). Aus der Stolper-Samuelson-Relation (oben links) folgt, daß die relative Entlohnung der unqualifizierten Arbeit (w_L / w_H) zurückgeht und zwar - nach Maßgabe des in (1.5) zum Ausdruck kommenden "Magnification Effects" - in überproportionalem Ausmaß. Die Verringerung der relativen Entlohnung der unqualifizierten Arbeit bedeutet (im Quadranten unten links), daß die Faktorintensitäten $H_i / L_i = a_{Hi} / a_{Li}$ in beiden Sektoren nach Maßgabe der Substitutionselastizitäten σ_i $(i = H, L)$ sinken.[20]

---

[20] Die mit der Änderung des Lohndifferentials einhergehende Verschiebung der Rybczynski-Relation (Gleichung 1.6) im Quadranten unten rechts vermittelt hier keine Information, die in den anderen drei Quadranten nicht bereits enthalten ist.

Ergebnis 1.1: Wirkungen des Nord-Süd-Handels auf den Norden bei flexiblen Faktorpreisen

Die Aufnahme (bzw. Expansion) des Nord-Süd-Handels im Zuge einer Verringerung künstlicher und natürlicher Handelshemmnisse impliziert für den Norden gemäß dem Standard-Heckscher-Ohlin-Modell, daß der relative Preis der Low-Tech-Güter sinkt, die High-Tech-Industrie expandiert, die Low-Tech-Industrie kontrahiert, das Lohndifferential zugunsten der qualifizierten Arbeitskräfte zunimmt und das Einsatzverhältnis von qualifizierten zu unqualifizierten Arbeitskräften in der Produktion beider Güter zurückgeht. Der Norden wird zum Exporteur von High-Tech-Gütern und zum Importeur von Low-Tech-Gütern.

Theoretische Vorbehalte und Qualifizierungen

1. Die „Globalisierungsthese" setzt unvollkommene Spezialisierung in dem Sinne voraus, daß beide Regionen sowohl vor als auch nach der Aufnahme des Handels beide Gütergruppen produzieren. Die relative Faktorausstattung setzt dem Lohndifferential, welches in einer Region auftreten kann, jedoch Grenzen (Bhagwati/Panagariya/Srinivasan 1998, S.66ff.). Die Konsequenzen dieser Einsicht lassen sich in den beiden linken Quadranten von Abbildung II-1-5 nachvollziehen. Die im unteren linken Quadranten mit *No* indizierte relative Faktorausstattung des Nordens muß bei Vollbeschäftigung der Faktoren als gewichtetes Mittel aus den sektoralen Humankapitalintensitäten $(H/L)_i$ hervorgehen: $No = H/L = \lambda_{LL}(H_L/L_L) + (1-\lambda_{LL})(H_H/L_H)$ (aus den beiden Gleichungen 1.1 und 1.2). Bei vollkommener Spezialisierung auf eines der beiden Güter wird der betroffene Sektor mit der gesamtwirtschaftlichen Humankapitalintensität produzieren. Die Schnittpunkte (nicht eingezeichnet) einer horizontalen Linie durch *No* mit den sektoralen Humankapitalintensitäten begrenzen daher den Bereich, innerhalb dessen sich das Lohndifferential w_L/w_H bewegen muß. Die Stolper-Samuelson-Beziehung gilt somit nur innerhalb dieses Diversifikationsbereichs. An den Punkten vollkommener Spezialisierung "knickt" die fallend verlaufende S-S Kurve jeweils ab (was in der Graphik gestrichelt angedeutet ist). In dem von uns skizzierten Fall tritt das Phänomen der Spezialisierung nicht auf. Aus theoretischer Sicht ist aber nicht auszuschließen, daß sich die Faktorausstattungen des Nordens und des Südens so stark unterscheiden, daß vollkommene Spezialisierung resultiert. Wäre dies der Fall, so bräche die in der bisherigen Argumentation zentrale 1:1-Beziehung zwischen relativen Güter- und Faktorpreisen zusammen. Der „Globalisierungsschock" hätte für den Norden dann die Konsequenz, daß das Spezialisierungsmuster unverändert bliebe, daß sich jedoch die Terms of Trade für

den Norden verbessern, wodurch sich beide Faktoren besserstellen würden. Es käme zu einem „lifting all boats-effect", wie Bhagwati (1994) formuliert.

2. Die bisherige Argumentation setzt die Absenz umschlagender Faktorintensitäten voraus. Zu umschlagenden Faktorintensitäten kommt es bereits dann zwangsläufig, wenn die Produktionsfunktionen vom CES-Typ sind und unterschiedliche konstante Substitutionselastizitäten aufweisen (Minhas 1962).[21] In diesem Falle verliefe die Kurve im linken oberen Quadranten nicht mehr monoton fallend, sondern sie hätte dann auch einen positiven Arm. Im 2x2-Modell ist durch eine exogene Faktorausstattung *de facto* zwar ausgeschlossen, daß sich Widersprüche bei der Klassifizierung der beiden Güter ergeben (Bhagwati/Panagariya/Srinivasan, 1998, S. 68; Wong, 1995, S.26).[22] Da sich die Faktorausstattungen der Regionen unterscheiden, ist es aber sehr wohl möglich, daß ein und dasselbe Gut im Norden als humankapitalintensiv im Süden aber als arbeitsintensiv eingestuft wird. Ist dies der Fall, so könnte der Nord-Süd-Handel - abweichend von unserer obigen Analyse - das Lohndifferential in beiden Regionen in die gleiche Richtung verändern, wie Bhagwati und Dehejia (1994, S. 43) betonen. Durch den Ausgleich der Güterpreise käme es entweder zu einer Vergrößerung des Lohndifferentials (das ist der Fall, in welchem das Gut X_H im Norden humankapitalintensiv, im Süden aber arbeitsintensiv gefertigt würde) oder zu einem Abbau des Lohndifferentials in beiden Regionen (das ist der von Bhagwati und Dehejia angesprochene Fall, in welchem das Gut X_H im Süden humankapitalintensiv, im Norden aber arbeitsintensiv gefertigt würde). Daß diese Überlegungen nicht allein theoretische Kuriositäten sind, haben bereits die empirischen Untersuchungen von Mishan (1962) gezeigt (siehe dazu auch die Diskussion in Bhagwati, 1964).

3. Wie aus unserer Darstellung hervorgeht, ist die Stolper-Samuelson-Logik nicht auf die Annahme identischer Technologien und Präferenzen angewiesen. Hingegen müßte diese Annahme erfüllt sein, um die absoluten Faktorpreise im Zuge eines vollkommenen Abbaus der Handelsbarrieren im Norden und Süden in Übereinstimmung zu bringen. Eine solche These wird jedoch von keinem ernstzunehmenden Ökonomen für den Nord-Süd-Handel vertreten, mag es auch entsprechende Befürchtungen in der besorgten Öffentlichkeit geben. Dazu kommt, daß insbesondere Transportkosten und andere Handelshemmnisse eine vollständige Angleichung der Güterpreise durch den Handel verhindern (Wood 1994, S.30). Desweiteren sprechen natürlich die bereits genannten Einschränkungen des Stolper-Samuelson-Theorems a fortiori auch gegen einen Ausgleich der absoluten Faktorpreise.

---

21 Bei variablen Substitutionselastizitäten der Produktionsfunktionen sind mehrfache Faktorintensitätsumkehrungen möglich. Siehe hierzu Johnson (1957).

22 Auch diese Einsicht gilt allerdings nicht allgemein. Sobald die Faktorausstattung modellendogen ist oder sobald ein dritter Faktor herangezogen wird, ergibt sich theoretisch die Möglichkeit umschlagender Faktorintensitäten (Wong, 1995 S.26).

4. Im Nord-Süd-Handel spielen natürlich noch andere Aspekte als der interindustrielle Handel auf Basis von Faktorreichlichkeiten eine Rolle, auf die an späterer Stelle einzugehen sein wird. Sind beispielsweise Skalenerträge für den Nord-Süd-Handel von Relevanz, und/oder bedeutet der Handel mehr Wettbewerb und Disziplin, so daß Renten oder X-Ineffizienzen abgebaut werden, so kommt es wie bei vollständiger Spezialisierung zu "lifting all boats"-Effekten (Bhagwati, 1994).

1.4.2.2 Die Rolle des technologischen Fortschritts

Kritiker der These, daß der Nord-Süd-Handel bzw. die "Globalisierung" die Hauptursache für die zunehmenden Lohndisparitäten bzw. Arbeitslosenquoten auf den Arbeitsmärkten des Nordens ist, wie Lawrence und Slaughter (1993), Bhagwati und Dehejia (1994) oder Krugman und Lawrence (1994), argumentieren, daß es der technologische Wandel war, der die Nachfrage nach den am wenigsten qualifiziertesten (am schlechtesten bezahlten) Arbeitern in allen Industrien verringert hat. Die Alternativhypothese krankte zunächst daran, daß sie von ihren Vertretern anfänglich in rein anekdotischer Form vorgetragen wurde und daher unpräzise formuliert war. Bereits eine oberflächliche Inspektion des obigen Modells zeigt aber, daß die pauschale Formulierung der Technologie-Hypothese als Alternative zur Globalisierungsthese als solche noch nicht besonders gehaltvoll ist. Durch unterschiedliche Variation (Verringerung) der technischen Koeffizienten b_{ji} läßt sich eine Fülle von verschiedenen Typen des technischen Fortschrittes abbilden:[23] Tritt der technische Fortschritt lokal – nur im Norden oder nur im Süden - auf, oder ist er globaler Natur? Welche Sektoren und welche Produktionsfaktoren sind vom technischen Fortschritt betroffen, und in welchem Grade? Die Technologie-These hat zunächst einmal mehr Fragen aufgeworfen als beantwortet.

Anstoßeffekte: Die Rolle des "sector bias"

Ein erster Disput entzündete sich an der Frage, ob die Verteilungseffekte des technischen Fortschritts von sektor- oder faktorspezifischen Nicht-Neutralitäten herrühren.[24] Leamer (1994) argumentiert diesbezüglich, daß für die Entwicklung des Lohndifferentials zwischen unqualifizierter und qualifizierter Arbeit allein der betroffene Sektor (der "sector bias") entscheidend ist – unabhängig davon, ob dieser technische Fortschritt bezüglich der Produktionsfaktoren neutral oder nichtneutral ist. Krugman (1995b) postuliert hingegen, daß eher dem "factor bias" des

---

23 Veränderungen dieser Inputkoeffizienten spiegeln sich über die Definitionsgleichung $\tilde{a}_{ji} = \tilde{c}_{ji} - \tilde{b}_{ji}$ in den Parametern π_{X_i} und π_j der Lösungsgleichungen des Modells.

24 Siehe hierzu Krugman und Lawrence (1994), Leamer (1994), Krugman (1995b) und Leamer (1996a).

technischen Fortschritts entscheidende Bedeutung zukommt. Die Kontroverse löst sich allerdings in Luft auf, wenn man die unterschiedlichen Ausgangspunkte der beiden Positionen berücksichtigt. Leamer argumentiert - in der Tradition der klassischen Abhandlungen von Hicks (1932) und Findlay und Grubert (1959) - mit einer kleinen offenen Volkswirtschaft (SMOPEC), für welche die Güterpreise auf dem Weltmarkt ein Datum sind. Das Verhalten des Lohndiffetentials bei technischem Fortschritt ist somit vollständig durch die Stolper-Samuelson-Beziehung (1.5) des Produktionsmodells bestimmt. Eine Inspektion zeigt, daß die Änderung von (w_L / w_H) bei gegebenen Güterpreisen in der Tat nur durch den Term ($\pi_{X_H} - \pi_{X_L}$) bestimmt ist, den wir als "sektoralen Bias" des technischen Fortschritts interpretieren können.[25] Beispielsweise führt ein neutraler technischer Fortschritt in der Low-Tech-Industrie ($\tilde{b}_{LL} = \tilde{b}_{HL} > 0$)[26] dazu, daß sich die Stolper-Samuelson-Beziehung im linken Quadranten von Abbildung II-1-6 nach links oben verschiebt, was bedeutet, daß sich bei gegebenen Güterpreisen der Relativlohn zugunsten der unqualifizierten Arbeit ändert.

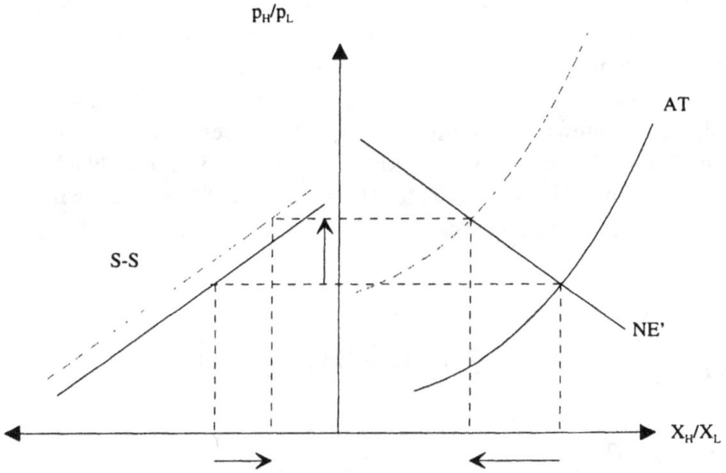

Abbildung II-1-6: Technologieschocks im Heckscher-Ohlin-Modell

Der technische Fortschritt kann natürlich simultan in beiden Sektoren auftreten. Ein Beispiel ist instruktiv. Unterstellen wir unqualifizierte Arbeit sparenden technischen Fortschritt in beiden Sektoren ($\tilde{b}_{LL} > 0$, $\tilde{b}_{LH} > 0$) und lassen wir zu, daß die technischen Fortschrittsraten voneinander abweichen, so folgt aus Gleichung

---

25 "Differential industry effect" in Jones (1965, 1970).

26 Für die gewichteten Produktivitätsparameter gilt somit: $\pi_{X_L} = \tilde{b}_{LL} = \tilde{b}_{HL} > 0$ und $\pi_{X_H} = 0$.

(1.5) bei gegebenen Güterpreisen für das Lohndifferential, $(\tilde{w}_L - \tilde{w}_H) = (\theta_{LL}\tilde{b}_{LL} - \theta_{LH}\tilde{b}_{LH})/|\theta|$. Die Lohnschere wird sich zugunsten der qualifizierten Arbeitskräfte verändern, wenn der Zählerterm auf der rechten Seite negativ wird, d.h. wenn $\theta_{LL}/\theta_{LH} < \tilde{b}_{LH}/\tilde{b}_{LL}$, oder, in Worten, wenn der technische Fortschritt konzentriert genug in der High-Tech-Industrie auftritt (wenn das Gefälle des technischen Fortschritts das Faktoranteilsgefälle dominiert).[27] Am theoretischen Argument von Leamer ist also nicht zu rütteln.

Gesamteffekte bei technischem Fortschritt im Norden

Fraglich ist nur, ob Leamer mit seinem SMOPEC-Szenario für eine Anwendung auf „den Norden" – oder auch nur die USA – das relevante Szenario zugrundegelegt hat. Verneint man dies, wird deutlich, daß Leamers Analyse erst die Anstoßeffekte des technischen Fortschritts beschreibt, während die Analyse des Gesamteffekts im allgemeinen Gleichgewichtszusammenhang auch den indirekten Sekundärwirkungen Rechnung zu tragen hat, die infolge induzierter Mengen- und Güterpreiseffekte zustande kommen. Betrachten wir das oben entwickelte Modell als Abbild einer großen offenen Volkswirtschaft, so erhalten wir den Gesamteffekt des technologischen Fortschritts, indem wir unter Berücksichtigung des relativen Angebots, der relativen Nachfrage, des Außenhandels und der Stolper-Samuelson-Beziehung das volle Gleichgewicht ermitteln. Neben der bereits oben als Gleichung (1.9) eingeführten – hier aber unter Rückgriff auf die modifizierte Nachfragekurve *NE'* spezifizierten – Heckscher-Ohlin-Beziehung (1.9') erhalten wir als Lösung für die relative Entwicklung der Produktionsmengen und der Faktorpreise:[28]

$$(\tilde{p}_L - \tilde{p}_H) = \frac{-|\theta|}{\sigma'}\left[(\pi_L - \pi_H) + (\tilde{L} - \tilde{H}) + \sigma_S|\lambda|(\pi_{X_L} - \pi_{X_H})\right] \quad (1.9')$$

$$(\tilde{X}_L - \tilde{X}_H) = \frac{\sigma'_D|\theta|}{\sigma'}\left[(\pi_L - \pi_H) + (\tilde{L} - \tilde{H}) + \sigma_S|\lambda|(\pi_{X_L} - \pi_{X_H})\right] \quad (1.10)$$

$$(\tilde{w}_L - \tilde{w}_H) = -\frac{1}{\sigma'}\left[(\pi_L - \pi_H) + (\tilde{L} - \tilde{H}) - \sigma'_D|\lambda|(\pi_{X_L} - \pi_{X_H})\right] \quad (1.11)$$

---

27 Diese Beispiel verwendet Leamer (1994, S.13). Die Analyse in Landmann und Pflüger (1996, Abbildung 11) legt diesen Typ arbeitssparenden technischen Fortschritts zugrunde.

28 Diese Lösung unterstellt implizit, daß der technische Fortschritt nur im Norden auftritt. Ein globaler technischer Fortschritt würde demgegenüber in Abbildung II-1-6 auch die *NE'*-Kurve verschieben.

wobei σ'_D Elastizität der *NE'*-Funktion

$$\sigma' = |\lambda||\theta|(\sigma_S + \sigma'_D) \quad \text{'aggregierte Substitutionselastizität'}$$

Die aggregierte Substitutionselastizität σ' reflektiert hier neben der Elastizität der *AT*-Funktion auch diejenige der *NE'*-Funktion. Gleichung (1.11) macht deutlich, daß nun neben dem "Sector Bias" des technischen Fortschritts (durch die Differenz $\pi_{X_L} - \pi_{X_H}$ ausgedrückt) auch der "Factor Bias" (durch die Differenz $\pi_L - \pi_H$ ausgedrückt)[29] auf das Lohndifferential einwirkt. Zuungunsten der unqualifizierten Arbeit wirkt somit jeder technische Fortschritt, der entweder, wie von Leamer postuliert, einen sektoralen Bias zugunsten des High-Tech-Sektors und/oder einen Faktor-Bias zugunsten der qualifizierten Arbeit aufweist (d.h. hauptsächlich unqualifizierte Arbeit einzusparen erlaubt). Der Informationsgehalt dieser Aussage hält sich allerdings schon deshalb in Grenzen, weil wir ja nicht damit rechnen können, daß der technische Fortschritt in der Wirklichkeit nur gerade den einen oder den anderen Bias aufweist. Praktisch jedes plausible Szenario, mit dem argumentiert wird, impliziert, daß beide Arten von Bias simultan auftreten. Die Wirkung auf die Lohnstruktur ist unter diesen Bedingungen nur ausnahmsweise eindeutig. Tabelle II-1-2 demonstriert diesen Punkt anhand von neun verschiedenen Szenarien.

Zwei Beispiele seien herausgegriffen: In dem bereits oben herangezogenen Fall eines neutralen technischen Fortschritts im Low-Tech-Sektor ($\tilde{b}_{LL} = \tilde{b}_{HL} > 0$)[30] ergibt sich für die Entwicklung des Relativlohnes: $(\tilde{w}_L - \tilde{w}_H) = -\tilde{b}_{LL}(\lambda_{LL} - \lambda_{HL})(1 - \sigma'_D)/\sigma'$. Das Vorzeichen des Relativlohneffekts ist – im Unterschied zum Vorzeichen des Anstoßeffekts, der sich partialanalytisch (d.h. bei gegebenen Güterpreisen) aus der Stolper-Samuelson-Relation ergibt – nicht mehr eindeutig bestimmt, sondern hängt von der Substitutionselastizität auf der Nachfrageseite ab. Unter der Annahme einer nachfrageseitigen Substitutionselastizität von eins, d.h. $\sigma'_D = 1$, kompensiert der induzierte Preiseffekt des technischen Fortschritts den von Leamer hervorgehobenen positiven Anstoßeffekt auf den Relativlohn der unqualifizierten Arbeitskräfte exakt.[31]

---

29 "Differential factor effect" in Jones (1965, 1970).

30 Für die gewichteten Produktivitätsparameter gilt somit: $\pi_{X_L} = \tilde{b}_{LL} = \tilde{b}_{HL} > 0$, $\pi_{X_H} = 0$, $\pi_L = \lambda_{LL}\tilde{b}_{LL}$ und $\pi_H = \lambda_{HL}\tilde{b}_{LL}$.

31 Krugman (1995b) analysiert den Fall einer geschlossenen Volkswirtschaft und kommt dabei zum - analogen - Ergebnis, daß Cobb-Douglas-Präferenzen ($\sigma_D = 1$) eine konstante Lohnrelation implizieren. Das hier angesprochene Beispiel spielt auch in der

Tabelle II-1-2: Auswirkungen globalen technischen Fortschritts auf das Lohndifferential w_L / w_H

	Im Low-Tech-Sektor		Im High-Tech-Sektor		In beiden Sektoren mit gleicher Rate	
Unqualifizierte Arbeit sparender technischer Fortschritt	$\tilde{b}_{LL} > 0$		$\tilde{b}_{LH} > 0$		$\tilde{b}_{LL} = \tilde{b}_{LH} > 0$	
	Anstoßeffekt:	↑	Anstoßeffekt:	↓	Anstoßeffekt:	↑
	Gesamteffekt:	?	Gesamteffekt:	↓	Gesamteffekt:	?
Qualifizierte Arbeit sparender technischer Fortschritt	$\tilde{b}_{HL} > 0$		$\tilde{b}_{HH} > 0$		$\tilde{b}_{HL} = \tilde{b}_{HH} > 0$	
	Anstoßeffekt:	↑	Anstoßeffekt:	↓	Anstoßeffekt:	↓
	Gesamteffekt:	↑	Gesamteffekt:	?	Gesamteffekt:	?
Neutraler technischer Fortschritt	$\tilde{b}_{LL} = \tilde{b}_{HL} > 0$		$\tilde{b}_{LH} = \tilde{b}_{HH} > 0$		$\tilde{b}_{LL} = \tilde{b}_{HL} = \tilde{b}_{LH} = \tilde{b}_{HH} > 0$	
	Anstoßeffekt:	↑	Anstoßeffekt:	↓	Anstoßeffekt:	0
	Gesamteffekt:	?	Gesamteffekt:	?	Gesamteffekt:	0

Ein zweites Beispiel, mit dem sowohl Baldwin (1994) als auch Krugman (1995b) argumentieren, unterstellt, daß der technische Fortschritt vor allem unqualifizierte Arbeitskräfte einspart, und zwar in allen Sektoren gleich stark. In Kategorien unseres Modells hieße dies: $\tilde{b}_{LL} = \tilde{b}_{LH} > 0$[32]. Hieraus folgt als Modellösung

$$(\tilde{p}_L - \tilde{p}_H) = \frac{-|\theta|\tilde{b}_{LL}}{\sigma'}\left[1 + \sigma_S|\lambda||\theta|\right] \tag{1.9a}$$

$$(\tilde{X}_L - \tilde{X}_H) = \frac{\sigma'_D|\theta|\tilde{b}_{LL}}{\sigma'}\left[1 + \sigma_S|\lambda||\theta|\right] \tag{1.10a}$$

Diskussion der Faktorgehaltsanalysen, die im nächsten Kapitel geführt wird, eine Rolle.

32 Für die gewichteten Produktivitätsparameter gilt somit: $\pi_L = \tilde{b}_{LL}$, $\pi_H = 0$, $\pi_{X_L} = \theta_{LL}\tilde{b}_{LL}$ und $\pi_{X_H} = \theta_{LH}\tilde{b}_{LL}$.

$$(\tilde{w}_L - \tilde{w}_H) = -\frac{\tilde{b}_{LL}}{\sigma'}\left(1 - \sigma'_D |\theta||\lambda|\right) \tag{1.11a}$$

Eine Inspektion der Lösungsgleichungen (1.9a) und (1.10a) zeigt, daß der relative Preis der High-Tech-Güter steigt und die Low-Tech-Industrie in Relation zur High-Tech-Industrie expandiert. Die Implikationen für das Lohndifferential sind jedoch nicht eindeutig. Die Stolper-Samuelson-Beziehung im linken Quadranten von Abbildung II-1-6 verschiebt sich zwar nach links, so daß der Anstoßeffekt in diesem Szenario eindeutig zugunsten der unqualifizierten Arbeitskräfte ausfällt. Die Angebotskurve im rechten Quadranten verschiebt sich jedoch nach links: Der technische Fortschritt begünstigt in besonderem Masse die Low-Tech-Industrie; deren Output expandiert, was wiederum einen Preisverfall des Low-Tech-Gutes und somit negative Rückwirkungen auf den relativen Lohn der unqualifizierten Arbeitskräfte zur Folge hat. Dieser induzierte Effekt wirkt dem Anstoßeffekt entgegen, der Gesamteffekt ist unklar. Abbildung II-1-6 zeigt exemplarisch den Fall, in welchem der Anstoßeffekt überkompensiert wird, so daß die relative Entlohnung der unqualifizierten Arbeitskräfte sinkt. Insoweit als sich dieser technische Fortschritt auf den Norden beschränkt bzw. nur langsam in den Süden diffundiert, reduziert er auch das Volumen des Nord-Süd-Handels.

Ergebnis 1.2: Wirkung des technischen Fortschritts auf die relativen Faktorpreise

Eine Analyse im Rahmen des Standard-Heckscher-Ohlin-Modells zeigt, daß die Wirkungen des technischen Fortschritts auf das Lohndifferential zwischen qualifizierter und unqualifizierter Arbeit von der genauen Form des technischen Fortschritts abhängen. Grundsätzlich gilt: Die relative Einkommensposition der unqualifizierten Arbeit verschlechtert sich dann, wenn der technische Fortschritt einen Sektor-Bias zugunsten des High-Tech-Sektors und/oder einen Faktor-Bias im Sinne eines überproportionalen Rückgangs der Inputkoeffizienten der unqualifizierten Arbeit aufweist. In den meisten Szenarien treten Mischtypen des technischen Fortschritts auf, deren Auswirkungen auf die relativen Lohnpositionen qualitativ nicht a priori bestimmbar sind, sondern in der Regel von angebots- und nachfrageseitigen Substitutionselastizitäten abhängen.

1.4.3 Das „europäische Szenario"

1.4.3.1 Rigide Faktorpreisrelationen

In der Literatur über die Arbeitsmarktwirkungen der Globalisierung und des technologischen Fortschritts stand bislang das Modell des amerikanischen Arbeitsmarktes mit seiner hohen Lohnflexibilität im Mittelpunkt. Dies läßt sich zum einen damit erklären, daß der öffentliche Stellenwert dieser Debatte in Nordamerika bisher ungleich höher war als in Europa. Zum anderen stand für diese Problematik mit dem Heckscher-Ohlin-Samuelson-Modell und insbesondere mit dem Stolper-Samuelson-Theorem ein maßgeschneidertes Theorieinstrumentarium bereits zur Verfügung. Kontinentaleuropäische Arbeitsmärkte unterscheiden sich von ihren amerikanischen Pendants dadurch, daß auf ihnen Lohnrigiditäten vorherrschen. Die Forschung hat daher geschlossen, daß sich der durch adverse Schocks im amerikanischen Modell erzeugte Druck auf das Lohndifferential unter europäischen Gegebenheiten in entsprechenden Arbeitsplatzverlusten entladen muß (Krugman, 1995a). Detailliertere theoretische Analysen der Auswirkungen einer zunehmenden Globalisierung oder des technologischen Fortschritts im Rahmen von Außenhandelsmodellen generellen Gleichgewichts mit Lohnrigiditäten sind jedoch in der Entwicklung: „(...) the work that needs to be done in this area will bridge the gap between international and labor economics", wie Richardson (1995 S.35) formuliert. In der Außenhandelstheorie gibt es Arbeiten, die sich mit den Implikationen von Lohnrigiditäten befaßt haben und die sich somit als Anknüpfungspunkt anbieten. Prominente Beispiele sind die Schriften von Haberler (1951), Johnson (1965) und Brecher (1974a; 1974b). Diese Arbeiten gehen jedoch von Reallohnrigiditäten aus, unterstellen also, daß ein oder beide Faktorpreise bezüglich eines Güterpreises oder eines Güterpreisindexes rigide sind. Typischerweise wird in diesen Studien vom Kleinländerfall ausgegangen. Für die Modellierung unserer Fragestellung ist insbesondere die letzte Annahme ungeeignet. OECD-Europa ist ein „großer" Akteur auf der Weltbühne. Des weiteren erscheinen für die Analyse der europäischen Arbeitsmärkte Relativlohnrigiditäten - also festgefrorene Lohndifferentiale – von besonderer Relevanz (Wood 1994, S.57), ein Faktum, mit welchem sich auch der deutsche Sachverständigenrat in seinen letzten Jahresgutachten intensiv befaßt hat. Diese Relativlohnresistenz reflektiert letztlich das Motiv des fairen Lohnes (Wood 1994, S.56ff und 290ff.). Zum einen haben die Gewerkschaften in der jüngeren Vergangenheit ihre Verhandlungsmacht zur Durchsetzung einer egalitären Lohnstruktur und zwar insbesondere zur Verhinderung einer Absenkung des relativen Lohnes unqualifizierter Arbeitskräfte eingesetzt. Zum anderen ist in Ländern mit Minimallohngesetzgebung der minimale Lohn meist an einen gesellschaftlichen Durchschnittslohn gebunden, und auch die europäischen Sozialversicherungssysteme haben de facto die Konsequenz, daß die Minimaleinkommen in bezug auf einen gesellschaftlichen Durchschnitt indexiert sind.

Krugman (1995a) hat damit begonnen, die europäischen Arbeitsmarktgegebenheiten rigider Lohndifferentiale im Rahmen des Heckscher-Ohlin-Samuelson-Modells zu analysieren, wobei sich Krugman jedoch bisher allein für die Konsequenzen des Nord-Süd-Handels interessiert hat.[33] Im folgenden gehen wir zunächst auf diese Analyse ein. Aufbauend auf der Analyse von Krugman untersuchen wir im weiteren, welche Implikationen sich aus diesem Typ des technischen Fortschritts in einer europäischen Welt rigider Lohndifferentiale ergeben.

1.4.3.2 Auswirkung des Nord-Süd-Handels

Die Implikationen rigider Lohndifferentiale für die Arbeitsmarktwirkungen der Globalisierung lassen sich anhand desselben Modells und desselben Schaubilds (Abbildung II-1-5) analysieren, mit deren Hilfe wir bereits das Szenario der flexiblen Faktorpreise diskutiert haben. Die Ausgangssituation sei wiederum das Autarkiegleichgewicht im Schnittpunkt von AT und NE. Hält Europa das Lohndifferential auf dem anfänglichen (Autarkie-) Niveau fest, so impliziert dies gemäß der Stolper-Samuelson-Beziehung (1.5) im linken oberen Quadranten ein fixiertes Güterpreisverhältnis $(p_H / p_L)_{N_0}$. Wie kann Europa die relativen Güterpreise fixieren, wo doch der Eintritt der Schwellen- und Entwicklungsländer in den Welthandel eine Zunahme des relativen Angebots des Low-Tech-Gutes im Weltmaßstab mit sich bringt und somit bei freiem Spiel der Marktkräfte eine relative Verbilligung des Low-Tech-Gutes bewirken sollte? Aus dem oberen rechten Quadranten von Abbildung II-1-5 geht hervor, daß die Fixierung der anfänglichen Güterpreisrelation – und damit qua Stolper-Samuelson auch die Fixierung der anfänglichen Faktorpreisrelation – nur dann gelingen kann, wenn Europa sein *relatives* Güterangebot X_H / X_L genügend ansteigen läßt, um die in der NE'-Kurve zum Ausdruck kommende veränderte Struktur der Nachfrage beim anfänglichen Autarkie-Preisverhältnis $(p_H / p_L)_N$ zu akkommodieren. In Abbildung II-1-5 muß sich somit die Struktur des Güterangebots von Punkt A zu Punkt B verschieben.

Eine solche erzwungene relative Ausdehnung des High-Tech-Sektors bei konstanter Faktorpreisrelation setzt gemäß der Heckscher-Ohlin-Rybczynski-Logik von Gleichung (1.6) voraus, daß sich die effektiven Faktorproportionen in Europa zugunsten der qualifizierten Arbeitskräfte erhöhen.[34] Wenn wir annehmen, daß H anfänglich voll beschäftigt ist, kann dies nur bedeuten, daß unqualifizierte Arbeitskräfte freigesetzt werden. Anders können die Faktoreinsatzverhältnisse in den beiden Sektoren nicht konstant gehalten werden, wie dies die unveränderte Faktorpreisrelation erfordert. In welchem Ausmaß werden nun unqualifizierte Ar-

---

33 Kierzkowski (1982) untersucht die Auswirkungen rigider Relativlöhne im Rahmen eines Modells mit sektorspezifischen Faktoren.

34 In diesem Szenario sind alle π_{X_i} und π_j gleich null angenommen.

beitskräfte in Europa in die Arbeitslosigkeit entlassen? Um diese Frage zu beantworten, muß einfach die erforderliche Zunahme von H/L ermittelt werden, die bei gegebenem H ja gleichbedeutend mit dem Beschäftigungsrückgang von L ist. Wir bezeichnen die durch die Globalisierung erzwungene relative Ausdehnung des High-Tech-Sektors in Anlehnung an die graphische Analyse in Abbildung II-1-5 mit $\tilde{X}_H - \tilde{X}_L = \overline{AB}$ und können sodann die Arbeitslosigkeit, die in diesem Szenario durch den Nord-Süd-Handel herbeigeführt wird, unter Berücksichtigung von $\tilde{H} = 0$, $\tilde{w}_L - \tilde{w}_H = 0$ sowie $\pi_L - \pi_H = 0$ unmittelbar aus Gleichung (1.6) berechnen:

$$\tilde{L} = -|\lambda| \cdot \overline{AB} \tag{1.12}$$

Im rechten unteren Quadranten von Abbildung II-1-5 findet sich Gleichung (1.6) graphisch umgesetzt. Im Unterschied zum Szenario mit flexiblen Faktorpreisen, wo der Rückgang von w_L / w_H die Rybczynski-Relation nach rechts verschiebt, bleibt sie in diesem Szenario bei unverändertem w_L / w_H stationär. Entsprechend der Zunahme von X_H / X_L können wir entlang der Kurve direkt den Rückgang von L ablesen.[35] Deutlich wird (im oberen rechten Quadranten) auch, daß der Handel mit dem Süden im Vergleich zum Szenario mit flexiblen Faktor- und Güterpreisen stärker expandiert, weil die Mengen die ganze Last der Anpassung tragen. Nicht unmittelbar aus dem Schaubild ersichtlich, aber dennoch offenkundig ist zudem, daß das Volkseinkommen im Umfang des von der unqualifizierten Arbeit erlittenen realen Lohnsummenverlusts sinkt.

Ergebnis 1.3: Globalisierungswirkungen bei rigidem Faktorpreisverhältnis

Die Einbindung der Schwellen- und Entwicklungsländer in den Welthandel impliziert für Europa, welches durch seine Arbeitsmarktinstitutionen ein konstantes Lohndifferential aufrechterhält, gemäß dem Heckscher-Ohlin-Modell, daß die relativen Güterpreise eingefroren bleiben, daß das Handelsvolumen stärker ansteigt, als dies bei flexiblen Faktorpreisen der Fall wäre, und daß unqualifizierte Arbeitskräfte proportional zur Importpenetration des Low-Tech-Sektors arbeitslos werden.

---

35 Hierbei bezeichnet L natürlich die *effektiv beschäftigte* unqualifizierte Arbeit und nicht, wie oben im Kontext von Gleichung (1.1) definiert, das entsprechende Arbeits*angebot*.

1.4.3.3 Technischer Fortschritt

Welche Konsequenzen hat der technische Fortschritt, wenn die relativen Faktorpreise fixiert sind? Für die Beantwortung dieser Frage können wir auf die bereits im Rahmen des "amerikanischen Szenarios" angestellten Überlegungen zurückgreifen und kommen schnell zu folgendem Schluß: Jede Form des technischen Fortschritts, die in einem Szenario mit flexiblen Löhnen den relativen Lohn der unqualifizierten Arbeitskräfte unter Druck setzt, muß sich nun in Arbeitslosigkeit der unqualifizierten Arbeitskräfte umsetzen. Entsprechend ergibt sich dieselbe Zahl von Szenarien und Ambivalenzen wie oben in Tabelle II-1-2. Wir können direkt mit Gleichung (1.11) argumentieren. Wir brauchen nur $\tilde{w}_L - \tilde{w}_H = 0$ zu setzen und nach $\tilde{L} - \tilde{H}$ aufzulösen:

$$\tilde{L} - \tilde{H} = -(\pi_L - \pi_H) + \sigma'_D |\lambda| (\pi_{X_L} - \pi_{X_H}) \tag{1.11b}$$

Wiederum gilt, daß jeder technische Fortschritt, der zu einem Rückgang von H / L führt, sich bei unverändert vollbeschäftigtem H in einem entsprechenden Rückgang der Beschäftigung von L entlädt. Es wird deutlich, daß der Zusammenhang zwischen den Parametern des technischen Fortschritts und der Beschäftigung in diesem Szenario sehr direkt ist. Insbesondere reagiert die Beschäftigung im Verhältnis 1:1 auf den Faktor-Bias ($\pi_L - \pi_H$) des technischen Fortschritts. Somit gilt hier in bezug auf die unqualifizierte Arbeit: Arbeitssparender technischer Fortschritt macht arbeitslos. Auch eine Konzentration des technischen Fortschritts in der High-Tech-Industrie ($\pi_{X_L} - \pi_{X_H} < 0$) setzt unqualifizierte Arbeitskräfte frei. Zu beachten bleibt aber stets, daß sich Faktor-Bias und Sektor-Bias in der Regel überlagern, weshalb nur in den wenigsten Fällen klare Aussagen herausspringen.

Ergebnis 1.4: Wirkungen des technischen Fortschritts bei rigiden Faktorpreisrelationen

Diejenigen Arten des technischen Fortschritts, die bei flexiblen Faktorpreisen ein relatives Absinken des Lohnes der unqualifizierten Arbeitskräfte induzieren, führen bei Relativlohnrigidität zu einer Freisetzung unqualifizierter Arbeitskräfte. Dagegen bewirken technologische Änderungen, die bei flexiblen Faktorpreisen die relative Lohnposition der unqualifizierten Arbeitskräfte verbessern, bei Relativlohnrigidität einen Rückgang der Arbeitslosigkeit.

1.4.4 Fazit

In den vorangegangenen Abschnitten wurde eine systematische Diskussion der Arbeitsmarktwirkungen der Globalisierung und des technologischen Wandels innerhalb des kanonischen 2x2-Modells vorgenommen. Obgleich für eine Welt des vollkommenen Wettbewerbs und der Vollbeschäftigung konzipiert, läßt sich das Modell, wie wir gesehen haben, leicht auf ein Szenario mit rigiden Lohnrelationen übertragen. Auch andere Formen der Lohnrigidität lassen sich leicht modellieren, so etwa die Reallohnrigiditäten, die Brecher (1974a,b) postuliert hat, die aber qualitativ nicht zu wesentlich anderen Ergebnissen führen. Unsere theoretischen Überlegungen haben gezeigt, daß die beiden analysierten Schocks, erst dann trennscharfe qualitative Implikationen (für Schlüsselgrößen wie z.B. die Lohnsätze, Lohnrelation und Faktorintensitäten etc..) abwerfen, wenn Konkretisierungen innerhalb des HOS-Rahmens vorgenommen werden. Bezüglich des Nord-Süd-Handels gilt: erstens entfaltet dieser nur dann negative Verteilungswirkungen, wenn beide Güter produziert werden (Diversifikationsannahme); zweitens implizieren unterschiedliche Arbeitsmarktinstitutionen nicht nur, daß die unqualifizierte Arbeit im einen Fall ein wachsendes Lohndifferential in Kauf nehmen muß und im anderen die Last der Arbeitslosigkeit tragen muß, sondern sie wirken sich auch auf die Entwicklung der anderen Schlüsselgrößen aus. Die Problematik einer nur unspezifiziert vorgetragenen Technologiehypothese ist durch unsere Analyse evident geworden: Nahezu jedes Verhalten der Schlüsselgrößen läßt sich durch eine Kombination von sektor- oder faktorspezifischem technischem Fortschritt theoretisch ableiten.

Die mangelnde Trennschärfe der beiden Hypothesen (bzw. Schocks) macht auch ihre empirische Überprüfung höchst problematisch. Die meisten Studien, die eine Überprüfung und Quantifizierung der konkurrierenden Thesen vornehmen, stützen sich nichtsdestoweniger auf die Restriktionen, die das hier entwickelte HOS-Modell den Daten auferlegt. Im folgenden Kapitel diskutieren wir Methoden, Ergebnisse und Probleme, die bei der empirischen Abschätzung auftreten.

2. Nord-Süd-Handel vs. Technologie: Evidenz und Methodenkritik

2.1 Einführung

Die bisherigen Überlegungen haben gezeigt, daß der Nord-Süd-Handel von einer theoretischen Warte aus betrachtet mit starken Verteilungswirkungen verbunden sein kann, sei dies in Form eines Anwachsens des Differentials der Löhne qualifizierter und unqualifizierter Arbeitskräfte oder dadurch, daß Unqualifizierte stärker von Arbeitslosigkeit betroffen sein können als Qualifizierte. Finden sich aber auch empirische Belege dafür, daß der Nord-Süd Handel eine der zentralen Ursachen der beobachteten Verteilungsprobleme ist? Läßt sich gegebenenfalls quantifizieren, in welchem Ausmaß der Nord-Süd-Handel zu diesen Problemen beiträgt? Die hitzigen Auseinandersetzungen in den USA um das Freihandelsabkommen mit Mexiko (NAFTA) veranschaulichen den Sprengstoff, der aus einer tatsächlichen oder auch nur vermeintlichen (Mit-)Verursachung solcher Verteilungsprobleme für die Außenhandelsorientierung der einzelnen Nationen und den Welthandel insgesamt erwächst.

Die Suggestivkraft anekdotischer Evidenz für die öffentliche Meinung ist von nicht zu unterschätzender Bedeutung. Nachrichten über Betriebsschließungen in Wirtschaftszweigen, die sich harter internationaler Konkurrenz ausgesetzt sehen, oder über Produktionsverlagerungen in "Billiglohnländer", sind zunächst allerdings nicht mehr als Mosaiksteine, die in ein Gesamtbild eingeordnet werden müssen. Das gilt auch für anekdotische Evidenz über technologische Neuerungen wie z.B. die Computerisierung der Arbeitsplätze, die oft genauso vorschnell als 'Beweis' für die These herangezogen wird, der technologische Wandel sei die eigentliche Ursache der Verteilungsprobleme. Für sich genommen wenig überzeugend erscheint auch die Behauptung, mit den bislang geringen Quantitäten des Nord-Süd-Handels können keine nennenswerten Verteilungsprobleme verbunden sein.[36] Der in Kapitel 1 erläuterte "magnification effect", aber auch die generelle Einsicht, daß bereits potentielle Konkurrenz genügen kann, Verhaltensänderungen und damit auch (Faktor-) Preisänderungen zu erzwingen, mahnen diesbezüglich zur Vorsicht.[37]

Die nachfolgenden Ausführungen analysieren die bisherigen Versuche, die Bedeutung des Einflußfaktors "Nord-Süd-Handels" abzuschätzen und mit derjenigen des "technologischen Fortschritts" zu kontrastieren.[38] Die empirische Forschung hat sich bislang überwiegend auf die USA konzentriert. Erst in den letzten Jahren sind auch Studien entstanden, die sich mit anderen Ländern aus dem OECD-Raum beschäftigen (OECD, 1997). Es zeigt sich, daß die empirische Forschung - unter Heranziehung verschiedenster Methoden - bislang keinen Konsensus erzielt hat. Wir werden versuchen transparent zu machen, weshalb die empirische Forschung zum Teil zu sehr unterschiedlichen Ergebnissen gelangt. Der Schwerpunkt unserer Ausführungen ist methodenkritisch und stützt sich auf die theoretischen Überlegungen in Kapitel 1. In Abschnitt 2.2 unterziehen wir die Methode der Faktorgehaltsanalyse, deren unmittelbarer Anknüpfungspunkt ein einfaches Arbeitsmarktmodell und nicht die HOS-Theorie ist, einer kritischen Evaluation. In den Abschnitten 2.3 bis 2.5 behandeln wir Implikationentests, Regressionsstudien und Simulationsmodelle, die sich direkter auf Restriktionen stützen, die das in Kapitel 1 exponierte HOS-Modell den Daten auferlegt. In Abschnitt 2.6 ziehen wir einige Schlußfolgerungen.

---

36 So argumentiert z.B. Krugman (1995a, S.2ff), daß die OECD-Importe von Gütern des Verarbeitenden Gewerbes ("manufactured goods") zwar angestiegen seien, in Relation zum Sozialprodukt Mitte der 90er Jahre aber nicht mehr als 2% betragen und somit zu gering erscheinen, als daß mehr als ein vernachlässigbarer Effekt auf die relative Entlohnung in der OECD zu erwarten sei: "The conventional wisdom is that trade flows of this limited magnitude cannot explain the very large changes in relative factor prices that have occured..." (Krugman, 1995a, S.2).

37 In diesem Sinne führt z.B. Bhagwati (1998a, S. 60, Kursivierung im Original) aus: "...I find it difficult to accept (...) that trade from developing countries is such a small proportion of total trade, or that the import ratio is so small, that we cannot have the tail wagging the dog. In economics, however, the tail *does* wag the dog; prices are determined at the margin. The volume of transactions has no intrinsic meaning in itself. Indeed, the mere threat of a transaction in an integrated market, without any transaction occuring, can change a price."

38 Zu den nachfolgenden Ausführungen siehe auch Pflüger (2001b).

2.2 Faktorgehaltsanalysen

2.2.1 Charakterisierung der Methodik

Die Faktorgehaltsmethode zur quantitativen Abschätzung der Wirkungen des Außenhandels oder der Immigration auf die Lohnsätze hat vor allem unter Arbeitsmarktökonomen Tradition. Theoretischer Anknüpfungspunkt dieser Methode, die aus noch zu erläuternden Gründen unter Außenhandelstheoretikern umstritten ist, ist nicht etwa ein generelles Gleichgewichtsmodell der Außenhandelstheorie, sondern ein einfaches Modell des relativen Angebots und der relativen Nachfrage auf dem Arbeitsmarkt.[39] Methodisch wird in zwei Schritten vorgegangen (Wood, 1994, Kap.3; Collins, 1998, S.26ff). Zunächst wird der Gehalt an qualifizierter und unqualifizierter Arbeit ermittelt, der aufgrund der jeweiligen Inputkoeffizienten in den Exporten und Importen verkörpert ist.[40] Addiert man den Netto-Faktorgehalt des Handels zu den Beständen der Volkswirtschaft, so hat man deren "effektive Bestände" bzw. die relative Änderung der "effektiven Bestände". In einem zweiten Schritt wird analysiert, welche Wirkungen von diesen Änderungen im relativen Bestand an Faktoren auf die relativen Faktorpreise ausgehen. Hierzu wird eine Maßzahl für die "aggregative" (d.h. volkswirtschaftliche) Substitutionselastizität zwischen den beiden Faktoren gewählt und die Wirkung auf die relativen Faktorpreise entsprechend der Änderung der relativen Faktorbestände ermittelt.

Analytisch läßt sich dieses Vorgehen folgendermaßen charakterisieren. Greifen wir auf die Notation aus Kapitel 1 zurück und drücken wir durch L_T und H_T den Nettofaktorgehalt des Handels aus (wobei der Index T für den Handel steht), so können wir formulieren:[41]

---

39 In der Außenhandelstheorie ist das Konzept des Faktorgehalts in einem anderen Kontext – jenem der empirischen Überprüfung der Heckscher-Ohlin-Faktorproportionentheorie -, von unumstrittener Bedeutung. In den bahnbrechenden Aufsätzen von Vanek (1968) und Melvin (1968) gelang eine Reformulierung der Heckscher-Ohlin-Faktorproportionentheorie, die sich fortan für deren empirische Überprüfung als sehr geeignet erwies. Das Heckscher-Ohlin-Faktorgehaltstheorem ("factor content proposition") besagt, daß in den Exporten eines Landes im Vergleich zu dessen Importen mehr von den Faktoren verkörpert sind, mit denen das Land relativ reichlich ausgestattet ist, während die Importe im Vergleich zu den Exporten mehr von den Faktoren verkörpern, die relativ knapp im heimischen Angebot sind (siehe z.B. Bhagwati und Srinivasan, 1983, Kap. 7; Helpman und Krugman, 1985, Kap.2; Wong, 1995).

40 Auch die Wirkungen der Immigration auf die Faktorpreise sind mit Faktorgehaltsstudien analysiert worden. Die Immigrationsströme ersetzen in diesen Studien einfach den Faktorgehalt des Handels.

41 Diese analytische Formulierung läßt offen, ob zwei Handelsgleichgewichte verglichen werden, oder ob ein Übergang von einem Autarkiegleichgewicht zu einem Handels-

$$L_T = \left(\Delta X^D_{L,T} - \Delta X_{L,T}\right)a_{LL} + \left(\Delta X^D_{H,T} - \Delta X_{H,T}\right)a_{LH} \tag{2.1a}$$

$$H_T = \left(\Delta X^D_{L,T} - \Delta X_{L,T}\right)a_{HL} + \left(\Delta X^D_{H,T} - \Delta X_{H,T}\right)a_{HH} \tag{2.1b}$$

Die Terme $\left(\Delta X^D_{i,T} - \Delta X_{i,T}\right)$ bringen Exporte und Importe der Güter $i = H, L$ (bzw. deren Änderungen) zum Ausdruck. Die netto im Handel verkörperten Mengen an unqualifizierter Arbeit, L_T, und qualifizierter Arbeit, H_T, ergeben sich als gewichtete Summe von Exporten und Importen, wobei die jeweiligen Inputkoeffizienten (entsprechend den Güter- bzw. Faktorpreisen des Handelsgleichgewichts) als Gewichtungsfaktoren dienen. Addieren, wir diese Mengen zu den anfänglichen Faktorbeständen, so erhalten wir die effektiven Faktorbestände bei Außenhandel, die wir mit $L_{e,T}$ und $H_{e,T}$ bezeichnen:

$$L_{e,T} = L + L_T \tag{2.2a}$$

$$H_{e,T} = L + H_T \tag{2.2b}$$

Schließlich wird eine (konstante) volkswirtschaftliche Substitutionselastizität, c_1, spezifiziert, die den effektiven relativen Faktorbestand, H_e / L_e, mit der Lohnrelation w_L / w_H in Beziehung setzt:

$$w_L / w_H = c_0 \left(H_e / L_e\right)^{(1/c_1)} \qquad \text{wo } c_o, c_1 = \text{konstant} \tag{2.3a}$$

Änderungen des effektiven relativen Faktorbestandes induzieren demgemäß Änderungen des relativen Lohnes nach Maßgabe von $1/c_1$:

$$\Delta ln\left(w_L / w_H\right) = \frac{1}{c_1} \Delta ln\left(H_e / L_e\right). \tag{2.3b}$$

Damit ist zunächst das Vorgehen der Faktorgehaltsstudien charakterisiert. Im nächsten Abschnitt diskutieren wir die bisherigen Ergebnisse von Faktorgehaltsstudien sowie die Kritik und Korrekturvorschläge, die Wood (1994) in die Diskussion eingebracht hat. In Abschnitt 2.2.3 fragen wir, ob das Faktorgehaltsverfahren

---

gleichgewicht betrachtet wird. Für den im Text beschriebenen Übergang von einem Autarkie- zu einem Handelsgleichgewicht könnten wir vereinfacht auch schreiben: $\Delta X^D_{i,T} - \Delta X_{i,T} = X^D_{i,T} - X_{i,T}$.

zur Abschätzung der relativen Faktorpreiswirkung bei Handelsaufnahme (-ausdehnung) überhaupt konsistent ist mit der Außenhandelstheorie und insbesondere mit dem HOS-Modell, wobei wir zunächst flexible Faktorpreise unterstellen. In Abschnitt 2.2.4 analysieren wir diese Frage unter der Annahme rigider Faktorpreise.

2.2.2 Ergebnisse

Ergebnisse für den Nord-Süd-Handel

Faktorgehaltsanalysen liefern typischerweise das Ergebnis, daß der internationale Handel nur in geringem Umfang für die Lohndivergenz in den USA und das Beschäftigungsproblem in Europa verantwortlich gemacht werden kann.[42] Unterschiede in den Ergebnissen lassen sich auf zwei Faktoren zurückführen. Zum einen ermitteln die einzelnen Studien aus operativen Gründen (Operationalisierung der Qualifikation; Auswahl der für die Messung herangezogenen Industrien etc..) quantitativ unterschiedliche Faktorgehaltsänderungen. Zum anderen unterscheiden sich die Studien in der Wahl der Maßzahl c_1. So gelangen z.B. Sachs und Shatz (1998) zu einem großen Handelseffekt, weil sie eine im Vergleich zu anderen Studien ungewöhnlich geringe Substitutionselastizität unterstellen.[43] Wood (1994) erhält in seiner Studie nicht zuletzt deshalb ein von allen anderen Studien deutlich abweichendes Ergebnis, weil er, wie wir gleich sehen werden, von einer immensen Veränderung des effektiven relativen Bestandes an Arbeitskräften ausgeht.[44] Nicht zuletzt aufgrund der Beobachtung, daß Befürworter einer exportorientierten Entwicklungsstrategie für den Süden reklamieren, daß eine solche Strategie die Nachfrage nach unqualifizierter Arbeit dort sehr stark erhöht, während sie im Norden scheinbar nur geringe Auswirkungen auf die Arbeitsnachfrage haben soll, hat Wood dazu veranlaßt, die

---

42 Zu den wichtigsten Studien zählen Murphy und Welch (1991), Katz und Murphy (1992), Borjas, Freeman und Katz (1992, 1996, 1997), Sachs und Shatz (1994, 1998) und Baldwin und Cain (1997). Überblicksartige Diskussionen finden sich in Katz (1992), Baldwin (1994), Wood (1994), Burtless (1995), Hesse (1996), Cline (1997) und Collins (1998b).

43 Sachs und Shatz (1998, S.227) argumentieren in ihrer Studie - auf die in Kapitel 5 näher eingegangen wird - mit Substitutionselastizitäten im Bereich zwischen $c_1 = 1/3$ bis $c_1 = 1/2$ und gelangen daher bei einer für die USA berechneten Zunahme des relativen Bestandes an unqualifizierten Arbeitskräften von 1.68% zur Implikation einer Verringerung des relativen Lohnes der Unqualifizierten im Bereich von 3,6% bis 5%. Arbeitsmarktökonomen wählen eher Substitutionselastizitäten in der Größenordnung um $c_1 = 3/2$ (siehe hierzu Collins, 1998b, S.33 und insbesondere Katz und Murphy, 1992, S.68f.).

44 Siehe hierzu auch Wood (1995; 1998).

konventionelle Faktorgehaltsanalysen kritisch zu hinterfragen: „The smallness of the estimated impact in the North (...) sits uncomfortably with the seemingly far larger impact in the South“ (Wood 1994, S.9).

Wood's Kritik und Korrektur

Wood bringt gegen konventionelle Faktorgehaltsanalysen drei Einwände vor: Erstens, argumentiert er, können Arbeitskoeffizienten des Nordens nicht zur Schätzung der durch Importsubstitution verlorengegangenen Arbeitsplätze herangezogen werden, weil viele Industriegüter, die im Süden hergestellt werden, im Norden gar nicht mehr produziert werden, d.h. sog. nicht-konkurrierende Importe sind („Non-Competing Imports“). Wählt man Arbeitskoeffizienten von im Norden produzierten Gütern, die in dieselben industriestatistischen Kategorien wie diese nicht-konkurrierenden Importgüter gehören, als Proxies, so erhält man eine nach unten verzerrte Schätzung des Arbeitsanteils. Deshalb korrigiert Wood die entsprechenden Koeffizienten nach oben. Zweitens macht er geltend, daß die Importkonkurrenz aus Drittwelt- und Schwellenländern in Industrieländern zu Substitutionsprozessen führt und damit technologischen Fortschritt induziert, der seinerseits die Beschäftigungslage der unqualifizierten Arbeitskräfte gefährdet. Das dritte Argument lautet, daß die Ausdehnung des Handels mit Dienstleistungen Auswirkungen auf den Sektor der nicht-handelbaren Güter hat und damit ebenfalls auf die Arbeitsmärkte zurückwirkt. Unter Berücksichtigung dieser drei Punkte veranschlagt Wood durch eine Mischung aus Berechnungen und Daumenschätzungen die Abnahme der relativen Nachfrage nach unqualifizierten Arbeitskräften durch den Nord-Süd-Handel auf ungefähr 20%, was etwa dem Zehnfachen dessen entspricht, was konventionelle Schätzungen, wie beispielsweise jene von Sachs und Shatz (1994), nahelegen.[45]

Woods Ansatz bietet eine Reihe von Angriffsflächen. Nicht nur weisen seine Schätzungen einen hohen Grad an Willkür auf (Hesse 1996, S.349f)[46], sondern auch ihre inhärente Logik muß sich substantielle Kritik gefallen lassen. Wenn nämlich Importe tatsächlich „non-competing“ sind, ist nicht einzusehen, wie sie Arbeitsplätze vernichten können. Wenn auf dem Weltmarkt das Angebot an Gütern zunimmt, die ein Land gar nicht produziert, entstehen Terms of trade-Effekte, die der Kaufkraft aller inländischen Faktoreinkommen – möglicherweise aber in unterschiedlichem Ausmaß – zugute kommen. Das ist der „lifting-all-boats-Effekt“, von dem in Kapitel 1 schon die Rede war. Ebensowenig ist einzusehen, wie Burtless (1995, S.812) zurecht betont, warum Importe, die nicht mit inländischen

---

45 Wood führt hiervon 5 Prozentpunkte auf die modifizierte Faktorgehaltsanalyse zurück, 5 Prozentpunkte auf den induzierten technischen Fortschritt und 10 Prozentpunkte auf die Berücksichtigung der Dienstleistungen.

46 Siehe aber auch in Kapitel 2.2.3.2 den Abschnitt Anwendungsgrenzen und die dortige Diskussion der „non-competing imports“.

Gütern konkurrieren, einen besonderen Anreiz zur Einführung neuer, arbeitssparender Technologien schafften sollten.

2.2.3 Methodische Kritik bei flexiblen Faktorpreisen

Die Kritik von Wood betrifft weniger die Methode der Faktorgehaltsanalyse als solche als die Art und Weise ihrer Durchführung. Faktorgehaltsanalysen sind allerdings auch auf einer ganz grundsätzlichen Ebene ins Kreuzfeuer der Kritik geraten. In der Debatte stehen zwei Problemfelder. Zum einen ist der Vorwurf laut geworden, daß der methodische Ansatz der Faktorgehaltsanalyse ohne jede theoretische Basis sei. Vor allem wurde kritisiert, der Ansatz stehe nicht im Einklang mit der Logik des elementaren HOS-Modells, laut welchem die Faktorpreiswirkungen des Außenhandels nur über Änderungen der Güterpreise transmittiert werden können und mit den Handelsvolumina direkt nichts zu tun hätten (siehe z.B. Leamer, 1994; Bhagwati 1998a). Zum anderen ist die Kritik vorgebracht worden, daß Faktorgehaltsanalysen Handelsströme als Ursache von Änderungen der relativen Faktorpreise – und somit als exogene Größe – betrachten, während die generelle Gleichgewichtsanalyse lehrt, daß Handelsströme endogen sind. Da Handelsströme jedoch nicht nur durch einen Abbau von Handelsbarrieren, sondern von allen „Primitives" des in Kapitel 1 skizzierten allgemeinen Gleichgewichtsmodells beeinflußt werden, so das Argument der Kritiker, können Faktorgehaltsstudien zu eklatanten Fehlschlüssen führen. Es stellt sich in diesem Zusammenhang daher die Frage, welchen Informationsgehalt der Faktorgehalt des Handels eigentlich besitzt. Wir adressieren zunächst diese zweite Frage und unterstellen hierbei, daß die Methodik der Faktorgehaltsanalyse – letztlich also Gleichung (2.3b) – theoretisch gestützt werden kann. In einem zweiten Schritt fragen wir dann nach der theoretischen Rechtfertigung dieser Gleichung.

2.2.3.1 Was sagt uns der Faktorgehalt des Handels eigentlich?

Die Annahme der Exogenität der Handelsströme, wie sie in Faktorgehaltsanalysen (implizit) getroffen wird, steht im Widerspruch zur Außenhandelstheorie, welche Handelsströme als endogen bestimmt betrachtet. In einem betrachteten historischen Zeitraum können und werden sich aber neben Handelsbarrieren auch die Technologien, Präferenzen und Faktorausstattungen der Länder ändern. Bhagwati und Dehejia (1994, S. 49) präsentieren Beispiele, die die Faktorgehaltsanalyse scheinbar ad absurdum führen. Wir greifen eines dieser Beispiele heraus, um diese Kritik aufzuzeigen und um zu veranschaulichen, daß die Faktorgehaltsanalyse – die Legitimität von Gleichung (2.3b) zunächst einmal unterstellt – im Gegenteil sehr wohl korrekte Aussagen liefert. Allerdings ist bei der Interpretation ihrer Ergebnisse einige Vorsicht geboten.[47]

In Abbildung II-2-1 skizzieren wir eine kleine offene Volkswirtschaft, die in einem Ausgangszustand t bei gegebenen relativen Güterpreisen den Produktionspunkt P_t und den Konsumpunkt T_t wählt und demgemäß Low-Tech-Güter importiert und für den Handelsbilanzausgleich High-Tech-Güter exportiert.

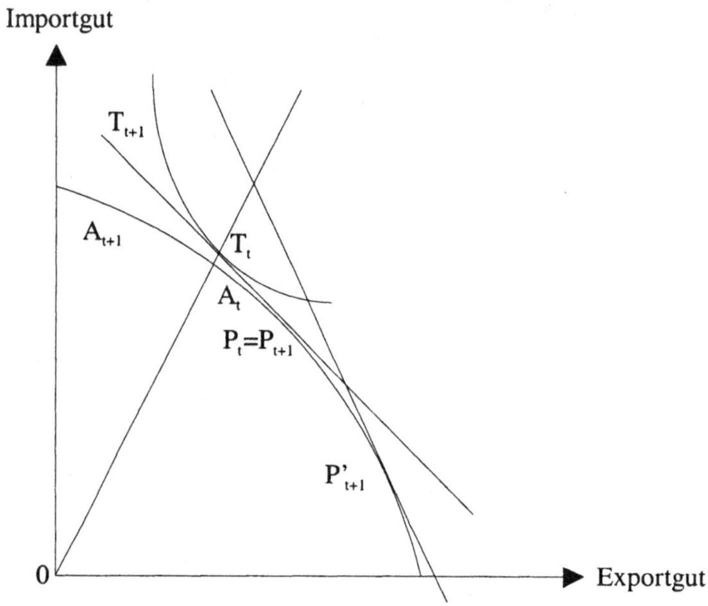

Abbildung II-2-1: Präferenzschock und „Globalisierungsschock" in einer SMOPEC

Es sei nun unterstellt, daß sich die Präferenzen (und zunächst nur diese) der Volkswirtschaft zugunsten von Low-Tech-Importgütern verändern. Die kleine offene Volkswirtschaft wird in $t+1$ den neuen Konsumpunkt T_{t+1} wählen und somit ihre Importe und Exporte ausdehnen. (Der Produktionspunkt bleibt unverändert. Daher: $P_{t+1} = P_t$). Da sich die relativen Güterpreise nicht ändern, bleibt wegen der Stolper-Samuelson-Relation auch das Lohndifferential unverändert. Durch die Erhöhung der Import- und Exportgütermengen indiziert der (aus dem Handelsdreieck ableitbare) Faktorgehalt des Handels nun ein gestiegenes Verhältnis von einfacher zu qualifizierter Arbeit. Eine Faktorgehaltsstudie müßte - wie Bhagwati und Dehejia (1994, S. 49) kritisch anmerken - zum Schluß gelangen,

47 Im Zusammenhang mit diesen Überlegungen vgl. Baldwin (1999), Deardorff (1997; 2000), Kohler (1999), Leamer (1996a; 2000) und Panagariya (1998; 2000).

daß sich der Lohnsatz zuungunsten der unqualifizierten Arbeitskräfte verändert haben müßte, während er faktisch doch unverändert geblieben ist. Das Beispiel läßt sich nun noch einen Schritt weiter treiben, indem wir unterstellen, daß neben dem Präferenzshift zugunsten von Low-Tech-Gütern auch noch ein Abbau von Handelsbarrieren (ein „Globalisierungschock") erfolgt ist, so daß der relative Preis der High-Tech-Güter in $t+1$ nun höher ist und die betrachtete Volkswirtschaft – wenn wir homothetische Präferenzen unterstellen – einen Konsumpunkt auf der gestrichelt gezeichneten neuen Preislinie links vom Konsumexpansionspfad OT_{t+1} wählt (nicht eingezeichnet) und ihren Produktionspunkt rechts von P_t wählt (z.B. P'_{t+1}). Welche Schlußfolgerungen kann man aus dem Faktorgehalt des Handels ziehen, wenn sich Schocks überlagern?

Eine Überlegung von Panagariya (1998; 2000) ist hilfreich, um Klarheit zu schaffen. Wir betrachten das Zeitintervall $[t, t+1]$ und lassen zunächst offen, ob sich ein oder mehrere Faktoren verändert haben - so könnte ein Abbau von Handelsbarrieren stattgefunden haben, technischer Fortschritt könnte die Transformationskurve nach "außen" verschoben haben, oder das Präferenzmuster könnte in $t+1$ ein anderes sein als in t. Für die in t und $t+1$ *beobachteten* Handelsgleichgewichte verwenden wir den Index T. Die bei Handel *beobachtete* Änderung der relativen Faktorpreise von t auf $t+1$ (welche die Faktorgehaltsstudien zu erklären trachten) läßt sich angenähert ausdrücken durch:

$$\Delta ln(w_L / w_H)^T_{t,t+1} = ln(w_L / w_H)^T_{t+1} - ln(w_L / w_H)^T_t . \quad (2.4a)$$

Die beobachteten Gleichgewichte können wir mit *hypothetischen* Autarkiegleichgewichten in den Zeitpunkten t und $t+1$ kontrastieren in denen wir unterstellen, daß der betrachteten Volkswirtschaft kein Handel möglich ist. Als Index für ein Autarkiegleichgewicht wählen wir den Buchstaben A. Für die hypothetische Änderung des relativen Lohnes im Intervall $[t, t+1]$ können wir angenähert schreiben:

$$\Delta ln(w_L / w_H)^A_{t,t+1} = ln(w_L / w_H)^A_{t+1} - ln(w_L / w_H)^A_t . \quad (2.4b)$$

Die Änderung der relativen Faktorpreise, die durch den "Handel" verursacht wird, erhalten wir, indem wir die hypothetische Faktorpreisänderung, die in Autarkie durch den Einfluß anderer Faktoren (wie des technischen Fortschritts oder der Präferenzänderung) eintreten würden, von der beobachteten relativen Faktorpreisänderung subtrahieren:

$$\Delta ln(w_L / w_H)^T_{t,t+1} - \Delta ln(w_L / w_H)^A_{t,t+1} \quad (2.4c)$$

$$= \left[ln(w_L / w_H)^T_{t+1} - ln(w_L / w_H)^T_t\right] - \left[ln(w_L / w_H)^A_{t+1} - ln(w_L / w_H)^A_t\right]$$

$$= \left[ln(w_L / w_H)^T_{t+1} - ln(w_L / w_H)^A_{t+1}\right] - \left[ln(w_L / w_H)^T_t - ln(w_L / w_H)^A_t\right]$$

$$= \Delta ln(w_L / w_H)^{T,A}_{t+1} - \Delta ln(w_L / w_H)^{T,A}_t$$

Die Überlegung von Panagariya (1998; 2000) veranschaulicht folgendes: wenn wir in der Lage sind, in jedem beliebigen Zeitpunkt (hier: in t und $t+1$) die relative Faktorpreisänderung zu ermitteln, die damit verbunden ist, daß die Volkswirtschaft Handel treibt, statt autark zu bleiben – mithin also in der Lage sind, die Terme $\Delta ln(w_L / w_H)^{T,A}_{t+1}$ und $\Delta ln(w_L / w_H)^{T,A}_t$ zu bestimmen (was Faktorgehaltsanalysen vermittels Gleichung (2.3b) zu leisten versprechen) – so können wir auch ermitteln, welcher Anteil der Änderung der relativen Faktorpreise sich auf den Handel zurückführen läßt. Wir benötigen allerdings komplette Informationen über die „Primitives", um die nicht beobachtbaren (hypothetischen) Autarkiegleichgewichte ermitteln zu können.

Im Lichte dieser Überlegungen wird klar, daß das Beispiel von Bhagwati und Dehejia die Methodik der Faktorgehaltsanalyse eben nicht ad absurdum führt. Die beobachtete Änderung des relativen Lohnes (2.4a) ist in diesem Beispiel gleich null. Durch den Präferenzschock ändert sich das (hypothetische) Autarkiegleichgewicht von A_t auf A_{t+1} (siehe Abbildung II-2-1). Mit der Bewegung zum neuen Autarkiegleichgewicht ist aber eine Änderung der relativen (Autarkie-(!)) Güterpreise verbunden, die über den Stolper-Samuelson-Kanal zu einer Erhöhung des relativen Lohnes der unqualifizierten Arbeitskräfte (die im Low-Tech-Sektor intensiv eingesetzt werden) führt, die in (2.4b) eingefangen wird. Durch die Offenheit der Volkswirtschaft, also durch den „Handel", wird diese Zunahme des relativen Lohnes der unqualifizierten Arbeitskräfte gerade vereitelt, wie Gleichung (2.4c) aufzeigt. Die Faktorgehaltsmethode zeigt diese „Verschlechterung" der Position der Unqualifizierten korrekt an!

Wenden wir uns nun dem Fall zu, wo zusätzlich auch noch ein Abbau von Handelsbarrieren und somit eine Erhöhung des relativen Preises von High-Tech-Exportgütern erfolgt ist. Auch hier kann vermittels der Gleichungen (2.4a) bis (2.4c) ermittelt werden, in welchem Umfang der Handel (die Offenheit) zur Änderung des relativen Lohnes beiträgt. Der Handel spiegelt nun allerdings beide Schocks, den Präferenzschock und den Abbau von Handelsbarrieren. Die Bedeutung des „Globalisierungschocks" für den relativen Lohn ist demgemäß eine andere als die Rolle der Offenheit per se. Haben wir allerdings die Informationen, um neben den beobachteten Gleichgewichten auch die hypothetischen Autarkiegleichgewichte zu ermitteln – kennen wir mithin die Technologien, Präferenzen, Faktorausstattungen und ihre Änderungen – so lassen sich, wie anhand von Abbildung II-2-1 leicht nachvollzogen werden kann - der Präferenzschock und der „Globalisierungsschock" (im Sinne des Abbaus von Handelsbarrieren) nacheinander durchspielen und die entsprechenden Relativlohnveränderungen ermitteln. Bei entsprechender Information – also in der Theorie – läßt sich demgemäß genau ermitteln, welcher Anteil der Relativlohnänderung der Offenheit und welche dem eigentlichen „Globalisierungsschock" zugewiesen werden kann. In der Praxis ist nicht davon auszugehen, daß die hier geforderten Informationen vorliegen. Man kann aus dem Faktorgehalt des Handels unter diesen Umständen nur dann korrekt auf den „Globalisierungschock" zurückschließen, wenn die „Primitives" konstant geblieben sind.

2.2.3.2 Inkonsistenz mit dem HOS-Modell?

Der Faktorgehaltsansatz wurde auch deshalb kritisiert, weil er aus einem einfachen Arbeitsmarktmodells abgeleitet wurde und nicht in der Logik eines generellen Gleichgewichtsmodells der Außenhandelstheorie begründet schien. Eine theoretische Fundierung für die Methode liefert allerdings ein Aufsatz von Deardorff und Staiger (1988) der zeigt, daß die in den Handelsströmen verkörperten Faktormengen unter bestimmten Bedingungen eine exakte Ableitung der handelsinduzierten Faktorpreisänderungen erlauben. Die Arbeiten von Krugman (1995b; 2000), Leamer (1996a; 2000), Deardorff (1997; 2000) und Panagariya (1998; 2000), haben zu einer weiteren Klärung des Anwendungsbereichs und der Grenzen der Faktorgehaltsanalysen geführt. Im Vorgriff auf die folgenden Ausführungen läßt sich feststellen, daß den Anwendern der Faktorgehaltsmethode nicht Theorielosigkeit vorgeworfen werden kann; allenfalls kann argumentiert werden, daß die Bedingungen, unter denen die Methode eine korrekte Prognose der handelsinduzierten Faktorpreisbewegungen erlaubt, in der Realität nicht erfüllt sind (Deardorff, 1997; 2000; Panagariya, 1998; 2000). Wir beginnen zunächst mit den Einsichten von Deardorff und Staiger (1988).

Die Cobb-Douglas-Ökonomie von Deardorff und Staiger

Deardorff und Staiger gehen in zwei Schritten vor. *Schritt 1* beinhaltet die Einsicht, daß es in einer HOS-Modellwelt mit diversifizierter Produktion (d.h. Produktion aller Güter; keine Spezialisierung) zu jedem Handelsgleichgewicht ein "äquivalentes" Autarkiegleichgewicht in folgendem Sinne gibt: addiert man - wie in den Gleichungen (2.2a) und (2.2b) beschrieben - zu den anfänglichen Faktorbeständen einer Volkswirtschaft den Faktorgehalt des Handels, so existiert ein mit den Güterpreisen (und somit auch Faktorpreisen und Inputkoeffizienten) des Handelsgleichgewichts konsistentes Wettbewerbsgleichgewicht im Produktionssektor, welches die Konsummengen des entsprechenden Handelsgleichgewichts gerade bereitstellt. Diese von Deardorff und Staiger analytisch stringent bewiesene Erkenntnis läßt sich wie folgt intuitiv plausibel machen. Stattet man die betrachtete Volkswirtschaft mit dem Faktorgehalt des Gleichgewichtskonsums aus, so ist der Produktionssektor unter Anwendung der Technologien (Inputkoeffizienten) des

Handelsgleichgewichts technisch in der Lage, die entsprechenden Konsumengen zu produzieren. Daß es sich hierbei um ein profitmaximierendes Wettbewerbsgleichgewicht handelt, folgt (quasi) per Konstruktion:[48] im Handelsgleichgewicht, welches als Ausgangspunkt dient, entsprechen sich Grenzrate der Transformation und Grenzrate der Substitution im Konsum. Entsprechend diesem Güterpreisverhältnis und dem damit korrespondierenden Faktorpreisverhältnis sind die Produktionstechniken (Inputkoeffizienten) optimal, das heißt kostenminimierend bestimmt. Folglich gilt, daß die Kosten pro Outputeinheit (i.e. die Stück- und zugleich Grenzkosten) gerade den jeweiligen Preisen entsprechen. Wegen der Annahme der Linear-Homogenität können diese Produktionstechniken nun aber - den Konsummengen des Handelsgleichgewichts entsprechend skaliert - eingesetzt werden. Jede zusätzlich produzierte Einheit wird gerade kostendeckend produziert, so daß der Produktionssektor im Gleichgewicht bleibt und der zusätzlich bereitgestellte Faktorvorrat (über den Faktorgehalt des Handels) ermöglicht genau die zusätzliche Produktion zur Bereitstellung der Konsummengen des Handelsgleichwichts. Bleibt noch zu begründen, daß hier auch nachfrageseitig ein Gleichgewicht vorliegt. Hier sind zwei Dinge zu berücksichtigen. Zum ersten ist zu sagen, daß die Güterpreise im "äquivalenten" Autarkiegleichgewicht per Konstruktion jenen des Handelsgleichgewichts entsprechen. Zweitens stellt sich die Frage, ob die Höhe des Einkommens ausreicht, den Konsum des "äquivalenten" Autarkiegleichgewichts zu erwerben (zu kaufen). Dies ist deshalb zu bejahen, da der Konsum ja produzierbar ist und somit das entsprechende Faktoreinkommen entsteht. "Äquivalente" Autarkiegleichgewichte sind deshalb nützlich, weil sie einen indirekten Rückschluß auf die Faktorpreise bei Handel erlauben. Die Faktorpreise zweier Handelsgleichgewichte lassen sich dadurch vergleichen, daß man die "äquivalenten" Autarkiegleichgewichte vergleicht.

Schritt 2 von Deardorff und Staiger involviert die Frage, unter welchen Bedingungen die Faktorpreise einer autarken Volkswirtschaft systematisch mit deren Faktorbeständen verbunden sind. Sie zeigen, daß bei Cobb-Douglas-Technologien und Cobb-Douglas-Präferenzen eine solche Beziehung existiert. Bezeichnen wir die Cobb-Douglas-Budgetanteile für Low- und High-Tech-Güter mit γ_L respektive $1-\gamma_L$, so ergeben sich die Nachfragegleichungen $X_L^D = \gamma_L I / p_L$ und $X_H^D = (1-\gamma_L) I / p_H$ wobei das Einkommen des repräsentativen Haushalts mit I bezeichnet ist. Bezeichnen wir die Kostenanteile (zugleich Produktionselastizitäten) der qualifizierten und unqualifizierten Arbeit in der Produktion des Gutes $i = L, H$ mit $\beta_i = \theta_{Hi} = w_H H_i / C_i$ und $1-\beta_i = \theta_{Li} = w_L L_i / C_i$, so folgt für das volkswirtschaftliche Aggregat der Löhne der unqualifizierten Arbeitskräfte, $w_L L = w_L L_L + w_L L_H = \beta_L C_L + \beta_H C_H$. (Ein analoger Ausdruck läßt sich für die

---

48 Diese Begründung lehnt sich an die Darstellung der Faktoproportionentheorie durch das Konzept des integrierten Gleichgewichts in Helpman und Krugman (1985, Kap.1) und an die Diskussion von Panagariya (1998; 2000) an.

gesamte Lohnsumme der qualifizierten Arbeitskräfte finden). Stellen wir nun in Rechnung, daß sich bei Autarkie Angebot und Nachfragemengen entsprechen müssen, i.e. $C_L = P_L X_L = P_L X_L^D = \gamma_L E$ und $C_H = P_H X_H = P_H X_H^D = (1-\gamma_L)E$ wo das Einkommen I gleich den Ausgaben E gesetzt wurde, so folgt für das Lohnaggregat:

$$w_L L = [\beta_L \gamma_L + \beta_H (1-\gamma_L)]E . \tag{2.5}$$

Gleichung (2.5) zeigt, daß in einer Cobb-Douglas-Ökonomie der Lohnsatz, w_L, für eine gegebene Ausgabensumme, E, mit einer Elastizität von minus eins auf Änderungen des Bestandes an unqualifizierten Arbeitskräften reagiert. Betrachten wir nun zwei Außenhandelsgleichgewichte, die wir mit T_1 und T_2 indizieren, und die dazu jeweils äquivalenten Autarkiegleichgewichte mit den Faktorbeständen $L + L_{T_1}$ und $L + L_{T_2}$, wo L_{T_1} und L_{T_2} die in den Außenhandelsgleichgewichten 1 und 2 verkörperten Mengen an unqualifizierten Arbeitskräften bezeichnen, so folgt mit Gleichung (2.5) für die Lohnänderung: $(w_L)^{T_2} / (w_L)^{T_1} = E_{T_2}(L + L_{T_2}) / E_{T_1}(L + L_{T_1})$. Normalisiert man die Ausgabensummen jeweils auf eins ($E_{T_2} = E_{T_1} = 1$), so daß der Faktorpreis den Anteil einer Einheit des Faktors an der Ausgabensumme zum Ausdruck bringt, so folgt für die relative Änderung des Lohnsatzes der unqualifizierten Arbeit:

$$\frac{(w_L)^{T_2} - (w_L)^{T_1}}{(w_L)^{T_1}} = \Delta ln(w_L)^{T_2,T_1} = \frac{L_{T_2} - L_{T_1}}{L + L_{T_2}} . \tag{2.6a}$$

Die relative Änderung des Lohnes der unqualifizierten Arbeitskräfte ist damit durch die Änderung des Faktorgehalts der Handelsströme bezogen auf den Konsum der Faktoren im finalen Außenhandelsgleichgewicht 2 gegeben. Wählen wir als Ausgangsgleichgewicht eine Autarkiesituation, so ist $L_{T_1} = 0$ und für die Lohnänderung folgt aus (2.6a):

$$\frac{(w_L)^{T} - (w_L)^{A}}{(w_L)^{A}} = \Delta ln(w_L)^{T,A} = \frac{L_T}{L + L_T} = \frac{\Delta L_e}{L_e} = \Delta ln\, L_e \tag{2.6b}$$

Analoge Gleichungen wie (2.5), (2.6a) und (2.6b) lassen sich auch für den anderen Faktor, die qualifizierte Arbeit, ableiten. Durch Subtraktion lassen sich dann Gleichungen der Form (2.3a) und (2.3b) bilden, und es wird deutlich, daß in einer Cobb-Douglas-Ökonomie gilt: $c_1 = 1$, i.e. die volkswirtschaftliche Substitutionselastizität nimmt den Wert eins an. Unter der restriktiven Annahme von Cobb-Douglas-Technologien und -Präferenzen folgt somit das "starke" Ergebnis einer systematischen Beziehung zwischen den Änderungen der Faktorbestände (und damit den Änderungen im Faktorgehalt des Handels) und der relativen Änderung der Faktorpreise. Wenn die betrachtete Volkswirtschaft durch entsprechende Technologien und Präferenzen charakterisiert ist, so sind Faktorgehaltsanalysen methodisch mit dem HOS-Modell völlig konsistent.

CES-Ökonomie und lokale Analyse

Es fragt sich natürlich, ob sich die Konsistenz der Faktorgehaltsmethode mit dem HOS-Modell auf das Cobb-Douglas-Beispiel beschränkt. Die obigen Ausführungen haben gezeigt, daß die einschränkende Cobb-Douglas-Annahme, erst in Schritt 2 herangezogen wurde, während Schritt 1, die Ableitung "äquivalenter" Autarkiegleichgewichte, mit einem völlig allgemeinen HOS-Modell und Diversifikation kompatibel sind. Rückgreifend auf ein Ergebnis von Dixit und Norman (1980, S.99) argumentieren Deardorff und Staiger (1988), daß unter allgemeineren Annahmen nicht generell eine Beziehung zwischen der Faktorausstattung und den Faktorpreisen existiert, die für jeden Faktor Gültigkeit besitzen würde. Sie weisen nach, daß unter allgemeinen Bedingungen das "schwache Ergebnis" einer Korrelation zwischen Änderungen der Faktorpreise und Änderungen des Faktorgehalts des Handels ableitbar ist. Dieses "schwache" Ergebnis ist für die Legitimierung von Faktorgehaltsanalysen allerdings nicht hilfreich.

Hilfreich sind hingegen die neueren Arbeiten von Krugman (1995b; 2000), Deardorff (1997; 2000) und Panagariya (1998; 2000) die zeigen, daß sich die Cobb-Douglas-Annahme lockern läßt. Wir können auf das in Kapitel 1 exponierte HOS-Modell zurückgreifen, um dies zu veranschaulichen. Wir brauchen für unsere Zwecke bloß Gleichung (1.11), welche die relativen Faktorbestände und die relativen Faktorpreise im HOS-Gleichgewicht (bzw. beim Vergleich zweier HOS-Gleichgewichte) in Beziehung setzt, für eine autarke Volkswirtschaft zu reformulieren:[49]

$$\left(\tilde{w}_L - \tilde{w}_H\right) = -\frac{1}{\sigma}\left(\tilde{L} - \tilde{H}\right) \tag{2.7a}$$

Gleichung (2.7a) veranschaulicht, daß in HOS-Gleichgewichten bei Diversifikation die relativen Faktorpreise nach Maßgabe der 'aggregierten'

[49] In Gleichung (1.11) hatten wir unterstellt, daß eine große offene Volkswirtschaft mit einer relativen Nachfragekurve *NE'* konfrontiert ist deren Elastizität durch σ'_D charakterisiert ist und die relative heimische Nachfrage *zuzüglich* der relativen ausländischen Nettonachfrage reflektiert. Hier nun betrachten wir das Szenario einer autarken Volkswirtschaft, deren relative Nachfrage *NE* durch Gleichung (2.6b) und die Elastizität σ_D charakterisiert ist. Die technischen Fortschrittsfaktoren interessieren hier nicht und werden ausgeblendet.

Substitutionselastizität $\sigma = |\lambda||\theta|(\sigma_S + \sigma_D)$ mit den Faktorbeständen verbunden sind. Es ist nun zu beachten, daß Gleichung (4.2a) noch nicht unmittelbar das gewünschte Pendant zu Gleichung (2.3b) darstellt, weil die 'aggregierte' Substitutionselastizität in Gleichung (2.7) unter den allgemeinen Annahmen, die in Kapitel 1 getroffen wurden, von den endogenen Variablen abhängt und damit selbst endogen ist.[50] Alleine in Kenntnis der Gleichgewichtswerte der endogenen Variablen läßt sich unter allgemeinen Annahmen die 'aggregierte' Substitutionselastizität bestimmen. In zwei speziellen Situationen ergibt sich allerdings eine unmittelbare Konsistenz zwischen den Gleichungen (2.3b) und (2.7a).

• Panagariya (1998; 2000) und Deardorff (1997; 2000) zeigen, daß die 'aggregierte Substitutionselastizität' in Gleichung (2.7) dann konstant ist, wenn die beiden Produktionsfunktionen und die Nutzenfunktion die selbe konstante Substitutionselastizität aufweisen:[51] setzen wir $\sigma_L = \sigma_H = \sigma_D = const. = c_2$, so folgt zunächst für σ_S: $\sigma_S = c_2[1 - |\lambda||\theta|]/|\lambda||\theta|$. Für die aggregierte Substitutionselastizität ergibt sich daher unmittelbar, $\sigma = c_2$, d.h. sie stimmt mit der identischen Substitutionselastitzität, die für die Produktions- und Konsumseite unterstellt wurde, überein. Damit ist die Faktorgehaltsmethode auch unter der Annahme einer CES-Ökonomie legitimiert.

• Krugman (1995b; 2000) argumentiert, daß die Faktorgehaltsanalyse dann konsistent mit dem HOS-Modell ist, wenn wir von einer Autarkiesituation starten und der Handelsanteil genügend klein ist, so daß eine Marginalanalyse durchführbar ist. Dies läßt sich im Rückgriff auf unsere Ausführungen in 2.3.1 erläutern. Reformulieren wir die Gleichungen (2.1a) und (2.1b) für die Marginalanalyse, und betrachten wir proportionale Änderungen, so erhalten wir:[52]

$$L_T / L = \tilde{L}_e = \lambda_{LL}(\tilde{X}^D_{L,T} - \tilde{X}_{L,T}) + (1 - \lambda_{LL})(\tilde{X}^D_{H,T} - \tilde{X}_{H,T}) \tag{2.8a}$$

$$H_T / H = \tilde{H}_e = \lambda_{HL}(\tilde{X}^D_{L,T} - \tilde{X}_{L,T}) + (1 - \lambda_{HL})(\tilde{X}^D_{H,T} - \tilde{X}_{H,T}) \tag{2.8b}$$

---

50 Dies wird transparent, wenn man sich die Definitionen von $|\lambda|$, $|\theta|$ und der Komponenten von σ in Erinnerung ruft. Siehe Kapitel 1.

51 Deardorff (1997; 2000) entwickelt dieses Ergebnis für den Mehrgüterfall und geht analog wie bei der Cobb-Douglas-Ökonomie vor.

52 Wir ersetzen hier die Δ's durch d's, schreiben die Inputkoeffizienten in der Form $a_{LL} = (L_L / L)(L / X_L) = \lambda_{LL}(L / X_L)$ (etc..) und verwenden die Übereinstimmung von Konsum und Produktion, $X^D_{i,T} = X_{i,T}$, in der anfänglichen Autarkiesituation.

Subtrahieren wir (2.8b) von (2.8a), so ergibt sich:

$$\tilde{L}_e - \tilde{H}_e = |\lambda| \left[\left(\tilde{X}^D_{L,T} - \tilde{X}^D_{H,T} \right) - \left(\tilde{X}_{L,T} - \tilde{X}_{H,T} \right) \right] \tag{2.8c}$$

Verwenden wir aus dem in Kapitel 1 exponierten HOS-Modell nun die Gleichungen (1.8) für die Entwicklung der relativen Nachfrage, (1.7) für die Entwicklung des relativen Angebots (wobei wir beachten, daß sich der heimische Faktorvorrat nicht verändert hat) und (1.5), die Stolper-Samuelson-Relation, für die relativen Preise, die in (1.7) und (1.8) auftreten, so erhalten wir die Gleichung.

$$\tilde{L}_e - \tilde{H}_e = -|\lambda||\theta|(\sigma_S + \sigma_D)(\tilde{w}_L - \tilde{w}_H) \tag{2.8d}$$

Gleichung (2.8d) repliziert nun aber gerade Gleichung (2.7), so daß Krugman's Behauptung bewiesen ist.

Nicht gehandelte Güter, Zwischengüter, Handelsdefizite

Faktorgehaltsschätzungen sind auch dann korrekt, wenn das HOS-Modell um nicht handelbare Güter, Zwischengüter und Handelsdefizite erweitert wird wie Deardorff (1997; 2000) und Panagariya (1998; 2000) gezeigt haben.

• Daß Handelsdefizite die Validität der Faktorgehaltspropositionen von Deardorff und Staiger (1988) nicht in Frage stellen, wurde bereits von diesen Autoren im Originalaufsatz behauptet, allerdings nicht näher begründet. Der Beweis von Panagariya (1998; 2000) ist besonders instruktiv, weil er überprüft, ob die zwei Beweisschritte von Deardorff und Staiger (1988) auch dann noch korrekt sind, wenn ein Handelsdefizit vorliegt. Für die in Schritt 2 diskutierte Verbindung zwischen Faktorbeständen und Faktorpreisen in einer autarken Wirtschaft gilt dies unmittelbar: sie ist unabhängig davon, aus welchem Grunde sich Faktorbestände ändern (d.h. unabhängig davon, ob Handelsdefizite zu diesen Änderungen beitragen oder nicht). Es bleibt daher zu klären, ob bei Handelsdefiziten noch "äquivalente" Autarkiegleichgewichte existieren. Dies ist aus folgendem Grunde für eine kleine offene Volkswirtschaft zu bejahen. Bei einem Handelsdefizit übersteigen die Ausgaben einer Volkswirtschaft deren Faktoreinkommen. In Abbildung II-2-1 würde sich bei unveränderten Güterpreisen die Budgetlinie (die den Gegenwartskonsum der Volkswirtschaft begrenzt) nach rechts verschieben (nicht eingezeichnet). Der höhere Konsum äußert sich in einer Änderung des Faktorgehaltes des Handels. Stattet man die betrachtete Volkswirtschaft aber mit den im Handel verkörperten

Faktormengen aus, so kann sie - wegen ihren linear-homogenen Technologien (analog wie oben erläutert) - ihre Produktion entsprechend nach oben skalieren.[53]

Wie ist aber das Ergebnis, welches durch Faktorgehaltsstudien im Falle eines Handelsdefizits ermittelt wird, zu interpretieren? Ähnlich wie im oben diskutierten Falle des Präferenzschocks ändern sich die relativen Faktorpreise für die kleine offene Volkswirtschaft nicht, während der Faktorgehalt des Handels eine Änderung der relativen Faktormengen anzeigt.[54] Deardorff (1997, S.7) ist hier am explizitesten: „these are the changes in factor prices that *would* have occured (Kursivierung im Original, d. Verf.) if the increase in expenditure had been accompanied by, say, increased import tariffs and export subsidies sufficient to prevent any change at all in the quantities of trade." Die Faktorgehaltsmethode ermittelt also die Änderung der Faktorpreise, die sich ergeben hätte, wenn man durch den Einsatz handelspolitischer Instrumente unterbunden hätte, daß sich die Handelsmengen im Zuge der Ausgabenerhöhung ändern.

• Auch wenn Zwischengüter und nicht-handelbare Güter berücksichtigt werden, bleibt die Konsistenz von Faktorgehaltsanalysen mit dem HOS-Modell erhalten. Panagariya (1998, S.15f) behauptet (ohne es zu beweisen), daß sich dies wiederum durch gedankliche Überprüfung der Schritte 1 und 2 zeigen läßt.

Betrachten wir zuerst den Fall *nicht-handelbarer Güter*. Die Existenz äquivalenter Gleichgewichte z.B. im Heckscher-Ohlin-Modell mit 2 Faktoren und 3 Gütern wovon eines nicht-handelbar ist und die anderen beiden handelbar sind (Komiya, 1967) ist unmittelbar einsichtig. Da wir nach wie vor unterstellen, daß beide handelbaren Güter produziert werden, bleiben die Güterpreise und Faktorpreise in Stolper-Samuelson-Manier verkettet. Die Güterpreise werden durch das Handelsgleichgewicht bestimmt. Damit sind auch die Faktorpreise bestimmt und ergo auch der Preis des nicht-handelbaren Gutes. Bei gegebenen Faktorbeständen ist das Einkommen bestimmt und somit auch die Nachfrage nach nicht-handelbaren Gütern, die aus eigener Produktion befriedigt werden muß. Der verbleibende Faktorvorrat wird für die Produktion der handelbaren Güter verwendet. Im Handelsgleichgewicht weicht der Faktorgehalt des Konsums vom Faktorgehalt der Produktion ab. Stellt man bei der betrachteten Volkswirtschaft jedoch den Netto-Faktorgehalt des Handels zur Verfügung, so kann wegen der Linear-Homogenität der Produktionsfunktionen der Konsum bei Außenhandel wiederum durch ein Wettbewerbsgleichgewicht im heimischen Produktionssektor gestützt werden. Die Beziehung zwischen den relativen Faktorbeständen und den relativen Faktorpreisen in einer *autarken* Wirtschaft bleibt natürlich erhalten, weil die Handelbarkeit hierfür keine Rolle spielt.

---

53 Das Handelsdefizit (i.e. der Transfer zugunsten) einer kleinen offenen Volkswirtschaft hat transfertheoretisch keine Auswirkung auf die relativen Güterpreise auf dem Weltmarkt. Somit tritt keine Sekundärwirkung (Preiswirkung) auf.

54 Bhagwati und Dehejia (1994, S.49) verwenden daher auch dieses Beispiel in ihrer Attacke gegen die Faktorgehaltsmethode.

Bei *Zwischengütern* ist lediglich zu beachten, daß bei der Messung des Faktorgehalts neben dem direkten Faktoreinsatz nun auch die indirekten, in den Zwischengütern verkörperten, Faktoren berücksichtigt werden.

Anwendungsgrenzen

Der von Deardorff (1997; 2000) und Panagariya (1998; 2000) geklärte Anwendungsbereich der Faktorgehaltspropositionen steckt natürlich auch deren Grenzen ab. Nach Deardorff (1997; 2000) schränkt vor allem die *Annahme der Diversifikation in der Produktion* die praktische Relevanz der Faktorgehaltspropositionen ein: " in (...) work of my own I have often stressed the importance of the alternative H-O case of specialization and the absence of factor price equalization (FPE), which I believe to be a better approximation to global reality than FPE" (Deardorff, 1997, S. 4). Werden nicht alle Güter produziert und gibt es daher "non-competing" (nicht konkurrierende) Importe, so ist Schritt 1 der Überlegungen bei der Ableitung der Faktorgehaltspropositionen verletzt: da eines der beiden Güter - in unserem Kontext: das Low-Tech-Import-Gut - bei den herrschenden Faktorpreisen wegen mangelnder Profitabilität nicht produziert wird, nützt es wenig, der betrachteten Volkswirtschaft zusätzlich die Faktormengen zur Verfügung zu stellen, die im Handel verkörpert sind: eine Produktion des Autarkiekonsums wäre zwar rein technisch möglich, ist aber bei den (im Handelsgleichgewicht herrschenden) Güterpreisen eben nicht profitabel. Damit beide Güter kostendeckend produziert werden könnten, müßten sich Güter- und Faktorpreise ändern. Ein "äquivalentes" Autarkiegleichgewicht in der Definition von Deardorff und Staiger (1988) kann es bei "non-competing imports" also nicht geben.

Inspiriert durch die klassische Idee, daß der Außenhandel bzw. die Importe einen Zugriff auf die Faktorreichlichkeiten oder Technologien anderer Länder gestatten, schlägt Deardorff (1997; 2000) für die Situation nicht-konkurrierender Importe ein alternatives Konzept eines "äquivalenten" Autarkiegleichgewichts vor. In diesem "äquivalenten" Autarkiegleichgewicht wird die betrachtete Volkswirtschaft nicht nur mit dem Faktorgehalt des Handels ausgestattet, sondern sie erfahre im (nicht produzierenden) importkonkurrierenden Sektor auch Hicks-neutralen technischen Fortschritt, der so bemessen ist, daß es (bei den im Handelsgleichgewicht gegebenen Güter- und Faktorpreisen) gerade lohnend wird, die bislang unprofitablen Güter zu produzieren. Der Faktorgehalt des Handels der "non-competing imports" muß hier mit den Inputkoeffizienten gemessen werden, die sich einstellen, wenn der Hicks-neutrale technische Fortschritt den Sektor gerade profitabel macht. Damit lassen sich Handelsgleichgewichte wiederum durch (nun anders definierte) "äquivalente" Autarkiegleichgewichte reproduzieren und man könnte statt der Faktorpreisänderung im Zuge des Übergangs von einem auf das andere Handelsgleichgewicht, wiederum die Faktorpreiswirkungen der korrespondierenden "äquivalenten" Autarkiegleichgewichte analysieren. Wie bei Deardorff/Staiger (1988) stellt sich aber auch hier ein Inferenzproblem. Ist es möglich, systematische Rückschlüsse von exogenen Änderungen der Faktorbestände und des Hicks-neutralen technischen Fortschritts auf die Faktorpreise einer autarken Volkswirtschaft zu ziehen? Zur Beantwortung dieser Frage können wir auf das in Kapitel 1 exponierte HOS-Modell und dort ganz spezifisch die Gleichung (1.11) zurückgreifen, wobei wir nun neben Faktorbestandsänderungen (über den Faktorgehalt des Handels) auch Hicks-neutralen Fortschritt ($\tilde{b}_{LL} = \tilde{b}_{HL} > 0$) berücksichtigen müssen. Berücksichtigen wir diesen, so erhalten wir

$$(\tilde{w}_L - \tilde{w}_H) = -\frac{1}{\sigma}\left[(\tilde{L} - \tilde{H}) + (\lambda_{LL} - \lambda_{HL})(1 - \sigma_D)\tilde{b}_{LL}\right] \tag{2.7b}$$

Im Spezialfall einer autarken Ökonomie mit Cobb-Douglas-Präferenzen ($\sigma_D = 1$) läßt Hicks-neutraler technischer Fortschritt die relativen Faktorpreise unverändert wie wir bereits in Abschnitt 1.2.2.2 gesehen haben und wie auch in (2.7b) unmittelbar erkennbar ist. Um eine konstante aggregierte Substitutionselastitzität σ zu erhalten, müssen wir aber auch hier (wie bereits in der Analyse des CES-Falles oben) identische Substitutionselastiztitäten in Präferenzen und Technologien unterstellen, so daß folglich auch die Produktionsfunktionen vom Cobb-Douglas-Typ sein müssen. Der Faktorgehalt des Handels liefert unter diesen Umständen eine korrekte Prognose der Faktorpreisänderungen. Weicht die Substitutionselastizität im Konsum hingegen vom Wert eins ab, so wird eine Prognose, die sich allein auf den Faktorgehalt (und die dadurch induzierten Faktorproportionenänderung) stützt, fehlerhaft: ist $\sigma_D > 1$, so würde dies den relativen Lohn der Unqualifizierten im Vergleich zur Prognose auf Basis des Faktorgehalts erhöhen, ist $\sigma_D < 1$, so müßte die Lohnvariation nach unten korrigiert werden. Nur im letztgenannten Falle wäre also eine Korrektur, wie Wood (1994) sie vornimmt, qualitativ korrekt.

Welche Relevanz dieses Ergebnis für die Praxis hat, ist fraglich. Panagariya (1998; 2000) meldet deshalb Skepsis an, weil die Produktionstechnologien von "non-competing imports" im eigenen Land nicht beobachtbar sind und weil es, selbst wenn man sie kennte, schwierig wäre, das genaue Ausmaß Hicks-neutralen Fortschritts herauszufinden, welches ihre Produktion profitabel machen würde.

Abgesehen von der eben diskutierten Problematik der noncompeting imports meldet Panagariya auch Zweifel an der empirischen Relevanz anderer Annahmen an, die dem Deardorff/Staiger Ergebnis (und deren Erweiterung auf eine CES-Ökonomie) zugrundeliegen. So ist Annahme *identischer Substitutionselastizitäten* für Präferenzen und Technologien natürlich völlig willkürlich; so lassen sich Zweifel anmelden, ob Präferenzen überhaupt *homothetisch* sind; so kollabiert die Konstruktion des "äquivalenten" Autarkiegleichgewichts bei Annahme (externer) *steigender Skalenerträge*, weil die Inputkoeffizienten, dann outputabhängig werden; so bricht die Logik der Deardorff/Staiger-Proposition zusammen, wenn der Außenhandel *technischen Fortschritt induziert* (weil sich dann kein "äquivalentes"

Autarkiegleichgewicht konstruieren ließe, weil eine ganz andere Technologie vorläge) oder *Faktorbestandsanpassungen induziert*, deren Faktorpreiswirkungen zu separieren problematisch wäre oder wenn Präferenzänderungen induziert werden.

2.2.3.3 Bewertung im Lichte von HOS und alternative Rechtfertigungen

Die einschränkenden Annahmen, die gemacht werden müssen, damit die Faktorgehaltsanalyse bei flexiblen Güterpreisen eine HOS-konsistente Prognose der Faktorpreisimplikationen eines "Globalisierungsschocks" liefert, führen dazu, daß Panagariya (1998, S. 2) zum Verdikt kommt, die Methode "should not be used as a reliable guide to investigate the effect of trade on wage inequality." Die Kritikpunkte von Panagariya sind allerdings teilweise so fundamental, daß sie selbst die HOS-Theorie in Frage stellen würden (Homothetizität der Präferenzen, Skalenerträge, induzierter technischer Fortschritt). Krugman (1995b; 2000) kommt zu einer wohlwollenderen Einschätzung der Faktorgehaltsmethode, weil er die Annahmen der HOS-Theorie für den Nord-Süd-Handel grundsätzlich als zutreffend ansieht und weil er argumentiert, daß der Nord-Süd-Handel von seinen Quantitäten (noch) so klein ist, daß eine lokale Analyse gerechtfertigt ist. Bevor ein endgültiges Verdikt über die Faktorgehaltsanalyse gesprochen werden kann, ist aber zweierlei zu berücksichtigen:

Erstens läßt sich die zentrale Gleichung (2.3b) nicht nur durch ein Heckscher-Ohlin-Modell rechtfertigen, sondern auch auf anderem Wege. Wir werden in Kapitel 3 sehen, daß diese Gleichung auch durch ein Modell spezifischer Faktoren abgeleitet werden kann (Sachs und Shatz, 1998).

Zweitens, auch die anderen empirischen Methoden haben Stärken und Schwächen. Erst im Lichte des Gesamtbildes kann sinnvollerweise ein Verdikt über die Faktorgehaltsanalyse gesprochen werden.

Zunächst gilt es aber noch die Tauglichkeit der Faktorgehaltsanalyse bei rigiden Löhnen zu überprüfen.

2.2.4 Faktorgehaltsanalysen bei Lohnrigiditäten

Es liegt nahe, zu versuchen, anhand der in den Exporten und Importen verkörperten Arbeit auf das Ausmaß der Freisetzung von unqualifizierten Arbeitskräften in "europäischen" Ländern zu schließen. Eine Anwendung der Faktorgehaltsanalyse zur Ermittlung der Freisetzungseffekte im „europäischen Szenario“ eines rigiden Lohndifferentials liefert jedoch kein korrektes Bild. Traditionelle Faktorgehaltsanalysen schätzen den Beschäftigungsrückgang durch Nord-Süd-Handel systematisch zu gering ein, weil die Beschäftigungsverluste im Falle rigider Löhne nicht nur als die direkte Wirkung des Handels (d.h. durch das Auseinanderfallen des Konsums und der Produktion) eintreten, sondern auch aufgrund des induzierten

Einkommens- und Nachfragerückgangs. Eine Faktorgehaltsanalyse würde den zweiten Effekt vernachlässigen und daher die Wirkung von Schocks unterschätzen.

Diese Zusammenhänge, die auf Krugman (1995a) zurückgehen, lassen sich anhand von Abbildung II-2-2 erläutern, die das Heckscher-Ohlin-Modell bei Relativlohnrigidität von der Faktorausstattungsbox her beleuchtet.

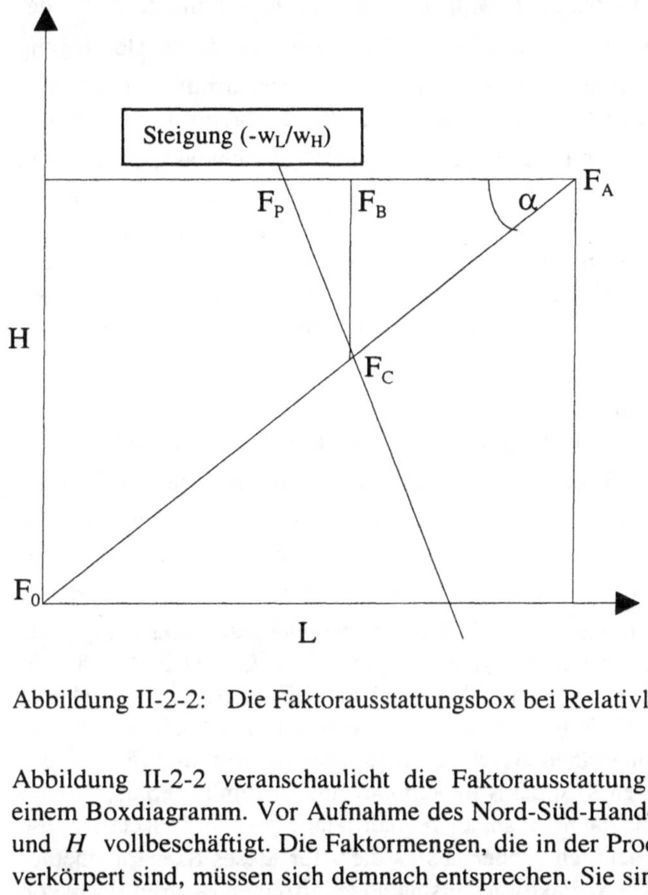

Abbildung II-2-2: Die Faktorausstattungsbox bei Relativlohnrigidität

Abbildung II-2-2 veranschaulicht die Faktorausstattung von OECD-Europa in einem Boxdiagramm. Vor Aufnahme des Nord-Süd-Handels sind die Faktoren L und H vollbeschäftigt. Die Faktormengen, die in der Produktion und im Konsum verkörpert sind, müssen sich demnach entsprechen. Sie sind durch Punkt F_A - die rechte obere Ecke - indiziert. Durch den Nord-Süd-Handel kommt es bei rigiden Faktorpreisrelationen zu einer - in Gleichung (1.12) beschriebenen - Freisetzung unqualifizierter Arbeitskräfte. Die qualifizierten Arbeitskräfte bleiben dagegen vollbeschäftigt. Punkt F_P charakterisiert die produktiv eingesetzten Faktoren nach dem "Globalisierungsschock". Die im Konsum verkörperten Faktoren lassen sich aus zwei Überlegungen ermitteln. Erstens, das Einkommen, welches sich aus dem mit den Faktorpreisen bewerteten produktiven Faktorbestand ermittelt, d.h. $I = w_H H + w_L L$, beschränkt den Konsum. Bei Handel charakterisiert Punkt F_P

den produktiven Faktorbestand, so daß der Konsum der Faktoren auf der fallend verlaufenden Budgetlinie mit Steigung $-w_L / w_H$ liegen muß. Zweitens, unter der Annahme homothetischer Präferenzen ist der relative Faktorgehalt des Konsums durch die relativen Güterpreise bestimmt (d.h. unabhängig vom Einkommensniveau). Da die Güterpreise durch die Relativlohnfixierung auf dem Autarkieniveau eingefroren werden und der Faktorgehalt des Autarkiekonsums durch die Ausstattung F_A bestimmt ist, muß der Konsum auf dem Pfad F_0F_A liegen. Die im Konsum verkörperten Faktoren sind demgemäß durch den Schnittpunkt F_C der Budgetlinie mit dem Pfad F_0F_A ausgedrückt. Aufbauend auf dieser Überlegung lassen sich die in den Handelsströmen verkörperten Faktoren ermitteln: der Netto-Export qualifizierter Arbeit ist durch die Strecke F_CF_B verkörpert und der Netto-Import unqualifizierter Arbeit ist durch die Strecke F_PF_B charakterisiert. Man sieht nun unmittelbar, daß der tatsächliche Arbeitsplatzverlust im Bereich der unqualifizierten Arbeitskräfte viel höher ist, als es der Faktorgehalt des Außenhandels suggeriert. Eine Inspektion von Abbildung II-2-2 zeigt aus welchem Grunde die Faktorgehaltsanalysen die tatsächliche Freisetzung von Arbeitskräften unterschätzen: sie ignorieren den Einkommensrückgang, der mit der Freisetzung der Arbeitskräfte verbunden ist.

Es ist jedoch leicht ersichtlich, wie der tatsächliche Rückgang - i.e. die Strecke F_AF_P - zu quantifizieren ist. Die Strecke F_AF_P ist in die Teilabschnitte F_PF_B und F_AF_B zerlegbar. Die Strecke F_0F_A stellt den Nettoimport unqualifizierter Arbeitskräfte dar, wie er in Faktorgehaltsstudien ermittelbar ist. Für die Strecke F_AF_B gilt: $F_AF_B = F_CF_B \tan\alpha$ wobei $\tan\alpha = H / L$ und der Streckenabschnitt F_CF_B wiederum der in Faktorgehaltsstudien ermittelte Netto-Export qualifizierter Arbeitskräfte ist. Legt man nun die für OECD-Europa relevanten Werte zugrunde - Netto-Importe an unqualifizierter Arbeit als Anteil am OECD-BIP: 0.82 %; Netto-Exporte an qualifizierter Arbeit als Anteil am OECD-BIP: 0,41; relative Faktorausstattung (unqualifizierte/qualifizierte Arbeitskräfte) = 60:40 = 1,5 - so ermittelt man mit Krugman einen Beschäftigungsrückgang von 1,43 %. Für das europäische Szenario führen Krugmans Berechnungen also zum Ergebnis, daß die Globalisierung in signifikantem Ausmaß unqualifizierte Arbeit freisetzt. Diese Freisetzungseffekte sind deutlich größer, als es die - für dieses Szenario methodisch eben nicht korrekte - Faktorgehaltsmethode anzeigen würde. Der von Krugman ermittelte Beschäftigungsrückgang ist aber nur ein bescheidener Bruchteil der seit den 70er Jahren insgesamt registrierten Zunahme der Arbeitslosigkeit.

2.2.5 Fazit

1. Faktorgehaltsanalysen zur Ermittlung der Auswirkungen des Außenhandels oder der Immigration auf die Lohnsätze von qualifizierten und unqualifizierten Arbeitskräften sind zunächst vor dem theoretischen Hintergrund des einfachen

Schemas von relativer Nachfrage und relativem Angebot auf dem Arbeitsmarkt entstanden (und zu sehen). Faktorgehaltsanalysen sind unter Arbeitsmarktökonomen nicht zuletzt deshalb populär, weil sie einfach durchzuführen sind.

2. Unter bestimmten Bedingungen sind Faktorgehaltsanalysen theoretisch jedoch völlig konsistent mit dem HOS-Modell der Außenhandelstheorie bei flexiblen Faktorpreisen. Zu den grundlegenden Bedingungen neben den Annahmen, die ohnehin im Rahmen der HOS-Theorie getroffen werden (konstante Skalenerträge, homothetische Präferenzen) zählen die Annahme der Diversifikation in der Produktion und die Annahme, daß der Außenhandel keine Änderungen der Technologie, der Präferenzen und der Faktorausstattungen induziert. Sind diese Annahmen erfüllt und, (a) weisen die Nutzen- und Produktionsfunktionen identische Substitutionselastitzäten auf oder, (b) sind die Handelsströme gering genug, daß mit einer Marginalanalyse argumentiert werden kann, so ist die Methode konsistent mit dem HOS-Modell.

3. Sind Faktorpreise hingegen rigide, so führen Faktorgehaltsanalyse zu einer systematischen Fehleinschätzung der Freisetzung von Arbeitskräften.

4. Die Anwendung von Faktorgehaltsanalysen ist deshalb umstritten, weil abweichende Meinungen vorherrschen, wie restriktiv die für die HOS-Konsistenz notwendigen beschränkenden Bedingungen sind.

5. Die Ergebnisse bisheriger Faktorgehaltsanalysen weisen - von einigen wenigen Studien abgesehen - dem Nord-Süd-Handel einen nur geringen Einfluß auf Außenhandel einen geringen Einfluß auf die Entwicklung des Lohndifferentials zwischen qualifizierten und unqualifizierten Arbeitskräften nach. Die Schätzungen von Sachs und Shatz (1998) fallen deshalb höher aus als Ergebnisse anderer Studien, weil Sachs und Shatz eine sehr geringe aggregative Substitutionselastizität veranschlagen, liegen aber nur bei einem Zehntel des Effektes den Wood (1994) in seiner umstrittenen Studie ermittelt.

2.3 Implikationentests

2.3.1 Charakterisierung

Implikationentests knüpfen direkt an den Restriktionen an, die das HOS-Modell den Daten auferlegt. Die zentralen Implikationen von Globalisierungs- und Technologieschocks sind für amerikanische Arbeitsmärkte in den Ergebnissen 1.1 und 1.2, für kontinentaleuropäische Arbeitsmärkte in den Ergebnissen 1.3 und 1.4 des vorigen Kapitels festgehalten. Durch Heranziehung von empirischer Evidenz über die Entwicklung der Schlüsselvariablen kann man sich Rückschlüsse zur Identifikation des Schocks erhoffen, der die Arbeitsmarktprobleme in den OECD-

Ländern ausgelöst hat. Im Vordergrund der Diskussion standen bislang insbesondere die Veränderungen der relativen Güterpreise sowie die Entwicklung der sektoralen Faktorintensitäten. Nachfolgend wird aber auch jene Evidenz betrachtet, die andere Indikatoren liefern.

2.3.2 Relative Preise

Vor allem Jagdish Bhagwati ist nicht müde geworden, immer wieder auf die zentrale Bedeutung fallender relativer Importpreise bei der Stolper-Samuelson Transmission von "Globalisierungsschocks" (wie dem Abbau von Handelsbarrieren) hinzuweisen (siehe z.B. Bhagwati, 1991, 1995, 1998a, 1998b). Für die USA überprüfte Bhagwati (1991 hier zitiert nach Bhagwati, 1998a und Slaughter, 1998a) daher für den Zeitraum von 1982 bis 1989 Quartalsdaten der Import- und Exportpreisindizes. Es zeigte sich, daß die Importpreise schneller gestiegen sind als die Exportpreise, ein Ergebnis, welches Bhagwati später, im Lichte weiterer Evidenz, als "Anti-Stolper-Samuelson-Verhalten" der Preise bezeichnet (Bhagwati, 1995). Bhagwati unterstellt bei diesen Überlegungen - wie nach ihm viele andere in expliziter oder impliziter Weise - daß das Außenhandelsmuster der USA (oder der jeweils betrachteten anderen Volkswirtschaft) korrekt durch das HOS-Modell beschrieben ist, d.h., daß die Importe der USA konsistent arbeitsintensiv gefertigte "Low-Tech-Produkte" sind und die Exporte der USA konsistent "High-Tech-Produkte" sind, die humankapitalintensiv gefertigt werden.

Eine Analyse der Terms of trade kann sicherlich nicht mehr als einen ersten Fingerzeig bei der Überprüfung des Stolper-Samuelson-Kanals geben. Wie vor allem Cline (1997, S. 93) betont, sind die Terms of trade der USA von den Bewegungen des Ölpreises und anderer Rohstoffpreise dominiert.[55] Eine genauere Überprüfung muß an den Preisen von Gütern ansetzen, die humankapitalintensiv oder arbeitsintensiv gefertigt werden. Folgerichtig hat sich die Forschung einer genaueren Analyse von Wirtschaftszweigdaten zugewandt und "deskriptive Evidenz" aufbereitet. Dem Beispiel von Lawrence und Slaughter (1993) folgend wurde es populär, Kleinst-Quadrate-Regressionen - wie die nachfolgende Gleichung (2.9) - auf der Basis disaggregierter Industriedatensätze zu schätzen:[56]

$$\tilde{p}_i = a_0 + a_1 h_i^m + a_2 D + \xi_i \qquad (2.9)$$

---

55 Cline (1997, S. 93) weist darauf hin, daß die Terms of trade der USA 1980 auf ihren tiefsten Stand gesunken waren - also zu der Zeit, als der Ölpreis am höchsten war - und 1986, als der Ölpreis ein Tief erreicht hat, am höchsten waren.

56 Vergleiche Lawrence und Slaughter (1993), Sachs und Shatz (1994, 1998) und überblicksartig Slaughter (1998a).

Auf der linken Seite von (2.9) stehen die prozentualen Änderungen von Outputpreisen einzelner Wirtschaftszweige (für die der Index i hier Verwendung findet). Die Größe h_i^m auf der rechten Seite ist ein - zu spezifizierendes - Maß für die Intensität des Einsatzes qualifizierter Arbeit zu Beginn der Analyse. Ebenfalls rechts findet sich eine Dummy-Variable, D, die gegebenenfalls für Wirtschaftszweige verwendet wird, deren separater Einfluß interessiert. Die Größe ξ_i ist ein Störterm. Die zu schätzenden Parameter sind a_0, a_1 und a_2. Der Parameter a_0 schätzt den Inflationstrend und die Größe a_2 den Einfluß der separierten Industrie. Entscheiden in unserem Kontext ist das Vorzeichen der Schätzgröße a_1, welche die Preisänderung mit der Humankapitalintensität in Beziehung setzt. Methodisch ist zu dieser Regressionsgleichung zu bemerken, daß sie nur indirekt durch das HOS-Modell aus Kapitel 1 gestützt wird. Insbesondere ist sie - im Gegensatz zu den Regressionsgleichungen, die wir in Abschnitt 2.4 diskutieren werden - nicht aus Nullprofitgleichungen des Typs (1.3a) und (1.3b) ableitbar.

Aus den bisherigen Untersuchungen zeichnet sich kein einheitliches Bild ab, so daß Wood (1995, S.73) nicht ungerechtfertigt zum Schluß kommt: "So the price evidence turns out to be rather disappointing. In theory, it ought to settle the dispute over whether or not trade is the main cause of the widening wage gap between skilled an unskilled workers. In practice, however, it fails to deliver a clear verdict, one way or the other." Wir diskutieren nachfolgend einige der zentralen Studien und beginnen mit jenen, die für die USA gemacht wurden.

Lawrence und Slaughter (1993) bestätigen die Vermutung von Bhagwati (1991). In einer Regressionsstudie für den Zeitraum 1980 - 1989 finden Lawrence und Slaughter für eine Auswahl von US-Industrien aus dem Verarbeitenden Gewerbe (manufacturing industries) sowohl für Importpreise als auch für Exportpreise schwach negative Koeffizienten a_1, die ein "Anti-Stolper-Samuelson-Verhalten" indizieren (Lawrence und Slaughter 1993, S. 195ff insbesondere auch Fußnote 57). Als Proxy für die Humankapitalintensität wählen sie den Einsatz von "Nonproduction workers" relativ zu "Production workers" in den einzelnen Industrien. Von einer Dummy-Variable sehen sie ab. Ergänzend zu diesen Regressionen haben Lawrence und Slaughter beschäftigungsgewichtete Preisindizes für Import- und Exportgüter des Verarbeitenden Gewerbe berechnet. Als Gewichte dienen alternativ die Anteile der in den jeweiligen Industrien beschäftigten "Nonproduction Workers" und die Anteile der in den jeweiligen Industrien beschäftigten "Production Workers" (jeweils im Jahr 1980). Tabelle II-2-1 reproduziert eine Auswahl ihrer Ergebnisse, die auch in der späteren Diskussion (siehe die Ausführungen in Kapitel 3) von Bedeutung sind. Für die USA zeigt sich folgendes: werden Import- oder Exportpreise mit den Beschäftigungsanteilen der "Production workers" gewichtet, so fallen die Preisanstiege größer aus als bei einer Gewichtung mit "Nonproduction workers", was Lawrence und Slaughter als Beleg für einen leichten Rückgang des relativen

Preises von Gütern betrachten, die relativ intensiv mit qualifizierter Arbeit (Nonproduction workers) hergestellt werden.

Tabelle II-2-1: Prozentuale Änderung heimischer Preise und Importpreise

	Domestic prices	Import prices	Export prices
United States (1980-1989)			
All manufacturing industries			
Nonproduction weights	33.1	26.0	26.3
Production weights	32.3	28.1	30.0
Germany (1980-1990)			
All manufacturing industries			
Nonmanual weights	23.98	15.24	Keine Angabe
Manual weights	26.03	17.07	Keine Angabe
Without office machines			
Nonmanual weights	24.79	15.38	Keine Angabe
Manual weights	26.21	17.11	Keine Angabe
Also with petroleum products			
Nonmanual weights	24.97	15.70	Keine Angabe
Manual weights	26.28	17.24	Keine Angabe

Quelle: Auszug aus Feenstra und Hanson (1996, Tab. 6.1 S.105) und eigene Zusammenstellung auf Basis von Lawrence und Slaughter (1993 Tab. 3 und 4) und Lawrence (1994b Tab. 4).

Anmerkung: Die "Nonproduction weights" und "Nonmanual weights" gewichten die Outputpreisänderung jeder Industrie mit dem Anteil der jeweiligen Arbeitskräfte an der Gesamtzahl der im "Manufacturing"-Sektor Beschäftigten. Genauso wird mit den "Production weights" und "Manual weights" verfahren. Für die USA sind die Industrien Dreisteller SIC-Daten, für Deutschland (die in etwa damit korrespondierenden) Zweisteller SITC-Daten.

Sachs und Shatz (1994) gelangen zu einem konträren Ergebnis. Im Unterschied zu Lawrence und Slaughter (1993) wählen sie in ihrer Regressionsstudie eine inverse Proxy für die Humankapitalintensität - den Anteil der "Production workers" an der Gesamtbeschäftigung in den einzelnen Industrien -, und sie spezifizieren eine

Dummy-Variable für die Computer-Industrie, da die Messung der Preise wegen der außerordentlichen Produktivitätssteigerungen im Computerbereich nach ihrer Einschätzung mit großen Fehlern verbunden ist. Für den Zeitraum von 1978 - 1989 kommen Sachs und Shatz zu folgendem Ergebnis: unter Ausklammerung der Computer-Industrie verzeichnet man in den Industrien geringere Preissteigerungen, in denen in großem Ausmaß "Production workers" - bei Sachs und Shatz wie schon bei Lawrence und Slaughter stellvertretend für: Unqualifizierte - beschäftigt sind. In einer Folgestudie, die methodisch der ersten Studie folgt, nun aber den Zeitraum von 1978-1995 abdeckt und neben konventionellen Outputpreisen auch Wertschöpfungspreise analysiert, bestätigen Sachs und Shatz (1998) ihr ursprüngliches Ergebnis und gelangen zum Schluß:[57] „(...) there is consistent evidence that the price increases in Lu-intensive sectors (i.e. Sektoren, die einfache Arbeit intensiv einsetzen, d.Verf.) were considerably below those of Ls-intensive sectors (humankapitalintensiv produzierende Sektoren, d.Verf.) during 1978-1995.“

Leamer's (1998, S. 167ff) "deskriptive Evidenz" für den Zeitraum 1960 - 1992 basiert auf einem Industriedatensatz für die USA (Bartelsman und Gray, 1996) und weist die Preise einzelner Industrien in Relation zum Produzentenpreisindex aus. Anhand der Preisentwicklung der Bekleidungs- und Textilindustrie (apparel and textiles) veranschaulicht Leamer exemplarisch, daß für Güter, die intensiv mit unqualifizierter Arbeit produziert werden, drei Perioden unterschieden werden müssen. Die relativen Preise dieser Güter sind in den 60er Jahren in sehr leichtem Ausmaß gefallen, in den 70er Jahren in sehr starkem Ausmaß gefallen und erfahren in den 80er Jahren kaum eine Änderung. Mit diesem Ergebnis (und mit dem Plot der relativen Preisentwicklung weiterer Industrien) bestätigt Leamer letztlich das unklare Bild für die 80er Jahre, welches bereits durch die konkurrierenden Studien von Lawrence und Slaughter (1993) und von Sachs und Shatz (1994) vermittelt wurde. Interessant ist aber das klare Ergebnis, welches Leamer für die 70er Jahre ermittelt hat, also die Zeit, bevor die Lohnsätze für die qualifizierte und die unqualifizierte Arbeit stark auseinandergedriftet sind.[58]

Krueger (1997) führt für die USA ebenfalls eine Regression auf Basis von Gleichung (2.9) durch. Für den Zeitraum 1989 – 1994 ermittelt Krueger eine positive Korrelation zwischen Güterpreisveränderungen und dem relativen Einsatz qualifizierter zu unqualifizierter Arbeitskraft. Sein Ergebnis erweist sich als robust in Hinblick auf die genaue Operationalisierung der Qualifikation (Production workers vs. Nonproduction workers auf der einen, Ausbildungsjahre auf der anderen Seite) und steht qualitativ im Einklang mit jenem von Sachs und Shatz (1998).

---

57 Lawrence und Slaughter (1998, S. 237).

58 Dieses Ergebnis reibt sich aber mit einem Befund von Lawrence und Slaughter, die (1993, S.204) berichten: "..the Terms of trade were basically flat in the 1980s (and actually declined in the 1970s)." Siehe hierzu auch die Tabelle 4 bei Lawrence und Slaughter (1993, S.203), die beschäftigungsgewichtete Preisindizes für die 60er, 70er und 80er Jahre reportiert.

Die Studie der OECD (1997) stellt einen großangelegten Versuch dar, die einseitig auf die USA zugeschnittene Forschung um eine komparative Studie der Länder des gesamten OECD-Raumes zu ergänzen. Die Studie stellt auf den Handel mit den „Emerging Economies“ ab und gelangt zum Ergebnis, daß der durchschnittliche Importpreis importkonkurrierender Industrien relativ zum Exportpreis der Exportsektoren in nahezu allen Ländern gesunken ist.[59] Für die Bundesrepublik ermittelt die OECD-Studie für den Zeitraum 1980-1990 eine klare Verbesserung der relativen Exportpreise (OECD, 1997, Tabelle 4.6). Lawrence (1994 S. 18ff und 1996 S. 56ff) gelangt für die Bundesrepublik für den gleichen Zeitrum (1980-1990) zu einem konträren Ergebnis. Die von ihm konstruierten beschäftigungsgewichteten Preisindizes, die in Tabelle II-2-1 aufgeführt sind, zeigen, daß der relative Preis von "manual-worker-intensive products" nicht gesunken sind. Regressionsanalysen auf Basis von (2.9), die Lawrence ebenfalls durchgeführt hat, bestätigen dieses Ergebnis. Fitzenberger (1996, S.33, Figure 2) dokumentiert die Entwicklung der Import- und Exportpreise und der Terms of Trade für die Bundesrepublik für den Zeitraum 1970 – 1990. Hier zeigt sich, daß die Terms of Trade sich bis ca. 1981 verschlechtert haben, sich dann aber zunächst leicht, und dann stark verbessern, was mit einem Stolper-Samuelson-Verhalten konsistent ist. Neven und Wyplosz (1995, 1996) finden in ihrer Studie der Länder Frankreich, Deutschland, Italien und England keine signifikante Änderung der Terms of Trade dieser "Nordländer". Haskel und Slaughter (1999, S.22f) finden für England – in Einklang mit der Studie der OECD - in den 80er Jahren eine relative Verteuerung humankapitalintensiver (Export-) Güter.

2.3.2 Sektorale Humankapitalintensitäten

Auch eine Analyse der Entwicklung des Einsatzverhältnisses von qualifizierter zu unqualifizierter Arbeit bietet einen Ansatzpunkt zur qualitativen Überprüfung der konkurrierenden Hypothesen. Greifen wir zunächst auf rein definitorische Zusammenhänge des in Kapitel 1.2.1 exponierten HOS-Modells zurück, so erhalten wir für die Veränderung der sektoralen Humankapitalintensitäten ($h_i \equiv H_i / L_i$; $i = H, L$ Güterindex):

$$\tilde{h}_i = \tilde{a}_{Hi} - \tilde{a}_{Li} = \sigma_i(\tilde{w}_L - \tilde{w}_H) + (\tilde{b}_{Li} - \tilde{b}_{Hi}) \tag{2.10}$$

Sehen wir zunächst vom technischen Fortschritt ab, so impliziert der Stolper-Samuelson-Prozeß (Absenkung des relativen Lohnes im Zuge eines "Globalisie-

[59] Als Ausnahmen nennt die Studie Australien, Holland und Norwegen. Die Länder Argentinien, Brasilien, Chile, China, Taiwan, Hong Kong, Indien, Indonesien, Korea, Malaysia, Singapur und Thailand werden in dieser OECD-Studie als die „Emerging Economies“ klassifiziert.

rungsschocks") gemäß Gleichung (2.10) eine Verringerung der Humankapitalintensitäten in allen Sektoren. Für die USA zeigen nun eine Vielzahl von Studien, daß in den letzten Dekaden die Nutzung qualifizierter relativ zu unqualifizierter Arbeit praktisch über alle Industrien hinweg die zugenommen hat.[60] Insbesondere Krugman und Lawrence (1994) interpretieren dies als klare, diskriminierende Evidenz gegen die "Globalisierungsthese" und für die These, daß der technologische Wandel der dominierende Faktor sei, auf den die Zunahme des Lohndifferentials zwischen qualifizierter und unqualifizierter Arbeit zurückgeführt werden müsse. So klar der empirische Befund bezüglich der Entwicklung des relativen Einsatzverhältnisses von qualifizierter zu unqualifizierter Arbeit sein mag, so voreilig erscheint allerdings die Schlußfolgerung von Krugman und Lawrence, eine Einschätzung, die aus mindestens drei Gründen gerechtfertigt erscheint.

Erstens, bereits in Kapitel 1 wurde die Problematik einer unspezifizierten Technologiethese identifiziert. So zeigte es sich, daß nur bestimmte Typen des technischen Fortschritts (bei flexiblen Löhnen) zu einem Anwachsen des Lohndifferentials zwischen qualifizierter und unqualifizierter Arbeit führen. Ein ähnliches Fazit läßt sich in Bezug auf die Entwicklung der Humankapitalintensitäten ziehen, wie folgendes Beispiel veranschaulicht. Nicht selten wird argumentiert, der technische Fortschritt sei "...neutral across sectors but biased against unskilled workers."[61] Spart der technische Fortschritt unqualifizierte Arbeitskräfte in beiden Sektoren mit der gleichen Rate ein (i.e. $\tilde{b}_{LL} = \tilde{b}_{LH} > 0$; $\tilde{b}_{HL} = \tilde{b}_{HH} = 0$), so impliziert dies gemäß (2.10) bei zunächst gegebenen Lohnsätzen, daß die Humankapitalintensitäten ansteigen müssen. Der Anstoßeffekt auf die relativen Faktorpreise (bei gegebenen Güterpreisen) wirkt (wie wir in Kapitel 1 gesehen haben) zugunsten des relativen Lohns der unqualifizierten Arbeitskräfte, so daß gemäß Gleichung (2.10) die Implikation steigender Humankapitalintensitäten erhalten bleibt - allerdings mit der "unerwünschten" Nebenwirkung einer verbesserten relativen Lohnposition der Unqualifizierten. Erst wenn wir den Gesamteffekt auf die relative Entlohnung, der durch Gleichung (1.11a) des vorherigen Kapitels beschrieben wird, in Rechnung stellen, ergibt sich die Möglichkeit (allerdings nicht die Notwendigkeit), daß sich die Humankapitalintensitäten erhöhen, und simultan der relative Lohn der Unqualifizierten sinkt.[62] Das Exempel erhärtet die bereits formulierte Einsicht,

---

60 Siehe z.B die Studien von Bound und Johnson (1992), Katz und Murphy (1992), Berman, Bound und Griliches (1994), Lawrence und Slaughter (1993, S.194), den Überblick von Katz (1992) sowie die Diskussionen in Krugman (1994a), Krugman und Lawrence (1994, S.49) und Freeman (1995).

61 Zitiert aus Wood (1995, S. 75), der sich hier kritisch mit seinen wissenschaftlichen Kontrahenten auseinandersetzt. Baldwin (1994) und Krugman (1995b) argumentieren mit diesem Typ technischen Fortschritts.

62 Aus (1.11a) ist ersichtlich, daß sich der relative Lohn zuungunsten der Unqualifizierten entwickelt, wenn $\sigma'_D < 1/|\theta||\lambda|$. Unter Verwendung von (1.11a) folgt für (2.10): $\tilde{h}_i = \tilde{b}_{Li}\left[1 - \sigma_i\left(1 - \sigma'_D |\lambda||\theta|\right)/\sigma'\right]$.

daß es nicht genügen kann, aus einem tatsächlichen oder nur vermeintlichen Erklärungsversagen der "Globalisierungsthese" auf die Gültigkeit einer (unspezifizierten) Technologiethese zu schließen.

Zweitens, die Überlegung von Krugman und Lawrence gilt unter der ceteris paribus Annahme, daß sich außer dem "Globalisierungsschock" keine andere exogene Größe verändert hat. Nach Cline (1997, S. 91) ergibt sich jedoch das Problem "... that all else was not constant." Insbesondere ist in den USA im relevanten Zeitraum das Angebot hochqualifizierter Arbeitskräfte gestiegen, die natürlich im Arbeitsmarkt absorbiert werden mußten. Es ist durchaus möglich, daß dieser Effekt, die Veränderung der Faktorintensitäten, die im Zuge eines Stolper-Samuelson induzierten sektoralen Umstrukturierungsprozesse auftreten, überlagert hat.

Drittens, Leamer (1994) argumentiert, daß der Stolper-Samuelson-Mechanismus auch bei fixen Inputkoeffizienten und somit konstanten sektoralen Faktorintensitäten auftritt. Diese Einsicht folgt unmittelbar aus Gleichung (1.5) des HOS-Modells. Die Prognose konstanter Inputkoeffizienten - die zumindest für eine kurze bis mittlere Frist eine gewisse Plausibilität beansprucht - ist aber mit der vorliegenden Evidenz über die Entwicklung der sektoralen Faktorintensitäten sicherlich schwerer zu verwerfen, als die Prognose abnehmender Humankapitalintensitäten, die sich bei substitutionalen Technologien ergibt.

2.3.3 Andere Indikatoren

In der Debatte um "Handel vs. Technologie" haben auch andere Größen als relative Preise und sektorale Faktorintensitäten eine Rolle gespielt. So argumentieren beispielsweise Krugman und Lawrence (1994, S.48f), daß die *Beschäftigung* in der von einem "Globalisierungsschock" begünstigten High-Tech-Industrie im Zuge der Stolper-Samuelson-Transmission - nicht zuletzt im Vergleich mit der Low-Tech-Industrie - rapide Ansteigen müsse, was in den USA aber gerade nicht geschehen sei: "...skill-intensive industries showed at best a slight tendency to grow faster than those in which blue-collar employment was high."[63] Ob man hieraus ein Verdikt gegen die "Globalisierungsthese" ableiten kann erscheint ähnlich fraglich wie bei der vorhin besprochenen Evidenz über sektorale Faktorintensitäten: wiederum formulieren Krugman und Lawrence ein ceteris-paribus Argument und wiederum wären zunächst die Implikationen - nun für die Beschäftigung in den einzelnen Sektoren - wohlspezifizierter Technologiethesen zu prüfen. Ein von uns bereits mehrfach verwendeter Typ technischen Fortschritts ist jener, der sektorneutral unqualifizierte Arbeitskräfte spart. Die Beschäftigungsimplikationen dieses Fortschrittstyps haben wir bereits in Abschnitt 1.2.2 ausgewiesen: gemäß

63 Krugman und Lawrence (1994, S.49) verteidigen die Verwendung von white-collar und blue-collar als Proxies für Qualifizierte und Unqualifizierte weil sie "highly correlated with other measures and easy to estimate" sind.

Gleichung (1.10a) ergibt sich eine relative Expansion des Low-Tech-Sektors, was sich nicht gerade mit dem Trend deckt, den Krugman und Lawrence für die USA ermittelt haben. Der soeben verwendete Typ technischen Fortschritts hat des weiteren die eindeutig kontrafaktische Implikation, daß das *Volumen des Nord-Süd-Handels* im „amerikanischen Szenario" abgenommen haben müßte, weil er - wie wir eben gesehen haben - den Importsektor des Nordens relativ zum Exportsektor expandieren läßt.

Die mangelnde Trennschärfe der Argumentation mit qualitativen Implikationen behaupteter Schocks zeigt sich auch am Beispiel der Position von Wood (1994, 1995), wonach die eindeutige inverse Korrelation zwischen der Veränderung der Industriebeschäftigung in den verschiedenen OECD-Ländern und der jeweils beobachteten Zunahme der Importpenetration im industriellen Sektor die kausale Rolle der Globalisierung belege. So führen z.B. Varianten des nicht-neutralen technischen Fortschritts - und nicht nur die Globalisierung - zu einer Zunahme der Güterimporte des Nordens aus dem Süden, sofern die relativen Löhne nicht flexibel sind: greifen wir wiederum das Beispiel des sektorneutralen unqualifizierte Arbeit sparenden technischen Fortschritts heraus, so ergibt sich aus (1.11b) dann eine Freisetzung unqualifizierter Arbeitskräfte, wenn $\sigma'_D < 1/|\theta||\lambda|$.[64] Gemäß der Rybczynski-Gleichung (1.6) folgt aus der Freisetzung unqualifizierter Arbeit, daß der High-Tech-Sektor in Relation zum Low-Tech-Sektor expandiert und (bei elastischer Reaktion des Auslands) mithin die Handelsmengen ansteigen. Da das Sample, anhand dessen Wood die genannten Korrelationen demonstriert, zahlreiche kontinentaleuropäische Länder mit ausgeprägten Rigiditäten im Lohngefüge enthält, verbietet sich jegliche Interpretation im Sinne diskriminierender Evidenz.

Implikationentests wurden auch *für die Technologiethese* durchgeführt. So haben beispielsweise Lawrence und Slaughter (1993, S. 199ff) die Hypothese Hicks-neutralen Fortschritts mit einem Sektor-Bias zugunsten des High-Tech-Sektors untersucht. Diese Form des technischen Fortschritts impliziert ein wachsendes Lohndifferential zugunsten qualifizierter Arbeitskräfte, wie wir aus Tabelle I-1-2 wissen und sie impliziert gemäß Gleichung (2.10) für eine kleine offene Volkswirtschaft (also als "Anstoßeffekt" in der Terminologie aus Kapitel 1) abnehmende Humankapitalintensitäten. Ein eindeutiges Ergebnis finden Lawrence und Slaughter nicht. Evidenz gegen diese Form des technologischen Fortschritts liefert das - von Krugman und Lawrence gegen die "Globalisierungsthese" vorgetragene generelle "Upskilling". Gegen diese Form des technischen Fortschritts sprechen auch Regressionsstudien, die von Lawrence und Slaughter für den technischen Fortschritt mit einer Schätzgleichung wie (2.9) vorgenommen wurden und die eine negative Korrelation zum Einsatzverhältnis qualifizierter zu unqualifizierter Arbeitskräfte (nonproduction vs. production workers) ausweisen. Evidenz für diesen

64 Eine identische Bedingung hatten wir auch bei der Analyse der Frage ermittelt, unter welcher Bedingungen es bei dem genannten Typ technischen Fortschritts und bei flexiblen Löhnen zu einer Absenkung des relativen Lohns (als Gesamteffekt) kommt.

technischen Fortschritt liefert hingen eine Analyse der beschäftigungsgewichteten technischen Fortschrittsraten, die Lawrence und Slaughter ebenfalls vornehmen. Aus diesem insgesamt unklaren Befund formulieren sie die Vermutung, "...technological change was "biased" toward the use of nonproduction workers" (1993, S.204). Diese Schlußfolgerung basiert aber nicht auf eigener unabhängiger Evidenz, sondern auf den Ergebnissen anderer Studien, die positive Korrelationen zwischen der Humankapitalintensität und technologischen Indikatoren gefunden haben. So weisen beispielsweise die Studien von Berman, Bound und Griliches (1994), Krueger (1993) und Bartel und Lichtenberg (1991) aus, daß (a) eine starke Korrelation zwischen dem „Upskilling" und den Ausgaben für Computer und F+E besteht, daß (b) gewachsene Ausbildungsprämien vom Computereinsatz abhängen und (c) daß Industrien, die "junge Technologien" nutzen, Lohnprämien bezahlen. Wood (1995, S.76) weist - zurecht - darauf hin, daß Korrelationen noch lange keine Kausalität beweisen und bringt anekdotische Evidenz für eine Zunahme "defensiver Innovation" in den arbeitsintensiven Industrien, die von der Süd-Konkurrenz (vermeintlich) bedroht sind.

2.3.4 Fazit

1. Implikationentests setzen unmittelbar an den qualitativen Prognosen des HOS-Modells an und können daher prinzipiell als Filter zur Identifikation des Schocks dienen, der die Arbeitsmarktprobleme in den OECD-Ländern ausgelöst hat.

2. In der Praxis zeigt sich aber, daß Ermessensspielräume bei der empirischen Spezifikation - wie z.B. der Operationalisierung des Gegensatzes zwischen hoch und niedrig qualifizierter Arbeit und der Abgrenzung von Güterkategorien, die als unterschiedlich qualifikationsintensiv angesehen werden können, dazu beitragen, daß noch nicht einmal das Verhalten der Schlüsselgrößen in Form völlig unstrittiger "stilisierter Fakten" formuliert werden kann – wenngleich solche Versuche – siehe z.B. Wood (1995), Slaughter und Swagel (1997) und IMF (1997) – immer wieder gewagt werden.

3. In der Praxis zeigt sich auch, daß sich die Schlüsselvariablen, mit denen in der Debatte argumentiert wird, nicht so verhalten, als würden sie nur von einem einzigen Faktor beeinflußt, was dadurch belegt wird, daß sich einige Schlüsselvariablen theoriekonform (im Sinne des „Globalisierungsschocks" oder eines bestimmten Technologieschocks) verhalten, andere hingegen nicht. Die verschiedenen Schocks überlagern sich offenkundig. Damit bestätigt die Implikationenanalyse aber wenig mehr, als das, was bereits aufgrund der anekdotischen Evidenz vermutet wurde, nämlich daß sowohl der Globalisierung als auch der Technologieentwicklung eine Rolle für die Arbeitsmarktprobleme der Industrieländer zuzuschreiben ist.

4. Die in Kapitel 1 konstatierte mangelnde Trennschärfe der beiden Hypothesen bzw. Schocks stellt natürlich eine nahezu unüberwindbare Hürde für die empiri-

sche Überprüfung. Selbst wenn wir allein innerhalb des "amerikanischen Szenarios" des HOS-Modells argumentieren könnten, würde es sich aufgrund der Pluralität der Möglichkeiten rein methodisch verbieten, den quantitativen Erklärungsgehalt des Stolper-Samuelson-Kanals des Nord-Süd-Handels auf die relative Entlohnung der unqualifizierten Arbeit zu identifizieren und das Residuum, das auf diese Weise nicht erklärbar ist, dem technologischen Wandel zuzuschreiben. Die Fülle denkbarer Szenarien, durch die sich der technologische Wandel charakterisieren läßt - und die in Tabelle I-1-2 in Kapitel 1 nur eine erste Andeutung findet, da Kombinationen möglich sind - , macht die Versuchung natürlich groß, auf das relevante Szenario zurückzuschließen. Vertreter der "Technologie-Hypothese" sind dieser Versuchung nicht selten erlegen. Leamer (1996a) weist zurecht daraufhin, daß die Technologie-Hypothese dadurch einen tautologischen Anstrich erhält. Der technische Fortschritt kann nur dann mehr sein als ein "measure of our ignorance", wenn unabhängige Evidenz über seine Gestalt aufgeboten werden kann. Gleiches gilt natürlich auch für die "Globalisierungshypothese". Die Forderung nach unabhängiger Evidenz gilt natürlich um so mehr vor dem Hintergrund, daß mit dem "amerikanischen Szenario" und dem "europäischen Szenario" zwei Modellvarianten koexistieren, die unterschiedliche Implikationen für die Schlüsselvariablen abwerfen und daß - wie im nächsten Kapitel vertieft werden wird - zu berücksichtigen ist, daß sich die Transmissionskanäle der "Globalisierung" nicht allein im Stolper-Samuelson-Mechanismus erschöpfen.

2.4 Regressionsanalysen auf Basis des HOS-Modells

2.4.1 Die grundlegende Methodik

Quantitative Evidenz über die Auswirkungen des Außenhandels respektive des technologischen Fortschritts auf die Löhne der qualifizierten und unqualifizierten Arbeitskräfte läßt sich auch vermittels von Regressionsanalysen gewinnen, die an den Nullprofitbedingungen des HOS-Modells ansetzen. Man verläßt hierbei die aggregierte Exportgüter- und Importgüterebene und betrachtet einen Querschnitt von Industrien oder Wirtschaftszweigen einer Volkswirtschaft. Im Kontext dieses Abschnittes repräsentiere der Index i daher einen bestimmten Wirtschaftszweig. Lassen wir die Anzahl der Produktionsfaktoren, j, im folgenden zunächst offen, so lassen sich die Nullprofitbedingungen (1.3.a) bzw. (1.4a) unter Beibehaltung der bisherigen Notation wie folgt verallgemeinern:

$$\tilde{p}_i = \sum_j \theta_{ji} \tilde{w}_j + \sum_j \theta_{ji} \tilde{a}_{ji} \qquad (2.11a)$$

Analog zu unseren bisherigen Überlegungen gilt für die totale Faktorproduktivität in Wirtschaftszweig i : $\pi_{X_i} = \sum_j \theta_{ji} \tilde{b}_{ji} = -\sum_j \theta_{ji} \tilde{a}_{ji}$.[65] Nehmen wir die Redefinition $\widetilde{TFP}_i \equiv \pi_{X_i}$ vor, so erhalten wir die fundamentale Beziehung:

$$\tilde{p}_i = \sum_j \theta_{ji} \tilde{w}_j - \widetilde{TFP}_i . \tag{2.11b}$$

Auf der Basis von Querschnittsdaten über die Preisentwicklung, $\tilde{p}_i$, die Entwicklung der totalen Faktorproduktivität, $\widetilde{TFP}_i$, und die Entwicklung der Faktoranteile, θ_{ji}, kann man auf die Änderung der Faktorpreise, $\tilde{w}_j$, schließen, die mit den Nullprofitbedingungen für die einzelnen Wirtschaftszweige kompatibel sind. Diese sogenannten "mandated factor price changes" lassen sich mit den beobachteten Faktorpreisänderungen kontrastieren. Dadurch kann festgestellt werden, ob die tatsächlichen Faktorpreistrends akkurat beschrieben werden. Für die empirische Implementierung ist Gleichung (2.11b) allerdings nur bedingt geeignet, weil bislang keine Zwischengüter berücksichtigt werden. Ein Blick in Input-Output-Daten der Industrieländer zeigt jedoch, daß der Vorleistungsanteil (Zwischengüteranteil) am Produktionswert einer Industrie schnell 50% und mehr erreicht (siehe z.B. Statistisches Bundesamt 1980, 1993 für die Bundesrepublik und Slaughter, 1998 für die USA). Unterstellen wir, daß jedes Finalgut auch als Zwischengut in der Produktion der anderen Güter eingesetzt werden kann, so ist Gleichung (2.11b) wie folgt zu reformulieren,

$$\tilde{p}_i = \sum_j \theta_{ji} \tilde{w}_j + \sum_z \gamma_{zi} \tilde{p}_z - \widetilde{TFP}_i \tag{2.11c}$$

wo γ_{zi} den Kostenanteil des Zwischengutes z in der Produktion des Finalgutes i angibt. Eine kleine Umformulierung liefert

$$\tilde{p}_i - \sum_z \gamma_{zi} \tilde{p}_z \equiv \tilde{p}_{wi} = \sum_j \theta_{ji} \tilde{w}_j - \widetilde{TFP}_i \tag{2.11d}$$

---

65 Wegen des Enveloppen-Argumentes bei der Kostenminimierung gilt wiederum (vgl. oben): $\sum_j \theta_{ji} \tilde{s}_{ji} = 0$.

wo die p_{wi} Wertschöpfungspreise der Industrien i (Bruttopreise der Finalgüter abzüglich der mit den Kostenanteilen gewichteten Inputpreisen der Zwischengüter) bezeichnen.

Die bislang durchgeführten Regressionsstudien, die sich zum überwiegenden Teil auf die amerikanische Volkswirtschaft beziehen, setzen vorwiegend an der Zwischengüterversion des HOS-Modells und somit an Gleichung (2.11d) an. Von ihrem methodischem Vorgehen lassen sich die Studien in zwei Gruppen unterteilen. Eine erste Gruppe von Arbeiten versucht unter Heranziehung zusätzlicher Annahmen aus den Nullprofitbedingungen herauszufiltern, in welchem quantitativen Umfange der technische Fortschritt bzw. die "Globalisierung" für die Faktorpreisbewegungen verantwortlich zeichnen. Eine zweite Gruppe von Studien prüft zunächst, ob die Faktorpreisbewegungen, die mit den Nullprofitbedingungen konsistent sind, qualitativ mit den tatsächlichen Faktorpreisbewegungen korrespondieren, und zieht dann komplementäre Evidenz heran, um zu klären, von welchen Faktoren (Handel, Technologie, Faktorausstattung) die Preisbewegungen plausiblerweise bestimmt wurden. Bevor wir uns diesen beiden Ansätzen zuwenden, bedarf die Rolle der Faktorpreisflexibilität bzw. -rigidität einer Kommentierung.

2.4.2 Flexible vs. rigide Faktorpreise

Die Logik der Nullprofitbedingungen gilt für flexible Faktorpreise - wie in Abschnitt 2.4.1. unterstellt – und für rigide Faktorpreise gleichermaßen. In Kapitel 1 haben die Nullprofitbedingungen bei der Ableitung der Implikationen des "europäischen Szenarios" mit rigider Lohnrelation entsprechend eine zentrale Rolle gespielt. Sind Faktorpreise rigide, so ist bei Regressionsanalysen folgendes zu beachten.

Ist die betrachtete *Volkswirtschaft "groß"*, wie OECD-Europa im "europäischen Szenario", so fixiert sie im 2x2-HOS-Modell mit den Faktorpreisen auch die Güterpreise. Damit kehrt sich die Logik der herkömmlichen Regressionsstudien gerade um, denn nun ergeben sich gewißermaßen "mandated changes in goods prices". Während man bei flexiblen Faktorpreisen als Konsistenzcheck die "mandated factor price changes" mit der tatsächlichen Entwicklung der Faktorpreise vergleicht, ist die Konsistenzprüfung im hier vorliegenden Falle durch einen Vergleich der prognostizierten Güterpreise mit den tatsächlichen Güterpreisen anzustellen. Subtrahieren wir in Gleichung (2.11d) - oder, völlig äquivalent in Gleichung (2.11b), wenn mit dem Modell ohne Zwischengüter argumentiert wird - von beiden Seiten den Lohnsatz der unqualifizierten Arbeitskräfte, $\tilde{w}_L$, so ergibt sich im 2-Faktor-Modell bei Relativlohnlohnrigidität, $\tilde{p}_{wi} - \tilde{w}_L = -\widetilde{TFP}_i$ d.h. für die Entwicklung der Wertschöpfungspreise relativ zum Lohn der Unqualifizierten ergibt sich die Prognose, daß sie der Entwicklung der totalen Faktorproduktivität im selbigen Sektor folgen. Die Entwicklung der Relation zweier Wertschöpfungspreise folgt der Entwicklung der Relation der totalen Faktorproduktivitäten.

Überdies kann man die beobachtete Inzidenz der Arbeitslosigkeit als Indikator dafür nehmen, welche Faktorpreise sich hätten anpassen müssen.

Ist die betrachtete Volkswirtschaft hingegen eine *kleine offene Volkswirtschaft* (SMOPEC), so ist eine Beeinflussung der Güterpreise nicht möglich, weil die kleine offene Volkswirtschaft nicht in der Lage ist, zu den mit ihren Faktorpreisen konsistenten Güterpreisen die Nachfrage des "Restes der Welt" zu befriedigen. Wie wir gesehen haben, kann aber auch die große offene Volkswirtschaft - in unserem Kontext - den Druck auf die Faktorpreise nur durch Freisetzung von unqualifizierten Arbeitskräften und eine entsprechende Verringerung des Outputs des Low-Tech-Gutes auffangen. Für die kleine offene Volkswirtschaft bedeutet der Druck auf die Entlohnung der unqualifizierten Arbeitskräfte - wie von Krugman (1995a) in Anlehnung an Brecher (1974a; 1974b) schon festgestellt -, daß der Low-Tech-Sektor unprofitabel wird und die SMOPEC demzufolge in die vollkommene Spezialisierung auf High-Tech-Güter gedrängt wird. Eine Regressionsanalyse kann im Kontext einer SMOPEC und rigider Faktorpreise indizieren, welche Lohnänderungen notwendig gewesen wären, um bei den festgestellten Güterpreisänderungen mit den Nullprofitbedingungen konsistent zu sein. Da die Löhne faktisch fixiert sind, kann man dergestalt feststellen, welche Faktoren bei Lohnrigiditäten freigesetzt worden sein müssen und dies - als Konsistenzcheck - mit der beobachteten Entwicklung der Arbeitslosigkeit vergleichen (Fitzenberger (1997; 1999)).

2.4.3 Separation von technischem Fortschritt und "Globalisierung"

Leamer's Pionierstudie

Von Leamer (1998) stammt die Pionierstudie zur quantitativen Separation der Wirkungen des technischen Fortschritts und der "Globalisierung" auf die Entlohnung. An Gleichung (2.11d) ansetzend spezifiziert Leamer zwei Regressionsgleichungen: In einer ersten Schätzgleichung der Form $\widetilde{T}\widetilde{F}\widetilde{P}_i = \sum_j \theta_{ji} \widetilde{w}_j$ (plus Störterm) sieht Leamer von der Änderung der Wertschöpfungspreise ab. Als Ergebnis erhält man eine Schätzung für die Änderung der Faktorpreise, $\widetilde{w}_j(t)$, die durch die Änderung der totalen Faktorproduktivität erklärt ist (der Index t repräsentiert den technischen Fortschritt). Entsprechend unseren Überlegungen in Abschnitt 1.2.2.2 ist diese Schlußfolgerung dann korrekt, wenn die betrachtete Volkswirtschaft eine kleine offene Volkswirtschaft ist. Wie wir dort gesehen haben, ist in diesem Falle alleine die totale Faktorproduktivität in einem Sektor, i.e. der "sector bias", für die Faktorpreise von Relevanz. In einer zweiten Schätzgleichung der Form $\widetilde{p}_{wi} = \sum_j \theta_{ji} \widetilde{w}_j$ (plus Störterm) sieht Leamer hingegen vom Einfluß des technischen Fortschritts ab. Aus dieser Regression läßt sich daher ermitteln, welche

Faktorpreisänderungen, $\tilde{w}_j(g)$, im Einklang mit den beobachteten Änderungen der Wertschöpfungspreise und den anfänglichen Faktoranteilen sind (der Index g steht hier für "Globalisierung"). Die Faktoren, die die Wertschöpfungspreise verändern, subsumiert Leamer unter der Rubrik "Globalisierung", wohlwissend, daß multiple Ursachen (Abbau von Handelsbarrieren, Entwicklungen im Rest der Welt, die die Terms of trade verändern etc..) für Änderungen der Produzentenpreise verantwortlich sein können. Er kehrt damit in provozierender Weise die in Faktorgehaltsstudien übliche Schlußweise um: "It seems interesting, at least, to go in the opposite direction, first extracting the technological effect and then attributing everything else to globalization." (Leamer, 1998, S.178).

Die mit den Nullprofitbedingungen konsistente Entwicklung der Faktorpreise setzt sich aus den beiden genannten Effekten zusammen, $\tilde{w}_j = \tilde{w}_j(t) + \tilde{w}_j(g)$ (Gesamteffekt). Den Anteil, der Faktorpreisbewegung, der durch "Globalisierungsfaktoren" erklärt ist, erhält man, indem man den absoluten Betrag der Faktorpreisänderung aus der zweiten Regression in Beziehung zur Summe der absoluten Beträge der Faktorpreisänderungen aus beiden Regressionen setzt: $|\tilde{w}_j(g)|/(|\tilde{w}_j(t)| + |\tilde{w}_j(t)|)$.

An diesem Verfahren läßt sich (im Einklang mit unseren Überlegungen in Abschnitt 1.2.2.2) kritisieren, daß die USA - für die Leamer's Analyse konzipiert ist - kaum als kleine offene Volkswirtschaft anzusehen ist. Vielmehr ist davon auszugehen, daß Schocks, die von den USA ausgehen und die ganze amerikanische Volkswirtschaft betreffen, Einfluß auf die Weltmarktpreise haben. Leamer versucht diesem Faktum dadurch Rechnung zu tragen, daß er unterstellt, daß sich Fortschritte in der totalen Faktorproduktivität nach Maßgabe eines für alle Industrien identischen "pass-through" Faktors λ auch in gesunkenen Wertschöpfungspreisen niederschlagen können. Die Veränderung der Wertschöpfungspreise läßt sich unter dieser Annahme in zwei Komponenten zerlegen,

$$\tilde{p}_{wi} = \tilde{p}_{wi}(t) + \tilde{p}_{wi}(g). \tag{2.12}$$

Eine Komponente, $\tilde{p}_{wi}(t)$, ist Leamer's Annahme gemäß durch die Entwicklung der totalen Faktorproduktivität verursacht,

$$\tilde{p}_{wi}(t) = -\lambda \widetilde{TFP}_i, \tag{2.13}$$

und die andere Komponente, $\tilde{p}_{wi}(g) = \tilde{p}_{wi} - \tilde{p}_{wi}(t) = \tilde{p}_{wi} + \lambda \widetilde{TFP}_i$, wird residual der "Globalisierung" zugeschrieben wird. Die Wirkung, die dem technologischen Fortschritt und der "Globalisierung" auf die Faktorpreise zugeschrieben werden kann, hängt von der Höhe des "pass-through"-Koeffizienten ab. Der Wert $\lambda = 0$

bildet den bereits skizzierten Fall einer kleinen offenen Volkswirtschaft ab ("0%-pass-through", d.h. $\tilde{p}_{wi}(t)=0$). Für $\lambda=1$ spiegelt sich der Fortschritt der totalen Faktorproduktivität voll in gesunkenen Wertschöpfungspreisen ("100% pass-through", d.h. $\tilde{p}_{wi}(t)=\widetilde{TFP}_i$). Da rein definitorisch gilt, $\tilde{p}_{wi}(t)=\sum_j \theta_{ji}\tilde{w}_j(t)-\widetilde{TFP}_i$ folgt mit (2.13), daß der technologische Effekt auf die Faktorpreise durch $(1-\lambda)\widetilde{TFP}_i=\sum_j \theta_{ji}\tilde{w}_j(t)$ gegeben ist. Da ebenfalls rein definitorisch gilt, $\tilde{p}_{wi}(g)=\sum_j \theta_{ji}\tilde{w}_j(g)$, folgt mit (2.12) und (2.13) für den Globalisierungseffekt auf die Löhne: $\tilde{p}_{wi}+\lambda\widetilde{TFP}_i=\sum_j \theta_{ji}\tilde{w}_j(g)$.

Leamer untersucht die Entwicklung der Faktorpreise in den USA in den 60er, 70er und 80er Jahren. Sein Datenmaterial besteht aus Wertschöpfungspreisen, Faktoranteilen und Schätzungen über die totale Faktorproduktivität von 450 Industrien des Verarbeitenden Gewerbes (manufacturing industries). Bezüglich der Faktoranteile wählt er die Werte am Anfang jeder Dekade. Die Wertschöpfungspreise und die Entwicklung der totalen Faktorproduktivität gehen in annualisierter Form in die Schätzung ein. Leamer operationalisiert den Unterschied zwischen Qualifizierten und Unqualifizierten auf zweierlei Weise. Zum einen greift er auf die Klassifikationen "production workers" und "nonproduction workers" zurück. Zum anderen konstruiert Leamer ein „Skill Ranking“ der Industrien auf Basis des Durchschnittsverdienstes der Beschäftigten: für die Industrie mit dem geringsten Durchschnittsverdienst unterstellt er, daß sie nur Unqualifizierte Arbeitskräfte beschäftigt, für die Industrie mit dem höchsten Durchschnittsverdienst, daß sie nur Qualifizierte Arbeitskräfte beschäftigt. Dadurch erhält Leamer einen Niedriglohn und einen Hochlohn für Unqualifizierte bzw. Qualifizierte. Den Einkommensanteil der Qualifizierten und Unqualifizierten in allen anderen Sektoren konstruiert Leamer durch lineare Extrapolation. Leamer's Ergebnisse sind in Tabelle II-2-2 zusammengefaßt.

Leamer's Ergebnisse vermitteln kein einheitliches Bild. Betrachtet man zunächst die Niedriglohn-Hochlohn-Operationalisierung, so zeigt sich, daß - unabhängig von der "pass-through"-Annahme, für die Niedriglohngruppe insgesamt (Gesamteffekt - total) in den 60ern und 80ern positives Lohnwachstum und in den 70er Jahren negatives Lohnwachstum mit den Nullprofitbedingungen korrespondiert. Die Dekomposition zeigt, daß in den 70ern der Globalisierungseffekt besonders stark negativ zu Buche schlägt: "The decade of the 1970s is when the g-effect (non-TFP) worked strongly against low-wage workers" (Leamer, 1998, S.191). Für die Hochlohngruppe gilt, daß in den 60ern und 70ern ein moderates Lohnwachstum, in den 80ern hingegen eine negative Lohnentwicklung angezeigt ist. Die Dekomposition des Gesamteffektes wird stark von der "pass-through"-Annahme beeinflußt. Wenden wir uns der unteren Hälfte der Tabelle II-2-2 zu, so zeigt sich, daß der für die 60er und 70er Jahre ermittelte Gesamteffekt qualitativ unabhängig ist von der Operationalisierung der Qualifikation.

Tabelle II-2-2: Auswahl von Leamer's Regressionsergebnissen

		Low-wage workers			High-wage workers		
Pass Through	Dekade	Gesamt	Globalisierung	TFP	Gesamt	Globalisierung	TFP
0%	60er	2.46	0.67	1.80	0.90	1.56	-0.65
	70er	-4.27	-3.23	-1.04	0.29	-1.67	1.96
	80er	2.75	2.89	-0.14	-1.91	2.98	-4.89
100%	60er	3.29	2.46	0.83	1.73	0.90	0.83
	70er	-4.10	-4.27	0.17	0.46	0.29	0.17
	80er	3.07	2.75	0.32	-1.59	1.91	0.32

		Production Workers			Nonproduction workers		
Pass Through	Dekade	Gesamt	Globalisierung	TFP	Gesamt	Globalisierung	TFP
0%	60er	1.01	2.99	-1.98	1.71	-1.23	2.94
	70er	-4.18	1.32	-5.50	2.68	-7.95	10.64
	80er	-0.86	2.51	-3.37	1.33	3.45	-2.11
100%	60er	1.83	1.01	0.83	2.54	1.71	0.83
	70er	-4.01	-4.18	0.17	2.85	2.68	0.17
	80er	-0.54	-0.86	0.32	1.65	1.33	0.32

Quelle: Eigene Zusammenstellung auf Basis der Tables 4.6 und 4.7 in Leamer (1998).

Für die 80er Jahre gilt dies nicht mehr: hier ergibt sich - unabhängig von der "pass-through"-Annahme - ein negativer Gesamteffekt auf den Lohn der Unqualifizierten (production workers) und ein positiver Gesamteffekt auf den Lohn der Qualifizierten (nonproduction workers), mithin also eine wachsende

Lohnschere. Der "Globalisierungseffekt" in den 80er Jahren wirkt - unabhängig vom pass-through - auf ein wachsendes Lohndifferential. Für die 70er Jahre ergibt sich bei einem 100% pass through ein wachsendes Lohndifferential. Wählt man stattdessen ein 0% pass trough, so kehrt sich das Ergebnis um: die Löhne der production workers hätten hier in Relation zu jenen der nonproduction workers stark ansteigen müssen. Insgesamt zeigt sich, daß Globalisierungseffekte quantitativ die Technologieeffekte auf die Löhne dominieren (Ausnahme: unterer Tabellenteil und 0%-Pass Through). Im Angesicht der widersprüchlichen Einzelergebnisse, fällt es schwer, Leamer's Schlußfolgerung, daß die 70er Jahre die Dekade der Stolper-Samuelson-Effekte waren, zu teilen.

Leamer's empirische Analyse zeigt, daß man auf Basis einer empirischen Implementierung des HOS-Modells durchaus zu Ergebnissen gelangen kann, die der "Globalisierung" eine sehr bedeutende Rolle für die Erklärung der Verschlechterung der Situation der unqualifizierten Arbeitskräfte zuweisen. Allerdings ist die Vorgehensweise von Leamer in mancherlei Hinsicht problematisch:

1. Bei Leamer wird die "Globalisierung" zum "measure of our ignorance." Leamer setzt damit bewußt einen Kontrapunkt zu den Verfechtern der These, daß die Technologie hinter der Verschlechterung der Situation der Unqualifizierten steckt ohne unabhängige Evidenz aufzubieten. Ein solches methodisches Vorgehen ist aber problematisch, egal von welcher Seite in der Debatte es gewählt wird.

2. Das Leamer'sche Verfahren überzeugt methodologisch nur im Falle einer kleinen offenen Volkswirtschaft, d.h. bei einer "pass-through" Rate von Null. Technischer Fortschritt, der in einer kleinen offenen Volkswirtschaft auftritt, hat keine Auswirkung auf die Preise der handelbaren Güter und wirkt somit alleine auf die Faktorpreise. Betrachten wir hingegen eine große offene Volkswirtschaft, so ist eine Auswirkung des technischen Fortschritts auf die Weltgüterpreise nicht mehr zu leugnen, wie unsere Analyse in Kapitel 1 gezeigt hat. Diese Preiswirkung durch eine "pass-through"-Annahme abzubilden ist aber deshalb problematisch, weil in einer großen offenen Volkswirtschaft nicht nur die totale Faktorproduktivität (i.e. der "sector bias") sondern auch der "factor bias" von Relevanz ist, wie wir ebenfalls in Kapitel 1 gezeigt haben. Die Annahme von Leamer ist daher nicht nur willkürlich, weil ein bestimmter Wert für das "pass-through" vorgegeben werden muß, sondern vor allem deshalb, weil der "factor bias" unberücksichtigt bleibt, was die Ergebnisse verzerren muß.

3. Willkürlich und problematisch ist auch Leamer's Annahme, daß sich Fortschritte der totalen Faktorproduktivität (allein) in den Wertschöpfungspreisen niederschlagen. Er ist sich zwar bewußt, daß "...productivity improvements in one sector are likely to have both forward and backward linkages in other sectors. These affect the demand for inputs in the sector experiencing the improvement and also alter the prices of materials in sectors that use the product as an input." (Leamer, 1998, S.181f). Nicht zuletzt aus Datengründen entscheidet sich Leamer

letztendlich doch für ein "pass-through" auf die Wertschöpfungspreise. Dadurch ist aber wiederum eine Verzerrung angelegt.

Weitere Arbeiten in der Tradition von Leamer

Krueger (1997) hat Regressionsstudien für die USA und den Zeitraum 1989-1994 durchgeführt, die zeigen, daß die „Globalisierung“ ein wachsendes Lohndifferential „mandatiert“. Allerdings ist Krueger's Studie nicht unwidersprochen geblieben. Krueger's Ergebnis basiert auf einer Selektion von 150 Industrien (Viersteller-SIC-Manufacturing Industrien). Slaughter (1998a) betrachtet alle 450 Viersteller-SIC-Manufacturing-Industrien und kommt in seiner Analyse zum Schluß, daß sich das Ergebnis herumdreht: statt eines wachsenden „mandatierten“ Lohndifferentials ergibt sich nun ein abnehmendes „mandatiertes“ Lohndifferential.

Für den OECD-Raum außerhalb der USA und vor allem auch für die Bundesrepublik Deutschland sind die Arbeiten von Fitzenberger (1996, 1997; 1999) und Lücke (1997, 1999) von Bedeutung, die direkt am methodischen Vorgehen von Leamer (1998) anknüpfen.

Fitzenberger (1996, 1997; 1999) untersucht den Einfluß von Außenhandel und technischem Fortschritt auf die qualifikationsspezifische Arbeitsmarktentwicklung in Westdeutschland im Zeitraum 1975 - 1990. Fitzenberger wählt aus den 58 in der deutschen VGR erfaßten Industrien 36 Industrien (hauptsächlich aus dem Verarbeitenden Gewerbe) aus, die handelbare Güter produzieren und deren Beschäftigungsanteil in den Jahren 1970 und 1990 48,7% bzw. 38,8% betrug. In den VGR-Daten findet Fitzenberger Daten über die Einkommensanteile der Faktoren Arbeit und Kapital und aus der Beschäftigtenstichprobe des Instituts für Arbeitsmarkt- und Berufsforschung (IAB) gewinnt Fitzenberger die Einkommensanteile verschiedener Qualifikationsgruppen in den zur VGR korrespondierenden Industrien. Fitzenberger unterteilt die Arbeitnehmer in solche mit hoher Qualifikation (mit Fachhochschul-/Universitätsabschluß), mit mittlerer Qualifikation (mit abgeschlossener Berufsausbildung und ohne Fachhochschul- / Universitätsabschluß), und mit geringer Qualifikation (ohne abgeschlossene Berufsausbildung und ohne Fachhochschul-/Universitätsabschluß). Fitzenberger bildet für den Zeitraum 1975-1990 keine Subperioden, obgleich seine Daten über die Entwicklung der aggregierten Import- und Exportpreise (sein Schaubild 1) eine Drei- oder Vierteilung durchaus nahelegen würden. Fitzenbergers Regressionsergebnisse zeigen, daß das Wachstum der totalen Faktorproduktivät vor allem die Gruppe hoher Qualifikation, aber auch die Gruppe geringer Qualifikation und das Kapital begünstigt. Die mittlere Qualifikationsgruppe ist am wenigsten vom Produktivitätswachstum begünstigt. Mit den Nullprofitbedingungen wäre daher eine U-förmige Entwicklung der qualifikatorischen Lohnstruktur kompatibel. Ein inverses U entspringt der Analyse der "globalisierungsbedingten" Preisveränderungen: diese begünstigen allein die Reallohnposition der mittleren Qualifikationsgruppe, fallen für Kapital, die hoch und gering Qualifizierten aber negativ aus. Insgesamt kommt Fitzenberger zum Schluß, "sind die Ergebnisse damit konsistent, daß die Arbeitsmarktentwicklung für niedrigqualifizierte Arbeitnehmer durch den Außenhandel (in ungünstiger Weise, d.Verf.) und für mittlere und hochqualifizierte Arbeitnehmer durch den technischen Fortschritt (in günstiger Weise, d.Verf.) dominiert wurde." (Fitzenberger, 1997, S.644). Eine Konfrontation dieser "mandated factor price changes" mit den tatsächlich beobachteten Faktorpreistrends kann in einer Volkswirtschaft wie jener Westdeutschland deshalb nicht zu einer Übereinstimmung führen, weil davon auszugehen ist, daß Faktorpreisrigiditäten eine Anpassung verhindern. Für Westdeutschland folgert Fitzenberger daher: "Wenn dann die tatsächliche Entwicklung für einen Faktorpreis einen stärkeren Anstieg aufweist, dann ist dies konsistent mit höherer Arbeitslosigkeit dieses Faktors..." (Fitzenberger, 1997, S.646).

Die Regressionsanalyse von Lücke (1999) für 11 OECD Länder (Belgien, Kanada, Dänemark, Finnland, Frankreich, Deutschland, Italien, Japan, Norwegen, Schweden, Großbritannien, USA) erbringt Ergebnisse, die sich teilweise stark von den bislang diskutierten Ergebnissen unterscheiden.[66] Lückes Analyse basiert auf einer Auswahl von 13 Industrien des Verarbeitenden Gewerbes (die nach seiner Aussage den "Löwenanteil" am Output und der Beschäftigung der handelbaren Güter ausmachen) aus der "International Sectoral Database" der OECD. Da diese Datenbasis keine international vergleichbaren Daten für die Einkommensanteile der beiden Qualifikationsstufen der Arbeit umfasst, behilft sich Lücke mit einem konstruierten Datensatz.[67] Lücke ermittelt, daß mit den Nullprofitbedingungen in den 70er Jahren eine starke Verringerung des Lohndifferentials, in den 80er Jahren hingegen eine geringe Zunahme des Lohndifferentials zwischen qualifizierter und unqualifizierter Arbeit konsistent ist. Die Dekomposition zeigt, daß die Wirkung des technischen Fortschritts in beiden Perioden für dieses Ergebnis verantwortlich zeichnet, während der "Globalisierungseffekt" nur geringe Änderungen des relativen Lohnsatzes "mandatiert".

Zweistufige Methode

Eine methodische Verfeinerung der HOS-gestützten Regressionstechnik führen Haskel und Slaughter (1999) ein, wobei sie an die Arbeiten von Feenstra und

66 Siehe auch die Vorstudie von Lücke (1997).

67 Er spezifiziert in Anlehnung an Krueger (1997) einen hypothetischen Lohn für eine unqualifizierte Arbeitskraft und er geht davon aus, dass jede Arbeitskraft sowohl unqualifizierte als auch qualifizierte Arbeit verkörpert. Lücke multipliziert nun die Anzahl der in jedem Sektor beschäftigten Arbeitnehmer mit dem hypothetischen Lohn eines Unqualifizierten und konstruiert dadurch die hypothetische Lohnsumme für die Unqualifizierten jedes Sektors. Der Anteil der Einkommen der Qualifizierten an der Lohnsumme ergibt sich durch Subtraktion der hypothetischen Lohnsumme der Unqualifizierten von der Lohnsumme insgesamt, die in der sektoralen Datenbasis ausgewiesen ist.

Hanson, die im nächsten Kapitel aufgegriffen werden, anknüpfen können. Auf Basis der bislang vorgestellten Methodologie gelangen Haskel und Slaughter in ihrer Studie für England zunächst zum Ergebnis, daß in den 80er Jahren Fortschritte in der totalen Faktorproduktivität eine (insignifikante) Abnahme des relativen Lohnes qualifizierter „mandatieren", während die Entwicklung der relativen Preise (also „Globalisierungsfaktoren" in der oben eingeführten Terminologie von Leamer) eine eindeutige Erhöhung des relativen Lohnes qualifizierter Arbeitskräfte „mandatiert": „(...) changes in prices, not TFP, were the major force behind the rise in inequality in the 1980s" (Haskel und Slaughter, 1999, S.3).[68] Slaughter und Haskel bemühen sich, in einer zweiten Stufe, die Ursachen der Änderungen der relativen Preise und der totalen Faktorproduktivität aufzudecken. Hierzu formulieren sie Regressionsgleichungen mit diesen beiden Größen als zu erklärende Größe und wählen Instrumentvariablen wie die Gewerkschaftsdichte, den Gütermarktwettbewerb, die Anzahl an Innovationen, das Ausmaß der Computerisierung und diverse internationale Preisänderungen als Erklärungsgrößen. Die Ergebnisse lassen sich dann verwenden, um mit diesen Instrumentvariablen Nullprofitregressionsgleichungen durchzuführen. Es zeigt sich unter anderem, daß die englischen Güterpreise nur wenig auf den Importpreisdruck reagieren, so daß[69] „how much such price changes are due to trade is an open question for future work."

2.4.4 Alternative Vorgehensweisen

Baldwin und Cain (1997) setzen in ihrer Regressionsstudie für die USA ebenfalls an den Nullprofitbedingungen (2.11d) an. Im Gegensatz zu Leamer (1998) nehmen Baldwin und Cain den technischen Fortschritt nicht in ihre Regressionsgleichung auf. Sie gehen in zwei Stufen vor. In der ersten Stufe schätzen sie die "mandated factor price changes" und analysieren, ob diese die tatsächlich beobachteten Faktorpreistrends hinreichend gut beschreiben. In einer zweiten Stufe suchen Baldwin und Cain nach Ursachen, die für die Güterpreisbewegungen verantwortlich gemacht werden können. Sie ziehen hierfür komplementäre Evidenz über Handel, Technologie und Faktorausstattung (insbesondere: Faktorangebote, Industrieoutputs, Faktoreinsatzrelationen, Netto-Exporte, technologischen Wandel) heran. Baldwin und Cain untersuchen drei Zeitperioden (1968-1973; 1973-

68 In einer anderen Arbeit kommen Haskel und Slaughter (1998) zum Ergebnis, dass der „sector bias" des technischen Fortschritts das wachsende Lohndifferential in den USA und in England in den 80er Jahren erklärt. In ihrer Studie 1999 bemerken sie dazu, dass „any observed change in TFP is consistent with many different combinations of factor-biased and factor-neutral technical change" – eine Behauptung, die unmittelbar aus der Definition der totalen Faktorproduktivität ersichtlich wird (siehe oben, nach Gleichung (2.11a)). Allerdings bleibt unklar, welche Signifikanz dann diesem Ergebnis (1998) beigemessen werden kann.

69 Slaughter und Haskel (1999, NonTechnical Summary S.4).

1979; 1979-1991) und verwenden im Gegensatz zu Leamer Input-Output-Daten, die alle volkswirtschaftlichen Industrien (nicht nur das Verarbeitende Gewerbe) abdecken. Die Qualifikationsmessung nehmen sie anhand von Ausbildungszeiten vor. Baldwin und Cain kommen zum Ergebnis, daß aus den Nullprofitbedingungen für die Periode 1968-1973 eine Komprimierung des Lohndifferentials folgt, die sich am besten mit einer Expansion des Angebots qualifizierter Arbeitskräfte erklären läßt. Für die Periode 1973-1979 folgern sie ebenfalls eine "mandatierte" Verringerung des Lohndifferentials, wobei ihre komplementäre Evidenz zeigt, daß Faktorangebotsreaktionen in dieser Phase weniger stark waren, als in der Periode davor und daß der Außenhandel in Richtung einer Vergrößerung des Lohndifferentials geführt hat. Schließlich finden sie, daß in der Periode 1979-1991 eine Öffnung des Lohndifferentials mit den Nullprofitbedingungen konsistent ist, wobei der Außenhandel ihrer Analyse zu Folge eher mildernd gewirkt hat, so daß ihre Schlußfolgerung lautet, daß in dieser Periode die Schlechterstellung der Unqualifizierten in dominanter Weise die Folge technologischer Entwicklungen war.

Eine neuere Arbeit von Harrigan und Balaban (1999) hebt sich von den bisherigen Studien in der Tradition des kanonischen Heckscher-Ohlin-Samuelson-Modells ab. Harrigan und Balaban entwickeln ein ökonometrisches generelles Gleichgewichtsmodell für die USA, in welchem die Ausbringungsmengen und die Faktorpreise durch drei Faktoren erklärt werden, Technologien, Faktormengen und Güterpreise. Theoretischer Ausgangspunkt der Überlegungen von Harrigan und Balaban ist das Konzept der „Revenue-Function", die den maximalen Produktionswert einer Volkswirtschaft bei gegebenen Technologien, Güterpreisen und Faktormengen angibt (Dixit und Norman, 1980). Aus den Ableitungen einer quadratischen Annäherung an diese Funktion lassen sich Schätzgleichungen ableiten, in denen die Anteile der Faktoren am Volkseinkommen zu erklären sind und Güterpreise, Technologien und Faktorbestände erklärende Variablen sind. Da Harrigan und Balaban (ähnlich wie Slaughter und Haskel (1999) – siehe oben) die amerikanischen Güterpreise als modellendogene Größen betrachten, wählen sie Instrumentvariablen, die die amerikanischen Güterpreise bestimmen (wie z.B. Wettbewerbsdruck durch das Ausland, demographische Faktoren). Harrigan und Balaban ermitteln, daß die Kapitalakkumulation und relative Preisänderungen (vor allem ein Anstieg humankapitalintensiver nicht-handelbarer Güter) einen maßgeblichen Einfluß auf die Skillprämie in den USA besitzen. Die Ergebnisse von Harrigan und Balaban sind, wie sie selbst bemerken, „consistent with an explanation of relative wage movements (...) because of international competition" aber die Autoren stossen auf ein ähnliches Problem wie Slaughter und Haskel: „we can not say with confidence why relative prices changed" (Harrigan und Balaban, 1999, S.20).

2.4.5 Fazit

1. Die bislang durchgeführten Regressionsstudien vermitteln kein einheitliches Bild. Dieses Fazit gilt sowohl für die USA, für die bislang die Großzahl der Studien vorliegen, als auch für Analysen, die andere Länder untersuchen. Insbesondere für die 80er Jahre bestätigt sich das unklare Bild, welches bei der Implikationenanalyse relativer Preise gefunden wurde. Es finden sich sowohl Regressionsstudien, die ein wachsendes Lohndifferential, als auch Studien, die ein abnehmendes Lohndifferential als im Einklang mit den Nullprofitbedingungen stehend ermitteln. Auch für die anderen Perioden ergibt sich kein klares Bild. So ist Leamer's Behauptung, die 70er Jahre seien die Stolper-Samuelson-Dekade nicht völlig im Einklang mit seinen eigenen, einzelnen Ergebnissen und beispielsweise im Widerspruch mit den Ergebnissen der Regressionsstudien von Baldwin und Cain (1997) und Lücke (1999).

2. Es stellt sich die Frage, wie sich diese widersprüchlichen Befunde erklären. Slaughter (1998a) kommt in seinem Überblick amerikanischer Studien zur Schlußfolgerung, daß die Ergebnisse sehr stark von der betrachteten Dekade, der Auswahl und der Gewichtung einzelner Industrien abhängen während die Ergebnisse wenig(er) sensibel auf die Aggregationstiefe der Industriedaten und die Operationalisierung der Qualifikation reagieren. In Anbetracht der Ergebnisse, die Leamer ausweist, mag man allerdings bezweifeln, ob die Messung der Qualifikation tatsächlich so irrelevant ist.

3. Regressionsstudien stehen zwar direkt im Einklang mit dem HOS-Modell. Im Kern handelt es sich zunächst lediglich um buchhalterische Verfahren, die nachvollziehen, welche Faktorpreisbewegungen mit Güterpreisbewegungen konsistent sind. Erst wenn zusätzliche, unter methodischen Gesichtspunkten, streitbare - Annahmen getroffen werden, lassen sich Globalisierungseffekte und Technologieeffekte separieren. Das Leamer-Verfahren ist vor allem deshalb problematisch, weil es konsistent nur für eine kleine offene Volkswirtschaft anwendbar ist und weil es den Globalisierungseffekt auch dann nur residual erklären kann. Die Methode von Baldwin und Cain, in welcher die "mandated factor price changes" einer Konsistenzprüfung unterworfen werden und in welcher komplementäre Evidenz herangezogen wird, läuft letztlich in ein Problem, welches wir bereits bei den Implikationentest gefunden haben: das Identifikationsproblem wenn verschiedene Schocks simultan auftreten.

4. Die bisherigen Versuche, den „Globalisierungseffekt“ (in der Terminologie von Leamer) durch andere, tieferliegende Faktoren zu erklären, waren bislang nicht erfolgreich. Vor allem die Ergebnisse von Haskel und Slaughter (1999) lassen Zweifel an der Bedeutung des internationalen Wettbewerbs hierfür aufkommen. Slaughter (1998a, S.2) kommt daher zum Schluß: "...the literature has made substantial progress understanding how to relate a given change in relative product prices to changes in relative factor prices. But it has made less progress understan-

ding whether these product-price changes have anything to do with international trade."

5. Überdies stellt sich die ganz grundsätzliche Frage, ob die bislang durchgeführten Regressionsstudien der Fristigkeit der HOS-Theorie gerecht werden, wenn sie unterstellen, daß sich globalisierungsbedingte Preisschocks unmittelbar in Faktorpreisbewegungen niederschlagen (Slaughter, 1998a).

2.5 Kalibrierte GE-Modelle

Grobe quantitative Evidenz über die Wirkung von Schocks läßt sich auch durch eine „Kalibrierung“ des Nord-Süd-Modells erlangen. Hierzu bedarf es einer Spezifikation der Produktions- und Nutzenfunktionen und des Rückgriffs auf Parameter und Daten, die aus anderen - in der Regel ökonometrischen - Studien bekannt sind. Obgleich sich die Beschäftigung mit „computable general equilibrium models“ inzwischen zu einer ganzen Industrie entwickelt hat, fehlen bislang weitgehend Studien, die sich mit der von uns untersuchten Fragestellung befassen. Eine Ausnahme bildet Krugman (1995a).[70]

2.5.1 Krugman's Pionierarbeit

Krugman versucht die Auswirkungen des Nord-Süd-Handels auf die relativen Löhne und Preise numerisch abzuschätzen, wobei er den Norden durch die OECD und den Süden durch das Aggregat der NIE's (newly industrializing economies) repräsentiert sieht.[71] Er datiert die Aufnahme des Nord-Süd-Handels auf den Beginn der 1970er Jahre und unterstellt, daß der Norden anfänglich autark war. Ansatzpunkt für seine numerische Schätzung sind die Niveaugleichungen (1.1) - (1.4) für die Produktionsseite und (1.8a) für die Nachfrageseite. Krugman unterstellt, daß Präferenzen und Technologien durch Cobb-Douglas-Funktionen beschrieben sind und er wählt die unqualifizierte Arbeitskraft als numéraire, mit der Konsequenz $w_L = 1$. Bezeichnet man die OECD-Ausgabenanteile für Low- und High-Tech-Güter mit γ und $1-\gamma$, so ergibt sich für die relative Nachfrage: $X_L^D / X_H^D = \gamma p_H / (1-\gamma) p_L$. Die Stückkostenfunktionen (unit costs) für die Cobb-Douglas-Technologien lauten bei geeigneter Einheitenwahl, $c_i = w_H^{\beta_i} w_L^{1-\beta_i}$ $(i = H, L)$. Die Parameter β_i und $1-\beta_i$ drücken die Produktionselastizitäten und zugleich Kostenanteile der qualifizierten bzw. der unqualifizierten Arbeit aus (d.h.

70 Siehe in diesem Kontext auch Francois und Nelson (1998).

71 Die Abgrenzung der NIE's geht nicht eindeutig aus Krugman (1995a) hervor.

$\beta_i = \theta_{Hi}$ und $1-\beta_i = \theta_{Li}$).[72] Für die Inputkoeffizienten folgt, $a_{Hi} = \beta_i (w_H / w_L)^{\beta_i - 1}$ und $a_{Li} = (1-\beta_i)(w_H / w_L)^{\beta_i}$. Krugman kalibriert die Parameter des Modells mit den Werten $\beta_H = 2/3$, $\beta_L = 1/3$, $L = 60$ und $H = 80$ und er legt für den anfänglichen Entlohnungssatz der qualifizierten Arbeit den Wert $w_H = w_L = 1$ zugrunde.[73] Für die Inputkoeffizienten und Preise (Stückkosten) folgt daher im Ausgangszustand: $a_{Hi} = \beta_i$, $a_{Li} = 1 - \beta_i$ und $p_H = p_L = 1$. Durch Inversion von (1.1) und (1.2) erhält man:

$$X_H = \frac{a_{LL} H - a_{HL} L}{a_{HH} a_{LL} - a_{HL} a_{LH}} \tag{2.14}$$

$$X_L = \frac{a_{HH} L - a_{LH} H}{a_{HH} a_{LL} - a_{HL} a_{LH}}. \tag{2.15}$$

Für die Ausbringung der beiden Güter folgt daher: $X_H = 100$ und $X_L = 40$. Der Anteil des High-Tech-Gutes an der volkswirtschaftlichen Wertschöpfung, $p_H X_H / (p_H X_H + p_L X_L)$, beträgt demzufolge 5/7 und muß bei Autarkie dem Anteil der Konsumausgaben für das High-Tech-Gut an der volkswirtschaftlichen Wertschöpfung, $1-\gamma$, entsprechen.[74]

Krugman analysiert nun einen 3%igen Anstieg des relativen Lohnes der qualifizierten Arbeitskräfte ($w_H = 1.03$). Für die Preise (Stückkosten) und Ausbringungsmengen ermittelt man: $p_H = 1.02$, $p_L = 1.01$, $X_H = 102.8$ und $X_L = 37.2$.[75] Der Anteil des High-Tech-Gutes an der volkswirtschaftlichen Wert-

---

72 Die Technologie $X_i = H_i^{\beta_i} L_i^{1-\beta_i}$ impliziert die Stückkosten $c_i = \zeta_i w_H^{-\beta_i} w_L^{1-\beta_i}$ wo $\zeta_i \equiv \beta_i^{\beta_i} (1-\beta_i)^{1-\beta_i}$. Krugman normiert die Outputeinheiten, so daß $\zeta_i = 1$.

73 Krugman geht davon aus, daß 40% der Arbeitskräfte im OECD-Raum qualifizierte Kräfte sind. Er transformiert eine Einheit qualifizierte Arbeitskraft in zwei Einheiten unqualifizierte Arbeitskräfte (so daß der oben aufgeführte Wert von 80 Einheiten zustande kommt), um in der Ausgangssituation auch für unqualifizierte Arbeitskräfte einen Lohnsatz von eins ansetzen zu können.

74 Gegeben die Kalibration der bereits aufgeführten Parameter ist der Ausgabenanteil für High-Tech-Güter also nicht mehr frei wählbar, sondern muß aus Konsistenzgründen den Wert 5/7 annehmen.

75 Der betrachtete Schock ist klein genug, so daß auch das log-linearisierte Modell herangezogen werden kann. Aus den Parametern und den anfänglichen Gleichgewichtswerten kann man zunächst berechnen: $\lambda_{LL} = 4/9$, $\lambda_{LH} = 5/9$, $\lambda_{HL} = 1/6$, $\lambda_{HH} = 5/6$, $|\theta| = 1/3$ und $|\lambda| = 5/18$. Aus (1.5) folgt dann $\tilde{p}_H - \tilde{p}_L = 1\%$ und

schöpfung beträgt nun 0.736. Da der Anteil der Konsumausgaben an der gesamten Wertschöpfung aufgrund der Cobb-Douglas-Annahme unverändert bei 5/7 = 0.714 liegt, ergibt sich eine Differenz von 0.736 - 0.714 = 0.022. Somit stehen 2,2% des Produktionswertes der OECD für den Export in die Schwellenländer zur Verfügung. Dieser Wert entspricht ungefähr dem statistisch ermittelten Wert (der statistische Wert ist etwas geringer). Mit Krugman kann somit der Umkehrschluß gezogen werden, daß der Nord-Süd-Handel für ca. 3% des Anstiegs des Lohndifferentials verantwortlich gemacht werden kann. Im amerikanischen Szenario flexibler Faktorpreise bestätigt sich, was auch die Faktorgehaltsanalysen nahelegen, nämlich ein zwar signifikanter, aber quantitativ geringer Effekt der Globalisierung auf die relativen Löhne von qualifizierter und unqualifizierter Arbeit. Die Berechnung von Krugman zeigt ein weiteres. Der durch den Nord-Süd-Handel induzierte Anstieg des relativen Preises der High-Tech-Güter ist mit 0,01 = 1% so klein, daß er von den empirischen Studien kaum entdeckt bzw. vom statistischen "noise" kaum unterschieden werden kann.

2.5.2 Weitere Arbeiten

Mit modernen Computern lassen sich heute numerische Ergebnisse für Modelle erzielen, die das einfache HOS-Modell in nahezu beliebiger Güter- und Faktordimension ausdehnen. Mit der wachsenden Dimensionalität eines Modells wird es aber auch zunehmend schwieriger, die Ergebnisse zu interpretieren. Auf die Frage, "How big should the baby be?" (Bliss, 2000), gibt es keine allgemein akzeptierte Antwort. Krugman's Verfahren, die Dimensionalität des Modells gering zu halten, wurde von einer Reihe von Autoren verfolgt. So erhalten Cline (1997) und Francois und Nelson (1998) für alternative Parameterisierungen des Krugman-Modells das Ergebnis, daß ein Anstieg des relativen Preises von High-Tech-Gütern von 1% das Lohndifferential etwas stärker spreizt, als in Krugman's Rechnung. Francois und Nelson (1998) finden auch, daß der Effekt eines Preisschocks drastisch größer wird, wenn ein Zwischengütersektor in das Modell einbezogen wird. Von Lawrence und Evans (1996) stammt eine andere Simulationsstudie, deren Ergebnisse in Lawrence (1996) eingeflossen sind. Lawrence und Evans verwenden ein Modell mit drei Sektoren, einem Import- und einem Exportsektor und einem Sektor nichtgehandelter Güter, und den zwei Faktoren, qualifizierte und unqualifizierte Arbeit. Sie untersuchen ein „Zukunftsszenario" im Sinne einer Expansion des Außenhandels der USA, die die Handelsbilanz im Gleichgewicht läßt und den importkonkurrierenden Sektor zum Verschwinden bringt. Unter der Annahme von Cobb-Douglas-Technologien und –Präferenzen würde sich hieraus eine Absenkung des relativen Lohnes der unqualifizierten Arbeitskräfte um 7.5 % ergeben. Die Simulationen zeigen, daß sich das Ausmaß der Lohnspreizung bei Substituti-

---

aus (1.7a) und (1.7b) ermittelt man, $\widetilde{X}_L = -7\%$ und $\widetilde{X}_H = 2.8\%$ (im Einklang mit der oben aufgeführten Veränderung der Niveaugrößen).

onselastizitäten kleiner als eins noch vergrößern kann. Die Ergebnisse von Lawrence und Evans (1996) für dieses Zukunftsszenario liefern also durchaus substantielle Verteilungseffekte. Eine Simulationsstudie für die Bundesrepublik, die das Modell von Lawrence und Evans um einen weiteren Produktionsfaktor, international mobiles physisches Kapital, erweitert, findet sich im nächsten Kapitel. Abrego und Whalley (2000) machen den methodischen Punkt, daß strukturelle Unterschiede (z.B. die Frage, ob Importe unvollkommene Substitute für heimische produzierte Güter sind oder nicht) in HOS-Modellen mit geringen Güter- und Faktordimensionen einen starken Einfluß auf die Faktorpreisänderungen haben, die durch Globalisierungs- oder Technologieschocks ausgelöst werden.

Eine Reihe von Autoren hat sich inzwischen auch höherdimensionalen Modellem zugewendet. Cline (1997, Kap.4) entwickelt ein umfangreicheres TIDE (= Trade and Income Distribution Equilibrium)-Modell. Das TIDE-Modell untergliedert die Welt in 13 Länder bzw. Regionen, unterteilt den Produktionsbereich 5 Produktionssektoren und geht von den drei Produktionsfaktoren unqualifizierte und qualifizierte Arbeit sowie Kapital aus. Unter den zahlreichen Experimenten, die Cline mit dem TIDE-Modell unternimmt erscheinen insbesondere folgende berichtenswert. Cline fragt nach der kontrafaktischen Entwicklung des relativen Lohnes der qualifizierten Arbeitskräfte, wenn die Handelsbarrieren und die Transportkosten auf dem Niveau von 1973 gehalten worden wären. Er kommt zum Ergebnis, daß der relative Lohn der Qualifizierten dann um 7-10% geringer wäre. Ein kontrafaktisches Experiment, in welchem der Anteil der Immigranten auf dem Niveau von 1973 gehalten worden wäre, hätte einen 3% geringeren relativen Lohn der Qualifizierten zur Folge. Interessant ist auch die Bedeutung des Sektors der nichthandelbaren Güter. Würde man dessen Anteil am Produktionswert der USA von ca. 60% auf null herunterfahren, so ergäbe sich ein Anstieg des relativen Lohnes der Qualifizierten von über 50%. Dieses Experiment zeigt die Pufferrolle des Sektors der nichthandelbaren Güter. Die Zukunftsprognosen für das Lohnspreizung, die sich aus dem TIDE-Modell ergeben, sind deshalb etwas rosiger für die Unqualifizierten, weil Cline von einem starken relativen Wachstum des Angebots an qualifizierten Arbeitskräfte in den USA, aber auch in anderen Teilen der Welt, ausgeht. Andere Ansätze wenden sich Modellen mit heterogenen Gütern, typischerweise Modellen mit monopolistischer Konkurrenz und Produktdifferenzierung, zu. Francois und Nelson (1998) ermitteln, daß ein Relativpreisschock dann eine weitaus geringere Wirkung hat, als in Modellen mit homogenen Gütern. Aus einem 12-Länder Modell mit 64 differenzierten Produktionssektor ermittelt Smith (1999) das Ergebnis, daß die Wirkung des Nord-Süd-Handels auf den Europäischen Arbeitsmarkt sehr gering ist. Cortes und Jean (1999) analysieren die Auswirkungen einer Verdoppelung der Größe der Schwellenländer auf den Europäischen Arbeitsmarkt. Sie erhalten einen sehr moderaten negativen Effekt. Im Gegensatz zu den meisten anderen Modellen mit hoher Dimension, findet Nahuis (1999), daß der Handel zwischen den OECD- und den Nicht-OECD-Ländern eine stark negative Wirkung für die Unqualifizierten hat: etwa die Hälfte des Anstiegs des Lohndifferentials erklären sich bei Nahuis durch diesen Handel.

2.5.3 Fazit

Die Präzision der quantitativen Ergebnisse, die sich mit Simulationsstudien gewinnen lassen, stehen und fallen – bei aller theoretischen Eleganz und Kohärenz des Ansatzes – mit der Zuverlässigkeit der numerischen Kalibration. Die Ergebnisse der bisherigen Studien weisen dem Außenhandel einen signifikanten Einfluß für die beobachtete Lohnspreizung zu. Auf einer ganz grundsätzlichen Ebene können Simulationsstudien kritisiert werden, weil sie nicht in der Lage sind, konkurrierende Hypothesen – also in unserem Kontext die Frage nach der relativen Bedeutung technologischer Faktoren und des Außenhandels für die Entwicklung des Lohndifferentials – zu überprüfen, sondern lediglich in der Lage sind, Ergebnisse zu replizieren oder kontrafaktische Experimente unter der Annahme durchzuführen, daß das Modell korrekt spezifiziert ist.

2.6 Schlußfolgerungen

1. Die empirische Abschätzung der relativen Bedeutung der verschiedenen Faktorpreisdeterminanten hat - über alle angewendeten Methoden betrachtet - bislang kein allzu klares Bild ergeben. Zwar überwiegen die Arbeiten, die der "Globalisierung" im Vergleich zum technischen Fortschritt eher eine untergeordnete Rolle bei der Erklärung der zunehmenden Lohndifferentiale bzw. der unterschiedlichen Inzidenz der Arbeitslosigkeit beimessen (Slaughter und Swagel, 1997; Collins, 1998b). Der Befund ist jedoch weder unbestritten, noch bietet er eine wirkliche Erklärung, welches die Faktoren sind, die sich hinter dem von der Globalisierung nicht erklärbaren Residuum verbergen.

2. Die im Zuge der Anwendung von Faktorgehalts-, Regressions- und Simulationsmethoden auftretenden Probleme machen den Schluß nahezu unvermeidlich, daß es beim heutigen Stand der Forschung schwer fällt, großes Vertrauen in quantitative Abschätzungen des relativen Erklärungsbeitrages der potentiellen Erklärungsalternativen zu setzen. Selbst die Hoffnung, aus dem Studium der Daten - durch Implikationenprüfung - wenigstens ein qualitatives Urteil fällen zu können, zerschlägt sich aufgrund von Operationalisierungsproblemen, einer offensichtlichen Überlagerung verschiedener Einflüsse und der mangelnden theoretischen Trennschärfe der konkurrierenden Hypothesen.

3. Unsere Überlegungen haben gezeigt, daß es sich schon rein methodisch verbietet, einen Transmissionskanal zwischen "Globalisierung" und Einkommensverteilung - typischerweise den Stolper-Samuelson-Kanal zu identifizieren und zu quantifizieren und das Residuum, das auf diese Weise nicht erklärbar ist, dem technologischen Wandel zuzuschreiben. Dies gilt umso mehr als bislang mit dem Stolper-Samuelson-Kanal nur einer - wenngleich in erster Annäherung wohl der zentrale - Transmissionskanal Berücksichtigung fand und das für eine genauere

Abschätzung auch die anderen Kanäle, auf die wir in Kapitel 3 eingehen werden, abzuschätzen sind. Nicht wenige Ökonomen kommen daher wie Susan Collins zur Schlußfolgerung:[76] "(...) the jury is still out."

4. Angesicht des Problems, daß alle bislang herangezogenen Verfahren zur empirischen Ermittlung des Einflusses von "Globalisierungschocks" und "Technologieschocks" methodisch nicht völlig überzeugen können, scheint es sich zu verbieten, einzelne Methoden - wie z.B. die Faktorgehaltsanalyse - aus dem empirischen Werkzeugkasten zu verbannen. Die Stärken und Schwächen, die bei den diskutierten Methoden gefunden wurden, sprechen vielmehr gerade dafür, daß sich ein Urteil auf die breitest mögliche Methodenbasis stützen sollte.

5. Ganz grundsätzlich gilt, daß angesichts der engen wechselseitigen Verknüpfung von Globalisierung und technologischer Entwicklung jedem Versuch, die beiden Einflüsse sauber zu trennen und einigermaßen verläßlich zu quantifizieren, Grenzen gesetzt sind (Wood, 1994; Feenstra, 1998a, 1998b).

---

76 Collins (1998b, S.35). Siehe z.B. auch Bound und Johnson (1995) und OECD (1997).

3. Stolper-Samuelson und darüber hinaus

3.1 Einführung

Das kanonische 2x2-Heckscher-Ohlin-Samuelson-Modell wurde – wie wir in Kapitel 1.3 dargelegt haben – mit berechtigten Gründen als theoretisches Rückgrat für die Diskussion um Nord-Süd-Handel vs. Technologie gewählt. Unsere Überlegungen haben aber auch gezeigt, daß andere Aspekte und Transmissionsriemen der „Globalisierung" – gewissermaßen in zweiter Annäherung an das Problem – Beachtung verdienen. Diesen Faden greifen wir an dieser Stelle wieder auf. So werden wir in Abschnitt 3.3 vor allem auf die Aspekte der Kapitalmobilität und des Outsourcing eingehen, die in der aktuellen Diskussion bedeutsam sind und denen die theoretische und empirische Forschung inzwischen schon einige Beachtung geschenkt hat. Unsere Analyse der Ursachen der Verschlechterung der Einkommens- und Beschäftigungsposition in den OECD-Ländern wäre nicht vollständig, wenn wir nicht auch andere Anknüpfungspunkte berücksichtigen würden. In Abschnitt 3.4 greifen wir diverse Hypothesen auf, denen durchaus einige Relevanz beigemessen werden kann, die bislang aber in aller Regel weder theoretisch noch empirisch aufgearbeitet wurden und die Anknüpfungspunkte für die zukünftige Forschung bieten. In Abschnitt 3.5 ziehen wir ein Fazit und einige wirtschaftspolitische Schlußfolgerungen. Beginnen wollen wir nachfolgend (Abschnitt 3.2) aber mit einem Problem, das sich aus der Separierung des HOS-Modells in eine „europäische" und eine „amerikanische" Variante ergibt.

3.2 Der integrierte Norden

Zur Erklärung der gegensätzlichen Arbeitsmarktentwicklungen in den USA und in Kontinentaleuropa innerhalb der Logik des Standard-HOS-Modells haben wir bislang mit isolierten Szenarien operiert, in welchen die jeweiligen Arbeitsmarktinstitutionen durch flexible bzw. rigide Faktorpreisrelationen abgebildet wurden. Ein solches Vorgehen Fall für Fall entspricht durchaus dem Modelleklektizismus der gegenwärtigen Außenhandelstheorie (Jones und Neary, 1984, S.20). Da der Süden und die beiden Nord-Regionen jedoch simultan im Weltmarkt agieren, wäre eine Übertragung der Logik der einheitlichen Güterpreise und des Güterpreis-Faktorpreis-Nexus, die im obigen Modell den Süden mit dem jeweiligen Norden verbinden, auf die *simultane* Beschreibung der beiden Nord-Regionen mit ihren unterschiedlichen Lohnbildungsmechanismen vorzuziehen. Davis (1996a,b;1998a,b) hat ein solches Modell eines 'integrierten Nordens' eingefordert und auf der Basis eines durch *Reallohnresistenz* (im Sinne von Brecher (1974a,b)) charakterisierten Europas vorgestellt. Wir greifen im folgenden die Überlegungen von Davis auf, gehen jedoch - im Einklang mit unseren bisherigen Überlegungen - davon aus, daß die Gegebenheiten auf den europäischen Arbeitsmärkten durch eine *Relativlohnrigidität* charakterisiert sind. Es zeigt sich, daß die oben ermittelten qualitativen Modelleigenschaften eine derartige Verknüpfung der Szenarien nicht ohne weiteres überleben.

3.2.1 Stolper-Samuelson (zu) ernst genommen

Die Faktorpreis-Güterpreis-Faktorpreis-Kette

Zentrales Element der folgenden Überlegungen ist die Verkettung von Güterpreisen und Faktorpreisen, die im Stolper-Samuelson-Theorem zum Ausdruck kommt: unter Bedingungen wettbewerblicher Preisbildung ergibt sich bei diversifizierter Produktion eine eineindeutige Beziehung zwischen den relativen Güterpreisen und den relativen Faktorpreisen, die wir in Gleichung (1.5) ausgedrückt fanden. Gehen wir im Rahmen unseres Heckscher-Ohlin-Modells von einem integrierten Norden aus - in welchem die europäischen Arbeitsmarktinstitutionen eine Relativlohnrigidität erzwingen, während die Faktorpreise in den Vereinigten Staaten flexibel sind - so folgt aus der Logik des Stolper-Samuelson-Theorems unmittelbar, daß sich das Lohndifferential in den Vereinigten Staaten nicht beliebig vom europäischen Lohndifferential emanzipieren kann. Wie wir bereits gesehen haben, auferlegt die Aufrechterhaltung einer bestimmten Lohnstruktur in Europa dem Güterpreisverhältnis bestimmte Restriktionen. Die Fixierung des Welt-Güterpreisverhältnisses auferlegt jedoch seinerseits den Faktorpreisrelationen der USA bestimmte Restriktionen. Da dieses Argument nicht auf die Annahme identischer Technologien angewiesen ist, impliziert es auch nicht, daß es zwischen Europa und den USA zu einem absoluten Faktorpreisausgleich kommen muß. Wohl aber impliziert es, daß unterschiedliche Arbeitsmarktinstitutionen nicht hinreichend sind, um unterschiedliche Reaktionen der Faktorpreise auf gemeinsame exogene Schocks zu erklären.

Um die Implikationen der Beziehungen zwischen relativen Güter- und Faktorpreisen innerhalb des Nordens herauszuarbeiten, ist es hilfreich, ein graphisches Instrumentarium zur Verfügung zu haben, welches auf den in Kapitel 1.4. gelegten modelltheoretischen Grundlagen aufbaut. Wir unterstellen zunächst, daß nur die Vereinigten Staaten und Europa Welthandelspartner sind. Die fallend verlaufende Kurve *IN* in Schaubild 3-1 skizziert die Importnachfrage der Vereinigten Staaten nach High-Tech-Gütern (zugleich das amerikanische Exportangebot an Low-Tech-Gütern): je geringer der relative Preis der High-Tech-Güter (p_H / p_L), um so höher ist die amerikanische Importnachfrage. Der Schnittpunkt 0 der Importnachfragekurve mit der vertikalen Achse bringt das Güterpreisverhältnis zum Ausdruck, welches in den Vereinigten Staaten herrschen würde, wenn diese nicht in die Weltgütermärkte integriert wären: greifen wir auf unser Heckscher-Ohlin-Modell zurück, so ist das entsprechende Güterpreisverhältnis bei Autarkie aus Gleichung (1.9) bei gegebener Faktorausstattung und gegebenem Stand der Technologie ablesbar. Bei einem höheren relativen Güterpreis für das High-Tech-Gut würde die amerikanische Importnachfrage negativ, die USA somit zum Exporteur von High-Tech-Gütern.

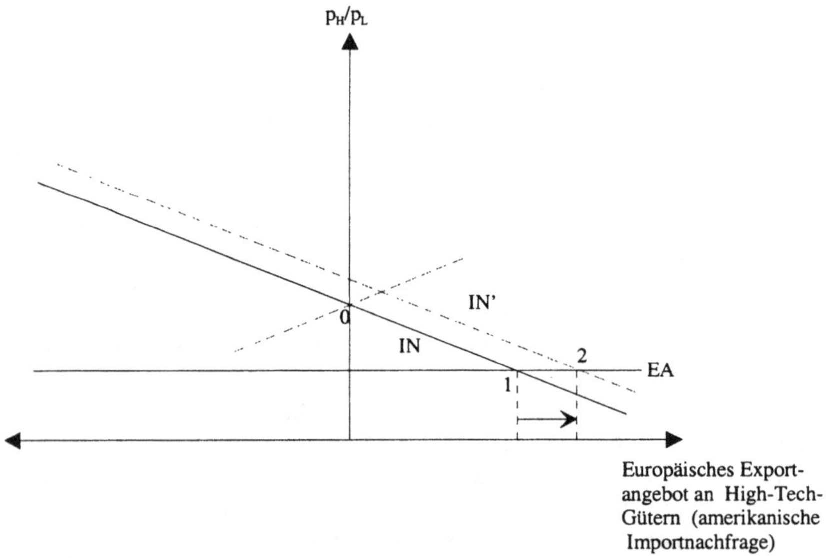

Abbildung II-3-1: Simultanes Gleichgewicht im Norden

Um nun Europa in die Analyse miteinzubeziehen, bedarf es einer Annahme über dessen Faktorausstattung, Präferenzen und Technologien. Aus Gründen der Vereinfachung gehen wir davon aus, daß die europäischen Gegebenheiten - mit Ausnahme seiner Arbeitsmarktinstitutionen - identisch sind mit jenen der Vereinigten

Staaten.[77] Unter dieser Annahme wäre das europäische Exportangebot an High-Tech-Gütern bei flexiblen Faktorpreisen ein an der Güterpreisachse gespiegeltes - und somit (wie in Abbildung II-3-1 gestrichelt angedeutet) steigend verlaufendes - Ebenbild der amerikanischen Importnachfrage. Da das europäische Lohndifferential fixiert ist, degeneriert das Angebot an High-Tech-Exporten zur horizontalen Kurve *EA*. Unterstellen wir, daß das europäische Lohndifferential bereits in einer hypothetischen Autarkiesituation eine bindende Beschäftigungsrestriktion für die unqualifizierten Arbeitskräfte darstellt, so verläuft diese Kurve unterhalb des durch Punkt 0 gegebenen Güterpreisverhältnisses.[78] Weil zwischen den Vereinigten Staaten und Europa freier Warenaustausch möglich ist, liegt ein Handelsgleichgewicht gemäß Punkt 1, dem Schnittpunkt des europäischen Exportangebots *EA* mit der amerikanischen Importnachfrage *IN*, vor. Europa hält seinen bindenden Relativlohn dadurch aufrecht, daß es seine Low-Tech-Güterproduktion durch Freisetzung von unqualifizierten Arbeitskräften künstlich niedrig und somit deren Preis künstlich hoch hält. Bei diesem relativen Güterpreis entsteht seitens der Vereinigten Staaten eine Importnachfrage nach europäischen High-Tech-Gütern, welche das Ausmaß der gleichgewichtigen Handelsströme determiniert. Im Gleichgewicht des integrierten Nordens exportiert Europa High-Tech-Güter in die Vereinigten Staaten und importiert Low-Tech-Güter im Gegenzug. Wir wollen nun nach den Effekten des technischen Fortschritts und der Globalisierung fragen.

Auswirkungen der Globalisierung und des technischen Fortschritts

Die Partizipation der Schwellen- und Entwicklungsländer am internationalen Handel führt, wie bereits in Kapitel 1.4 bemerkt, zu einer Erhöhung der Importnachfrage nach High-Tech-Gütern. Die gestrichelt gezeichnete Importnachfrage *IN'* in Abbildung II-3-1 bringt dies zum Ausdruck: sie setzt sich aus der Importnachfrage der USA und der Importnachfrage des 'Südens' zusammen. Dadurch stellt sich ein neues Welthandelsgleichgewicht entsprechend dem Schnittpunkt 2 der europäischen Exportangebotskurve mit der neuen Importnachfrage *IN'* ein. Folgendes wird deutlich: Da sich die relativen Güterpreise nicht verändern, ergibt sich eindeutig eine Erhöhung des europäischen Exportangebots an High-Tech-Gütern (zugleich Erhöhung der europäischen Importnachfrage nach Low-Tech-Gütern). Damit einhergehend folgt, daß Europa das gewachsene Angebot an Low-Tech-Gütern durch eine relative Expansion seines High-Tech-Sektors absorbiert und entsprechend ein Anwachsen der Arbeitslosenzahl unqualifizierter Arbeits-

[77] Die im folgenden abgeleiteten Schlußfolgerungen erfahren keine qualitativen Änderungen, wenn man Unterschiede in bezug auf relative Faktorausstattung, Technologie und Präferenzen zwischen den USA und Europa zuläßt.

[78] Das hypothetische europäische Autarkiegleichgewicht ist durch den Schnittpunkt seiner horizontalen Exportangebotskurve mit der Güterpreisachse beschrieben. Weil der Relativlohn bindet, hätte Europa schon in diesem hypothetischen Autarkiezustand arbeitslose unqualifizierte Arbeitskräfte.

kräfte in Kauf nimmt. Die Vereinigten Staaten werden hingegen von der Integration des Südens in die Weltwirtschaft nicht tangiert. Da die europäische Relativlohnrigidität die Welthandelspreise einfriert, bleibt das Lohndifferential in den USA weiterhin auf dem Niveau vor der Integration des 'Südens', und auch der Güterhandel der USA erfährt keine Änderung. Insbesondere findet kein Handel zwischen dem Süden und den USA statt. Die europäische Relativlohnrigidität schottet die unqualifizierten Arbeitskräfte in den Vereinigten Staaten vor der Konkurrenz aus der dritten Welt ab: in Abwandlung eines Wortes von Freeman (1995) würden die amerikanischen Löhne mithin nicht wie befürchtet in Peking, sondern in Berlin gesetzt!

Die Implikationen simultanen technischen Fortschritts in beiden Regionen des Nordens gehen aus Abbildung II-3-2 hervor.

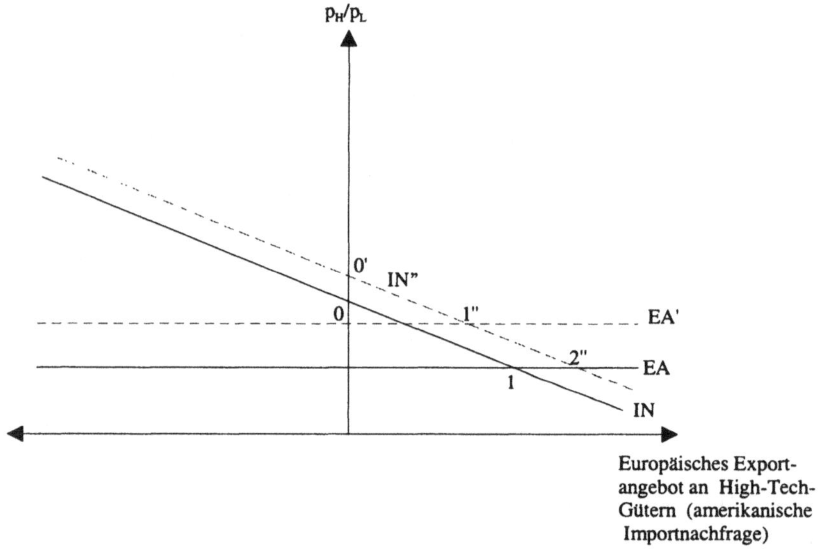

Abbildung II-3-2: Technischer Fortschritt in den Nordregionen

Die amerikanische Importnachfragefunktion *IN* und das europäische Exportangebot *EA* werden aus dem vorhergehenden Schaubild übernommen. Das anfängliche Handelsgleichgewicht bei Relativlohnrigidität in Europa und Faktorpreisflexibilität in den USA ist durch Punkt 1 beschrieben.[79] Eine

[79] Eine Einbeziehung der Importnachfrage des Südens ist problemlos möglich: da der technische Fortschritt annahmegemäß nur im Norden auftritt, bleibt die Importnachfrage des Südens unverändert und kann analog zur Analyse des Globalisierungs-

Inspektion von Gleichung (1.9) zeigt nun unmittelbar, daß nicht-neutraler technischer Fortschritt - sei er faktorspezifisch ($\pi_L - \pi_H$) oder sektorspezifisch ($\pi_{X_L} - \pi_{X_H}$) - zu einer Verschiebung der Importnachfrage der USA (und spiegelbildlich somit des europäischen Exportangebots bei flexiblen Faktorpreisen) führt. Abbildung II-3-2 greift exemplarisch den Fall eines sektorspezifischen technischen Fortschritts im Low-Tech-Sektor auf ($\pi_{X_L} - \pi_{X_H} > 0$), der die amerikanische Importnachfrage von *IN* auf *IN''* verschiebt. Für das neue Handelsgleichgewicht ist entscheidend, auf welcher Höhe die relativen Güterpreise fixiert sind. In Kapitel 1 haben wir anhand der Stolper-Samuelson-Beziehung (1.5) gesehen, daß die relativen Güterpreise bei Fixierung der relativen Faktorpreise nur eine Funktion von ($\pi_{X_L} - \pi_{X_H}$), nicht aber von ($\pi_L - \pi_H$) sind. Ein faktorspezifischer technischer Fortschritt ($\pi_L - \pi_H > 0$) läßt daher die horizontale Exportangebotskurve Europas unverändert. Ein sektorspezifischer technischer Fortschritt im Low-Tech-Sektor ($\pi_{X_L} - \pi_{X_H} > 0$) führt hingegen zu einer Verschiebung der europäischen Exporangebotskurve nach oben: $(\tilde{p}_H - \tilde{p}_L) = (\pi_{X_L} - \pi_{X_H}) > 0$. Die neue, gestrichelt gezeichnete, Exportangebotskurve *EA'* schneidet die Importnachfrage *IN''* der USA somit in Punkt 1". Da sich die Exportangebotskurve genau im Ausmaß von ($\pi_{X_L} - \pi_{X_H}$) nach oben verschiebt, während sich die amerikanische Importnachfrage gemäß (1.9) nur um $(\pi_{X_L} - \pi_{X_H})\sigma_S / (\sigma_S + \sigma_D)$ nach oben verschiebt, impliziert das neue Gleichgewicht eine eindeutige Abnahme des europäischen Exportangebots und mithin ein relative Kontraktion des High-Tech-Sektors in Europa. Demgegenüber führt ein faktorspezifischer technischer Fortschritt, der in beiden Regionen unqualifizierte Arbeitskraft einspart ($\pi_L - \pi_H > 0$), in Europa zu einer Expansion des High-Tech-Sektors und zu einer entsprechenden Erhöhung des Exportangebotes (Übergang von Punkt 1 zu 2" in Abbildung II-3-2) Die mit diesen Effekten verbundenen Beschäftigungsreaktionen lassen sich unmittelbar aus Gleichung (1.6) ermitteln: Die relative Kontraktion des High-Tech-Sektors im Falle von $\pi_{X_L} - \pi_{X_H} > 0$ geht bei unverändertem H und w_L / w_H mit einer Zunahme von L einher: $\tilde{L} = |\lambda|(\tilde{X}_L - \tilde{X}_H) > 0$. Dagegen bedeutet die relative Expansion des High-Tech-Sektors im Falle von $\pi_L - \pi_H > 0$ auch eine Zunahme der Arbeitslosigkeit: $\tilde{L} = -(\pi_L - \pi_H) + |\lambda|(\tilde{X}_L - \tilde{X}_H) < 0$. Auch im Szenario des integrierten Nordens gilt somit, daß arbeitssparender technischer Fortschritt bei rigiden Löhnen arbeitslos macht. Darüber hinaus ist unmittelbar einzusehen, daß sich unabhängig von der Art des technischen Fortschritts die amerikanische

schocks zur modifizierten amerikanischen Importnachfrage hinzuaddiert werden. Die im Haupttext abgeleiteten qualitativen Implikationen ändern sich dadurch nicht.

Lohnstruktur nicht von der europäischen abkoppeln kann, solange beide Regionen *denselben* technologischen Veränderungen ausgesetzt sind.

Ergebnis 3-1: Wirkungen der Globalisierung und des technischen Fortschritts im integrierten Norden

Aufgrund der im Stolper-Samuelson-Theorem zum Ausdruck kommenden Beziehung zwischen relativen Güterpreisen und relativen Faktorpreisen hat im Modell des integrierten Nordens die Relativlohnrigidität Europas weitreichende Konsequenzen für die relativen Faktorpreise der USA: Die amerikanischen Löhne sind sowohl vom (potentiellen) Lohndruck durch eine verstärkte Partizipation der Entwicklungs- und Schwellenländer am Welthandel als auch von den Wirkungen jeglichen gemeinsamen technischen Fortschritts im Norden abgeschirmt. Bei einem Globalisierungsschock trägt Europa somit die ganze Anpassungslast in Form einer Expansion des High-Tech-Sektors (Schrumpfung des Low-Tech-Sektors) verbunden mit einer wachsenden Freisetzung unqualifizierter Arbeitskräfte. Der Handel zwischen den USA und Europa bleibt von einem Globalisierungsschock unberührt. Ebenfalls zunehmende Arbeitslosigkeit in Europa hat ein faktorspezifischer, unqualifizierte Arbeit sparender technischer Fortschritt zu Folge ($\pi_L - \pi_H > 0$), wogegen ein sektorspezifischer, auf den Low-Tech-Sektor konzentrierter technischer Fortschritt das Beschäftigungsproblem Europas entschärft.

Das Modell des integrierten Nordens hat scharfe und zum Teil problematische Implikationen.[80] An dieser Stelle sei nochmals betont, daß diese Schlußfolgerungen nicht von der Annahme identischer Faktorproportionen, Technologien und Präferenzen in Europa und den USA abhängen. Das Modell kann qualitativ die Entwicklung auf Europas Arbeitsmärkten und den Verlauf der relativen Güterpreise auf den Weltmärkten korrekt prognostizieren, führen doch sowohl Globalisierungsschocks als auch bestimmte Formen simultanen technologischen Fortschritts im Norden zu wachsender Arbeitslosigkeit unqualifizierter Arbeitskräfte und wachsender Importpenetration bei rigiden relativen Löhnen und haben sich doch die relativen Güterpreise nur wenig und in eine unklare Richtung verändert. Unbefriedigend ist allerdings die hermetische Abschirmung der

80 Die - diesen Implikationen zugrundeliegende - Problematik des einfachen Heckscher-Ohlin-Modells ist allerdings nicht neu: " ... in particular its rigid linking of factor prices to commodity prices, has led many economists to question its generality", wie Jones und Neary (1984, S.20f) ausführen.

amerikanischen Löhne vor simultanen Technologieschocks im Norden und vor Integrationsschocks - eine Implikation, die das markante Auseinanderdriften der Kompensation für qualifizierte und unqualifizierte Arbeit in den USA völlig unerklärt läßt. Hiermit befindet sich das Modell des integrierten Nordens auch im Widerspruch zu dem in Abschnitt 1.4 diskutierten konventionellen Modell.

3.2.2 Auswege entlang Stolper-Samuelson

Das Erklärungsdefizit des Modells des integrierten Nordens bezüglich des Auseinanderdriftens der amerikanischen Löhne läßt sich prinzipiell auf zwei Wege beheben. Zum einen kann man den Stolper-Samuelson-Nexus beibehalten und nach Schocks suchen, die mit den unterschiedlichen Entwicklungen in Europa und den USA kompatibel sind. Überzeugender erscheinen die Erklärungsansätze, die das Heckscher-Ohlin-Modell verallgemeinern und weitere Erklärungsansätze der Globalisierung heranziehen. Wir wenden uns zunächst der ersten Gruppe von Erklärungsansätzen zu.

Im obigen Modell des integrierten Nordens lassen sich durchaus theoretische Erklärungswege finden, die gleichzeitig mit der Lohnspreizung in den Vereinigten Staaten *und* mit der Relativlohnrigidität in Europa konsistent sind. Zum ersten sind Schocks denkbar, die in Europa auftreten oder von Europa verursacht sind, welche bei unverändertem europäischen Lohndifferential ein Absinken des relativen Preises der Low-Tech-Güter verursachen. In diese erste Kategorie fällt, wie von Davis (1996a; 1998a) diskutiert, die Einführung eines europäischen Einfuhrzolls auf Low-Tech-Güter aus den Schwellen- und Entwicklungsländern. Wenn Europa den relativen Lohn der unqualifizierten Arbeit auf dem Niveau $w_L / w_H = w^*$ aufrechterhalten will, so muß es aus heimischer Sicht gemäß Stolper-Samuelson das Güterpreisverhältnis auf der Höhe $p^* = p_H / p_L(1+\phi)$ fixieren, wobei hier ϕ für den Importzoll steht, der anfänglich gleich null sein kann; eine Einführung oder Erhöhung des Zolles ϕ führt unter diesen Bedingungen zu einem äquivalenten Anstieg des relativen Preises des High-Tech-Gutes p_H / p_L auf dem Weltmarkt. Dies hat für die USA die Konsequenz, daß ein Stolper-Samuelson-Effekt zuungunsten der unqualifizierten Arbeitskräfte in Gang kommt. Durch die relative Verbilligung der Low-Tech-Güter auf dem Weltmarkt wird ein Teil der bisherigen europäischen Importe von Low-Tech-Gütern aus dem 'Süden' auf die USA umgelenkt. Europa erhält daher nicht nur Zolleinnahmen im Rahmen der verbliebenen Handelsströme, sondern erfährt auch eine Entspannung auf dem Arbeitsmarkt, die - wie skizziert - voll zu Lasten der unqualifizierten amerikanischen Arbeitnehmer geht. Diesem Ansatz ist die theoretische Konsistenz nicht abzusprechen, für eine Erklärung der relevanten Entwicklungen auf den europäischen und amerikanischen Arbeitsmärkten kann er jedoch kaum herangezogen werden. Insbesondere könnte mit diesem Erklärungsweg nur dann eine andauernde Scherenbewegung der amerikanischen Löhne bei gleichzeitiger Lohnstrukturrigidität in Europa erklärt werden, wenn es zwischen den USA und Europa eine deutliche Asymmetrie bezüglich der Veränderung der protektionistischen Abwehrkräfte gegenüber dem Süden gäbe.

Eine andere Erklärung für die Abkoppelung der amerikanischen Lohnstruktur von den rigiden europäischen Löhnen bietet lokaler technischer Fortschritt in Europa (vgl. Davis 1996b; 1998b). Ist dieser sektorspezifisch ($\pi_{X_L} - \pi_{X_H} > 0$), hat er ebenfalls einen Rückgang des relativen Preises von Low-Tech-Gütern auf dem Weltmarkt zur Folge. Dieser Erklärungsweg krankt jedoch an zweierlei. Zum einen fehlt - wie wir bereits bemerkt haben - eine überzeugende Begründung für eine spezifische Nicht-Neutralität des technischen Fortschritts. Zum anderen erscheinen größere technologische Adaptionsverzögerungen innerhalb des Nordens nicht allzu plausibel.

Eine weitere Möglichkeit der konsistenten Erklärung der 'conventional wisdom' im einfachen Modell des integrierten Nordens sind Vorgänge, die die Weltgüterpreise unverändert lassen, in den USA jedoch die Stolper-Samuelson-Relation zuungunsten der unqualifizierten Arbeitskräfte verändern. Hier rückt wiederum eine bestimmte Variante technischen Fortschritts ins Blickfeld: das Lohndifferential vergrößert sich in den Vereinigten Staaten, wenn der technische Fortschritt konzentriert im High-Tech-Sektor auftritt. Aber auch die Probleme eines solchen Erklärungsansatzes liegen nach allem, was oben gesagt wurde, auf der Hand. Insgesamt ist somit festzustellen, daß die hier diskutierten 'Wege entlang Stolper-Samuelson' zwar logisch konsistent sind, unter dem Gesichtspunkt ihres empirischen Erklärungsgehalts jedoch nicht sehr vielversprechend erscheinen.

2.2.3 Erklärungsalternativen abseits von Stolper-Samuelson

Überzeugender als diese Stolper-Samuelson-konformen Erklärungsansätze für das Erklärungsdefizit des Modells des integrierten Nordens, ist eine zweite Gruppe von Erklärungsansätzen, die die stringenten Annahmen des in Kapitel 1 exponierten HOS-Modells lockert. An dieser Stelle sei aber betont, daß Erweiterungen des 2x2 HOS-Modells mit denen Realitätsnähe gewonnen wird, nicht zwangsläufig zu einer Durchbrechung des Stolper-Samuelson-Nexus führen. Dies gilt insbesondere für eine Berücksichtigung eines Sektors nicht-handelbarer Güter und eine Einführung von Zwischengütern in das kanonische HOS-Modell.

• Ergänzen wir das 2x2-Modell um einen Sektor nicht-handelbarer Güter, so bleibt das Stolper-Samuelson-Theorem dann von Bestand, solange die beiden handelbaren Güter produziert werden (Komiya, 1967; Batra, 1973). Dies ist unmittelbar einsichtig: werden beide handelbaren Güter produziert, so werden durch deren Nullprofitbedingungen (analog zu den Gleichungen (1.3) und (1.4)) die beiden Faktorpreise völlig determiniert, unabhängig von der Existenz oder

Nichtexistenz des Sektors nicht-handelbarer Güter. In der Tat ist der Preis-Nexus unter diesen Bedingungen so stark, daß sogar der Preis des nicht-handelbaren Gutes über die Nullprofitbedingung für dieses Gut, also rein angebotsseitig, determiniert wird, weil ja die Faktorpreise bereits festgelegt sind. In einem solchen 3x2-Modell wird allerdings der Zusammenhang zwischen relativen Güterpreisen und den Produktionsniveaus der Güter aufgeweicht, weil nun auch der dritte Sektor - nach Maßgabe der Nachfrage - Ressourcen (Faktoren) in Anspruch nimmt (Batra, 1973). Unter der Annahme, daß die nicht-handelbaren Güter vor allem Dienstleistungen umfassen, ist ein solches 3x2-Modell daher eher ein Anknüpfungspunkt für die These handelsinduzierter Deindustrialisierung (siehe hierzu Saeger (1996), (1997)).

• Auch durch eine Einführung von Zwischengütern wird der Stolper-Samuelson-Nexus nicht durchbrochen. Unterstellen wir z.B. im 2x2 Kontext, daß jedes Gut wiederum als Zwischengut in der Produktion der beiden (handelbaren) Güter eingesetzt werden kann, so komplizieren sich zwar die Nullprofitbedingungen - wie in Gleichung (2.11c) aus Kapitel 2, die nun für die Güter $i = H, L$ zu lesen ist, in Änderungsraten formuliert -, wiederum sind aber die beiden Faktorpreise völlig durch die beiden Güterpreise bestimmt, wie aus Gleichung (2.11d) unzweideutig hervorgeht.

Gibt man im Kontext des 2x2 Modells allerdings die Annahme der diversifizierten Produktion auf, so rücken folgende Möglichkeiten ins Blickfeld: spezialisiert sich Europa in der Produktion auf ein Gut, so impliziert ein konstantes europäisches Lohndifferential nicht mehr notwendigerweise eine Fixierung der Güterpreise auf dem Weltmarkt; spezialisiert sich Amerika in der Produktion, so führen fixierte Weltgüterpreise nicht mehr zwangsläufig zu einer Rigidität des amerikanischen Lohndifferentials. Im letztgenannten Fall hängt das Lohndifferential von der amerikanischen Faktorausstattung ab. Bei vollkommener Spezialisierung in der Produktion werden demnach auch Vorgänge auf der Arbeitsangebotsseite für die Erklärung der Entwicklung des amerikanischen Lohndifferentials relevant.[81] Insbesondere kann eine Verlangsamung des relativen Angebotswachstums qualifizierter Arbeitskräfte - welches in den 80er Jahren für die Vereinigten Staaten nachweisbar ist (Sachs und Shatz, 1996a) - zu einer Lohnspreizung beitragen. Der rigide Zusammenhang zwischen dem europäischen und dem amerikanischen Lohndifferential, den wir bei Diversifikation im 2x2-Rahmen konstatiert haben, wird auch bei einer Ausdehnung der Dimensionen gelockert. Detailliertere Aussagen lassen sich allerdings nur in Spezialfällen machen (Ethier, 1984; Lawrence, 1996). Als Auswege zur Lockerung des Verbundes zwischen den Güterpreisen auf den Weltmärkten und den amerikanischen Löhnen kommen neben diesen Verallgemeinerungen des Heckscher-Ohlin-Modells allerdings auch

---

[81] Die Rolle arbeitsangebotsseitiger Entwicklungen wird im Sammelband von Freeman und Katz (1995) und in einem "Symposium on Wage Inequality" des Journal of Economic Perspectives (Vol. 11, No. 2, 1997) genauer unter die Lupe genommen.

Wirkungskanäle der Globalisierung außerhalb des Heckscher-Ohlin-Rahmens in Frage. Damit schließt die Analyse des Modells des integrierten Nordens den Kreis zu der bereits unabhängig davon festgestellten Notwendigkeit, der Eruierung von Transmissionskanälen jenseits des Stolper-Samuelson-Nexus.

3.3 Kapitalmobilität und Outsourcing

3.3.1 Einführung

Der Nord-Süd-Handel ist deshalb als Erklärungskandidat für die Ungleichheitstendenzen in den industrialisierten Ländern in den Blickpunkt gerückt, weil sich der Süden von einem Exporteur von Primärgütern zu einem Exporteur von Industriegütern gewandelt hat und weil das starke Volumenwachstum des Nord-Süd-Handels zeitlich mit der Verschlechterung der relativen Arbeitsmarktposition der Unqualifizierten korrespondiert. In Kapitel 1.2 hatten wir einen damit einhergehenden Globalisierungstrend festgehalten, der vor allem durch die Verringerung von Transportkosten möglich wurde, die Tendenz, den Produktionsprozess zu desintegrieren und die einzelnen Wertschöpfungsstufen in jenen Ländern ausführen zu lassen, in denen dies zu den geringsten Kosten möglich ist. Diesem Trend, den Krugman (1995a) die "Aufsplittung der Wertschöpfungskette" nennt und den andere Autoren mit Begriffen wie "Desintegration der Produktion", "Outsourcing" (Feenstra, 1998b; 1998c) oder "Fragmentierung" (Deardorff, 1998) belegen, wurde in dem bislang verwendeten kanonischen HOS-Modell noch kein Ausdruck verliehen.

Durch eine Erweiterung des HOS-Modells um Zwischengüter in dem Sinne wie wir es in den Kapiteln 2.4.1 und 3.2.3 angedeutet haben, könnte dieser neuen Qualität des Nord-Süd-Handels in ersten Ansätzen entsprochen werden: so wäre beispielsweise vorstellbar, daß das Low-Tech-Gut als Zwischengut in der Produktion des High-Tech-Gutes Verwendung findet und daß somit nicht nur den Konsumenten sondern auch den High-Tech-Produzenten aus der Verbilligung des Low-Tech-Gutes im Zuge der "Globalisierung" (dem Abbau von Handelsbarrieren) ein Vorteil erwächst. Behält man die übrigen Annahmen des HOS-Modelles bei, die bislang getroffen wurden, so reicht diese Erweiterung allerdings nicht sehr weit: insbesondere bliebe bei Beibehaltung der Diversifikationsannahme eine importkonkurrierende Industrie bestehen, die sich allerdings erhöhter Konkurrenz ausgesetzt sähe und schrumpfen müßte. Auch der Stolper-Samuelson-Nexus bliebe erhalten, wie wir bereits erläutert haben.

Weitreichender ist die Annahme, daß sich der Norden und der Süden - gemäß ihren unterschiedlichen relativen Faktorreichlichkeiten - in der Produktion auf zwei völlig unterschiedliche Güterpaletten spezialisieren. Damit wird zum einen der Stolper-Samuelson-Nexus durchbrochen und zum anderen folgt aus dieser Annahme, daß es jeweils nur einen Standort gibt, in welchem ein Gut produziert wird. Nimmt man in ein solches Modell als dritten Produktionsfaktor noch Kapital auf und unterstellt man, daß dieser Faktor im Zuge von Liberalisierungsanstrengungen international wandern kann, so lassen sich die Wirkungen auf die relativen Löhne im Zuge eines Abbaus von Kapitalmobilitätsbarrieren analysieren. Ein Modell solchen Typs würde auch dem empirischen Faktum stark wachsender ausländischer Direktinvestitionen gerecht werden. In den folgenden Abschnitten diskutieren wir die Relativlohnimplikationen zweier Modelle von Feenstra und Hanson (1996) und von Sachs und Shatz (1998), in denen ein solches "Outsourcing" möglich ist.

3.3.2 Outsourcing I: Vertikaler Handel in Zwischengütern

Das Modell von Feenstra und Hanson

Feenstra und Hanson (1996; 1997b) haben ein komplexes Zwischengütermodell entwickelt, welches auf Elemente des Heckscher-Ohlin-Modells mit einem Kontinuum an Gütern zurückgreift, das von Dornbusch, Fischer und Samuelson (1980) eingeführt wurde. Die Grundidee und die testbaren Implikationen des Modells lassen sich jedoch relativ einfach beschreiben. Auch im Modell von Feenstra und Hanson (1996) besteht die Welt aus einem Norden und einem Süden. Es gibt jedoch nur ein einziges (finales) Industriegut, welches aus einem Kontinuum von Zwischengütern zusammengesetzt wird, die mit $z \in [0,1]$ indexiert werden. Zwischengüter werden mit Hilfe der drei Produktionsfaktoren unqualifizierte Arbeit, qualifizierte Arbeit und Kapital produziert. Die beiden Typen von Arbeit sind Komplemente im Produktionsprozeß und mit dem Faktor Kapital durch eine Cobb-Douglas-Funktion verknüpft. Qualifizierte und unqualifizierte Arbeit stehen daher in der selben Substitutionsbeziehung mit Kapital. In Anlehnung an die Notation aus Kapitel 1 können wir das (nun allerdings konstante) Einsatzverhältnis der beiden Typen Arbeit durch $H_z / L_z = a_{Hz} / a_{Lz}$ charakterisieren und den Index z in aufsteigender Ordnung dieses Faktoreinsatzverhältnisses den Zwischengütern zuordnen. Feenstra und Hanson unterstellen, daß Außenhandel allein (trotz zunächst identischer Technologien in Nord und Süd) keinen Faktorpreisausgleich herbeiführen kann, weil die Unterschiede in den Faktorausstattungen zu groß sind. Aufgrund seiner relativ großen Ausstattung mit Kapital und Humankapital, sind die Kapitalertragsrate und das Lohndifferential zwischen qualifizierter und unqualifizierter Arbeit im Norden geringer als im Süden. Die Essenz des Modells läßt sich anhand von Abbildung II-3-3 vermitteln, welche die minimalen Stückkosten für die Produktion des Spektrums von Zwischengütern im Norden, $C^N C^N$, und im Süden, $C^S C^S$, abbildet.

Da das Verhältnis w_H / w_L im Norden kleiner ist als im Süden, liegt die Kurve $C^S C^S$ bei Zwischengütern, die relativ intensiv mit unqualifizierter Arbeit produziert werden, unter der Kurve $C^N C^N$, während für Zwischengüter, die relativ intensiv mit qualifizierter Arbeit produziert werden das Gegenteil gilt. Sehen wir von Transportkosten ab, so werden Güter in der Region mit dem absoluten Kostenvorteil produziert. $z*$ bezeichne die (anfängliche) Spezialisierungsschwelle. Das Zwischengüterspektrum links dieser Schwelle wird im Süden produziert, das Spektrum rechts davon im Norden. Jede Region importiert das Spektrum an Zwischengütern, das in der anderen Region absolut billiger produziert werden kann und erstellt unter Zuhilfenahme des eigenen Zwischengüterspektrums das finale Industriegut/Konsumgut. In diesem Sinne ist das Modell von Feenstra und Hanson in der Lage, die "Aufsplittung der Wertschöpfungskette" bzw. das "Outsourcing-Phänomen" abzubilden.

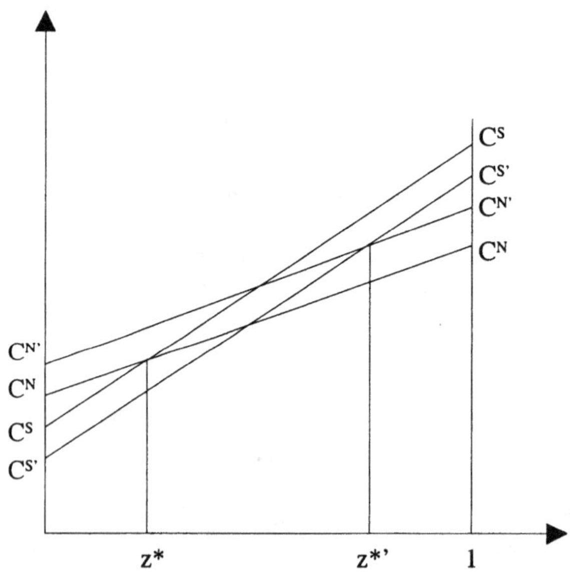

Abbildung II-3-3: Minimale Stückkosten im Norden und Süden
Nach Feenstra und Hanson (1996), Figure 6.2, S.94

Ein "Globalisierungsschock" und seine Implikationen

Das Gefälle der Kapitalrenditen stellt natürlich einen Wanderungsanreiz für Kapital dar. Feenstra und Hanson unterstellen, daß in der Ausgangssituation Kapitalmobilitätsbarrieren seitens des Südens vorherrschen, die eine solche Wanderung vereiteln. Als "Globalisierungsschock" betrachten Feenstra und Hanson eine Liberalisierung des Kapitalverkehrs seitens des Südens die ausländische Direktinvestitionen im Süden ermöglicht. Damit wird eine Kapitalwanderung ausgelöst, welche die Rendite des Kapitals im Süden verringert und sie im Norden erhöht. Damit steigen aber im Norden die Stückkosten für die Produktion jedes Zwischengut z, während im Süden die Stückkosten für jedes Zwischengut z sinken. Mithin verschiebt sich die Kurve $C^N C^N$ nach oben und die Kurve $C^S C^S$ nach unten, wie in Abbildung II-3-3. durch die gestrichelten Kurvenverläufe $(C^N C^N)'$ und $(C^S C^S)'$ angedeutet ist. Aus dieser Abbildung geht unmittelbar hervor, daß dadurch die Spezialisierungsschwelle auf $z^{*\prime}$ steigt, so daß der Norden den Anteil $z^{*\prime} - z^*$ des Zwischengüterspektrums an den Süden verliert: mit der Globalisierung verbunden ist also eine Intensivierung des "Outsourcing". Interessant ist nun die Implikation für die relativen Löhne in beiden Regionen: sowohl im Süden als auch im Norden muß es zu einem Ansteigen des relativen Lohnes der qualifizierten Arbeitskräfte (i.e. von w_H / w_L) kommen, weil die Verlagerung der Spezialisierungsschwelle sowohl im Süden als auch im Norden die relative Nachfrage nach qualifizierten Arbeitskräften erhöht. Im Süden ist dies der Fall, weil die nun vom Norden zusätzlich ausgelagerten Aktivitäten humankapitalintensiver sind, als alle bisher im Süden hergestellten Zwischengüter. Auf der anderen Seite gibt der Norden jene Aktivitäten auf, die, gemessen an ihrer Qualifikationsintensität, am unteren Rand seines Spektrums angesiedelt waren. Der "Globalisierungsschock" hat mithin die Konsequenz, daß die *durchschnittliche* Qualifikationsintensität in beiden Regionen ansteigt.

Das Modell von Feenstra und Hanson hat aber noch weitere Implikationen. So ergibt sich als Spiegelbild der Verschiebung der Spezialisierungsschwelle eine Verbesserung der Terms of Trade des Nordens, die, im vorliegenden Modell durch das Preisverhältnis der Zwischengüter gegeben sind: nur weil sich die Produktion im Norden relativ zum Süden verteuert – was sich in den Preisen der Zwischengüter niederschlägt - kann der Süden seinen Anteil am Zwischengüterspektrum ausdehnen.

Unterstellt man, daß die Faktorangebote im Süden konstant sind (bzw. in der Phase der sektoralen Umstrukturierungsprozesse nicht reagieren), so hat das Modell die weitere Implikation, daß im Süden sowohl die Industrien mit den höchsten als auch jene mit den geringsten Qualifikationsintensitäten im Vergleich zu Industrien mit mittleren Qualifikationsintensitäten expandieren müssen, um die Arbeitskräfte vollbeschäftigt zu halten: durch die Ausdehnung des Produktspektrums nach oben im Zuge der Erhöhung der Spezialisierungsschwelle werden aus den anderen Industrien Arbeitskräfte abgezogen. Die kontrahierenden Industrien setzen in Relation zum Bedarf der neu hinzugewonnenen Industrien aber zu viele unqualifizierte Arbeitskräfte frei. Ergo müssen die Industrien am unteren Rand des Zwischengüterspektrums expandieren, um die freigesetzten unqualifizierten Arbeitskräfte zu beschäftigen. Etwas weniger prosaisch formuliert impliziert das

Modell, daß die Varianz des Einsatzverhältnisses von gelernten zu ungelernten Arbeitskräften in den einzelnen Industrien ansteigt.[82]

Empirische Evidenz

Zur Konfrontation dieser Theorie mit der Empirie ziehen Feenstra und Hanson in erster Linie die USA und die wirtschaftlichen Beziehungen der USA mit Mexiko heran. Sie rücken drei Aspekte in den Vordergrund.

Erstens, die Theorie ist konform mit dem in Tabelle II-2-1 reproduzierten Datensatz von Lawrence und Slaughter. Im Einklang mit der Theorie von Feenstra und Hanson darf man nun aber nicht auf die Gewichtung mit Production Workers oder Non-Production Workers abstellen, sondern man muß die Entwicklung der heimischen Preise und der Importpreise vergleichen. Eine Inspektion der Tabelle zeigt, daß die Preise in den USA (und auch in Deutschland) in Relation zu den Importpreisen ansteigen. Damit zeigen Feenstra und Hanson, daß ein "Globalisierungsschock" - der Kapitalmobilitäts-Outsourcing-Kanal - konsistent mit einem Datensatz ist, der von Lawrence und Slaughter eigentlich dafür herangezogen wurde, um einen "Globalisierungsschock" - den Stolper-Samuelson-Kanal - als Ursache der Lohnungleichheit auszuschließen (siehe Abschnitt 2.3.2).

Zweitens führen Feenstra und Hanson Regressionsstudien in Anlehnung an Berman, Bound und Griliches (1994) durch, wobei sie wie diese den Anteil der Löhne der Non-production Workers an der gesamten Lohnsumme, als zu erklärende Größe wählen, anders als Berman, Bound und Griliches aber die Änderung des Importanteils in die Regressionsgleichung mit aufnehmen. Als Ergebnis ergibt sich für die USA, daß das Importwachstum im Zeitraum von 1979 bis 1987 ca. 15% bis 33% des Anwachsens des Anteils der Non-production workers an der gesamten Lohnsumme erklären kann.

Schließlich liefern Feenstra und Hanson (1996) und (1997a) auch unterstützende Evidenz aus Mexiko, also dem „Süden“ im Handel der Vereinigten Staaten mit Mexiko. Es zeigt sich erstens, daß das Modell konsistent ist mit der Liberalisierung ausländischer Direktinvestitionen in Mexiko und den massiven Direktinvestitionsimporten nach der Schuldenkrise Anfang der 80er Jahre, zweitens, daß in Mexiko die relativen Löhne der qualifizierten Arbeitskräfte gestiegen sind, drittens, daß die Beschäftigung in den grenznahen "Maquiladoras", jenen Fabrikationsstätten, welche die "Outsourcing"-Idee geradezu verkörpern, expan-

82 Im Norden müssen spiegelbildlich die Industrien am unteren Rand des Spektrums der Humankapitalintensitäten expandieren, um die relativ zahlreichen freigesetzten unqualifizierten Arbeitskräfte - im Norden bricht ja durch die Kapitalrelokation das untere Segment weg, in dem relativ viel unqualifizierte in Bezug zu den Qualifizierten eingesetzt werden - zu beschäftigen.

diert ist und, viertens, daß sich in Mexiko die Varianz des Einsatzverhältnisses qualifizierter zu unqualifizierter Arbeit theoriekonform erhöht hat.

Separation von technologischem Fortschritt und Outsourcing

Die Problematik der Separation der Erklärungsbeiträge des technischen Fortschritts und der Globalisierung in Form des Outsourcing wird in Feenstra und Hanson (1997c) aufgegriffen. Feenstra und Hanson knüpfen hierbei an den – in Kapitel 2.4 besprochenen – Regressionsstudien auf Basis des HOS-Modells an. Das Verfahren von Feenstra und Hanson involviert wie das bereits erläuterte Separationsverfahren von Leamer zwei Schritte.

Im Unterschied zum Leamer-Verfahren, welches seine theoretischen Wurzeln im HOS-Modell hat, knüpfen Feenstra und Hanson unmittelbar an ihrem Outsourcing-Modell an. Sie argumentieren, daß sich Outsourcing in den Industriedaten als Wachstum der totalen Faktorproduktivität niederschlagen muß. Folgerichtig müssen sie in einem ersten Schritt die beobachtete Entwicklung der totalen Faktorproduktivität in zwei Komponenten aufspalten, eine Komponente, die auf das Outsourcing zurückgeführt wird und eine zweite Komponente, die den Erklärungsbeitrag von Investitionen in die Hochtechnologien ausdrückt. Dies geschieht durch Regression des Wachstums der totalen Faktorproduktivität auf Industrieebene auf meßbare Größen, die in enger Beziehung zum Outsourcing bzw. den und Hochtechnologieinvestitionen stehen. Als Meßgröße für Hochtechnologieinvestitionen wählen Feenstra und Hanson Investitionen in Computer-Ausstattung. Für das Outsourcing operieren Feenstra und Hanson alternativ mit einem engen Maß, welches nur die Zwischengüterimporte aus der selben (Zweisteller-) Industrie berücksichtigt, und einem weiten Maß, welches Zwischengüter aus allen Industriezweigen berücksichtigt.

Im zweiten Schritt wird die Komponente, die auf das Outsourcing zurückgeführt werden kann - Feenstra und Hanson bezeichnen sie als OutsourcingTFP - zur Ermittlung der mit den Nullprofitbedingungen konsistenten Faktorpreisänderungen verwendet. Hier steht das Verfahren von Leamer Pate mit dem einzigen Unterschied, daß das Outsourcing-TFP das TFP bei Leamer ersetzt. Folglich lautet die Regressionsgleichung im zweiten Schritt: $Outsourcing\widetilde{TFP} = \sum_j \theta_{ji} \widetilde{w}_j$.

Feenstra und Hanson operieren wie Leamer mit der Möglichkeit eines "Pass-Through" des technischen Fortschritts in die Preise. Die Vorbehalte, die wir hierzu bereits bei Leamer angemeldet haben, gelten auch hier: alleine der SMOPEC-Fall und damit die Annahme eines "Pass-Through" von 0% entgeht dem Vorwurf der Willkür. Für die Annahme eines "Zero-Pass-Through" finden Feenstra und Hanson für beide Maßgrößen des Outsourcing, daß sowohl für die 70er Jahre als auch für die 80er Jahre ein Anwachsen des Lohndifferentials mit den Nullprofitbedingungen konsistent ist. Allerdings sind die geschätzten Parameter zum Teil insignifikant. Wird unterstellt, daß der technische Fortschritt in den Preisen weitergegeben wird, also ein positiver „Pass-Through"-Koeffizient gewählt, so sind die Ergebnisse nicht mehr einheitlich.

Kritische Evaluation

Weil sie das Spektrum der „Globalisierungsschocks" ausdehnt und neue, beobachtungskonforme Implikationen hat, ist die Theorie von Feenstra und Hanson sicherlich als Meilenstein in der Ursachenforschung der verschlechterten Einkommens- und Beschäftigungsposition unqualifizierter Arbeitskräfte zu werten. Kritisch anzumerken ist allerdings folgendes.

Erstens, das Feenstra und Hanson-Modell prognostiziert zwar ein Anwachsen der durchschnittlichen Qualifikationsintensität der Industrien im Norden, nicht aber ein Anwachsen der Qualifikationsintensität in den einzelnen Industrien.[83] Da die Theorie konstante Inputkoeffizienten unterstellt, ist die Qualifikationsintensität in den einzelnen Industrien konstant. Im kanonischen HOS-Modell hingegen ergibt sich bei konstanten Inputkoeffizienten eine Konstanz der Qualifikationsintensität im Durchschnitt der einzelnen Industrien. Dies zeigt, daß sich die Implikationen so drastisch gar nicht unterscheiden müssen. Würde man im Feenstra und Hanson Modell die geringste Substitutionsbeziehung zwischen qualifizierter und einfacher Arbeit zulassen, hätte man - bei steigenden relativen Löhnen der qualifizierten Arbeitskräfte - aus Kostenminimierungsgesichtspunkten überdies sofort auch die Implikation abnehmender Qualifikationsintensitäten.

Zweitens, auch wenn sich die Importentwicklung in der Regressionsanalyse als Faktor herausstellt, der substantiell zur Erklärung der Entwicklung der Lohnsumme der Non-Production Workers beiträgt, so bleibt unklar, in welchem Ausmaß diese Lohnsummenentwicklung auf die Entwicklung der Lohn- und Beschäftigungskomponenten zurückführbar ist (Cline, 1997, S. 123).

Drittens macht Cline folgenden völlig validen Punkt: selbst wenn ermittelt werden könnte, daß die Importe einen bestimmten Prozentsatz zur Erhöhung des relativen Lohnes der qualifizierten Arbeitskräfte beitragen, so ist damit noch nicht genau ermittelt, in welchem Ausmaß der (Zwischengüter-) Handel zur Entwicklung der Lohnungleichheit beiträgt. Es könnten nämlich auch Kräfte am Werk sein – zu denken ist insbesondere an eine Erhöhung des relativen Angebots qualifizierter Arbeitskräfte - die gerade zum Abbau der Lohnungleichheit führen würden. Das würde aber bedeuten, daß die Kräfte, welche die relative Position der Unqualifizierten verschlechtern, so groß sein müssen, daß sie zunächst den positiven Beitrag des Faktorangebots kompensieren und dann überkompensieren. Im Prinzip

---

83 Insofern läßt sich – entgegen der Behauptung von Feenstra (1998b, S.32) - auch bestreiten, ob das Outsourcing und der technische Fortschritt beobachtungsäquivalent sind.

müßte man daher den Effekt der Importentwicklung in Relation zu diesem Gesamteffekt setzen.

Viertens, das Modell hat die unschöne Implikation, daß das Endprodukt sowohl im Norden wie auch im Süden produziert wird. Das bedeutet, daß der Süden auch die ganze Palette an nördlichen Zwischenprodukten importiert und kein Handel in Finalgütern stattfindet. Um dieser Implikation zu entgehen, müßte gezeigt werden, daß sich die Outsourcing-Idee in ein Modell mit mehreren Outputgütern (vorzugsweise ein Faktorproportionen HOS-Modell) einbetten ließe, ohne daß es seine anderen scharfen Implikationen verliert.

Fünftens, die Annahme der Komplementarität von qualifizierter und unqualifizierter Arbeit scheint ziemlich willkürlich. Die moderne Wachstumstheorie legt eher nahe, daß in einem Modell mit Kapital und zwei Typen Arbeit, Kapital und Humankapital komplementär sind. Dann ergäbe sich aber das Problem, daß die Ertragsraten im Norden und im Süden wohl gar nicht mehr so unterschiedlich sind - was sich empirisch ja durchaus bestätigt - und daß somit gar kein (so großer) Wanderungsanreiz besteht.

3.3.3 Outsourcing II: Die Absorptionskraft des Sektors nicht-handelbarer Güter

Modell und Globalisierungsschock

Der Kern der Arbeiten von Sachs und Shatz (1996; 1998) besteht darin, daß Wirkungskanäle der Globalisierung aufgezeigt werden, die abseits des Stolper-Samuelson-Kanals liegen und bei denen sich das Lohndifferential zugunsten der qualifizierten Arbeitskräfte entwickeln kann ohne daß sich hierfür die relativen Güterpreise ändern müssen. Wie Feenstra und Hanson, so rücken auch Sachs und Shatz als "Globalisierungsschock" einen Abbau von Kapitalmobilitätsbarrieren in den Mittelpunkt. Das zentrale Modell von Sachs und Shatz ist jedoch von anderer Qualität als das Modell von Feenstra und Hanson.[84] Es handelt sich um ein Modell, das durch die Annahme sektorspezifischer Faktoren eine einfache rekursive Struktur bekommt (1998, S.219ff und S. 221f.).

Im Modell von Sachs und Shatz gibt es im Norden zwei handelbare Güter, ein Endprodukt und ein Zwischengut, und ein nicht-handelbares Gut. Das Endprodukt wird mit sektorspezifischem Kapital und sektorspezifischen Humankapital sowie mit Zwischengütern, die im Norden oder Süden gefertigt sein können, hergestellt. Humankapital und Kapital gehen als Komplemente in die Produktionsfunktion ein, können aber durch Zwischengüter substituiert werden. Die heimische Zwi-

[84] Dieses Grundmodell dient Sachs und Shatz auch als Ansatzpunkt für Überlegungen, die wir in Abschnitt 3.4 ansprechen.

schengüterproduktion erfolgt bei konstanten Inputkoeffizienten mit sektorspezifischem Kapital, mit unqualifizierter und mit qualifizierter Arbeit. Das gesamte sektorspezifische Kapital der Zwischengüterindustrie wird entweder im Inland oder im Ausland eingesetzt. Die nicht-handelbaren Güter werden mit sektorspezifischem Kapital, qualifizierter und unqualifizierter Arbeit produziert, wobei die Faktoren substituierbar sind.

Liberalisiert der Süden seinen Kapitalverkehr, so wird sektorspezifisches Kapital der Zwischengüterindustrie aus dem Norden in den Süden wandern, wo es aus Knappheitsgründen eine höhere Rendite erzielen kann. Da Zwischengüter mit konstanten Inputkoeffizienten produziert werden, werden zwangsläufig sowohl unqualifizierte als auch qualifizierte Arbeitskräfte freigesetzt. Diese können - technologiebedingt - nur im Sektor der nicht-handelbaren Güter eine alternative Beschäftigung finden. Die Lohnentwicklung wird nun von der Qualifikationsintensität der Produktion im Sektor der nicht-handelbaren Güter abhängen: ist diese höher als das Verhältnis der freigesetzten Arbeitskräfte, so impliziert die Absorption der Arbeitskräfte, daß der Sektor nicht-handelbarer Güter nun weniger qualifikationsintensiv produzieren muß. Die Absorption kann aber nur gelingen, wenn der relative Lohn der unqualifizierten Arbeitskräfte (nach Maßgabe der Substitutionselastizität zwischen den beiden Qualifikationstypen in der Produktion nicht-handelbarer Güter) verringert. Für diese Lohnwirkung bedarf es daher keiner Änderung der relativen Güterpreise.

Empirische Evidenz und kritische Evaluation

Sachs und Shatz (1998) liefern empirische Evidenz, die belegt, daß der oben beschriebene Kanal in der Tat zur Spreizung der Löhne zwischen qualifizierter und unqualifizierter Arbeit beigetragen haben kann. So liefern sie zum einen Daten die zeigen, daß für die USA die Qualifikationsintensität der Produktion im Bereich der nicht-handelbaren Güter eindeutig größer ist als im Bereich des "Manufacturing" (und dort wiederum in der Exportindustrie eindeutig höher ist als in der Importindustrie). Darüber hinaus ermitteln sie die Faktorgehalte der Nettohandelsströme und zeigen, daß eine Wiederbeschäftigung der freigesetzten Arbeitskräfte, das Einsatzverhältnis von unqualifizierter zu qualifizierter Arbeit im Bereich der nicht-handelbaren Güter um 1,68% erhöhen würde. Die Wirkung auf das Lohndifferential hängt nun von der unterstellten Substitutionselastizität der beiden Typen Arbeit im Sektor der nicht-handelbaren Güter ab. Setzt man diese auf 1/2, so ergibt sich eine Verringerung des relativen Lohnes der unqualifizierten Arbeitskräfte um 1,68%/(1/2) = 3,36%. Geht man von einer Substitutionselastizität von 1/3 aus, so sänke der relative Lohn gar um 5,04%.

Das Modell von Sachs und Shatz liefert eine alternative Fundierung für die Faktorgehaltsmethode. Durch die Annahme sektorspezifischer Faktoren wird der relative Lohn der einfachen Arbeit im Sektor nicht-handelbarer Güter durch eine Relation bestimmt, die die entscheidende Gleichung (2.3b) der Faktorgehaltsanalyse (aus dem vorigen Kapitel) repliziert. Schon bevor Sachs und Shatz ihr Modell entwickelt hatten, haben Deardorff und Hakura (1994, S.92) im Kontext ihrer kritischen Bestandsaufnahme der Faktorgehaltsanalyse festgestellt: „Only in the most extreme specific factors model, where *all* (Kursivierung im Original, d.Verf.) factors are immobile, can factor prices be inferred in a simple way from factor supplies. Therefore we would not place too much credence in (...) estimates of effects on relative wages." Der Kern dieser Worte betrifft letztlich nicht nur die Fundierung der Faktorgehaltsmethode, sondern das Modell von Sachs und Shatz ganz generell, welches sehr willkürliche Annahmen trifft und daher eher als Beispiel interpretiert werden kann, welches die Aufnahmefähigkeit des Sektors nichthandelbarer Güter in zugespitzter Form veranschaulicht. Es soll hier nicht bestritten werden, daß Faktoren in einer kurzen bis mittleren Frist immobil sind. Auch treffen Sachs und Shatz einige Festlegungen – man denke etwa an die Komplementarität von Kapital und Humankapital – die wohlbegründet erscheinen. Andererseits sind beispielsweise die Produktionstechnologien sehr speziell gewählt und es fehlt ein importkonkurrierender Sektor (oder generell: weitere Sektoren handelbarer Güter), die in der Lage sind, die freigesetzten unqualifizierten Arbeitskräfte aufzunehmen.

3.4 Weitere Erklärungsansätze und Anknüpfungspunkte

Die soeben erörterten Arbeiten von Feenstra und Hanson und von Sachs und Shatz greifen die Aspekte der Kapitalmobilität und des Outsourcing auf, behalten aber – wie das kanonische HOS-Modell - die Annahme vollkommener Konkurrenz auf den Gütermärkten (und Faktormärkten) bei.[85] Wie wir gleich sehen werden, führt eine Berücksichtigung von Skalenerträgen und Marktunvollkommenheiten zu ähnlichen Implikationen für das Lohndifferential zwischen qualifizierter und unqualifizierter Arbeit. Im folgenden adressieren wir überdies noch andere Mechanismen, die für die Verschlechterung der relativen Arbeitsmarktposition unqualifizierter Arbeitskräfte verantwortlich sein können.

3.4.1 Skalenerträge

Die bereits erwähnte Möglichkeit des 'Outsourcing' kann die Löhne unqualifizierter Arbeitskräfte nicht zuletzt auch dann unter Druck bringen, wenn die Märkte unvollkommen sind. Sachs und Shatz (1996, 1998) weisen auf folgenden Kanal hin. Enthalten die Löhne Rentenkomponenten, so kann bereits die Möglichkeit (d.h. die Androhung) der Verlagerung von Produktionsstätten den unqualifizierten

---

85 Eine Analyse von Outsourcing- und Fragmentierungsprozessen in Standardmodellen der Außenhandelstheorie findet sich bei Deardorff (1998). Siehe in diesem Kontext auch Arndt (1998) und Schmid (1999).

Arbeitnehmern Lohnzurückhaltung auferlegen. Ohne daß sich etwas an den relativen Preisen der Güter geändert haben muss, kann sich eine Schere zwischen den Löhnen für qualifizierte und unqualifizierte Arbeit öffnen, wenn sich die unqualifizierten Arbeitskräfte unter dem Relokationsdruck mit geringeren Rentenanteilen zufrieden geben. Diese Erklärung für eine Lohnspreizung setzt allerdings voraus, daß nicht ähnliche Mechanismen auch bei den qualifizierten Arbeitskräften am Werk sind, denn sonst wäre der Fall denkbar, daß sich die betroffenen Arbeitskräfte real verschlechtern, ohne daß sich an den relativen Löhnen etwas geändert haben müsste. Die empirischen Arbeiten von Summers und anderen (siehe z.B. Katz und Summers, 1989) unterstützen diesen Vorbehalt, denn sie zeigen, daß unterschiedliche sektorale Monopolrenten in erster Linie zu Lohndifferentialen bei homogenen Arbeitskräften (jedweden Qualifikationsniveaus) führen.

Eine Marktvergrößerung, wie sie durch eine wachsende Weltmarktpartizipation von Entwicklungs- und Schwellenländern bewirkt wird, kann auch dazu führen, daß 'increasing returns' Technologien zum Einsatz kommen, die die Nachfrage nach qualifizierten Arbeitskräften erhöhen, wie Sachs und Shatz (1996, 1998) argumentieren. Ein ähnliches Argument stammt von Burda und Dluhosch (1998). Nach Burda und Dluhosch wird durch eine Marktvergrößerung eine Fragmentierung der Produktionsprozesse induziert, die mit einer feineren industrielle Arbeitsteilung („downstream diversification"), längeren "production runs", einer höheren Arbeitsproduktivität und einer Verbesserung der relativen Position der qualifizierten Arbeitskräfte einhergeht. Ein zentraler Aspekt der Ansätze von Sachs und Shatz und von Burda und Dluhosch besteht darin, daß unter den genannten Umständen „Globalisierung" und der technische Fortschritt Hand in Hand gehen und es somit schwer sein dürfte, die beiden Kräfte empirisch zu separieren.

Skalenerträge sind auch für die Theorien multinationaler Unternehmungen zentral, die ebenfalls zur Erklärung der Verschlechterung der relativen Lohnposition der unqualifizierten Arbeitskräfte herangezogen werden können. Die Arbeitsfelder in einer multinationalen Firma fallen grob gesprochen in zwei Bereiche, in einen Produktionsbereich und in einen Bereich für „Headquarter Services" und Forschung und Entwicklung. Während für den letzteren vor allem qualifizierte Arbeitskräfte benötigt werden, werden für den Produktionsbereich (neben Kapital und qualifizierten Arbeitskräften) auch weniger qualifizierte Arbeitskräfte gebraucht.[86] Internationale Faktorpreisdifferentiale erlauben es multinationalen Unternehmungen ihre Produktion dort vornehmen zu lassen, wo die unqualifizierte Arbeit billig ist, während die „Headquarters" dort errichtet werden, wo qualifizierte Arbeit reichlich vorhanden – und damit relativ billig – ist. Wird es im Zuge der wirtschaftlichen Integration (des Abbaus von Faktormobilitätsbarrieren) möglich, diese Faktorpreisdifferentiale auszubeuten, so hat dies Konsequenzen für die relative Nachfrage nach unqualifizierter Arbeit: sie wird in den Industrieländern,

86 Ein kurzer Überblick über die moderne Theorie der multinationalen Unternehmung findet sich in Markusen (1995).

in denen sich die Headquarters ansiedeln werden sinken und in den Schwellenländer steigen.[87] Slaughter (1995) zeigt allerdings, daß ein solches „multinationales Outsourcing" in den USA bislang aber kaum zu Lohnungleichheit beigetragen hat.

3.4.2 Kaleidoskopischer komparativer Vorteil

Ein anderer Erklärungsansatz für die beobachtete Lohnungleichheit stammt von Bhagwati und Dehejia (1994).[88] Nach Bhagwati und Dehejia ist es möglich, daß durch den Abbau von Handelsbarrieren im Zuge der Globalisierung die komparativen Vorteile „volatil" in dem Sinne geworden sind, daß die Muster der internationalen Spezialisierung bei den geringsten Datenänderungen umkippen können, so daß heute ein Land, welches noch gestern einen (dünnen) komparativen Vorteil in der Produktion eines Gutes hatte, schon morgen von dem nächsten Land darin abgelöst wird und dieses wiederum schon übermorgen einen Nachfolger finden kann. Durch solche „kaleidoskopischen komparativen Vorteile" erhöht sich die Notwendigkeit und Geschwindigkeit sektoraler Umstrukturierungsprozesse und damit einhergehend, das Labor Turnover. An letzterem setzen Bhagwati und Dehejia an, denn sie argumentieren, daß dadurch nicht nur die friktionelle Arbeitslosigkeit steigen wird, sondern daß weniger Zeit für eine Qualifizierung „on the job" bleibt. Dies trifft vor allem die weniger qualifizierten Arbeitskräfte, denn „skilled workers have greater transferability of workplace-acquired skills than do unskilled workers" (Bhagwati, 1998, S.72). Bleibt aber eine fortlaufende Qualifizierung „on the job" aus, so sinkt auch das Grenzprodukt der Arbeitskräfte und mithin der Lohnsatz und zwar sowohl real als auch in Relation zum Lohn qualifizierter Arbeitskräfte. Dieser theoretisch valide Erklärungsansatz wurde bislang noch nicht seriös empirisch überprüft. Unterstützende Evidenz für ein verstärktes Labor Turnover und somit für diese Theorie findet sich in den 80er Jahren in den USA. Allerdings wurde die Volatilität des komparativen Vorteils auf den Weltmärkten bislang nicht nachgewiesen: „whether comparative advantage has indeed become ‚thin', (...), has not been documented empirically" (Bhagwati, 1998, S.72).

3.4.3 Die These von der gestiegenen Elastizität der Arbeitsnachfrage

Nach Rodrik (1997a) ist ein anderer Mechanismus, der ebenfalls im Zusammenhang mit der Internationalisierung der Wirtschaftsprozesse steht, für ein Verständnis der Verschlechterung der relativen Position der unqualifizierten Arbeitskräfte zentral. Rodrik behauptet, daß die Lohnelastizität der Arbeitsnachfrage in offeneren Volkswirtschaften höher ist, als in weniger offenen, sei dies – weil der Wett-

---

87 Siehe hierzu die Arbeiten von Brecher und Choudri (1996), Markusen und Venables (1996) und Slaughter (1995).

88 Siehe hierzu auch Dehejia (1993) und (1996).

bewerb um die Gütermärkte härter wird und somit die Preisaufschläge sinken, oder sei dies, weil Kapital wandern kann. Je geringer aber die Lohnelastizität der Arbeitsnachfrage, umso geringer die Verhandlungsmacht von Gewerkschaften oder der Belegschaft in den Betrieben und, ergo, umso geringer die Löhne.

Damit dieser Ansatz ein Verschlechterung der relativen Position der unqualifizierten Arbeitskräfte erklären kann, muss aber unterstellt werden, daß vor allem die Nachfrage nach diesen von den genannten Prozessen beeinflusst wird. Hier setzt denn auch bereits ein erster theoretischer Kritikpunkt an: in erster Linie scheint der Ansatz von Rodrik eine Dichotomie zwischen Kapital und Arbeit und nicht zwischen qualifizierter und unqualifizierter Arbeit zu implizieren. Nimmt man, zweitens, die Idee der Kompression der Preisaufschläge – und somit die Vorstellung vermachteter Gütermärkte – ernst, so ist zu berücksichtigen, daß Wettbewerbseffekte und ein Ausnutzen von Skalenerträgen auch eine positive Wirkung auf die Verteilung der Lohneinkommen haben. Krugman (1981) hat dies im Kontext monopolistischer Konkurrenz gezeigt. Der Ansatz von Rodrik steht, drittens, in der Kritik, weil die Lohnelastizität der Arbeitnachfrage nicht notwendiger mit dem Offenheitsgrad einer Volkswirtschaft steigt. Panagariya (1999) analysiert Standardmodelle der Außenhandelstheorie (Heckscher-Ohlin, Modell sektorspezifischer Faktoren) mit und ohne Kapitalmobilität und kommt zum Schluss, daß die Lohnelastizität in manchen Fällen nicht steigt, sondern sinkt. Schließlich findet die Hypothese einer steigenden Lohnelastizität der Arbeitsnachfrage auch empirisch bislang keine klare Bestätigung (Slaughter, 1997).

3.4.4 Arbeitsmobilität und Immigration

Zu den Aspekten, die wir bislang ausgeblendet haben, zählt auch die Mobilität der Arbeit. Die Auswirkungen einer Zuwanderung von (qualifizierten oder unqualifizierten) Arbeitskräften lassen sich grundsätzlich auch im HOS-Modell, welches wir in Kapitel 1 exponiert haben, beschreiben. Für eine kleine offene Volkswirtschaft ergibt sich bei diversifizierter Produktion das Ergebnis, daß sich (gemäß Gleichung (1.6)) zwar die Produktionsstruktur gemäß der Rybczynski-Beziehung ändern wird, die Faktorpreise bleiben jedoch unverändert. Allerdings ist bei den potentiellen Faktorwanderungen, die aus den in Tabelle II-1-1 des ersten Kapitels dokumentierten Faktorreichlichkeiten und Lohnunterschieden resultieren würden, davon auszugehen, daß eine kleine offene Volkswirtschaft schnell in die Spezialisierung gedrängt würde, so daß der Lohn des zuwandernden Faktors sänke. Die empirischen Untersuchungen von Borjas, Freeman und Katz (1992, 1997) zeigen, daß Migrationsströme in den USA von signifikanter Bedeutung für die Verschlechterung der relativen Lohnposition unqualifizierter Arbeitskräfte sind. Für die Bundesrepublik zeigt die Studie von Haisken-De New und Zimmermann (1996), daß die relative Position der unqualifizierten Arbeitskräfte weniger von Migrationsströmen als vom Außenhandel bedroht wird.

3.4.5 Technologiemobilität und Technologietransfer

Unsere Bestandsaufnahme der „Globalisierungstrends“ in Kapitel 2 des ersten Hauptteils (I) hat, neben Güterhandel, Kapitalmobilität und Arbeitsmobilität, die Technologiemobilität als vierten Transmissionskanal ausgewiesen. Kann die relative Arbeitsmarktposition unqualifizierter Arbeitskräfte auch durch eine Erhöhung der Technologiemobilität und schnellere Technologietransfers gefährdet werden? Ganz generell würde man erwarten, daß Technologietransfers Aufholprozesse der weniger entwickelten Länder beschleunigen, ohne die Reallöhne oder die Lohnstruktur in den entwickelten Volkswirtschaften zu beeinflussen. Rückwirkungen sind aber beispielsweise über die Terms of Trade denkbar. Eine Simulationsstudie von Minford et.al (1995) zeigt im Rahmen eines numerischen HOS-Modells, daß die relative Lohnposition unqualifizierter Arbeitskräfte in den Ländern des Nordens sich durchaus verschlechtern kann.

3.5 Fazit und Ausblick

3.5.1 Exkurs: Der Süden und die Realeinkommen des Nordens

Zentrales Thema von Kapitel 3 waren „Globalisierungskanäle“ jenseits von Stolper-Samuelson, die in der Lage sind, einen Beitrag zur Erklärung der Verschlechterung der relativen Arbeitsmarktposition unqualifizierter Arbeitskräfte im Norden zu leisten. Natürlich stellt sich auch die Frage, ob die „Globalisierung“ die Realeinkommen der Arbeitnehmerschaft ganz generell bedroht: das von uns in den Mittelpunkt gestellte Verteilungsproblem wird für die unteren Lohngruppen umso härter, je geringer der Warenkorb, der mit dem Lohn erhältlich ist. Da vor allem in den USA seit Anfang der 70er Jahre ein kaum wahrnehmbares und für manche Lohngruppen sogar sinkendes Realeinkommen zu verzeichnen war, hat diese zweite Frage im erweiterten Kontext der Verteilungsdiskussion keine geringe Rolle gespielt (siehe z.B. Lawrence, 1996).

Einen theoretischen Ansatzpunkt für eine Verschlechterung der Realeinkommen hat in den letzten Jahren die Neue Ökonomische Geographie aufgezeigt. Krugman und Venables (1995) zeigen in einem theoretischen Modell, daß es im Zuge der Verringerung von Handelsbarrieren zu Agglomerationsphänomenen kommen kann, weil Skalenerträgen ausgenutzt und kumulative Prozesse ausgelöst werden. Das Modell ist in der Lage, den Industralisierungsprozess der heute entwickelten Volkswirtschaften und das simultane Zurückfallen des Südens, der heutigen Entwicklungsländer, zu erklären. In unserem Kontext ist nun besonders interessant, daß eine stetige Verringerung von Handelsbarrieren dieses Konzentrationsmuster wieder auflösen kann, weil die geringen Löhne im Süden eine Relokation der Firmen dorthin bewirken. Die Reallöhne im Norden bleiben hiervon nicht unbeeinflusst: sie steigen, weil die Preise im Zuge der Kostenvorteile des Südens sinken, sie sinken aber, weil nun Güter, die bislang im Norden produziert wurden, importiert werden müssen, und weil hierfür Transportkosten anfallen. Netto sind demgemäss sowohl Realeinkommenszuwächse als auch Realeinkommensverluste im Norden denkbar.

Es sind auch andere Mechanismen vorstellbar, die negativ auf die Realeinkommen im Norden wirken können. Zu denken ist zum einen an einen Abbau von Abbau von Renten und Ineffizienzen im Zuge des härteren internationalen Wettbewerbs und zum anderen an eine Verschlechterung der Terms of Trade des Nordens. Unsere Ausführungen in Kapitel 2 haben allerdings gezeigt, daß solche negativen Terms of Trade-Effekte gering - wenn überhaupt vorhanden sind.[89]

3.5.2 Wo stehen wir?

Welches Bild ergibt sich insgesamt aus den theoretischen und empirischen Mosaiksteinen, die wir in den letzten drei Kapiteln zusammengetragen haben? Feststehen dürfte folgendes:

1. Die Arbeitsmärkte der hochentwickelten Industrieländer stehen aufgrund eines raschen Strukturwandels zur Zeit unter einem starken Anpassungsdruck. Besonders betroffen von diesem Druck sind die am wenigsten qualifizierten Arbeitskräfte am unteren Ende der Lohnhierarchie.

2. Es gibt gute Gründe für die Vermutung, daß diese Entwicklung, die seit den 70er Jahren zu beobachten ist, sowohl mit der Gestalt der vom technologischen Wandel induzierten Rationalisierungsprozesse als auch mit der Globalisierung der Wirtschaft und der damit verbundenen verstärkten Präsenz von Niedriglohn-Anbietern auf den Weltmärkten zusammenhängt.

3. In der Literatur wird über die relative quantitative Bedeutung der technologischen Entwicklung und der Globalisierung für die Arbeitsmärkte der Hochlohn-Länder äußerst kontrovers debattiert. Auch wenn die überwiegende Anzahl der Arbeiten der „Globalisierung" im Vergleich zum technischen Fortschritt eher eine untergeordnete Rolle zuweist, verbleiben bereits bei den empirischen Methoden, die am Heckscher-Ohlin-Samuelson-Modell anknüpfen, so große Unsicherheiten, daß von einem endgültigen Schiedsspruch abgesehen werden sollte. Diese Einschätzung wird dadurch erhärtet, daß es – wie in diesem Kapitel aufgezeigt – Globalisierungskanäle jenseits des Stolper-Samuelson-Mechanismus gibt, die bislang noch nicht genügend empirisch erforscht wurden.

4. Durch die theoretischen Ansätze, die Transmissionskanäle jenseits von Stolper-Samuelson in den Mittelpunkt rücken, werden Erklärungsdefizite der HOS-Theorie abgebaut, gleichzeitig aber neue Erklärungsnotstände geschaffen. Dies liegt -

[89] Siehe hierzu auch Baldwin (1995b), Krugman (1997) und Bhagwati (1998b).

wie wir in diesem Kapitel gesehen haben – daran, daß diese Ansätze typischerweise einzelne Aspekte isolieren und diese in recht speziellen Modellen zum Ausdruck bringen. Ganz generell gilt, daß die neueren Ansätzen – mit Ausnahmen – noch nicht "tied up in proper general equilibrium analysis" sind - wie Bhagwati (1998a) feststellt.

5. Im Lichte dieser Feststellung wird die Qualität des Heckscher-Ohlin-Modells erst recht deutlich (Bhagwati 1998b; Panagariya (o.D.). Eine zentrale Aufgabe für die zukünftige Forschung besteht darin, die alten und neuen Transmissionskanäle in ein generelles Gleichgewichtsmodell einzubetten, um anhand dieses einheitlichen Rahmens zu einer besseren empirischen – d.h. ökonometrischen oder numerischen – Abschätzung der Relevanz der einzelnen Kanäle zu kommen.

6. Die zukünftige Forschung wird sich auch mit der Präsenz unterschiedlicher Institutionen beschäftigen müssen. Der Erklärungsnotstand, der sich durch die Konfrontation der europäischen mit den amerikanischen Arbeitsmarktinstitutionen im Modell des integrierten Nordens ergibt, wird auch durch Ansätze jenseits von Stolper-Samuelson nicht beseitigt.

7. Die Diskussion der Transmissionskanäle jenseits von Stolper-Samuelson führt uns – wie bereits die Analysen in den ersten beiden Kapiteln – erneut vor Augen, daß angesichts der wechselseitigen Verknüpfung von Globalisierung und technologischer Entwicklung jedem Versuch, die beiden Einflüsse sauber zu trennen, sehr enge Grenzen gesetzt sind.

3.5.3 Politikimplikationen[90]

Diese Sachlage verunmöglicht es nicht, vernünftige Strategien für den Umgang mit den Problemen zu konzipieren, die sich am Arbeitsmarkt manifestieren. Denn die Wirkungen der Globalisierung und des technischen Fortschritts sind sich ja in mancher Hinsicht sehr ähnlich: Beide eröffnen Möglichkeiten zur effizienteren Nutzung der Ressourcen, über die eine Volkswirtschaft verfügt; beide stellen ähnliche Anforderungen an die Bereitschaft und Fähigkeit zum Strukturwandel; beide bedrohen mit den neuen Chancen, die sie eröffnen, immer auch bestehende Einkommenspositionen und Besitzstände; beide rufen sie deshalb auch ähnliche Abwehrreflexe hervor. Wenn es sich aber um Herausforderungen ähnlicher Art handelt, so liegt auch auf der Hand, daß deren Bewältigung ähnliche Strategien erfordert – eine Einschätzung, die als eigentlicher Konsens aus der bisherigen Debatte hervorgegangen ist (Collins 1998b).

Unter Ökonomen besteht auch Konsens über den Grundsatz, daß die Herausforderung des Strukturwandels offensiv, d.h. durch Stärkung der Anpassungskapazität der Volkswirtschaften, anzugehen ist und nicht durch protektionistische Abschot-

---

90 Die folgenden Überlegungen greifen auf Landmann und Pflüger (1996) zurück.

tung. Ob es allerdings sinnvoll ist, protektionistischen Strömungen in den Industrieländer dadurch das Wasser abzugraben, daß die Arbeitsmarktwirkungen der Globalisierung heruntergespielt werden, kann mit Fug bezweifelt werden. Es erscheint sinnvoller, den Sorgen der Öffentlichkeit Beachtung zu schenken, und – ungeachtet, welcher Einfluss der Globalisierung beigemessen wird – aufzuzeigen, daß es sinnvollere Politiken gibt, als alte Zäune wieder aufzurichten. Auch jene Ökonomen, die wie Wood (1994) daran glauben, daß die Globalisierung in bedeutendem Masse für Arbeitsmarktprobleme verantwortlich ist, sind daher weit davon entfernt, sich populistischen Forderungen nach protektionistischer Abschottung anzuschließen.

Die Stärkung der Anpassungskapazität der Volkswirtschaften erfordert langfristig, daß die Struktur des Arbeitsangebots mit den Änderungen in der Struktur der Arbeitsnachfrage Schritt hält - und dies bedeutet im wesentlichen Höherqualifikation. Gefordert sind damit in erster Linie die öffentlichen wie die privaten Systeme der schulischen und beruflichen Aus- und Weiterbildung. Die Politik kann auch hierin Unterstützung in den Marktkräften finden, wie etwa die Beobachtung belegt, daß sich der markante Anstieg der Qualifikations- bzw. Ausbildungsprämien auf dem amerikanischen Arbeitsmarkt bereits spürbar auf die Nachfrage nach höherer schulischer Qualifikation ausgewirkt hat. Dies bedeutet nicht zwingend, daß die Politik den Prozess der Höherqualifikation getrost der Privatinitiative überlassen kann, wohl aber, daß sie bei der sozialen Abfederung der kurz- und mittelfristigen Anpassungsprozesse in jedem Fall darauf achten muss, die Qualifikationsanreize der von ihr unterstützten Arbeitskräfte nicht zu schwächen, sondern zu stärken.[91]

Kurzfristig besteht die Herausforderung darin, genügend starke Anreize zur Beschäftigung auch der niedrig qualifizierten Arbeitskräfte aufrechtzuerhalten, ohne eine Klasse von „working poor" entstehen zu lassen und ohne protektionistische Tendenzen aufkommen zu lassen. Vor diesem Hintergrund ist die neu belebte Diskussion über verschiedene Spielarten einer negativen Einkommenssteuer und über Strukturanpassungshilfen zu sehen. Aus unserer Analyse folgt, daß es problematisch ist, nur jenen mit Anpassungshilfen unter die Arme zu greifen, die im Zuge einer Handelsliberalisierungsmaßnahme Veränderungsdruck ausgesetzt sind.[92] Zum einen wird es schwer sein, zu identifizieren, welche Personen handelsbedingt betroffen sind. Dies gilt vor allem für weltweite Liberalisierungsrunden, wie z.B. die Uruguay-Runde.[93] Zum anderen stellt sich natürlich die Gerech-

---

91 Dies ist ein Punkt, der auch in der aktuellen Diskussion über die Wirkungsmöglichkeiten der aktiven Arbeitsmarktpolitik deutlich geworden ist; vgl. z.B. Calmfors und Skedinger (1995) und Snower (1994).

92 Ein solches Modell der „trade adjustment assistance" wird in den USA praktiziert. Vgl. Burtless et. al. (1998).

93 Das ist die Kehrseite des Problems „Handel vs. Technologie", welches wir in Kapitel 2 adressiert haben.

tigkeitsfrage: warum sollten Opfer anderer Strukturanpassungsnotwendigkeiten keine Kompensation bekommen. Drittens schließlich, wirft die Notwendigkeit der Verzahnung von Anpassungszahlungen mit anderen Unterstützungszahlungen (Sozialhilfe etc..) Probleme auf. Aus Anreizgründen und weil administrative Kosten gespart werden, erscheinen Lösungen aus einem Guss – wie die Idee der negativen Einkommensteuer – sinnvoller.

Natürlich stellt sich im Rahmen dieses wirtschaftspolitischen Ausblicks auch die Frage: Was kommt auf den Norden an Anpassungsbedarf noch zu? Ob die technologische Entwicklung auch in Zukunft vorwiegend zuungunsten unqualifizierter Arbeitskräfte wirken wird, ist nicht völlig klar. So weist Krugman (1994a) darauf hin, daß manche qualifikationsintensive Arbeiten, die heute beispielsweise noch von Rechtsanwälten oder Steuerberatern geleistet werden, leichter einem elektronischen Expertensystem übertragen werden können als etwa unqualifizierte Gartenarbeit. Klar zeichnet sich hingegen ab, daß sich mit der fortschreitenden Integration bevölkerungsstarker Entwicklungs- und Schwellenländer in die Weltwirtschaft der bisherige Globalisierungstrend in Zukunft verstärken wird. Aber auch dies darf keineswegs mit einem unumkehrbaren Trend zur weiteren Verschlechterung der Arbeitsmarktposition unqualifizierter Arbeitskräfte gleichgesetzt werden. Denn je größer das Angebot an billigen, arbeitsintensiven Industriegütern aus dem Süden wird, desto mehr werden sich die Hochlohnländer aus der Produktion jener Güter zurückziehen, die mit diesem Angebot direkt konkurrieren. Die niedrig qualifizierten Arbeitskräfte des Nordens werden zunehmend in Sektoren abwandern, die entweder nur für den Binnenmarkt oder aber qualifikationsintensive Güter für den Weltmarkt produzieren. Steigende Angebotsmengen und fallende Preise von Importen, mit denen die Unternehmen des Norden gar nicht mehr konkurrieren, führen aber, wie wir oben gesehen haben, auch nicht mehr dazu, daß der Preis der unqualifizierten Arbeit weiter nach unten gedrückt wird. Vielmehr werden dann die für alle Einkommensarten kaufkraftsteigernden Terms of Trade-Effekte wirksam ('lifting-all-boats'-Effekt).

Apokalyptische Projektionen einer Importflut aus dem Süden, welche die Gütermärkte des Nordens überrollen und Arbeitsplätze zuhauf wegschwemmen wird, sind also grundsätzlich nicht angebracht. Entscheidend bleibt aber, daß die Industrieländer den mit der fortschreitenden Globalisierung einhergehenden Strukturwandel akzeptieren und fördern. Denn wie gesehen haben, gibt es zu diesem Strukturwandel in einer integrierten Weltwirtschaft keine Alternative. Wenn es eine Alternative gibt, so diejenige zwischen einem Strukturwandel, der primär durch die Expansion qualifikationsintensiver Produktionszweige angetrieben wird, und einem Strukturwandel, der bei rigiden Löhnen primär durch die Kontraktion importkonkurrierender Aktivitäten angetrieben wird. Letzteres bedeutet Beschäftigungsrückgang und Einkommenseinbussen, nicht nur für unqualifizierte Arbeitskraft, sondern für die Volkswirtschaft insgesamt - genau das Szenario mithin, das die Globalisierung als Bedrohung des Wohlstands und die protektionistische Abschottung als Rettungsanker erscheinen lässt. Sollte dieses Szenario Realität werden (bzw. bleiben), wären pessimistische Zukunftsprojektionen allerdings mehr als angebracht.

4. Handel, Kapitalmobilität und der deutsche Arbeitsmarkt: Eine numerische Analyse

4.1 Einleitung

Der technische Fortschritt und die fortschreitende wirtschaftliche Integration stehen im Zentrum der Diskussion um die Verursachungsfaktoren der Verschlechterung der Einkommens- und Beschäftigungssituation niedrigqualifizierter Arbeitskräfte in den OECD-Ländern seit Beginn der 1980er Jahre. Empirische Untersuchungen auf Basis des Standard 2x2 Heckscher-Ohlin-Samuelson-Modells kommen zwar nicht zu einheitlichen Ergebnissen, weisen aber in der Mehrzahl der Fälle der "Globalisierung" - in Form des Nord-Süd-Handels – eher eine untergeordnete Bedeutung zu (vergleiche Kapitel 2). In neueren Arbeiten, die wir im letzten Kapitel aufgegriffen haben, wird argumentiert, daß das traditionelle 2x2 Modell möglicherweise zu kurz greift, weil es bestimmte Aspekte der Globalisierung nicht abzubilden vermag. Die Arbeiten von Feenstra und Hanson (1996) und von Sachs und Shatz (1998) heben insbesondere das Outsourcing-Phänomen und die Möglichkeit hervor, daß Teile des Kapitalstocks in den „Süden" verlagert werden können, wo eine höhere Rendite erzielbar ist und wo Zwischengüter zu geringeren Kosten gefertigt werden können, als im Norden. Anknüpfungspunkt der Arbeiten von Lawrence (1996), Lawrence und Evans (1996) und Saeger (1996; 1997) ist die Existenz eines – in der Realität bedeutsamen – Sektors nichthandelbarer Güter, die im traditionellen Heckscher-Ohlin-Samuelson-Modell ebenfalls nicht berücksichtigt wird.

Im vorangegangen Kapitel hatten wir den Schluß gezogen, daß es wünschenswert ist, die verschiedenen Stränge der Globalisierungsdiskussion in einem einheitlichen Modell generellen Gleichgewichts zu integrieren um auf dieser Basis, beispielsweise vermittels von ökonometrischen Studien oder Simulationsstudien, zu einer quantitativen Abschätzung der einzelnen Effekte zu gelangen.[94] Diese Schlußfolgerung folgt aus zwei Überlegungen. Erstens besteht kein Anlaß anzunehmen, die verschiedenen Wirkungskanäle der Globalisierung seien nicht simultan am Werk. Zweitens gründen die Einsichten, die in den neueren Arbeiten abgeleitet wurden mitunter auf sehr speziellen Annahmen (so z.B. jene von Feenstra und Hanson (1996) und von Sachs und Shatz (1998)). Zu fragen wäre, ob ähnliche Einsichten auch in allgemeineren Modellrahmen, die mehrere Globalisierungsmechanismen zulassen, bestehen bleiben.

Im folgenden versuchen wir auf theoretischer und empirischer Ebene dazu beizutragen, dem eben formulierten Ziel näher zu kommen.[95] Auf der theoretischen Ebene wird ein generelles Gleichgewichtsmodell entwickelt, welches nicht nur dem Nord-Süd-Handel sondern auch der Kapitalmobilität Rechnung tragen soll und durch die Modellierung eines Sektors nicht-handelbarer Güter berücksichtigt, daß ein großer Teil der Arbeitskräfte im OECD-Raum gar nicht in der Produktion handelbarer Güter, sondern im Bereich nicht-handelbarer Güter und Dienstleistungen beschäftigt ist. Anknüpfend an die Überlegungen der vorherigen Kapitel (insbesondere Kapitel 1) berücksichtigen wir sowohl die Möglichkeit flexibler Faktorpreise („amerikanisches“ Szenario) als auch die Möglichkeit von Lohnrigiditäten („europäisches Szenario“). Was die empirische Ebene betrifft, so wird das Modell auf die Bundesrepublik Deutschland angewendet. Auf Basis von Input-Output-Daten und von Beschäftigungsmikrodaten der Bundesanstalt für Arbeit wird eine Kalibrierung des Modells vorgenommen und es werden die Wirkungen von zwei Globalisierungsschocks auf die Bundesrepublik Deutschland analysiert.

Die weiteren Ausführungen gliedern sich wie folgt. In Abschnitt 4.2 wird ein Modell einer kleinen offenen Volkswirtschaft entwickelt, die mit zwei international immobilen Faktoren (Arbeit und Humankapital) und einem international mobilen Produktionsfaktor (physisches Kapital) Güter für den Export, Import und nicht handelbare Güter produzieren kann. Wir untersuchen für diese kleine offene Volkswirtschaft zunächst unter der Annahme flexibler Faktorpreise die Auswirkungen zweier Typen von Globalisierungsschocks, (a) die Partizipation der Schwellen- und Entwicklungsländer am Welthandel, die für die betrachtete kleine Volkswirtschaft eine Verteuerung ihrer (humankapitalintensiv gefertigten) Exportgüter impliziert und, (b) die Auswirkungen der Möglichkeit, Kapital nun nicht nur in die Nord-Partnerländer sondern auch in den 'kapitalhungrigen' Süden transferieren zu können. Der zweite Schock läßt sich aus der Sicht der kleinen Volkswirtschaft im Norden als Anstieg des Weltmarktzinses ausdrücken. Die Kalibration des Modells und die numerische Analyse der beiden Globalisierungsschocks wird in Abschnitt 4.3 vorgenommen. In Abschnitt 4.4 analysieren wir für die kleine offene Volkswirtschaft ein „Zukunftsszenario“ im

---

94 Auf diese Weise argumentieren auch Bhagwati (1998a) und Sachs und Shatz (1998).

95 Die folgenden Überlegungen und Ergebnisse sind in Pflüger (2001a) eingeflossen.

Sinne von Lawrence (1996). Wir unterstellen, daß der arbeitsintensive Sektor vollständig durch Importkonkurrenz seitens der (ersten Welle von) Schwellenländer verdrängt wurde und fragen nach den Auswirkungen der verstärkten Weltmarktpartizipation weiterer Transformations- und Schwellenländer (z.B. Osteuropa, China, Indien). In Abschnitt 4.5 führen wir einen Minimallohn in das Modell ein. Zunächst zeigen wir, daß ein bindender Minimallohn zu einer vollkommenen Verdrängung des importkonkurrierenden Sektors führt und Arbeitslosigkeit verursacht. Danach wird die Wirkung der beiden Globalisierungsschocks numerisch abgeschätzt, wenn eine solche Spezialisierung bereits eingetreten ist. In Abschnitt 4.6 ziehen wir ein abschließendes Fazit.

4.2 Das Modell

Wir entwickeln im folgenden ein 3x3 Modell einer kleinen offenen Volkswirtschaft mit international mobilem Kapital und einem Sektor nicht-handelbarer Güter. Das Modell läßt sich als Synthese zweier Modelltraditionen interpretieren, dem 2-Güter-3-Faktor Heckscher-Ohlin Modell mit mobilem Kapital (Leamer, 1984; Wong, 1995) und dem 3-Güter-2-Faktor Heckscher-Ohlin Modell mit einem Sektor nicht-handelbarer Güter (Komiya, 1967; Ethier, 1972; Batra, 1973; Findlay, 1995). Ein ähnliches 3x3 Modell wurde von Kuhn und Wooton (1991) für eine Analyse der Faktorpreiswirkungen der Immigration in den USA entwickelt. Das von uns im folgenden verwendete Modell unterscheidet sich von jenem von Kuhn und Wooton in zwei wesentlichen Aspekten. Erstens unterstellen Kuhn und Wooton, daß Kapital international immobil ist und die Rendite des Kapitals auf der Ebene der amerikanischen Volkswirtschaft bestimmt wird. Für die Bundesrepublik, als eher kleine offene Volkswirtschaft, erscheint eine solche Annahme fragwürdig. Zweitens, und mit dem ersten Aspekt verbunden, schließt das Modell von Kuhn und Wooton per Konstruktion den Stolper-Samuelson-Mechanismus aus. Wie die Ausführungen vor allem in den Kapiteln 2 und 3 oben gezeigt haben, hat dieser in der bisherigen Diskussion jedoch eine zentrale Rolle gespielt. Durch die Annahme, daß der Zinssatz auf dem Weltkapitalmarkt bestimmt wird, umfaßt das im folgenden entwickelte Modell in seiner Basisvariante den Stolper-Samuelson-Kanal. Diese Analyse wird danach durch zwei weitere Varianten des Modells ergänzt.

4.2.1 Die Modellstruktur bei diversifizierter Produktion

In der betrachteten kleinen offenen Volkswirtschaft können drei Typen von Gütern (Güterindex: $i = L, H, N$) unter Bedingungen vollkommenen Wettbewerbs mit konstanten Skalenerträgen produziert werden. Zwei Gütertypen sind handelbar: Low-Tech-Güter, die durch den Index L gekennzeichnet sind, und High-Tech-Güter, die mit dem Index H charakterisiert werden. Die Gruppe nicht handelbarer Güter wird durch den Index N erfaßt. Mit X_i seien die jeweiligen Ausbringungsmengen bezeichnet und durch K_i, H_i und L_i kommt der Einsatz der Faktoren Kapital, qualifizierte Arbeit (Humankapital) und unqualifizierte Arbeit zum Ausdruck. Bezeichnen wir den Lohnsatz für qualifizierte Arbeit mit w_H, den Lohnsatz für unqualifizierte Arbeit mit w_L und die Kapitalrendite mit r, so lauten die Kostenfunktionen: $C_i = c_i(w_H, w_L, r)X_i$ (für $i = L, H, N$). Die Durchschnittskosten (zugleich Grenzkosten) sind durch $c_i(w_H, w_L, r)$ repräsentiert. Wir unterstellen, daß die Präferenzen des repräsentativen Haushaltes durch eine Nutzenfunktion vom Cobb-Douglas-Typ repräsentiert sind, wobei die konstanten Parameter δ_i die Budgetanteile zum Ausdruck bringen. Die Preise der handelbaren Güter, p_L und p_H, und die Kapitalrendite, r, werden auf den Weltmärkten bestimmt und sind für die kleine offene Volkswirtschaft exogene Größen. Die Bedingungen generellen Gleichgewichts lassen sich für die betrachtete kleine offene Volkswirtschaft kompakt in der Schreibweise der Jones'schen Aktivitätsanalyse (1965) formulieren:

$$a_{LL} w_L + a_{HL} w_H + a_{KL} r = p_L \tag{4.1}$$

$$a_{LH} w_L + a_{HH} w_H + a_{KH} r = p_H \tag{4.2}$$

$$a_{LN} w_L + a_{HN} w_H + a_{KN} r = p_N \tag{4.3}$$

$$X_N = X_N^D = \frac{\delta_N}{p_N} Y = \frac{\delta_N}{p_N}\left(w_L L + w_H H + rK^D\right) \tag{4.4}$$

$$a_{LL} X_L + a_{LH} X_H + a_{LN} X_N = L \tag{4.5}$$

$$a_{HL} X_L + a_{HH} X_H + a_{HN} X_N = H \tag{4.6}$$

$$a_{KL} X_L + a_{KH} X_H + a_{KN} X_N = K \tag{4.7}$$

Die Gleichungen (4.1), (4.2) und (4.3) formulieren die Nullprofitbedingungen in den drei Sektoren. Die Inputkoeffizienten, a_{ji}, werden als partielle Ableitungen der Durchschnittskosten gewonnen: $\delta c_i(w_H, w_L, r)/\delta r = a_{Ki}$ und $\delta c_i(w_H, w_L, r)/\delta w_j = a_{ji}$ (für $i = H, L$). Gleichung (4.4) formuliert die Markträumungsbedingung für nicht-handelbare Güter. Deren heimische Produktion, X_N, muß der heimischen Nachfrage, X_N^D, entsprechen. Die inländischen Faktoren (L, H und K^D) sind in unelastischem Angebot. In Gleichung (4.4) wird berücksichtigt, daß sich das Einkommen des repräsentativen Individuums, Y, aus der Bewertung der heimischen Bestände an unqualifizierter Arbeit, L, qualifizierter Arbeit, H, und Kapital, K^D, mit den jeweiligen Faktorpreisen ergibt: $Y = w_L L + w_H H + rK^D$. Die Gleichungen (4.5), (4.6) und (4.7) formulieren die Markträumungsbedingungen der Faktormärkte. Da Kapital international mobil ist, kann das im Inland eingesetzte physische Kapital, K, von K^D abweichen. Es muß gelten, $K = K^D + K^F$, wo $K^F > 0$ zum Ausdruck bringt, daß ausländisches physisches Kapital im Inland gebunden ist, während $K^F < 0$ bedeutet, daß die Inländer produktive Anlagen im Ausland besitzen.

Wir unterstellen zunächst, daß die Volkswirtschaft beide handelbare Güter produziert (Diversifikationsannahme). Unter dieser Annahme erklären die 7 Gleichungen (4.1) - (4.7) rekursiv folgende 7 endogenen Variablen: w_L, w_H, p_N, X_N, X_L, X_H und K. Bei gegebenen Preisen der handelbaren Güter, p_L und p_H, und des Kapitalkostensatzes, r, lassen sich aus den Gleichungen (4.1) und (4.2) die Entlohnungsfaktoren für qualifizierte und unqualifizierte Arbeit, w_H und w_L bestimmen. Sind die Faktorpreise bestimmt, so folgen aus der Kostenfunktion die Inputkoeffizienten, a_{ji}, und somit auch die physischen Kapitalintensitäten, $k_i = a_{Ki} / a_{Li}$, und die Humankapitalintensitäten, $h_i = a_{Hi} / a_{Li}$ $(i = L, H, N)$. Außerdem kann man dann aus (4.3) unmittelbar den Preis der nicht-handelbaren Güter, p_N, ermitteln. Wie im 2-Faktor-3-Güter-Modell von Komiya (1967) bleibt auch im vorliegenden Modell bei Diversifikation der Produktion der Stolper-Samuelson-Kanal von den Güterpreisen zu den Faktorpreisen gewahrt und somit ist auch der Preis der nicht-handelbaren Güter rein angebotsseitig determiniert.[96] Die Ausbringung nicht-handelbarer Güter ist durch die Nachfrageseite festgelegt. Für eine diversifizierte kleine offene Volkswirtschaft ist das Einkommen, Y, völlig bestimmt. Aus der Markträumungsbedingung für den Sektor der nicht-handelbaren Güter (4.4) folgt somit X_N. Unter Verwendung der Inputkoeffizienten a_{LN}, a_{HN} und a_{KN} kann man auf die Faktoreinsatzmengen L_N, H_N und K_N im Sektor der nicht-handelbaren Güter schließen. Ist der Output der nicht-handelbaren Güter bestimmt, so steht der residuale Faktorvorrat an unqualifizierter und qualifizierter Arbeitskraft, $L - a_{LN} X_N$ und $H - a_{HN} X_N$, für die Produktion handelbarer Güter

[96] Hier zeigt sich der entscheidende Unterschied unseres Modells zu jenem von Kuhn und Wooton (1991). Da bei Kuhn und Wooton die Kapitalrendite nicht vom Weltmarkt gegeben ist, ergibt sich bei ihnen im Diversifikationsgleichgewicht im Gegensatz zu uns, keine Anbindung der Entlohnungssätze an die Weltgüterpreise der handelbaren Güter. Im Gegensatz zu unserem Modell ist der Preis der nicht-handelbaren Güter bei Kuhn und Wooton folglich auch nicht rein angebotsseitig, sondern durch Angebot und Nachfrage, determiniert. Eine Zuwanderung von Arbeitskräften hat daher im Modell von Kuhn und Wooton Faktorpreiswirkungen, was sie in unserem Modell, gegeben die Diversifikationsannahme, nicht hat.

zur Verfügung. Demgemäß lassen sich aus (4.5) und (4.6) die Produktionsmengen X_L und X_H bestimmen. Unter Zuhilfenahme der Inputkoeffizienten a_{ji} ($j = H,L$; $i = H,L$) folgen die Faktoreinsatzmengen. Das produktiv eingesetzte Kapital läßt sich dann alternativ durch Aufaddieren der sektoralen Größen, $K = K_N + K_H + K_L$, oder aus Gleichung (4.7) ermitteln.

4.2.2 Komparative Statik

Zur Ermittlung der komparativen Statik wird das Modell in Änderungsraten geschrieben. Eine Tilde (~) über einer Variablen bezeichnet deren relative Änderung (z.B. $p_i = dp_i / p_i$). Für die Gleichungen (4.1) - (4.7) erhalten wir:[97]

$$\theta_{LL}\tilde{w}_L + \theta_{HL}\tilde{w}_H + \theta_{KL}\tilde{r} = \tilde{p}_L \quad (4.1a)$$

$$\theta_{LH}\tilde{w}_L + \theta_{HH}\tilde{w}_H + \theta_{KH}\tilde{r} = \tilde{p}_H \quad (4.2a)$$

$$\theta_{LN}\tilde{w}_L + \theta_{HN}\tilde{w}_H + \theta_{KN}\tilde{r} = \tilde{p}_N \quad (4.3a)$$

$$\tilde{X}_N = \rho_L\left(\tilde{w}_L + \tilde{L}\right) + \rho_H\left(\tilde{w}_H + \tilde{H}\right) + \rho_K\left(\tilde{r} + \tilde{K}^D\right) - \tilde{p}_N \quad (4.4a)$$

$$\lambda_{LL}\tilde{X}_L + \lambda_{LH}\tilde{X}_H + \lambda_{LN}\tilde{X}_N = \tilde{L} - \left[\lambda_{LL}\tilde{a}_{LL} + \lambda_{LH}\tilde{a}_{LH} + \lambda_{LN}\tilde{a}_{LN}\right] \quad (4.5a)$$

$$\lambda_{HL}\tilde{X}_L + \lambda_{HH}\tilde{X}_H + \lambda_{HN}\tilde{X}_N = \tilde{H} - \left[\lambda_{HL}\tilde{a}_{HL} + \lambda_{HH}\tilde{a}_{HH} + \lambda_{HN}\tilde{a}_{HN}\right] \quad (4.6a)$$

$$\lambda_{KL}\tilde{X}_L + \lambda_{KH}\tilde{X}_H + \lambda_{KN}\tilde{X}_N = \tilde{K} - \left[\lambda_{KL}\tilde{a}_{KL} + \lambda_{KH}\tilde{a}_{KH} + \lambda_{KN}\tilde{a}_{KN}\right] \quad (4.7a)$$

Die Parameter λ_{ji} bezeichnen jeweils den Anteil des Sektors i an der Beschäftigung von Faktor j, (z.B. $\lambda_{Li} = L_i / L$ für den Anteil unqualifizierter Arbeitskräfte in Sektor i). Es gilt: $\lambda_{jL} + \lambda_{jH} + \lambda_{jN} = 1$. Die Parameter θ_{ji} bringen die Kostenanteile der Faktoren in jeder Industrie zum Ausdruck (z.B. $\theta_{Li} \equiv a_{Li} w_L / p_i$ für den Anteil der unqualifizierten Arbeit in Sektor i). Wegen der Nullprofitbedingung gilt: $\theta_{Li} + \theta_{Hi} + \theta_{Ki} = 1$. Mit ρ_j ($j = N,L,H$) sind die gesamtwirtschaftlichen

97 Aus Kostenminimierungsüberlegungen (Enveloppen-Argument) addieren sich die mit den Kostenanteilen gewichteten Änderungen der Inputkoeffizienten in der Produktion jedes Gutes zu Null. Dies ist in den Gleichungen (4.1a), (4.2a) und (4.3a) bereits berücksichtigt.

Einkommensanteile der Faktoren bezeichnet (also z.B. $\rho_L \equiv w_L L/Y$ für den Einkommensanteil aus unqualifizierter Arbeit). Auf volkswirtschaftlicher Ebene muß gelten: $\rho_L + \rho_H + \rho_K = 1$. Die Inputkoeffizienten und die Faktorintensitäten hängen von Änderungsraten der Faktorpreise ab. Bezeichnen wir die partiellen Substitutionselastizitäten nach Allen mit $\sigma_{jj',i} \equiv (c_i c_{jj',i})/(c_{j,i} c_{j',i})$ wobei durch $c_{j,i}$ die Ableitung der Durchschnittskosten nach dem Preis des Faktors j und durch $c_{jj',i}$ die zweifache Ableitung der Durchschnittskosten nach den Preisen der Faktoren j und j' zum Ausdruck kommt (Hamermesh, 1993), so können wir im Einklang mit der gängigen Praxis für die Sektoren $i = L, H, N$ formulieren (vgl. Kemp (1969) und Batra und Casas (1976)):[98]

$$\tilde{a}_{Li} = -\sigma_{HL,i}\theta_{Hi}(\tilde{w}_L - \tilde{w}_H) - \sigma_{KL,i}\theta_{Ki}(\tilde{w}_L - \tilde{r}) \tag{4.8a}$$

$$\tilde{a}_{Hi} = \sigma_{LH,i}\theta_{Li}(\tilde{w}_L - \tilde{w}_H) + \sigma_{KH,i}\theta_{Ki}(\tilde{r} - \tilde{w}_H) \tag{4.8b}$$

$$\tilde{a}_{Ki} = \sigma_{LK,i}\theta_{Li}(\tilde{w}_L - \tilde{r}) + \sigma_{HK,i}\theta_{Hi}(\tilde{w}_H - \tilde{r}) \tag{4.8c}$$

$$\tilde{k}_i = \tilde{a}_{Ki} - \tilde{a}_{Li} \tag{4.8d}$$

$$\tilde{h}_i = \tilde{a}_{Hi} - \tilde{a}_{Li} \tag{4.8e}$$

Die Lösung der komparativen Statik folgt dem oben beschriebenen rekursiven Weg. Aus (4.1a) und (4.2a) ermitteln wir den Stolper-Samuelson-Zusammenhang zwischen den beiden Lohnsätzen und den Weltgüterpreisen sowie dem Weltzins:

$$\tilde{w}_L = \frac{1}{|\theta|}\left[\theta_{HH}\tilde{p}_L - \theta_{HL}\tilde{p}_H + (\theta_{KH}\theta_{HL} - \theta_{KL}\theta_{HH})\tilde{r}\right] \tag{4.9a}$$

$$\tilde{w}_H = \frac{1}{|\theta|}\left[-\theta_{LH}\tilde{p}_L + \theta_{LL}\tilde{p}_H + (\theta_{KL}\theta_{LH} - \theta_{KH}\theta_{LL})\tilde{r}\right] \tag{4.9b}$$

---

98 Zur Ableitung der Gleichungen (4.8a), (4.8b) und (4.8c) werden die Inputkoeffizienten total nach allen Faktorpreisen abgeleitet und es wird berücksichtigt, daß die Inputkoeffizienten homogen vom Grade null in den Faktorpreisen sind und somit gilt: $\sum_{j=L,H,K}\sigma_{jj',i}\theta_{ji} = 0$.

wo $|\theta| \equiv \theta_{HH}\theta_{LL} - \theta_{HL}\theta_{LH}$.

Für den Preis der nicht-handelbaren Güter folgt unter Verwendung von (4.3a):

$$\tilde{p}_N = \frac{1}{|\theta|}\left[(\theta_{HH}\theta_{LN} - \theta_{HN}\theta_{LH})\tilde{p}_L + (\theta_{HN}\theta_{LL} - \theta_{HL}\theta_{LN})\tilde{p}_H\right] \qquad (4.10)$$

$$+\frac{1}{|\theta|}\left[\theta_{HH}(\theta_{KN} - \theta_{KL}) + \theta_{HL}(\theta_{KH} - \theta_{KN}) + \theta_{HN}(\theta_{KL} - \theta_{KH})\right]\tilde{r}$$

Da die Faktorpreisänderungen bestimmt sind, kann die Anpassung der Inputkoeffizienten und der Faktorintensitäten aus den Gleichungen (4.8a) – (4.8d) ermittelt werden (für alle Sektoren $i = L, H, N$). Aus (4.4a) folgt die Änderung der Ausbringungsmenge nicht-handelbarer Güter. Für den Faktoreinsatz im Bereich der nicht-handelbaren Güter ergibt sich bei Berücksichtigung der Outputreaktion (4.4a) in diesem Sektor und mit (4.8a) - (4.8d):

$$\tilde{L}_N = \tilde{a}_{LN} + \tilde{X}_N; \quad \tilde{H}_N = \tilde{a}_{HN} + \tilde{X}_N; \quad \tilde{K}_N = \tilde{a}_{KN} + \tilde{X}_N \qquad (4.11a)$$

Aus (4.5a) und (4.6a) ermitteln wir die Mengenreaktionen im Bereich der handelbaren Güter:

$$\tilde{X}_H = \frac{\lambda_{LL}}{|\lambda|}\left[\tilde{H} - \lambda_{HN}\tilde{X}_N - (\lambda_{HL}\tilde{a}_{HL} + \lambda_{HH}\tilde{a}_{HH} + \lambda_{HN}\tilde{a}_{HN})\right] \qquad (4.12)$$

$$-\frac{\lambda_{HL}}{|\lambda|}\left[\tilde{L} - \lambda_{LN}\tilde{X}_N - (\lambda_{LL}\tilde{a}_{LL} + \lambda_{LH}\tilde{a}_{LH} + \lambda_{LN}\tilde{a}_{LN})\right]$$

$$\tilde{X}_L = \frac{\lambda_{HH}}{|\lambda|}\left[\tilde{L} - \lambda_{LN}\tilde{X}_N - (\lambda_{LL}\tilde{a}_{LL} + \lambda_{LH}\tilde{a}_{LH} + \lambda_{LN}\tilde{a}_{LN})\right] \qquad (4.13)$$

$$-\frac{\lambda_{LH}}{|\lambda|}\left[\tilde{H} - \lambda_{HN}\tilde{X}_N - (\lambda_{HL}\tilde{a}_{HL} + \lambda_{HH}\tilde{a}_{HH} + \lambda_{HN}\tilde{a}_{HN})\right]$$

wo $|\lambda| \equiv \lambda_{LL}\lambda_{HH} - \lambda_{HL}\lambda_{LH}$

Aus der Änderung der Ausbringungsmengen und der Entwicklung der Faktorintensitäten folgen die Faktoreinsatzmengen in den Sektoren handelbarer Güter:

$$\tilde{L}_L = \tilde{a}_{LL} + \tilde{X}_L ; \quad \tilde{H}_L = \tilde{a}_{HL} + \tilde{X}_L ; \quad \tilde{K}_L = \tilde{a}_{KL} + \tilde{X}_L \tag{4.11b}$$

$$\tilde{L}_H = \tilde{a}_{LH} + \tilde{X}_H ; \quad \tilde{H}_H = \tilde{a}_{HH} + \tilde{X}_H ; \quad \tilde{K}_H = \tilde{a}_{KH} + \tilde{X}_H \tag{4.11c}$$

Unter Verwendung der Inputkoeffizienten aus (4.8a) – (4.8c) läßt sich dann die Änderung des volkswirtschaftlichen Kapitaleinsatzes ableiten:

$$\tilde{K} = \lambda_{KL}\tilde{X}_L + \lambda_{KH}\tilde{X}_H + \lambda_{KN}\tilde{X}_N + \left[\lambda_{KL}\tilde{a}_{KL} + \lambda_{KH}\tilde{a}_{KH} + \lambda_{KN}\tilde{a}_{KN}\right] \tag{4.14}$$

4.2.3 Zur Funktionsweise des Modells

Zwei Typen von Globalisierungsschocks lassen sich in dem oben skizzierten Modellrahmen analysieren. Zum einen läßt sich nach den Auswirkungen einer relativen Verteuerung der High-Tech Exportgüter fragen, die der Norden, der über relativ viel Humankapital verfügt, durch Aufnahme oder weitere Liberalisierung des Handels mit dem Süden, der über relativ viel unqualifizierte Arbeitskräfte verfügt, erfährt. Zum zweiten läßt sich untersuchen, welche Auswirkungen sich für eine kleine Volkswirtschaft im Norden ergeben, deren Kapital nun nicht nur in die Nord-Partnerländer sondern in den "kapitalhungrigen" Süden transferiert werden kann. Der zweite Schock läßt sich aus der Sicht der kleinen Volkswirtschaft im Norden als Anstieg des Weltmarktzinses ausdrücken. Für die folgenden Ausführungen unterstellen wir, daß die High-Tech-Exportgüter der betrachteten kleinen Volkswirtschaft für jedes Lohnverhältnis, w_H / w_L, humankapitalintensiver gefertigt werden als die Low-Tech-Importgüter. Dies ist gleichbedeutend mit der Annahme, $\theta_{HH} / \theta_{HL} > \theta_{LH} / \theta_{LL}$ und impliziert: $|\theta| > 0$. Als Numéraire wählen wir das Low-Tech-Gut, so daß in den nachfolgenden Experimenten $p_L = 1$ und somit $\tilde{p}_L = 0$.

Relative Verteuerung der Exportgüter des Nordens

Wir beginnen mit der Analyse eines Preisschocks in Form einer relativen Verteuerung des Exportgutes, ausgedrückt durch $\tilde{p}_H > 0$ ($\tilde{p}_L = 0$). Der Stolper-Samuelson-Logik folgend ergibt sich ein Anstieg des Lohnes der qualifizierten Arbeitskräfte, ein Absinken des Lohnes der unqualifizierten Arbeit und mithin ein steigendes Lohndifferential wie aus (4.9a) und (4.9b) ersichtlich wird. Das steigende Lohndifferential induziert produktionsseitig eine Substitution des Humankapitals durch einfache Arbeit, und impliziert somit, daß die Humankapitalintensitäten in allen Sektoren sinken (Gleichungen 4.8e). Da der Weltmarktzins unverändert ist, verbilligt sich die einfache Arbeit auch relativ zum Kapital, so daß auch die Kapitalintensitäten im Bereich der handelbaren Güter fallen (Gleichungen (4.8d)). Bereits die Auswirkungen auf den (relativen) Preis der nicht-handelbaren Güter sind jedoch nicht mehr eindeutig. Wie aus Gleichung (4.10) hervorgeht, hängt diese Preisreaktion vom Vorzeichen des Terms $\theta_{HN}/\theta_{LN} - \theta_{HL}/\theta_{LL}$ ab. Ist, gemessen an den Kostenanteilen, die relative Bedeutung des Humankapitals im Vergleich zur einfachen Arbeit im Sektor der nicht-handelbaren Güter größer als im Low-Tech-Importsektor, dieser Term also positiv, so induziert der Anstieg des Entlohnungssatzes der qualifizierten Arbeit einen Anstieg des Preises der nicht-handelbaren Güter. Diese Nichteindeutigkeit überträgt sich auf die Mengensphäre und verschärft sich dort weiter. So wäre aus (4.4a) nur dann ein eindeutiger Mengeneffekt im Bereich der nicht-handelbaren Güter ermittelbar, wenn der soeben diskutierte Term negativ würde, der Preis der nicht-handelbaren Güter fiele. Zusammen mit der Realeinkommenssteigerung aufgrund der Verbesserung der Terms of Trade wäre dann eine eindeutige Nachfrageerhöhung nach nicht-handelbaren Gütern prognostizierbar. Die ambivalente Mengenreaktion im Bereich der nicht-handelbaren Güter hat zur Konsequenz, daß unklar ist, welcher residuale Faktorvorrat für die anderen Sektoren zur Verfügung steht und in welchem Ausmaß die drei Faktoren in den einzelnen Sektoren eingesetzt werden.

Werden die Parameter des Modells nicht näher eingeschränkt, so sind alleine die Faktorpreiswirkungen (und die Veränderungen der Inputkoeffizienten und Faktorintensitäten) eindeutig prognostizierbar. Um zu klaren Ergebnissen zu gelangen, muß auf Spezialfälle zurückgegriffen werden. Unterstellen wir z.B. den Extremfall, daß die nicht-handelbaren Güter ausschließlich mit unqualifizierter Arbeit gefertigt werden, i.e. $\theta_{LN} = 1$ ($\theta_{HN} = 0$; $\theta_{KN} = 0$) und gehen wir im Bereich der handelbaren Güter von Cobb-Douglas-Produktionsfunktionen aus – so daß die Kostenanteile der Faktoren konstant sind – so steigt die Nachfrage nach nicht-handelbaren Gütern und mithin deren Produktion und Ressourceneinsatz ((4.4a) und (4.11a)) in Folge der Verteuerung der qualifizierten Arbeit bei einer Erhöhung des relativen Preises der High-Tech-Güter. Der Sektor nicht-handelbarer Güter zieht die unqualifizierten Arbeitskräfte aus dem Sektor handelbarer Güter ab, so daß sich dort die (residuale) Ressourcenausstattung zugunsten von hochqualifizierter Arbeit verändert. Der Ressourcenentzug löst im Sektor der handelbaren Güter daher einen Rybczinsky-Effekt aus, der in (4.12) und (4.13) zum Ausdruck kommt: im betrachteten Spezialfall $\lambda_{HN} = 0$ (kein Humankapitaleinsatz im Bereich der nicht-handelbaren Güter), werden die, bereits durch den oben beschriebenen Stolper-Samuelson-Effekt bewirkten, Faktorwanderungen zwischen den beiden Sektoren handelbaren Güter noch verschärft: der High-Tech-Sektor expandiert weiter und der Low-Tech-Sektor kontrahiert weiter wobei unqualifizierte

Arbeit und qualifizierte Arbeit aus dem Sektor der Importgüter in den Sektor der Exportgüter gezogen werden. Überdies wird in diesem sektoralen Umstrukturierungsprozess Kapital aus dem Sektor der Importgüter abgezogen und in den Exportsektor transferiert. Die Veränderung des gesamtwirtschaftlichen Kapitaleinsatzes hängt von den sektoralen Änderungsraten und von der relativen Bedeutung des Produktionsfaktors Kapital in den beiden Sektoren handelbarer Güter ab.

Unterstellen wir den umgekehrten Spezialfall, daß die nicht-handelbaren Güter ausschließlich mit qualifizierter Arbeit gefertigt werden, i.e. $\theta_{HN} = 1$ ($\theta_{LN} = 0$; $\theta_{KN} = 0$), so kommt es im Zuge von $\tilde{p}_H > 0$ ($\tilde{p}_L = 0$) zu einer Erhöhung des Preises der nicht-handelbaren Güter und zu einer Reduktion der Nachfrage und somit der Ausbringung der nicht-handelbaren Güter. Der Sektor der nicht-handelbaren Güter setzt damit qualifizierte Arbeitskräfte frei, die im Bereich der handelbaren Güter einsetzbar sind und dort - dem Rybzcynski-Effekt in (4.12) und (4.13) gemäß - den Output des High-Tech-Exportgutes sowie den Kapital-, Humankapital- und Arbeitseinsatz erhöht und den Output und die entsprechenden Faktoreinsätze für das Low-Tech-Gut reduziert. Abgesehen von der unterschiedlichen Preis- und Mengenreaktion im Sektor der nicht-handelbaren Güter, decken sich die Ergebnisse mit jenen, die wir im ersten Spezialfall abgeleitet haben.

Erhöhung des Weltmarktzinses

Als zweiter Globalisierungsschock sei eine Kapitalmarktliberalisierung betrachtet, die es der kleinen offenen Volkswirtschaft ermöglicht, Teile ihres Kapitalstockes in den Süden zu verlagern, in welchem eine höhere Rendite erzielbar ist. Eine Erhöhung des Weltmarktzinses ($\tilde{r} > 0$) hat gemäß (4.9a) und (4.9b) unter den bisherigen Annahmen keinen eindeutigen Effekt auf die Entlohnungssätze für qualifizierte und unqualifizierte Arbeit. Gegeben die Annahme, daß der High-Tech-Sektor humankapitalintensiver produziert als der Low-Tech-Sektor, bleiben noch drei logische Möglichkeiten:

$$H_H / H_L > L_H / L_L > K_H / K_L \iff \theta_{HH} / \theta_{HL} > \theta_{LH} / \theta_{LL} > \theta_{KH} / \theta_{KL} \qquad \text{(i)}$$

$$H_H / H_L > K_H / K_L > L_H / L_L \iff \theta_{HH} / \theta_{HL} > \theta_{KH} / \theta_{KL} > \theta_{LH} / \theta_{LL} \qquad \text{(ii)}$$

$$K_H / K_L > H_H / H_L > L_H / L_L \iff \theta_{KH} / \theta_{KL} > \theta_{HH} / \theta_{HL} > \theta_{LH} / \theta_{LL} \qquad \text{(iii)}$$

Allein im Falle (i) würde der Lohn der unqualifizierten Arbeitskräfte sinken und der Lohn der qualifizierten Kräfte steigen und mithin eindeutig ein wachsendes Lohndifferential folgen wie eine Inspektion der Koeffizienten vor $\tilde{r}$ in (4.9a) und (4.9b) zeigt. Im Falle (ii) sinken beide Entlohnungsfaktoren, allerdings öffnet (schließt) sich die Lohnschere, wenn $\theta_{KL} > \theta_{KH}$ ($\theta_{KL} < \theta_{KH}$) also wenn die Produktionselastizität in Bezug auf Kapital im (weniger humankapitalintensiven) Importsektor größer (kleiner) ist als im Exportsektor. Im Falle (iii) wäre ein anfängliches Lohndifferential gar rückläufig und der Lohn der Qualifizierten würde sinken, jener der Unqualifizierten steigen. Diese Überlegungen zeigen, daß für das Lohndifferential die Rangordnung der Produktionselastizitäten des Kapitals, θ_{ji} ($i = L,H$; $j = L,H,K$), in den beiden Sektoren handelbarer Güter entscheidend ist.

Selbst wenn wir die Parameterkonstellation weiter einengen und beispielsweise unterstellen, daß $\theta_{KL} > \theta_{KH}$, so daß Fall (iii) ausgeschlossen ist, sind bei einem Zinsschock bald keine eindeutigen Prognosen mehr machbar. Zwar ist eindeutig prognostizierbar, daß gemäß (4.9a) die Entlohnung der unqualifizierten Arbeitskräfte sinkt und sich das Lohndifferential weiter öffnet, $\tilde{w}_H - \tilde{w}_L > 0$, (aus (4.9a) in Kombination mit (4.9b)), so daß gemäß (4.8e) die Humankapitalintensitäten und gemäß (4.8d) die Kapitelintensitäten sinken werden. Unklar ist aber bereits (aus (4.9b)), ob die Entlohnung der qualifizierten Arbeitskräfte steigt oder fällt. Würden wir den Spezialfall $\theta_{LN} = 1$ ($\theta_{HN} = 0$; $\theta_{KN} = 0$) unterstellen, so daß die nicht-handelbaren Güter allein mit unqualifizierter Arbeit produziert werden, könnte aus dem Sinken des Lohnes der unqualifizierten Arbeitskräfte eine Preissenkung bei den nicht-handelbaren Gütern abgeleitet werden (aus (4.10)). Da die Auswirkungen des Zinsschocks auf das Realeinkommen jedoch nicht eindeutig sind, ist selbst unter dieser scharfen zusätzlichen Annahme keine eindeutige Mengenreaktion im Sektor der nicht-handelbaren Güter ableitbar. Damit bleibt aber auch die Mengenentwicklung in den beiden Sektoren handelbarer Güter unklar.

Zur weiteren Vorgehensweise

Die bisherigen Überlegungen zeigen, daß in unserem 3x3-Modell nur dann eindeutige qualitative Implikationen abgeleitet werden können, wenn starke, einschränkende Annahmen getroffen werden. In der Literatur, die sich vom kanonischen 2x2-Heckscher-Ohlin-Modell löst, ist es nicht unüblich, die Anzahl der Produktionsfaktoren in den einzelnen Sektoren oder die Produktionstechnologien so stark einschränken, daß eindeutige Modellprognosen möglich sind (siehe z.B. Jones (1998) oder Findlay (1995)). Diesen Spezifikationen haftet aber unweigerlich etwas Willkürliches an. Dies hatten wir in Kapitel 3 beim Modell von Sachs und Shatz (1998) konstatiert, welches unterstellt, daß bei der Produktion der nicht-handelbaren Güter am intensivsten auf qualifizierte Arbeitskräfte zurückgegriffen wird, und es gilt auch für Findlay (1995), der im Rahmen eines 2-Faktor-3-Sektor Modells unterstellt, daß – gerade umgekehrt - nicht-handelbare Güter intensiv mit unqualifizierten Arbeitskräften produziert werden.

Um eindeutige qualitative Implikationen ableiten zu können, muß man dem Modell allerdings nicht notwendigerweise a priori theoretische Restriktionen auferlegen. Ein anderes Verfahren, welches im folgenden gewählt wird, besteht darin, die

Parameter numerisch aus den Daten einer Volkswirtschaft zu kalibrieren. Das Modell ermöglicht dann nicht nur eine qualitative, sondern auch eine quantitative Prognose der Auswirkungen von Globalisierungsschocks.

4.3 Modellkalibration und Globalisierungsschocks

4.3.1 Kalibration für die Bundesrepublik Deutschland

Das Modell wird nun auf die Bundesrepublik Deutschland angewendet. Als Startpunkt für die „Globalisierungsschocks" wählen wir das Jahr 1980. Folgende Daten sind erforderlich, um die qualitativen und quantitativen Implikationen der beiden Globalisierungsschocks ermitteln zu können. Für die Bestimmung der Reaktion der beiden Entlohnungssätze und des Preises der nicht-handelbaren Güter benötigen wir gemäß (4.9a), (4.9b) und (4.10) die Kostenanteile der drei Produktionsfaktoren. Zur Prognose der Entwicklung der Ausbringungsmenge der nicht-handelbaren Güter braucht es aufgrund der Annahme konstanter Budgetanteile nur Informationen über die gesamtwirtschaftlichen Einkommensanteile der Faktoren, wie aus (4.4a) ersichtlich ist. Für die Prognose der Faktoreinsätze und der Ausbringungsmengen in den Sektoren der handelbaren Güter benötigen wir überdies Informationen über die Beschäftigungsanteile der Faktoren (aus (4.11a) bis (4.14)) und über die partiellen Allen-Substitutionselastizitäten (aus (4.8a) bis (4.8c)). Da wir nachfolgend vereinfachend mit Cobb-Douglas-Technologien arbeiten, weisen die partiellen Allen-Substitutionselastizitäten jeweils den Wert eins auf. Zur Bestimmung der anderen Größen greifen wir auf zwei Datensätze zurück, die Volkswirtschaftlichen Gesamtrechnungen des Statistischen Bundesamtes, insbesondere deren Input-Output-Analyse (Statistisches Bundesamt, Fachserie 18, Reihe 2 und Reihe S12, Input-Output-Tabellen, und Fachserie 18 Reihe 1.3, Konten und Standardtabellen) und die IAB-Beschäftigtenstichprobe der Bundesanstalt für Arbeit (Bender, et. al. 1996). Wir beschreiben unsere Vorgehensweise nun genauer.

Klassifizierung der Güter und Dienstleistungen

Zur Klassifizierung der in der Bundesrepublik hergestellten Güter und Dienstleistungen greifen wir auf die Input-Output-Analyse des Statistischen Bundesamtes zurück und setzen am Datenmaterial für das Jahr 1980 an. In der Input-Output-Analyse ist der Produktionssektor (Güter und Dienstleistungen) in 58 Gütergruppen untergliedert, die wir, der Logik unseres Modells gemäß, in Export-, Import- und nichthandelbare Güter einteilen. Zur Abgrenzung nicht-handelbarer

Güter gehen wir folgendermaßen vor:[99] wir ermitteln zunächst das Maximum aus den jeweiligen Import- und Exportwerten und setzen dieses in Beziehung zum Produktionswert der jeweiligen Gütergruppe. Ist der Wert geringer als 5%, so bezeichnen wir das Gut als nicht-handelbar. Als nicht-handelbar stufen wir daher Güter der Grundversorgung (Elektrizität, Gas, Wasser), den Bausektor und die meisten Dienstleistungen ein. Ein Vergleich der Import- und Exportwerte genügt zur Einstufung der handelbaren Güter in Export- oder Importgüter. In die Exportgüterkategorie fallen beispielsweise Chemische Erzeugnisse, Kunststofferzeugnisse, die Bereiche Stahl, Maschinenbau, Straßenfahrzeuge, elektrotechnische und feinmechanische Erzeugnisse sowie einige Dienstleistungen (Großhandel, Eisenbahn, Schiffahrt, Wissenschaft und Kultur u.a.). Zu den Importen zählen die Bereiche Land- und Forstwirtschaft, Bergbau, Erdöl, Erdgas, Mineralölerzeugnisse, Holz und Holzwaren, Nahrungsmittel und Getränke, um wiederum nur einige herauszugreifen. Anhang II-4-1 dokumentiert die Details unserer Einstufung. Eine Überprüfung unserer Klassifikation der Gütergruppen für das Jahr 1993 zeigt, daß das Muster bis auf drei Ausnahmen stabil geblieben ist: Kohle und Kohleerzeugnisse, Gummierzeugnisse und Tabakwaren zählen 1980 zu den Exportgütern, 1993 hingegen zu den Importgütern (ebenfalls in Anhang II-4-1 dokumentiert).

Kosten- und Beschäftigungsanteile für Kapital und Arbeit

Aus der Input-Output-Analyse gewinnen wir auch Aufschluß über die Kosten- und Beschäftigungsanteile der Faktoren Kapital und Arbeit. Den Kostenanteil des Faktors Arbeit in den 3 Sektoren ermitteln wir, indem wir die aggregierten Werte der Einkommen aus unselbständiger Arbeit in Relation zur aggregierten Bruttowertschöpfung setzen. Den Kostenanteil des Faktors Kapital in den 3 Sektoren gewinnen wir, indem wir die Einkommen aus Unternehmertätigkeit und Vermögen, Produktionssteuern und Abschreibungen zur Bruttowertschöpfung in Beziehung setzen (bzw. residual, wenn der Kostenanteil der Arbeit bereits abgeleitet wurde). Da in der Input-Output-Analyse für die 58 Gütergruppen auch die Erwerbstätigen und der Kapitalstock (zu Wiederbeschaffungspreisen) ausgewiesen wird, können wir analog die Beschäftigungsanteile bestimmen. Unsere Ergebnisse sind in Tabelle II-4-1 dokumentiert.[100]

---

[99] Kuhn und Wooton (1991) verfahren in ihrer Analyse der USA konzeptionell ähnlich. Das Kriterium der Nicht-Handelbarkeit bei Kuhn und Wooton setzt an der Summe aus Exporten und Importen an.

[100] Wir dokumentieren hier auch die Ausgabenanteile für die drei Gütergruppen, die wir ebenfalls aus der Input-Outputanalyse gewonnen haben.

Tabelle II-4-1: Kalibrierung, Bundesrepublik Deutschland (1980)

	Exportsektor (exportables)	Importsektor (importables)	Sektor nicht-handelbarer Güter (non-traded goods)
Input-Output-Analyse			
Kostenanteil Arbeit (gesamt)	0.72	0.51	0.57
Kostenanteil Kapital	0.28	0.49	0.43
Erwerbstätigenanteil	0.34	0.19	0.47
Anteil des Kapitals	0.34	0.19	0.47
Ausgabenanteile	0.38	0.24	0.38
IAB-Stichprobe (und I-O-Analyse)			
Kostenanteil Unqualifizierte Arbeit	0.22	0.19	0.12
Kostenanteil Qualifizierte Arbeit	0.50	0.32	0.45
Anteil der Unqualifizierten	0.43	0.17	0.40
Anteil der Qualifizierten	0.38	0.11	0.51

Quelle: Eigene Berechnungen auf Basis der Input-Analyse des Statistischen Bundesamtes und der IAB-Beschäftigtenstichprobe

Kosten- und Beschäftigungsanteile der Qualifizierten und Unqualifizierten

Zur Aufspaltung der gesamten Lohnsumme in Anteile, die den qualifizierten Arbeitskräften und den unqualifizierten Arbeitskräften zufließen, greifen wir auf

Daten aus der IAB-Beschäftigtenstichprobe zurück.[101] Bei der IAB-Beschäftigtenstichprobe handelt es sich um eine 1%-Stichprobe der Beschäftigungsverhältnisse, die der Sozialversicherungspflicht unterliegen (siehe Bender et.al., 1996. Aus der IAB-Stichprobe können Informationen über Löhne und Beschäftigungsdauer von sozialversicherungspflichtigen Personen nach Ausbildungsstand und nach Wirtschaftszweigen (in der Gliederung der Bundesanstalt für Arbeit) gewonnen werden, die wir ähnlich wie die Daten der Input-Output-Analyse zur Ermittlung aggregativer Kennziffern für unser Modell verwenden können.

Zunächst nehmen wir eine Zuordnung der Wirtschaftszweige der Bundesanstalt für Arbeit zu den Gütergruppen in der Gliederung der Input-Output-Analyse vor.[102] Unsere Zuordnung ist im Anhang dokumentiert (Anhang II-4-2). Danach aggregieren wir die Daten analog zum Verfahren, welches wir bei der Input-Output-Analyse durchgeführt haben. Die IAB-Stichprobe erlaubt im wesentlichen eine Aufschlüsselung der Qualifikation in sechs Bildungs- und Ausbildungsgruppen (siehe Anhang II-4-3). Die Trennungslinie zwischen qualifizierten und unqualifizierten Arbeitskräften ziehen wir zwischen jenen Personen, die keine abgeschlossene Berufsausbildung (gegebenenfalls aber Abitur) haben, und allen anderen Personen. Damit schlagen wir die Gruppe der Personen mit abgeschlossener Berufsausbildung, die zahlenmäßig den Löwenanteil an der Gesamtbeschäftigung darstellt, den qualifizierten Arbeitskräften zu. Die hieraus gewonnen Informationen verwenden wir zur Aufspaltung der Lohnsumme, welche wir aus der Input-Output-Tabelle gewonnen haben. Die Ergebnisse sind zusammen mit den Beschäftigungsanteilen (auf Basis der ganzjährig Beschäftigten) ebenfalls in Tabelle II-4-1 dokumentiert.

Gesamtwirtschaftliche Einkommensanteile der Faktoren

Zur Ermittlung der gesamtwirtschaftlichen Einkommensanteile der Faktoren greifen wir auf die Volkswirtschaftlichen Gesamtrechnungen des Jahres 1980 zurück. Dort ist eine Lohnquote von 0,76 und entsprechend eine Kapitaleinkommensquote von 0,24 ausgewiesen. Wir verwenden die IAB-Stichprobe zur Aufspaltung der Lohnquote und leiten dergestalt eine gesamtwirtschaftliche Einkommensquote von 0,21 für die unqualifizierte Arbeit und eine Einkommensquote von 0,55 für die qualifizierte Arbeit ab.

---

101 Herrn Stefan Bender vom Institut für Arbeitsmarkt- und Berufsforschung schulde ich Dank für die Unterstützung bei der Arbeit mit der IAB-Beschäftigtenstichprobe und bei der Ermittlung der Ausgangsdaten.

102 Wir folgen hier dem methodischen Verfahren von Fitzenberger (1996; 1997).

Diskussion

Die in Tabelle II-4-1 ausgewiesenen aggregativen Kennziffern sind bereits für sich genommen von Interesse. Es zeigt sich, daß 1980 ungefähr die Hälfte der Erwerbstätigen und des Kapitals im Sektor der nicht-handelbaren Güter eingesetzt wurden, während jeweils 34% auf den Exportsektor und nur 19% auf den Importsektor fielen. Eine Inspektion der (absoluten) Kostenanteile zeigt die große Bedeutung des Kapitals im Importsektor (mit 49% Kostenanteil) und im Sektor der nicht-handelbaren Güter (mit 43% Kostenanteil) während 72% der Kosten des Exportsektors auf den Faktor Arbeit entfielen, wobei 50% den qualifizierten Arbeitskräften und 22% den unqualifizierten Arbeitskräften zuzurechnen sind. Berechnet man nun die an den Kostenanteilen ansetzenden relativen Faktorintensitäten, $\theta_{ji} / \theta_{j'i'}$ $(j, j' = L, H, K; i, i' = L, H, N)$ so ergibt sich folgendes Bild. Betrachtet man die beiden Sektoren handelbarer Güter, so fällt auf, daß die Exporte extrem humankapitalintensiv und die importkonkurrierenden Produkte extrem kapitalintensiv produziert werden. Unsere Arbeitshypothese $|\theta| > 0$ bestätigt sich, d.h. die deutschen Exportgüter sind humankapitalintensiv gefertigte „High-Tech-Güter", die Importgüter demgegenüber „Low-Tech-Güter". Kontrastiert man die Exportgüter mit dem nicht-handelbaren Gütern, so zeigt sich daß letztere extrem kapitalintensiver und extrem weniger intensiv mit unqualifzierter Arbeit produziert wurden als erstere. Vergleicht man schließlich die importkonkurrierende Industrie mit den nicht-handelbaren Gütern, so sieht man, daß erstere viel intensiver mit unqualifizierter Arbeit und viel weniger humankapitalintensiv produziert werden, als letztere. Betrachtet man die Beschäftigungsanteile der qualifizierten und unqualifizierten Arbeitskräfte nach den IAB-Daten, so zeigt sich, daß diese im Sektor der nicht-handelbaren Güter und im Exportsektor hoch sind. Das Bild, welches sich aus einer Berechnung der relativen Faktorintensitäten $\lambda_{ji} / \lambda_{j'i'}$ $(j, j' = L, H, K; i, i' = L, H, N)$ ergibt, ist qualitativ konsistent mit jenem, welches wir mit den Kostenanteilen ermittelt haben.

4.3.2 Globalisierungsschocks bei Diversifikation

Preisschock

Wir beginnen die Diskussion der Globalisierungsschocks bei Diversifikation mit einem Preisschock. Unsere numerischen Berechnungen zeigen, daß eine 1%ige Erhöhung des relativen Preises der Exportgüter den Lohn der Unqualifizierten um 13% absenken und jenen der Qualifizierten um 7.7% erhöhen würde, mithin eine

Öffnung des Lohndifferentials um ca. 21% verursachen würde.[103] Dies veranschaulicht die potentielle Stärke des „Magnification Effects". Gegeben die in Tabelle II-4-1 dokumentierten Beschäftigungsanteile kann es aber deshalb nicht zu einer solche starken Lohnspreizung kommen, weil die Volkswirtschaft bereits bei einem Preisschock eines Fünftels dieser Stärke ($\tilde{p}_H = 0{,}002$) im Bereich der handelbaren Güter in die vollkommene Spezialisierung auf Exportgüter getrieben würde. Demzufolge könnte ein Preisschock maximal eine Vergrößerung des Lohndifferentials um 4,2% verursachen. Der Exportsektor würde im Zuge eines Schocks dieser Stärke um 32% expandieren, die Ausbringungsmenge im Sektor der nicht-handelbaren Güter hingegen stagnieren. Die numerischen Berechnungen zeigen, daß die Unqualifizierten vor allem in den Exportsektor wandern würden (Anstieg dort: 33%) während ihre Beschäftigung im Sektor der nicht-handelbaren Güter nur um 3% zunähme. Ein ähnliches Bild ergibt sich für die Qualifizierten, deren Beschäftigung im Exportsektor um 30% stiege, im Sektor der nicht-handelbaren Güter jedoch leicht fiele (um 1,2 %). Durch den Schock verteuert sich die qualifizierte Arbeit relativ zum Kapital. Der dadurch induzierte Substitutionseffekt hin zu kapitalintensiverer Produktion in den verbleibenden beiden Sektoren (Wachstum des Kapitaleinsatzes im Exportsektor um 31%, Stagnation im Sektor der nicht-handelbaren Güter) ist jedoch nicht stark genug, um alles freigesetzte Kapital aufzunehmen. Vielmehr zeigt sich, daß ca 7% des Kapitals aus der Volkswirtschaft abgezogen werden. Daß geringe Preisschocks genügen, um eine vollkommene Spezialisierung auszulösen, ist auch aus anderen jüngeren Arbeiten bekannt (z.B. Lawrence und Evans, 1996; Krugman, 1995a; Abrego und Whalley, 2000). Bereits die Arbeit von Johnson (1966) hat verdeutlicht, daß die Produktionsmöglichkeitskurve in niedrig dimensionierten Heckscher-Ohlin-Modellen sehr flach – kaum von einer Geraden zu unterscheiden – ist. Johnson und Krugman (1996) ziehen hieraus den Schluß, daß die Ricardianische Annahme konstanter Kosten für die meisten praktischen Anwendungen eine vernünftige ist. Die Analyse von Courant und Deardorff (1990) zeigt überdies, daß in Heckscher-Ohlin-Modellen mit nichtgehandelten Gütern der Preisbereich, welcher eine diversifizierte Produktion impliziert, mit der Höhe des Einkommensanteils, der auf die nichtgehandelten Güter entfällt, abnimmt. Für unsere Studie hat dies die Implikation, daß negative Stolper-Samuelson-Effekte von sehr begrenzter Größe sind.[104]

---

103 Es ist hier darauf hinzuweisen, daß die Stärke des Stolper-Samuelson-Effektes unabhängig von der Cobb-Douglas-Technologieannahme ist (siehe 4.9a und 4.9b). Wählt man kleinere partielle Allen-Substitutionselastizitäten, so ergeben sich ähnliche Resultate wie im Cobb-Douglas-Fall, es sei denn, es werden sehr limitierte Substitutionselastizitäten unterstellt. Wählt man für alle Güter und alle Paare von Faktoren Substitutionselastizitäten in der Größenordnung von 0.8, 0.5, 0.3 und 0.1, so genügen Preisschocks von 0.26%, 0.42%, 0.7% und 3%, um eine vollkommene Spezialisierung auszulösen. Für einen Wert der Substitutionselastizität von 0.01, braucht es hierfür hingegen einen Preisschock von 22%.

104 Krugman (1995a, 360) erzielt ein ähnliches Ergebnis für die OECD aus einem 2x3-Heckscher-Ohlin-Modell mit nichtgehandelten Gütern.

Zinsschock

Tabelle II-4-1 und unsere Diskussion der relativen Bedeutung der drei Produktionsfaktoren in den Sektoren handelbarer Güter haben gezeigt, daß Fall (i) gegeben ist. Daher öffnet sich das Lohndifferential zwischen qualifizierter Arbeit und unqualifizierter Arbeit bei einem positiven Weltzinsschock. Auch bei einem Zinsschock, genügt eine geringe Quantität, um die Volkswirtschaft in die vollkommene Spezialisierung zu drängen: ein Schock in der Größenordnung von $\tilde{r} = 0{,}005\,1$ ist ausreichend.[105] Der Lohn der Qualifizierten erhöht sich dadurch um 0,11 %, der Lohn der Unqualifizierten verringert sich um 3,2%. Das Lohndifferential öffnet sich also maximal um 3,3%. Es kommt zu einem gesamtwirtschaftlichen Abbau von Kapital in der Größenordnung von 8,5%. Der Exportsektor expandiert um 32%, der Sektor der nicht-handelbaren Güter kontrahiert hingegen leicht (um 0,27%). Es fällt - wie bereits beim Preisschock - auf, daß die Faktoren, und insbesondere die unqualifizierten Arbeitskräfte, nur in geringem Umfang in den Sektor der nicht-handelbaren Güter getrieben werden, sondern im Exportsektor wiederbeschäftigt werden.

4.4 Vollkommene Spezialisierung

4.4.1 Das Modell bei vollkommener Spezialisierung

Bislang wurde unterstellt, daß die betrachtete kleine offene Volkswirtschaft beide handelbaren Güter produziert (Diversifikation). Wie die obige Diskussion gezeigt hat, genügen kleine Preis- und Zinsschocks, um eine vollkommene Spezialisierung auszulösen. Abgesehen hiervon, verlangt ein Modell, welches eine vollkommene Spezialisierung im Bereich der handelbaren Güter unterstellt, aus zwei Gründen Beachtung. Eine vollkommene Spezialisierung auf die High-Tech-Güterproduktion ist als „Zukunftsszenario“ denkbar, wenn mehr und mehr bevölkerungsreiche Schwellen- und Entwicklungsländer – man denke an die osteuropäischen Transformationsländer, an Indien und China – am Weltmarkt partizipieren (Lawrence 1996; Lawrence und Evans, 1996). Alternativ kann man Deardorff (2000, 75) folgen, der den "...alternative H-O case of specialisation and the absence of factor price equalisation (FPE)" für praxisrelevanter erachtet, als das Modell mit Faktorpreisausgleich. Im folgenden wird daher die Diversifikationsan-

---

105 Hier gilt ähnliches wie in Fußnote 103 beim Preisschock beschrieben.

nahme aufgegeben und es wird angenommen, daß neben den nicht-handelbaren Gütern nur das Exportgut X_H produziert wird.

Kommt es im Bereich der handelbaren Güter zur Spezialisierung, so verschwindet der Stolper-Samuelson-Zusammenhang zwischen Güterpreisen und Faktorpreisen, der sich bislang in den Gleichungen (4.1) und (4.2) manifestiert hat. Da nur noch das Exportgut produziert wird, entfällt Gleichung (4.1). Aus (4.2) lassen sich jedoch nicht die zwei unbekannten Lohnsätze, w_H und w_L, ermitteln. Auch ist der Preis des nicht-handelbaren Gutes nun nicht mehr an die Weltgüterpreise angekettet und somit nicht mehr rein angebotsseitig bestimmbar. Die Faktor- und Güterpreisbestimmung und die Bestimmung der Mengengrößen sind nicht länger separiert. Durch die beiden Nullprofitbedingungen (4.2) und (4.3) für den Exportsektor und den Sektor der nicht-handelbaren Güter, die Markträumungsbedingung bei den handelbaren Güter (4.4) und die beiden Faktormarktgleichgewichtsbedingungen (4.5) und (4.6) (in denen jeweils $X_L = 0$ zu berücksichtigen ist), werden nun simultan die Faktorpreise w_L und w_H, der Preis des nicht-handelbaren Gutes, p_N, und die beiden Ausbringungsmengen X_H und X_N bestimmt.

Die komparative Statik des Systems ist durch folgende Gleichungen beschrieben:

$$\theta_{LH}\tilde{w}_L + \theta_{HH}\tilde{w}_H + \theta_{KH}\tilde{r} = \tilde{p}_H \qquad (4.2a)$$

$$\theta_{LN}\tilde{w}_L + \theta_{HN}\tilde{w}_H + \theta_{KN}\tilde{r} = \tilde{p}_N \qquad (4.3a)$$

$$\tilde{X}_N = \rho_L\left(\tilde{w}_L + \tilde{L}\right) + \rho_H\left(\tilde{w}_H + \tilde{H}\right) + \rho_K\left(\tilde{r} + \tilde{K}^D\right) - \tilde{p}_N \qquad (4.4a)$$

$$\lambda_{LH}\tilde{X}_H + \lambda_{LN}\tilde{X}_N = \tilde{L} - \left[\lambda_{LH}\tilde{a}_{LH} + \lambda_{LN}\tilde{a}_{LN}\right] \qquad (4.5a)'$$

$$\lambda_{HH}\tilde{X}_H + \lambda_{HN}\tilde{X}_N = \tilde{H} - \left[\lambda_{HH}\tilde{a}_{HH} + \lambda_{HN}\tilde{a}_{HN}\right] \qquad (4.6a)'$$

$$\lambda_{KH}\tilde{X}_H + \lambda_{KN}\tilde{X}_N = \tilde{K} - \left[\lambda_{KH}\tilde{a}_{KH} + \lambda_{KN}\tilde{a}_{KN}\right] \qquad (4.7a)'$$

$$\tilde{a}_{Li} = -\sigma_{HL,i}\theta_{Hi}\left(\tilde{w}_L - \tilde{w}_H\right) - \sigma_{KL,i}\theta_{Ki}\left(\tilde{w}_L - \tilde{r}\right) \qquad \text{wo } i = H, N \qquad (4.8a)'$$

$$\tilde{a}_{Hi} = \sigma_{LH,i}\theta_{Li}\left(\tilde{w}_L - \tilde{w}_H\right) + \sigma_{KH,i}\theta_{Ki}\left(\tilde{r} - \tilde{w}_H\right) \qquad \text{wo } i = H, N \qquad (4.8b)'$$

$$\tilde{a}_{Ki} = \sigma_{LK,i}\theta_{Li}\left(\tilde{w}_L - \tilde{r}\right) + \sigma_{HK,i}\theta_{Hi}\left(\tilde{w}_H - \tilde{r}\right) \qquad \text{wo } i = H, N \qquad (4.8c)'$$

Nach Lösung dieses Gleichungssystems folgt der volkswirtschaftliche Kapitalstock aus (4.7) und die Entwicklung der Faktoreinsätze folgt aus (4.11a) und (4.11c).

4.4.2 Globalisierungsschocks bei vollkommener Spezialisierung

Korrektur der Beschäftigungsanteile

Für die Analysen von Globalisierungsschocks bei vollkommener Spezialisierung bedarf es zunächst einer Korrektur der Beschäftigungsanteile der Faktoren, denn der Import-Sektor ist nun nicht mehr existent. Man könnte diese Korrektur mechanistisch vornehmen und einfach die Beschäftigungsanteile der drei Faktoren auf Basis der bisherigen Daten auf 100% hochrechnen. Sinnvoller erscheint es, die Informationen aus 4.4.1 zu nutzen, und für die korrigierten Beschäftigungsanteile die Anpassungen in Rechnung zu stellen, die sich ergeben haben, wenn die Volkswirtschaft durch die Globalisierungsschocks ausgehend von einem Diversifikationsgleichgewicht in die vollkommene Spezialisierung gedrängt wurde. Bei der Anpassung der Beschäftigungsanteile haben wir die zweite Strategie verfolgt.

Preis- und Zinsschock

Analysieren wir nun einen 1%igen Preisschock, so ergibt sich wie erwartet ein „lifting all boats"-Effekt, von dem beide Qualifikationsstufen der Arbeit profitieren: die Entlohnung der Unqualifizierten steigt um 1,43%, jene der Qualifizierten um 1,37%. Das Lohndifferential ändert sich nur sehr geringfügig zugunsten der Unqualifizierten. Der Exportsektor expandiert bei einem solch geringen Preisschock bei vollkommener Spezialisierung nur geringfügig (um 0,8%) und der Sektor der nicht-handelbaren Güter in noch geringerem Ausmaß. Auch die Faktoreinsätze bewegen sich kaum. Tritt bei vollkommener Spezialisierung ein 1%iger Zinsschock auf, so erleiden beide Qualifikationsstufen der Arbeit - in allerdings nur geringem Ausmaß - Verluste: der Lohn der Unqualifizierten sinkt um 0,43%, jener der Qualifizierten um 0,37 %, so daß sich das Lohndifferential leicht vergrößert. Die Anpassung der Ausbringungsmengen bewegt sich ebenfalls in sehr geringen Größenbereichen: der Sektor der nicht-handelbaren Güter kontrahiert um 0,3%, der Exportsektor um 0,8%. Der physische Kapitalstock der Volkswirtschaft wird um 1,4% verringert.

4.5 Lohnrigiditäten

Die Faktorpreise der betrachteten kleinen offenen Volkswirtschaft wurden in den obigen Überlegungen als flexibel angenommen. Die Gegebenheiten auf den meisten europäischen Arbeitsmärkten widersprechen dieser Unterstellung. Eine Analyse europäischer Arbeitsmärkte kommt nicht umhin, Lohnrigiditäten in Rechnung zu stellen. Die Implikationen einer Lohnrigidität im Rahmen unseres 3x3-Modells werden nachfolgend anhand der Annahme eines *bindenden* Minimallohnes analysiert (vergleiche auch Kapitel 1.4.3). Der Lohn für unqualifizierte Arbeit in Einheiten des Low-Tech-Gutes darf demgemäß ein bestimmtes Niveau nicht unterschreiten. Wählen wir wiederum das Low-Tech-Gut, X_L, als numéraire, so impliziert der (reale) Minimallohn, $w_L \geq w_L^{min}$. Da wir im folgenden unterstellen, daß der Minimallohn als bindende Restriktion wirkt, gilt: $w_L = w_L^{min}$.

4.5.1 Vollständige Spezialisierung

Eine erste und entscheidende Implikation dieser Minimallohnrigidität ist, daß sich die kleine offene Volkswirtschaft bei Schocks, die eine Anpassung des Lohnes der unqualifizierten Arbeitskräfte nach unten verlangen, im Bereich der handelbaren Güter auf die Produktion von High-Tech-Gütern spezialisieren muß. Unter der Annahme eines bindenden Minimallohnes sind die 2 Gleichungen (4.1) und (4.2) überbestimmt. Wir hätten unter dieser Annahme durch die beiden Gleichungen zwei unabhängige und unterschiedliche Bestimmungsverfahren für die Bestimmung des Lohnsatzes der qualifizierten Arbeit, w_H, und somit einen Widerspruch. Ergo steht die Einführung eines bindenden Minimallohnes in unserem Modell einer kleinen offenen Volkswirtschaft im Widerspruch zur Diversifikationsannahme und es muß zur vollkommenen Spezialisierung auf das High-Tech-Gut kommen.[106] Das Ergebnis vollständiger Spezialisierung im Bereich der handelbaren Güter bei Einführung eines Minimallohnes in unserem Modell folgt auch aus der Anwendung eines allgemeinen Theorems von Neary (1985, Proposition 6): führt man in eine Volkswirtschaft, in welcher die Anzahl der Flexpreisfaktoren gerade der Anzahl der produktiven Tätigkeiten entspricht[107] eine weitere Faktorpreisrigidität ein, so muß es zu vollkommener Spezialisierung kommen.

---

[106] Die Situation wäre natürlich eine andere, wenn wir - wie z.B. Krugman (1995a) - statt von einer kleinen offenen Volkswirtschaft von einer großen offenen Volkswirtschaft ausgingen, die in der Lage ist, durch Mengenakkomodation, die Preiskonditionen auf dem Weltmarkt zu bestimmen. Zu beachten ist aber, daß in unserem 3-3-Modell, im Unterschied zum 2x2-Modell, welches Krugman zugrundelegt, aus einer Minimallohn- oder Relativlohnrigidität nicht zwangsläufig eine Fixierung des relativen Güterpreises der handelbaren Güter folgt, weil durch den Kapitalkostensatz ein weiterer Freiheitsgrad besteht. Im 3x3-Modell einer großen offenen Volkswirtschaft würde durch rigide Löhne zunächst der Preis der High-Tech-Güter in Relation zum Kapitalkostensatz festgelegt.

[107] Diese Eigenschaft wird von Neary als "local factor-price equalization property" bezeichnet. Sie liegt in unserem Modell im Bereich der handelbaren Güter vor.

4.5.2 Beschäftigungsverluste durch das Verschwinden des Low-Tech-Sektors

Bindet der Minimallohn bei ungünstigen Globalisierungsschocks, so wird die Volkswirtschaft in die Spezialisierung auf die High-Tech-Produktion gezwungen. Wie hoch sind die damit einhergehenden Beschäftigungsverluste, wenn die Volkswirtschaft vor dem Globalisierungsschock eine diversifizierte Produktionsstruktur aufwies? Da für die betrachtete kleine offene Volkswirtschaft die Weltmarktpreise und der Weltzins konstant sind, folgt aus (4.5) bzw. (4.5a), daß durch einen bindenden Lohn für die unqualifizierte Arbeit auch der Entlohnungssatz der qualifizierten Arbeit fixiert ist. Die Beschäftigungswirkungen eines bindenden Minimallohnes folgen somit aus der "Rybczinsky-Logik." Im Gegensatz zum einfachen Heckscher-Ohlin-Modell ohne nicht-handelbare Güter (wie in Brecher (1974a; 1974b)), ist in unserem Modell die Markträumungsbedingung für die nicht-handelbaren Güter zu berücksichtigen. Aus (4.4a) ermitteln wir bei konstanten Güter- und Faktorpreisen sowie konstanten Beständen an heimischem Humankapital und Kapital: $\widetilde{X}_N = \rho_L \widetilde{L}$. Diese Beziehung setzen wir in (4.13), wobei wir wiederum $\widetilde{H} = 0$ berücksichtigen. Für die Ausbringung im Low-Tech-Bereich folgt die Rybczinsky-Beziehung:

$$\widetilde{X}_L = \frac{\left[\lambda_{HH}\left(1-\lambda_{LN}\rho_L\right)+\lambda_{LH}\lambda_{HN}\rho_L\right]}{|\lambda|}\widetilde{L} \tag{4.15}$$

Durch Inversion der Beziehung (4.15) können wir nun ermitteln, in welchem Umfange Arbeit im Zuge des Verschwindens des Low-Tech-Sektors freigesetzt wird. Verschwindet der gesamte Importsektor, so reduziert sich die Beschäftigung der Unqualifizierten um 4,3%. Diese vielleicht überraschend geringen Beschäftigungsverluste, die die Schätzungen mit dem Krugman-Modell (1995) aber übersteigen (siehe Kapitel 2.5), sind letztlich ein Reflex der relativ geringen Bedeutung des Importsektors und der dort Beschäftigten.

4.5.3 Beschäftigungswirkungen bei vollkommener Spezialisierung (Zukunftszenario)

Auch für eine "Minimallohn-Ökonomie" läßt sich ein "Zukunftsszenario" analysieren. Hierfür wird unterstellt, daß - durch den Minimallohn verursacht - bereits eine vollkommene Spezialisierung auf High-Tech-Güter eingetreten ist, der Minimallohn aber weiterhin aufrechterhalten bleibt. Für eine solche Situation lassen sich die Beschäftigungsimplikationen eines Anstiegs des relativen Preises des Exportgutes und des Weltzinses ermitteln. Im folgenden wird die Modellogik bei vollkommener Spezialisierung beschrieben.

Bei vollkommener Spezialisierung auf das High-Tech-Gut, ist die Änderung des Lohnsatzes für qualifizierte Arbeit durch (4.2a) bestimmt: $\tilde{w}_H = (\tilde{p}_H - \theta_{KH}\tilde{r})/\theta_{HH}$. Aus (4.3a) läßt sich der Preis der nicht-handelbaren Güter ermitteln: $\tilde{p}_N = \theta_{HN}\tilde{w}_H + \theta_{KN}\tilde{r}$. Im Gegensatz zu den Modellen mit flexiblen Faktorpreisen ist das Beschäftigungsniveau der unqualifizierten Arbeit, L, nun keine exogene Größe. Da diese Größe nun modellendogen ist, läßt sich die Entwicklung der Ausbringungsmenge im Sektor der nicht-handelbaren Güter nicht mehr allein in Kenntnis der bisherigen Größen bestimmen. Vielmehr bestimmt die Markträumungsbedingung der nicht-handelbaren Güter zusammen mit den Faktormarktgleichgewichtsbedingungen für einfache Arbeit und qualifizierte Arbeit, (4.5a) und (4.6a), simultan die Beschäftigungsentwicklung der unqualifizierten Arbeit und die Outputwirkungen bei den Exportgütern und den nicht-handelbaren Gütern: $\tilde{L}$, $\tilde{X}_H$ und $\tilde{X}_N$.

$$\tilde{X}_N = \rho_L\tilde{L} + \rho_H\tilde{w}_H + \rho_K\tilde{r} - \tilde{p}_N \qquad (4.4a)'$$

$$\lambda_{LH}\tilde{X}_H + \lambda_{LN}\tilde{X}_N = \tilde{L} - [\lambda_{LH}\tilde{a}_{LH} + \lambda_{LN}\tilde{a}_{LN}] \qquad (4.5a)'$$

$$\lambda_{HH}\tilde{X}_H + \lambda_{HN}\tilde{X}_N = \tilde{H} - [\lambda_{HH}\tilde{a}_{HH} + \lambda_{HN}\tilde{a}_{HN}] \qquad (4.6a)'$$

Aus (4.7a) ist dann die Entwicklung des volkswirtschaftlichen Kapitaleinsatzes, $\tilde{K}$, berechenbar, $\tilde{K} = \lambda_{KH}\tilde{X}_H + \lambda_{KN}\tilde{X}_N + [\lambda_{KH}\tilde{a}_{KH} + \lambda_{KN}\tilde{a}_{KN}]$ und die Faktoreinsatzmengen folgen aus (4.11a) und (4.11c).

Preisschock und Zinsschock

Die Beschäftigungsverluste, die durch die Einführung eines bindenden (realen) Minimallohnes entstanden sind, sind – bei Aufrechterhaltung des Minimallohnes – teilweise umkehrbar, wenn der verbliebene Sektor ein günstiges Preissignal vom Weltmarkt bekommt. So führt ein 1%iger Anstieg der relativen Preise der Exportgüter zu einem Beschäftigungszuwachs bei den unqualifizierten Arbeitskräften von 2%. Expansiv wirkt ein solcher Schock vor allem auf den Exportsektor, dessen Ausbringungsmenge um 1,6% steigt, aber auch der Sektor der nicht-handelbaren Güter expandiert (um 0,6%). Die Entlohnung der Qualifizierten Arbeit steigt bei diesem Schock um 2%, so daß sich das Lohndifferential weiter öffnet. Ein Zinsschock hat die umgekehrte Wirkung auf das Lohndifferential. Eine 1%ige Erhöhung des Weltzinses reduziert den Lohn der Qualifizierten und mithin auch das Lohndifferential um 0,56%. Der Zinsschock führt nun allerdings zu einem Beschäftigungsabbau, weil Kapital aus der Volkswirtschaft abgezogen wird: der Kapitalstock sinkt um 1,6% und die Beschäftigung der Unqualifizierten reduziert sich um 0,64 %. Es kommt zu Kontraktionen des Sektors der nicht-handelbaren Güter (um 0,4%) und des Exportsektors (um 1%).

4.6 Schlußfolgerungen

In der Diskussion um die Ursachen der Verschlechterung der relativen Einkommens- und Beschäftigungssituation niedrigqualifizierter Arbeitskräfte in den OECD-Ländern seit Beginn der 1980er Jahre wird (neben dem technologischen Fortschritt) vor allem die Rolle der „Globalisierung" in zwei Ausprägungen hinterfragt: anknüpfend an der Analyse von Wood (1994) wurde die wachsende Partizipation von Schwellenländern untersucht, die sich in einer Zunahme des Nord-Süd-Handels äußert und durch Änderung der relativen Güterpreise auf die Märkte der Industrieländer transmittiert wird. In den jüngeren Outsourcing-Ansätzen wird die Möglichkeit einer Relokation von Kapital in den „Süden" betont, wo eine höhere Rendite erzielt werden kann. Wir haben beide Überlegungen in ein Modell generellen Gleichgewichts mit drei Sektoren und drei Faktoren eingebunden, welches wir unter Berücksichtigung von Input-Output-Daten und von Beschäftigungsmikrodaten auf die Gegebenheiten der Bundesrepublik Deutschland im Jahre 1980 kalibriert haben. Eine Analyse von Preis- und Zinsschocks führt zu folgenden Schlußfolgerungen.

1. Geht man – im Einklang mit den Daten für dieses hochaggregierte Modell - davon aus, daß die Produktionsstruktur diversifiziert ist, so würden bereits geringe Preisschocks (Anstieg der relativen Exportgüterpreise) oder Zinsschocks genügen, um das Lohndifferential zwischen qualifizierten und unqualifizierten Arbeitskräften stark zu vergrößern. Allerdings kommen solche Effekte nicht zum Tragen, weil bereits geringe Preis- und Lohnschocks genügen, um die Volkswirtschaft in die vollkommene Spezialisierung (auf Exportgüter und nicht-handelbare Güter) zu drängen. Das Lohndifferential kann sich daher maximal um 4,2% (beim Preisschock) und 3,3% (beim Zinsschock) öffnen. Die starke Reaktion auf einen geringen Preis- oder Zinsschock läßt sich dadurch erklären, daß es im Zuge solcher Schocks zu einem kräftigen Kapitalabbau (Relokation ins Ausland) kommt.

2. Die in der importkonkurrierenden Industrie freigesetzten Arbeitskräfte finden nicht etwa im Sektor der nicht-handelbaren Güter eine Wiederbeschäftigung, sondern in der Exportindustrie. Der Sektor der nicht-handelbaren Güter spielt damit entgegen diesbezüglicher Überlegungen keine bedeutende Rolle als Beschäftigungspuffer.

3. Ist die Volkswirtschaft durch einen Preis- oder Zinsschock einmal in die vollkommene Spezialisierung getrieben worden, so profitieren beide Qualifikationsstufen der Arbeit von einem weiteren Preisschock („lifting all boats") während sie sich bei einem Zinsschock schlechterstellen. Im ersten Falle verändert sich das Lohndifferential leicht zugunsten der Unqualifizierten, im zweiten Falle leicht

zuungunsten derselben. Die induzierten Mengenreaktionen sind sowohl beim Preis- als auch beim Zinsschock gering.

4. Führt die Volkswirtschaft einen bindenden Minimallohn ein, so wird die importkonkurrierende Industrie dem Wettbewerbsdruck nicht standhalten können und verdrängt. Da der Anteil der Beschäftigten im Importsektor aber im Vergleich zu den anderen beiden Sektoren gering ist, halten sich die Beschäftigungsverluste (Arbeitslosigkeit) bei den Unqualifizierten in einem geringen Rahmen (4,3%). Ein signifikanter Beitrag für die Erklärung von Arbeitslosigkeit ist aus diesen Berechnungen also nicht abzuleiten.

5. Treten in einer Situation der Spezialisierung, die durch einen Minimallohn erzwungen wurde, Preisschocks in Form einer relativen Verteuerung der Exportgüter oder Zinserhöhungen auf, so führen erstere zum Abbau der Arbeitslosigkeit, weil die Exportgüterindustrie expandiert, letztere zu einem leichten Beschäftigungsabbau. Der Preisschock treibt das Lohndifferential leicht auseinander, während der Zinsschock das Lohndifferential wiederum verringert.

Nimmt man das semi-realistische Modell ernst, so zeigt sich, daß weder für die Arbeitslosigkeit noch für das Lohndifferential auf den deutschen Arbeitsmarkt starke negative Auswirkungen von einer weiteren wirtschaftlichen Integration abgeleitet werden können. Für diese Einschätzung sind letztlich zwei Faktoren entscheidend: Zum einen beschäftigt der Importsektor, der durch verstärkte Weltmarktkonkurrenz bedroht wird, nur einen Anteil von 19% der Erwerbstätigen (qualifizierte und unqualifizierte Arbeitskräfte zusammen). Zum anderen wird die Volkswirtschaft bereits durch geringe Preis- oder Zinsschocks in die vollkommene Spezialisierung gedrängt, so daß auch von dieser Seite die negativen Wirkungen begrenzt sind.

Unsere Ergebnisse fügen sich in die Reihe jener Arbeiten, die Skepsis bezüglich der Thesen anmelden, daß vom Prozess der weltwirtschaftlichen Integration bedeutende negative Effekte auf die Einkommens- und Beschäftigungssituation unqualifizierter Arbeitskräfte ausgehen. Die Ergebnisse, die mit dem 3x3 Modell erzielt wurden, setzen die skeptischen Bemerkungen, die wir im Fazit des vorangegangenen Kapitels festgehalten haben allerdings nicht außer Kraft. Sie festigen jedoch unsere bereits ausgesprochene Einschätzung, daß apokalyptische Visionen fehl am Platze sind.

Teil III

Umwelt und wirtschaftliche Integration

1. Umweltpolitik und wirtschaftliche Integration – Eine Bestandsaufnahme

1.1 Einleitung

In den folgenden drei Kapiteln beschäftigen wir uns mit dem zweiten, einleitend abgegrenzten Problemschwerpunkt unserer Arbeit, der These, daß die zunehmende wirtschaftliche Integration die Umwelt und damit die natürliche Lebensgrundlage des Menschen gefährdet. Umweltschützer betrachten den Globalisierungsprozeß nicht selten deshalb mit Skepsis, weil sie befürchten, daß die von Ökonomen beschworenen materiellen Wohlfahrtsgewinne des Freihandels durch ökologische Schäden übertroffen würden. Die Befürchtungen lauten

- Erstens, die wachsende außenwirtschaftliche Verflechtung würde zu einem Anwachsen des Transports, Konsums und der Produktion und damit einhergehend zu einer Verschärfung der Umweltbelastungen und einer katastrophalen Ausbeutung natürlicher Ressourcen führen,
- Zweitens, durch laxe Umweltpolitiken - Stichwort: 'Ökodumping' - könnten einzelne Länder versuchen, künstliche Wettbewerbsvorteile zu erlangen; dies hätte zur Folge, daß eine generelle Scheu besteht, die eigentlich angemessenen (strengen) umweltpolitischen Maßnahmen anzuwenden und daß ein wechselseitiges Unterbieten der Umweltstandards, ein sogenanntes 'Race to the bottom', einsetzen würde,
- Drittens, die Institutionen des Welthandels, das GATT und die WTO, stehen im Verdacht, im Zuge der Verfolgung des Ziels eines möglichst freien, regelgebundenen Welthandels strenge nationale Umweltpolitiken zu unterminieren und eine Angleichung auf niedrigstem Niveau zu verursachen.

Diese Befürchtungen geben verschiedenen Forderungen Nahrung. So ist der Ruf nach einer internationalen Harmonisierung der Umweltstandards auf hohem Niveau zu hören (Bhagwati, 1996). Auch wird nicht selten gefordert, Ländern, die sich solchen Standards widersetzen, mit handelspolitischen Interventionen, wie z.B. der Erhebung von Importzöllen, zu begegnen. Generell ist die Sicht vorherrschend, der internationale Handel sei zu bremsen und eine stärkere Selbstversorgung der Länder oder gar regionaler Einheiten zu fördern. In institutioneller Hinsicht sind Forderungen nach einer "Ökologisierung" der Welthandelsordnung und nach Schaffung einer Weltumweltorganisation erhoben worden.

In den nachfolgenden Abschnitten dieses Kapitels und im nächsten Kapitel greifen wir die ersten beiden Befürchtungen der Umweltschützer auf. Kapitel 1 liefert einen Literaturüberblick über die Beziehungen zwischen wirtschaftlicher Integration und Umweltpolitik. Wir beginnen in Abschnitt 1.2 mit einer Erörterung der begrifflichen Grundlagen. Wir beleuchten die Idee der Nachhaltigkeit, charakterisieren die neoklassischen Konzepte der Externalität und der Internalisierung, nehmen eine Unterscheidung in nationale und grenzüberschreitende Umweltprobleme vor und präzisieren die in der gegenwärtigen Diskussion populären Schlagworte Ökodumping, Race to the bottom und NIMBY. In unseren Analysen der Wirkung nationaler Umweltpolitik bei Güterhandel (international immobile Produktionsfaktoren) und Kapitalmobilität (international mobiles Kapital) die wir in den Abschnitten 1.3 und 1.4 vornehmen, konzentrieren wir uns auf nationale Umweltprobleme, da die Komplikationen, die sich bei grenzüberschreitenden Umweltproblemen ergeben, nicht mit der Mobilität der Güter bzw. Produktionsfaktoren zusammenhängen, sondern in ihrem transnationalen Charakter begründet sind. In Abschnitt 1.5 gehen wir kurz auf solche grenzüberschreitende Umweltprobleme ein. Die empirische Evidenz ist Gegenstand von Abschnitt 1.6. In Abschnitt 1.7 ziehen wir einige Schlußfolgerungen.

Die beiden erstgenannten Befürchtungen von Umweltschützern sind auch Gegenstand von Kapitel 2. Im Gegensatz zur bisherigen Literatur, die im wesentlichen an Modellen vollkommenen Wettbewerbs und an Oligopolmodellen anknüpft, hat Kapitel 2 die Analyse der Wirkungsweise der Umweltpolitik bei Güterhandel und Kapitalmobilität in einem Modell monopolistischer Konkurrenz zum Gegenstand. Wir greifen ein Modell in der Tradition von Dixit/Stiglitz/Krugman auf, führen lokale Produktionsexternalitäten in dieses Modell ein, und leiten die optimalen (zweitbesten) Umweltpolitiken sowohl für den Autarkiefall als auch für eine Zweiländer-Modellvariante ab. Wir zeigen insbesondere, daß sich neue Motive ergeben, die Umweltpolitik zweckfremd einzusetzen.

Gegenstand von Kapitel 3 sind die Reibungsflächen zwischen den Institutionen des Welthandels und den Anliegen des Umweltschutzes und somit die dritte der einleitend aufgeführten Befürchtungen der Umweltschützer. Wir setzen uns insbesondere mit der Forderung nach Schaffung einer Weltumweltorganisation und dem ökologischen Reformbedarf des GATT bzw. der WTO auseinander.

1.2 Grundlegende Konzepte

1.2.1 Das Konzept der Nachhaltigkeit[108]

Ökonomische und ökologische Begriffsfassung

Wenn die ökologischen Nebenwirkungen wirtschaftspolitischer Initiativen zur Diskussion gestellt werden, so wird heute als Beurteilungsbasis nicht selten das Konzept der Nachhaltigkeit herangezogen. Die Weltkommission für Umwelt und Entwicklung charakterisiert dieses Konzept wie folgt: 'Den Bedürfnissen der heutigen Generationen entsprechen, ohne die Möglichkeiten der zukünftigen Generationen zu schmälern ihre eigenen Interessen zu verfolgen' (sinngemäß nach Brundtland, 1987). Die Popularität des Konzeptes der Nachhaltigkeit, welches über die Kreise von Umweltschützern hinaus eine breite Zustimmung findet, hat viel mit dessen Unschärfe und Unverbindlichkeit zu tun. Das hier zitierte Wort der "Brundtlandkommission" macht zumindest eines deutlich: Nachhaltigkeit beinhaltet im Kern die ethische Forderung nach einer Lösung des Verteilungsproblems zwischen den heutigen und zukünftigen Generationen.

Wie aber läßt sich das Konzept der Nachhaltigkeit konkretisieren? Es lassen sich im wesentlichen zwei Begriffsfassungen unterscheiden.[109] Der *ökonomischen Begriffsfassung* liegt, in der Tradition der neoklassischen Wahlhandlungstheorie, in die sich auch die vorliegende Arbeit stellt, ein rein anthropozentrischer Blickwinkel zugrunde. Demgegenüber schenkt die *ökologische Sichtweise* auch Eigenschaften ökologischer Systeme unabhängig von ihrer nutzenstiftenden Rolle für den Menschen Beachtung. Nachhaltigkeit im ökologischen Sinne ist durch die Fähigkeit eines Systems charakterisiert, seine Struktur und seine Verhaltensmuster bei und nach Störungen aufrechtzuerhalten ('Resilience'). Bestandsgrößen besitzen dieser Sicht entsprechend eine besondere Rolle und zwar im Sinne von Umweltzielen über Bestände für bestimmte natürliche Ressourcen, Grenzwerte für Ressourcenbestände und Grenzwerte für Schadstoffkonzentrationen. Da nicht zuletzt aufgrund der Komplexität ökologischer Systeme unklar ist, auf welchem Niveau Bestandsgrößen und Grenzwerte festzulegen sind, um dieser Systemeigenschaft gerecht zu werden, da umgekehrt aber jedes menschliche Leben und Wirtschaften zwangsläufig Ressourcen in Anspruch nimmt und Schadstoffbelastungen verursacht, wird deutlich, daß ökologische Nachhaltigkeit kein eindeutig definierter Zustand ist.

---

108 Vgl. hierzu ausführlich Pflüger (1999b).

109 Vgl. Pearce und Turner (1990), Common (1995, S.46ff), Radke (1995) und Bretschger (1996, S. 179ff).

Das Konzept der Nachhaltigkeit bleibt allerdings auch in der anthropozentrischen Konkretisierung der Ökonomen unscharf. In einer ersten Annäherung läßt sich ökonomische Nachhaltigkeit als Verpflichtung auffassen, die Verhaltensweisen der heutigen Generationen so einzurichten, daß den zukünftigen Generationen die Option erhalten bleibt, ein Wohlstandsniveau zu erlangen, welches jenem der heute Lebenden mindestens gleichkommt (Solow, 1991). Auch diese Begriffsfassung bleibt vage: Weder lassen sich die Präferenzen zukünftiger Generationen erahnen, noch läßt sich heute ermessen, welche technologischen Kapazitäten in der entfernten Zukunft verfügbar sein werden. Das ökonomische Konzept erfährt allerdings insofern eine Konkretisierung, als es auf (nutzenstiftende) Konsumströme abstellt, wobei der hier zugrundeliegende Konsumbegriff weiter gefaßt ist, als der Konsum im landläufigen Sinne. Nicht nur der Verzehr materieller Güter ist angesprochen, sondern auch Konsum beispielsweise im Sinne eines Genießens einer schönen Landschaft. Nachhaltigkeit ist dann definiert als Ziel, *den Konsum pro Kopf im Zeitablauf aufrechtzuerhalten*[110]. Diese Charakterisierung macht deutlich, daß es im Konzept der ökonomischen Nachhaltigkeit in erster Linie um eine *Flußgröße* geht - den Konsum pro Kopf bzw. die Wohlfahrt pro Kopf. Demgemäß enthält das Konzept der ökonomischen Nachhaltigkeit auch nicht die generelle Verpflichtung, bestimmte Ressourcen unangetastet zu lassen. Das Flußkonzept stellt allein auf die nutzenstiftenden Dienstleistungsströme ab. Ressourcen und Umweltgüter werden hierbei prinzipiell als substitutiv betrachtet: Entscheidend ist nicht, *welche* Ressourcen und Umweltgüter für den dauerhaften Dienstleistungsstrom sorgen, sondern *daß* es zu einem solchen kommt. Dies bedeutet allerdings nicht, daß *Bestandsgrößen* in der anthropozentrischen ökonomischen Sichtweise irrelevant wären. Ihnen wird als Zwischenziel Bedeutung zugebilligt. Dies gilt insbesondere, wenn das Potential irreversibler Umweltschäden vermutet wird, oder wenn große Unsicherheit über Umweltschäden besteht. Unter diesen Bedingungen verlangt das ökonomische Konzept, das Ziel des langfristigen Erhalts der Wohlfahrt durch sogenannte kritische Bestände oder Schwellenwerte ("Safe minimum standards") abzusichern.

Ressourcenknappheit und Umweltbelastungen als Problembereiche

Die Wohlfahrt heutiger und zukünftiger Generationen - und mithin ökonomische Nachhaltigkeit - wird von zwei Faktoren bestimmt, von der Menge der zur Verfügung stehenden Ressourcen, und vom Zustand der Umwelt (Solow, 1992; Pearce und Atkinson, 1995). Wie einleitend in diesem Kapitel aufgeführt, befürchten Umweltschützer, daß beide dieser Faktoren in Quantität und Qualität von der wachsenden weltwirtschaftlichen Integration bedroht sind.

1. Die Sorge um die *Ressourcenbasis* stand im Mittelpunkt der Diskussionen, die im Gefolge des ersten Berichtes an den Club of Rome ("Die Grenzen des Wachs-

---

110 Siehe z.B. Radke (1995) und Weitzman (1997).

tums", 1972) ausgelöst wurden.[111] Die hierdurch stimulierte Forschung identifizierte die Substituierbarkeit der natürlichen Ressourcen in der Produktion, die Kapitalakkumulation, den ressourcensparenden technischen Fortschritt und das Bevölkerungswachstum als Schlüsselfaktoren für nachhaltiges Wirtschaften.[112] Aus diesen Überlegungen und aus den empirischen Erfahrungen ergeben sich insbesondere folgende Ansatzpunkte für wirtschaftspolitische Maßnahmen zur Förderung des Nachhaltigkeitsziel: ein adäquates Management der Ressourcen, insbesondere eine klare Zuordnung von Eigentumsrechten, die Entschädigung zukünftiger Generationen für den heutigen Abbau von 'Umweltkapital' durch alternative Formen des Kapitals - Stichwort: Hartwick-Regel[113] - und Maßnahmen zur Verringerung des Bevölkerungswachstums.

Zwischen der außenwirtschaftlichen Integration und der Ressourcenbasis besteht nun insofern ein Nexus, weil erstere aus mehreren Gründen als eine Triebfeder für Wachstum und Entwicklung anzusehen ist:[114] Erstens erlaubt die wirtschaftliche Integration eine Vertiefung der internationalen Arbeitsteilung. Die Spezialisierung in der Produktion bietet allen Parteien Wohlfahrtsgewinne. Der Tausch als indirekte Produktion ermöglicht es den Ländern, sich auf die Herstellung dessen zu konzentrieren, was sie eingedenk technologischer, klimatischer oder sonstiger Gründe 'gut' können, und in den Genuß dessen zu kommen, was die anderen 'gut' können.[115] Zweitens, wirtschaftliche Integration forciert den Wettbewerb, was den Verbrauchern durch sinkende Preise zugute kommt. Drittens, das Ausnutzen von Größenvorteilen in der Produktion führt ebenfalls dazu, daß die Produkte günstiger werden. Außerdem vergrößert sich die Produktpalette für den Verbraucher.[116] Viertens, die moderne Wachstumsforschung zeigt, daß der mit der wirtschaftlichen Integration einhergehende Wettbewerbsdruck Impulse für den technischen Fortschritt liefert. Schließlich führt wirtschaftliche Integration auch dazu, daß sich der technologische Fortschritt räumlich schneller ausbreitet.

Außenwirtschaftliche Liberalisierungen kommen deshalb dem Umweltziel zugute, weil durch sie ein Beitrag zum Abbau der Armut und damit zu einer Verringerung des Bevölkerungswachstums geleistet wird, weil der Wettbewerbsdruck zum effizienteren Umgang mit den Ressourcen zwingt und weil sich umweltschonender technischer Fortschritt schneller ausbreiten kann. Wachsende Realeinkommen

---

111 Vgl. hierzu ausführlicher: Pflüger (1999b, Abschnitt 3).

112 Siehe hierzu Dasgupta und Heal (1979, Kap.7), Stiglitz (1979), Fisher (1987), Nordhaus (1992), Common (1995) und Weitzman (1997).

113 Siehe Hartwick (1977) und Solow (1986).

114 Siehe hierzu Baldwin und Venables (1994), Baldwin (1995a) und Kappel und Landmann (1997, Kap.3).

115 Auf diesen Überlegungen fußen die Ausführungen in Teil II der vorliegenden Arbeit. Die dort verwendete Heckscher-Ohlin-Theorie erklärt Spezialisierungsvorteile durch Unterschiede in der relativen Ausstattung mit Produktionsfaktoren.

116 Dieser Aspekt wird modelltheoretisch im nächsten Kapitel vertieft.

führen andererseits auch zu einem höheren Ressourcenverbrauch pro Kopf und zu höheren Umweltbelastungen. Mit wachsendem Realeinkommen wächst allerdings auch die Nachfrage nach sauberer Umwelt. Empirische Untersuchungen zeigen, daß sich Umweltbelastungen im Entwicklungsprozeß typischerweise zunächst erhöhen, ehe Schwellen des Realeinkommens erreicht sind, ab denen eine Stabilisierung und Abnahme einsetzt.[117] Nimmt man das Entwicklungsziel der ärmeren Länder ernst – wie im Leitbild der nachhaltigen Entwicklung vorgesehen – so folgt, daß eine schnelle Überwindung verschmutzungsintensiver Entwicklungsstadien zu unterstützen ist. Offene Märkte und eine intensivierte internationale Arbeitsteilung können hierzu einen zentralen Beitrag leisten.

2. Die Sorge um die Ressourcenbasis ist inzwischen in den Hintergrund gerückt und von der Sorge um die Belastbarkeit der natürlichen Umwelt mit Schadstoffbelastungen verdrängt worden (Cropper und Oates, 1992; Weizsäcker, 1994). Diese Sorge, und die Frage, ob und inwieweit wirtschaftliche Integration diese Problematik verschärft, stehen im Zentrum der weiteren Ausführungen.

1.2.2 Externalitäten und Internalisierung

Die neoklassische Wahlhandlungstheorie liefert ein einfaches Kriterium, anhand dessen sich feststellen läßt, wann eine Umweltbelastung oder ein Umweltproblem vorliegt und wann nicht, bzw. welche - durch den Prozeß des Lebens und Wirtschaftens zwangsläufig entstehenden - Umweltbelastungen gesellschaftlich zu tolerieren sind und welche nicht. Die Neoklassik argumentiert anthropozentrisch: Abwässer, Abgase und Abfälle werden erst dann als Umweltproblem oder Umweltbelastung betrachtet, wenn sich Menschen durch die Wasser- und Luftverschmutzung und durch die Belastung der natürlichen Lebensräume in ihrem Wohlbefinden beeinträchtigt fühlen. Folgt man diesem Kriterium, so läßt sich die gesellschaftlich tolerable Belastung der Umwelt konzeptionell folgendermaßen ermitteln: die ökonomischen Aktivitäten (Produktion, Konsum und Transport) dürfen bis zu jenem Grad ausgedehnt werden, bei welchem der Vorteil der zusätzlichen Produktion und des zusätzlichen Konsums gerade durch die vom Menschen als Wohlfahrtsbeeinträchtigung empfundene Erhöhung der Luft- und Wasserverunreinigung etc. aufgewogen wird.

Der Marktmechanismus stellt allerdings nur dann die Erreichung genau dieses wirtschaftlichen Aktivitätsgrades sicher, wenn die sozialen Kosten in die Produktions-, Konsum- und Transportentscheidungen der Firmen und Haushalte einfließen. Die neoklassische Theorie deutet Umweltprobleme als Externalitätenprobleme: Umweltverschmutzung wird zum Problem, wenn eine Lücke zwi-

---

117 Vgl. die Arbeiten von Grossman (1995) und Baldwin (1995) in Goldin und Winters (1995a) und das Einführungskapitel von Goldin und Winters (1995b). Siehe kritisch hierzu: Hauff (1998).

schen den sozialen Grenzkosten und den privaten Grenzkosten, eine sogenannte Externalität, besteht, die nicht in das Entscheidungskalkül der Verschmutzer einfließt. Ohne staatliche Regulierung ist das Niveau der Umweltbelastungen daher zu hoch. Greift der Staat hingegen mit geeigneten umweltpolitischen Maßnahmen wie z.B. Umweltsteuern oder Umweltzertifikaten regulierend ein, so daß alle Verschmutzer nicht nur mit den privaten Grenzkosten sondern mit den sozialen Grenzkosten ihrer Verschmutzungsaktivität konfrontiert werden, findet also eine volle Internalisierung statt, so sind die Preise 'ökologisch korrekt' und die Marktsteuerung ist effizient.

Die Umsetzung der geeigneten staatlichen Regulierungsmaßnahmen ist allerdings alles andere als trivial. Ein fundamentales Problem betrifft vor allem die Abschätzung der Grenzkosten und -nutzen, die mit einer Erhöhung oder Verminderung der Konsum-, Produktions- und Faktoreinsatzmengen verbunden sind. Die Wirtschaftspolitik gibt sich in der Praxis nicht zuletzt aus diesem Grunde mit der Festlegung von akzeptablen – im obigen Sinne nicht optimalen – 'Umweltstandards' zufrieden, die mit den geeigneten staatlichen Regulierungsinstrumenten anzustreben sind[118].

1.2.3 Nationale und grenzüberschreitende Umweltprobleme

Für die weitere Analyse ist es sinnvoll, zwischen zwei Typen von Umweltproblemen zu unterscheiden, nationalen Umweltproblemen, also Umweltbelastungen aufgrund von Abwässern, Abgasen und Abfällen, die nur die Bürger innerhalb nationalstaatlicher Grenzen betreffen (z.B. Sommersmog, nationale Abfallentsorgung) einerseits, und grenzüberschreitenden Umweltproblemen, wie z.B. den Problemen des Sauren Regens, des Treibhauseffektes oder des stratosphärischen Ozonabbaus andererseits.[119] Diese Unterscheidung ist deshalb von Bedeutung, weil im Falle nationaler Probleme die Wohlfahrt der Bürger verschiedener Nationalstaaten erst durch die außenwirtschaftliche Öffnung berührt wird, während i Falle transnationaler Umweltprobleme die Wohlfahrtsniveaus bereits ohne wirtschaftliche Integration direkt verknüpft sind. Da die zusätzlichen Komplikationen, die sich bei der Analyse grenzüberschreitender im Vergleich zu nationalen Umweltproblemen ergeben, allein von deren transnationalen Charakter rühren, konzentrieren sich die nachfolgenden Überlegungen auf die Analyse nationaler Externalitäten. Der Fall transnationaler Externalitäten wird danach kurz beleuchtet.

---

118 Siehe hierzu die definitive Analyse von Baumol und Oates (1988) und die pointierten Anmerkungen von Streissler (1993).

119 Letztere lassen sich selbst wiederum in einseitige (unidirektionale), regional reziproke und globale Probleme unterteilen, eine Unterscheidung, die im Kontext unserer Überlegungen aber nicht von Bedeutung ist. Vgl. hierzu Mäler (1990).

1.2.4 Ökodumping, Race to the Bottom und NIMBY

Zu den Begriffen, die die gegenwärtige Diskussion prägen und die einer Präzisierung bedürfen, weil sie nicht einheitlich und oft unkritisch gebraucht werden zählen: Ökodumping, Race to the Bottom und NIMBY. Anknüpfungspunkt für eine Präzisierung der Begriffe ist das Konzept der Internalisierung. Wir gehen nachfolgend von nationalen Umweltexternalitäten aus.[120]

Wie dargelegt, muß jede Gesellschaft bestimmen, bei welchem Niveau der ökonomischen Aktivität sich die materiellen Wohlfahrtsgewinne gerade die Waage halten mit den damit einhergehenden Umweltbelastungen. Entsprechend dieser Überlegung ist die Umweltpolitik auszugestalten. Da Umweltgüter unterschiedlich knapp sind und da die Umweltpräferenzen der Bürger aus Gründen des Entwicklungsstandes oder aus kulturellen und anderen Gründen national unterschiedlich sein können, ergibt sich, daß nationale Umweltstandards legitimerweise voneinander abweichen können, ohne daß das Wohl und Wehe anderer dadurch beeinträchtigt würde. In diesem Zusammenhang von 'Ökodumping' zu sprechen wäre abstrus. Entsprechend sind auch Forderungen nach einer Harmonisierung der Umweltstandards auf dem Niveau der Industrieländer zu bewerten: "Man sollte sich im reichen westeuropäischen Wirtschaftsraum vor einer neuen Form des Kulturimperialismus hüten. Es steht diesem Teil der Erde kaum an, seine Präferenzen für Umweltgüter den anderen Ländern, insbesondere den Ländern der Dritten Welt, zu oktroyieren", wie Carl Christian von Weizsäcker (1997) treffend formuliert.

Unterbleibt hingegen eine Konfrontation der Verschmutzer mit den von ihnen verursachten sozialen Grenzkosten, d.h. findet eine Internalisierung nicht oder nur unvollständig statt, so erscheint es legitim, von Ökodumping zu sprechen.[121] Die Wurzeln für ein solches Ökodumping können in einem - dem Marktversagen nachfolgenden – Politikversagen liegen: entweder werden die Präferenzen der Bürger im politischen Entscheidungsprozeß nicht oder nicht umfassend berücksichtigt (undemokratische Regimes), oder es setzen sich im politischen Entscheidungsprozeß Partikularinteressen besser durch, als allgemeine Anliegen (politökonomisches Argument).

Denkbar ist auch, daß die Regierungen einzelner Länder völlig im Einklang mit den Interessen ihrer Bürger aus strategischen Gründen eine vollständige Internalisierung unterlassen, weil sie sich hiervon umweltferne Wohlfahrtsgewinne anderer Art versprechen, die, in ihren Augen, die hierbei in Kauf genommenen

---

120 Zu den nachfolgenden Begriffsprägungen vgl. Rauscher (1994) und Wilson (1996).

121 So z.B. die Argumentation des SRU (1998).

Umweltverschlechterungen dominieren. Ceteris paribus, das heißt gegeben, daß andere Länder nicht ähnliche Schritte unternehmen, können solche Maßnahmen höchst rational sein, obgleich keine vollkommene Internalisierung stattfindet.

1.3 Umweltpolitik und Güterhandel

1.3.1 Einführung

Werden materielle Wohlfahrtsgewinne außenwirtschaftlicher Liberalisierung zwangsläufig durch ökologische Schäden aufgehoben und ist im Zuge der Internationalisierung der Wirtschaftsprozesse ein Unterbietungswettlauf von Umweltstandards zu erwarten? Die nachfolgende Analyse beginnt mit der Annahme, daß die Produktionsfaktoren zwar national mobil, international aber immobil sind. Außenwirtschaftliche Beziehungen bestehen daher allein durch die Möglichkeit des Austausches von Gütern. Die Beziehungen zwischen dem Außenhandel und der Umwelt sind Gegenstand einer umfangreichen Literatur, die seit den 1970er Jahren entstanden ist.[122] In den Überblicksartikeln von Bhagwati und Srinivasan (1996) und von Ulph (1997) werden die grundsätzlichen Einsichten unter verschiedenen institutionellen Annahmen (Kleinländerfall, Großes Land, unvollkommene Gütermärkte) analytisch auf primalem bzw. dualem Wege abgeleitet. Diese Übung zu wiederholen ist daher überflüssig. Wir beschränken uns aus diesem Grunde im folgenden auf eine heuristische Darstellung. Wie sich zeigt, folgen die zentralen Einsichten aus der Theorie des Policy Targeting (Bhagwati, 1971). Unsere Analyse unterstellt, daß die Umweltexternalitäten nationaler Natur sind und daß die Regierungen das gesellschaftliche Allgemeinwohl zu maximieren trachten.

1.3.2 Der Fall des kleinen Landes

Wir beginnen die Analyse unter der Annahme vollkommener Konkurrenz auf allen Märkten und unterstellen zunächst, daß das betrachtete Land ein kleines Land ist. Unter dieser Annahme ist das Land nicht in der Lage, seine Terms of Trade wirtschaftspolitisch zu manipulieren und der Optimalzoll dieses Landes ist ergo gleich Null. Diese Einsicht hat auch Konsequenzen für den Einsatz des umweltpolitischen Instrumentariums. Insbesondere muß unter diesen Bedingungen eine Verwendung umweltpolitischer Instrumente zur Beeinflussung der relativen Güterpreise scheitern. Folglich sind die nationalen Umweltexternalitäten voll zu

---

[122] Unter den inzwischen zahlreichen Überblicksarbeiten seien hervorgehoben: Siebert et. al. (1980), Anderson (1992), GATT (1992), Lloyd (1992), Low (1992), Snape (1992), Beghin et. al. (1994), OECD (1994) und Rauscher (1997a).

internalisieren. Die erstbeste Politik für eine kleine offene Volkswirtschaft besteht somit darin, von einem Einsatz handelspolitischer Instrumente abzusehen und ihre umweltpolitischen Instrumente so einzusetzen, daß die sozialen Kosten des Wirtschaftens voll internalisiert werden.

1.3.3 Der Fall eines großen Landes

Eine große Volkswirtschaft ist hingegen in der Lage, das internationale Austauschverhältnis der Güter zu beeinflussen. Die erstbeste Politik eines großen Landes besteht darin, die handelspolitischen Instrumente einzusetzen, um die Monopolmacht auf den Weltmärkten auszubeuten (Optimalzollpolitik) und die Umweltpolitik so auszugestalten, daß die nationalen Externalitäten voll internalisiert werden. Stehen handelspolitische Instrumente - z.B. wegen Liberalisierungsverpflichtungen - nicht zur Verfügung, so kann eine große offene Volkswirtschaft die Umweltpolitik jedoch als Surrogat für einen Zoll einsetzen. Ist die Volkswirtschaft ein Nettoexporteur eines verschmutzungsintensiven (emissionsintensiven) Gutes, so wird sie den umweltpolitischen Instrumententeneinsatz im Vergleich zu einer vollen Internalisierung überdosieren, um auf diese Weise eine relative Verteuerung ihrer Exportgüter zu induzieren. Ist sie hingegen ein Nettoimporteur, so wird sie spiegelbildlich eine Unterdosierung vornehmen. Aus dieser Überlegung folgt zum einen, daß Terms of Trade-Überlegungen nicht zu einem Herunterkonkurrieren von Umweltstandards führen, wählt doch nur ein Land eine zu laxe Umweltpolitik, das andere hingegen eine zu strenge. Zum anderen wirft diese Überlegung Licht auf den nicht selten von Industrieländern vorgebrachten Vorwurf, (bestimmte) Entwicklungsländern würden lokal zu verschmutzungsintensiv produzieren, und somit Umweltdumping betreiben. Wären Terms of Trade Gesichtspunkte maßgebend, so müßten Entwicklungsländer typischerweise gerade eine härtere Umweltpolitik anstreben, während die Industrieländer eine zu laxe Umweltpolitik wählen würden.

1.3.4 Strategische Handelspolitik

Eine umfangreiche jüngere Literatur greift auf Modelle der neuen Außenhandelstheorie zurück, in welchen die Produzenten wegen steigenden Skalenerträgen Marktmacht haben und die Regierungen strategisch agieren.[123] Diese Arbeiten verwenden Oligopolmodelle in der Tradition von Brander, Krugman und Spencer

---

[123] Die definitive Monographie zur neuen Außenhandelstheorie haben Helpman und Krugman (1989) vorgelegt. Eine kurze Charakterisierung findet sich in Landmann und Pflüger (1992).

und unterstellen, daß die Regierungen nur über ein wirtschaftspolitisches Instrument, einen Parameter der Umweltpolitik, verfügen.[124]

Die Quintessenz dieser Ansätze läßt sich an einem einfachen Beispiel veranschaulichen, welches an dem Modell von Brander und Spencer anknüpft (Brander und Spencer, 1985; Helpman und Krugman, 1989, Kap.5). Betrachtet sei ein homogenes Duopolspiel auf einem Drittmarkt, welcher von zwei Firmen aus verschiedenen Ländern beliefert wird. Sehen die jeweiligen Regierungen vom Einsatz wirtschaftspolitischer Instrumente ab, so resultiert die Cournot-Lösung. Jede Regierung hat allerdings einen Anreiz, ihre Firma in die Position des Stackelberg-Führers zu manövrieren, um dieser einen höheren Gewinn und ihren Bürgern dadurch eine Wohlfahrtssteigerung zu ermöglichen. Durch Subventionierung der eigenen Firma gelingt dies - wenn sich das andere Land als Stackelberg-Folger verhält. Die Subventionierung rechnet sich, weil die Subvention im eigenen Land eine reine nationale Umverteilung darstellt, die Firma aber zusätzlich auf dem dritten Markt höhere Gewinne erzielt. Ausgebeutet würden durch eine solche Politik die Konsumenten des dritten Landes. Die Politik ist allerdings dann nicht mehr von Erfolg gekrönt, wenn das andere Land eine ebensolche Subventionierungspolitik verfolgt.

Unterstellen wir nun, daß es im Zuge der Produktionsprozesse in beiden Ländern zu Schadstoffbelastungen der lokalen Umwelt kommt und daß die Regierungen die Firmen in einer Ausgangssituation mit Umweltsteuern belasten, um eine volle Internalisierung zu erreichen, so läßt sich ein Ökodumping-Szenario (im engeren Sinne) wie folgt ableiten. Steht den Regierungen allein die Umweltpolitik - z.B. eine Umweltsteuer - als Handlungsparameter zur Verfügung, so können sie die Subventionierung ihrer eigenen Firma durch Verringerung der Umweltsteuer vornehmen. Diese Politik ist nur dann erfolgreich, wenn das andere Land stillhält. Agieren die Regierungen beider Exportländer auf diese Weise, neutralisieren sich die Wirkungen auf dem Drittmarkt. Keinem Land gelingt es, die Zusatzprofite eines Stackelberg-Führers zu realisieren, in beiden Ländern sind jedoch wegen der Verringerung der Umweltsteuern die Schadstoffemissionen gestiegen. Dieses einfache Beispiel veranschaulicht also, daß bei unvollkommenen Märkten die theoretische Möglichkeit eines Race to the bottom besteht.

Aus mehreren Gründen darf die Tragweite dieses Beispiels jedoch nicht überschätzt werden. Zum einen ist die Annahme extrem, daß die Regierungen über kein anderes wirtschaftspolitisches Instrument verfügen, mit dem sie eine Subventionierung vornehmen können. Stehen alternative Subventionierungsmöglichkeiten zur Verfügung, so lassen sich zumindest die schädlichen ökologischen Nebeneffekte verhindern. Zum zweiten sind die Ergebnisse der neuen Außenhan-

---

124 Siehe hierzu den Überblick von Ulph (1997) und exemplarisch die Arbeiten von Barrett (1994), Kennedy (1994), Markusen, Morey and Olewiler (1993), Rauscher (1994), A. Ulph (1994a), A. Ulph und D. Ulph (1994), Althammer und Buchholz (1995) und Ulph (1996).

delsmodelle wenig robust. Unterstellt man, daß die Firmen andere Strategievariablen - Preise statt Mengen - verwenden, oder variiert man andere Aspekte des Spiels, so können sich völlig andere Politikempfehlungen ergeben. Agieren die Firmen beispielsweise in einem heterogenen Oligopol mit Preisen, so werden die Firmen durch eine Exportsteuer in die Position des Stackelberg-Führers gebracht (Eaton und Grossman, 1986). In Ausdehnung der obigen Überlegungen wäre eine Verschärfung der Umweltnormen angezeigt, und somit ein NIMBY-Ergebnis die Folge, wenn außer dem umweltpolitischen Instrumentarium kein anderes Politikinstrument zur Disposition stünde. Aus Modellen der neuen Außenhandelstheorie ergibt sich daher selbst bei eingeschränktem Instrumentarium nur eine Möglichkeit, nicht aber die Zwangsläufigkeit eines Race to the bottom.

1.3.5 Fazit

Als Fazit läßt sich festhalten, daß auf der Basis der traditionellen Theorie, in welcher Produzenten und Konsumenten Preisnehmer sind, kein wechselseitiges Unterbieten der Umweltstandards deduziert werden kann. Mit Modellen der neuen Außenhandelstheorie läßt sich zwar die Möglichkeit, nicht aber die Zwangsläufigkeit eines Race to the bottom begründen. Die bisherigen Überlegungen unterstellen, daß die Regierungen die Maximierung des Allgemeinwohls verfolgen. Setzen sich im politischen Entscheidungsprozeß hingegen Partikularinteressen (z.B. sektorale Produzenteninteressen) durch, die eine volle Internalisierung externer Effekte z.B. in der Exportindustrie verhindern, so führt beispielsweise eine Zunahme der Exporte bei Handelsliberalisierung zu einer Verschärfung der Umweltprobleme. Die Theorie des Policy Targeting, die bereits schon in den oben erläuterten Situationen gezeigt hat, daß bei der Verfolgung wirtschaftspolitischer Ziele an den Wurzeln anzusetzen ist, zeigt auch in einer solchen Situation, daß ein Einsatz handelspolitischer Instrumente ein schlechter Ersatz für die Umweltpolitik darstellt: betrachten wir beispielsweise den Kleinländerfall, so können die heimischen Exporteure ihre Produktion zu Weltmarktpreiskonditionen absetzen. Eine Exportsteuer würde unter diesen Umständen den inländischen Preis reduzieren und die Produktion wie gewünscht einschränken. Allerdings wären schädliche Nebenwirkungen zu verzeichnen: die heimische Nachfrage würde durch den gesunkenen inländischen Preis zunehmen und der Volkswirtschaft würde auch produzentenseitig ein Effizienzverlust entstehen, weil der heimische Preis bei einer Exportsteuer geringer wäre, als die Opportunitätskosten (der Weltmarktpreis) (Anderson, 1992). Näher an der Wurzel des Problems und damit ein besserer Ersatz für eine politisch nicht realisierbare Steuer auf den oder die verschmutzenden Faktoren (z.B. Energie), weil mit geringeren unerwünschten Nebenwirkungen verbunden - wäre beispielsweise eine allgemeine Produktionssteuer (die zwar nicht an der eigentlichen Quelle der Externalität ansetzt, aber die Preissignale des Weltmarktes weiterhin zur Wirkung kommen läßt).

1.4 Umweltpolitik und Kapitalmobilität

1.4.1 Einführung

Wir adressieren nun die Problematik eines Race to the bottom (Ökodumping i.e.S.) unter der Annahme der Mobilität des Kapitals.[125] Die Grundeinsichten, die wir für den Fall des Güterhandels abgeleitet haben, haben auch hier Bestand. Insbesondere übertragen sich die Erkenntnisse für den Kleinländerfall und die Situation eines großen Landes. Unter den idealtypischen Bedingungen der generellen Gleichgewichtstheorie bei vollkommener Konkurrenz sollte eine kleine offene Volkswirtschaft davon absehen, den mobilen Produktionsfaktor Kapital zu besteuern oder zu subventionieren. Die Umweltexternalität ist hingegen durch umweltpolitischen Instrumenteneinsatz vollkommen zu internalisieren. Als first-best Politik für ein großes Land ist hingegen eine Besteuerung (Subventionierung) des Kapitals angezeigt, wenn es das kapitalreiche (kapitalarme) Land ist, um die Monopolmacht auf den Märkten - in Analogie zum Optimalzollargument bei Güterhandel - auszubeuten. Der Umweltpolitik fällt in der first-best Situation die Aufgabe zu, die sozialen Schäden voll zu internalisieren. Steht ein Instrument der Besteuerung oder Subventionierung des Kapitals nicht zur Verfügung und verfügt ein Land nur über einen umweltpolitischen Aktionsparameter, so wird dieser - im Vergleich zum vollen Internalisierungsgrad - dann überdosiert, wenn ein Land kapitalreich und ressourcenarm ist bzw. unterdosiert, wenn ein Land kapitalarm und ressourcenreich ist.[126] Wiederum ist kein wechselseitiges Unterbieten von Umweltstandards zu diagnostizieren.

Ein Race to the bottom wird jedoch dann möglich, wenn man von den bisherigen idealtypischen Annahmen abrückt und Verzerrungen oder Marktunvollkommenheiten berücksichtigt. Zur Veranschaulichung greifen wir im folgenden einen einfachen aber allgemeinen analytischen Rahmen von Wilson (1996) auf, der seinerseits an der Theorie der optimalen Versorgung mit öffentlichen Gütern (Samuelson, 1954b) ansetzt. Wiederum gehen wir davon aus, daß die Verschmutzung nationaler (nicht grenzüberschreitender) Natur ist.

1.4.2 Ein einfacher Modellrahmen

Die Samuelson-Regel für die optimale Bereitstellung eines öffentlichen Gutes - als welches die Umwelt anzusehen ist - lautet folgendermaßen:

---

125 Ausführliche Überblicke zu dieser Thematik liefern Wilson (1996), Hoel (1997b) und Rauscher (1997b).

126 Vgl. Oates and Schwab (1988), Long und Siebert (1991), Rauscher (1991; 1994), und Ulph (1997).

$$\sum_{l} MB_l = MC \qquad (1.1)$$

Die Summe der marginalen Zahlungsbereitschaften (Grenznutzen) für das öffentliche Gut 'nationale Umweltqualität', MB_l, wobei der Index l für ein Individuum steht, muß den gesellschaftlichen Grenzkosten der Bereitstellung dieses öffentlichen Gutes entsprechen. Die Samuelson-Regel ist in Abbildung III-1-1 graphisch veranschaulicht. Auf der Abszisse des Schaubildes ist das Niveau der Emissionsstandards und damit korreliert die Höhe der Umweltqualität abgetragen, auf der Ordinate werden die marginalen Zahlungsbereitschaften und Bereitstellungskosten angegeben. Die fallend verlaufende Kurve gibt das Aggregat der marginalen Nutzen der Emissionsstandards bzw. Umweltqualität an, die steigend verlaufende Kurve drückt die Grenzkosten der Bereitstellung der Umweltqualität aus. Im Schnittpunkt der beiden Kurven liegt das optimale Niveau an Umweltqualität. Die Samuelson-Regel gilt unter der Bedingung der Absenz von Marktunvollkommenheiten, anderen Externalitäten und staatlichen Verzerrungen und Verteilungsproblemen.

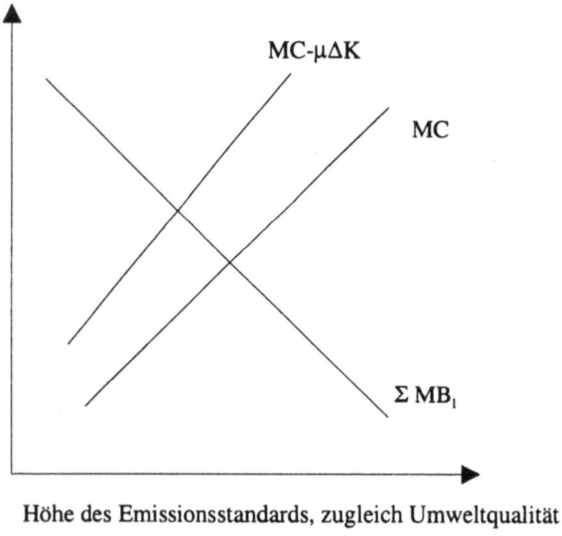

Abbildung III-1-1: Samuelson-Regel

Lassen wir hingegen Marktunvollkommenheiten und andere Verzerrungen zu, so ist die Regel wie folgt zu reformulieren:

$$\sum_{l} MB_l = MC - \mu \Delta K \qquad (1.2)$$

Diese Second-Best Regel berücksichtigt, daß in einer nicht verzerrungsfreien Volkswirtschaft zusätzlich Kosten durch abgewandertes Kapital entstehen. In Gleichung (1.2) gibt μ die gesellschaftliche Netto-Bewertung einer zusätzlichen Einheit Kapital, ΔK, an, die in Folge der Variation der Umweltpolitik ab- oder zugewandert ist. In einer First-Best Ökonomie ist $\mu = 0$, das heißt Nutzen und direkte Kosten - und ergo der Nettowert - einer zusätzlichen Einheit Kapital halten sich gerade die Waage. In einer Second-Best-Ökonomie ist hingegen wegen einer Verzerrung (z.B. wegen Arbeitslosigkeit oder einer verzerrenden Besteuerung) $\mu > 0$, das heißt der Nutzen einer zusätzlichen Einheit Kapital ist größer als der zusätzliche Schaden. Die Konsequenzen einer positiven Nettobewertung sind in Abbildung III-1-1 skizziert: zur Grenzkostenkurve ist der Faktor $-\mu\Delta K$ zu addieren (welcher bei positivem Nettowert positiv wird, weil $\Delta K < 0$). Dies hat die Konsequenz, daß der (Second-Best) optimale Emissionsstandard geringer gewählt wird, als in einer verzerrungsfreien Volkswirtschaft.

Die Existenz eines positiven Nettowertes μ in einem Land, oder einer Jurisdiktion, impliziert noch nicht, daß ein Race to the bottom vorliegt. Ein Race to the bottom liegt z.B. im Zweiländerfall erst dann vor, wenn der Nettowert einer Einheit Kapital in beiden Ländern positiv ist: erhöht ein Land nämlich seine Emissionsstandards, so führt die dadurch induzierte Kapitalrelokation im anderen Land zu einem positiven (d.h. nicht nur infinitesimalen) Wohlfahrtsgewinn, welcher nicht in das Entscheidungskalkül der den Standard setzenden Nation einfließt. Wegen dieser positiven Externalität führt die non-kooperative Wahl zu Umweltstandards die geringer sind als jene Umweltstandards, die ein Zentralplaner für die Gesamtheit der Nationen wählen würde. Ein NIMBY-Szenario würde sich umgekehrt dadurch abbilden lassen, daß der Nettowert einer zusätzlichen Einheit Kapitals in beiden Nationen negativ ist, so daß - im Vergleich zur kooperativen Wahl der Umweltstandards - ineffizient hohe Umweltstandards resultieren würden.

1.4.3 Verzerrende Besteuerung und Arbeitslosigkeit

Als Anwendungsbeispiele für den analytischen Rahmen von Wilson (1996) seien Modelle mit verzerrender Besteuerung und mit Arbeitslosigkeit herausgegriffen. Wir beginnen mit ersteren. Wie in Abschnitt 1.4.1 sei eine kleine offene Volkswirtschaft betrachtet und es sei unterstellt, daß Kapital vollkommen mobil ist.[127] Aus unseren obigen Überlegungen folgt, daß eine Besteuerung des mobilen Faktors Kapital unter diesen Annahmen zu einer Verzerrung führt: Kapital wandert in Folge der Besteuerung so lange in das Ausland ab, bis das Grenzwertprodukt des Kapitals in der betrachteten Volkswirtschaft so stark gestiegen ist, daß der Ertrag des Kapitals nach Steuern der Verzinsung auf dem Weltkapitalmarkt entspricht. Der Nettowert einer Einheit Kapital ist in dieser Volkswirtschaft positiv. Gemäß

[127] Vgl. hierzu Oates und Schwab (1988) und Wilson (1996).

Gleichung (1.2) wählt die Volkswirtschaft daher geringere Emissionsstandards als eine First-Best Ökonomie, die ihre Staatseinnahmen beispielsweise durch Kopfsteuern (oder durch Belastung eines völlig unelastisch angebotenen Faktors) decken würde. Greifen in einem Zweiländermodell beide Nationen auf diesen ineffizienten Weg der Staatsfinanzierung zurück, so resultiert ein Race to the bottom.

Ein Race to the bottom kann sich auch ergeben, wenn in einem Zweiländermodell in beiden Nationen unfreiwillige Arbeitslosigkeit vorliegt.[128] Bei unfreiwilliger Arbeitslosigkeit ist der Nettowert einer zusätzlichen Einheit Kapital durch $\mu = (w - \upsilon)\Delta L / \Delta K > 0$ gegeben, wo w den über dem markträumenden Niveau liegenden Lohnsatz bezeichnet und υ das Grenzleid der Arbeit, also die Opportunitätskosten.

Die beiden Beispiele veranschaulichen, daß die theoretische Möglichkeit eines Race to the bottom nicht von der Hand zu weisen ist. Auch hier darf – wie beim Race to the bottom auf Basis von Modellen der neuen Außenhandelstheorie – die Tragweite dieses Ergebnisses nicht überbetont werden, denn es beruht auch hier auf der starken Annahme, daß keine anderen wirtschaftspolitischen Instrumente eingesetzt werden können. Die Existenz eines positiven Nettowertes μ hängt im ersten Beispiel allein an der Ineffizienz der Besteuerung. Würde die Volkswirtschaft ihre Staatsausgaben auf anderem Wege finanzieren, so würde der Anreiz zu einer strategischen Manipulation der Emissionsstandards wenn nicht beseitigt, so doch zumindest gelindert. Ähnliches gilt für das Beispiel der unfreiwilligen Arbeitslosigkeit. Durch direktere Maßnahmen zur Beseitigung der Arbeitslosigkeit, wie z.B. durch Lohnsubventionen oder einen Abbau der Steuerlasten zur Verringerung der Schere zwischen den Brutto- und Nettolöhnen ließe sich auch hier der Anreiz zur Zweckentfremdung der Umweltpolitik verringern oder beseitigen. Im Sinne der Theorie des Policy Targeting gibt es also wirtschaftspolitische Instrumente, die einem zweckfremden Einsatz der Umweltpolitik den Boden entziehen.

1.4.4 Nicht-kompetitive Gütermärkte

Das Ergebnis eines Race to the bottom in einem System dezentraler Nationen beruht - wie die obigen Ergebnisse exemplarisch zeigen - auf einer unerklärten Absenz wirtschaftspolitischer Instrumente, wie insbesondere Wilson (1996) betont. Selbst wenn man - zumindest gedanklich - bereit ist, diese Einschränkung zu machen, ist ein Race to the bottom kein generisches Ergebnis dezentraler Wahl der Umweltpolitiken. Dies läßt sich am deutlichsten anhand von Modellen zeigen, in denen die Gütermärkte vermachtet sind. Die folgenden Arbeiten bieten auch den Hintergrund für das im nächsten Kapitel entwickelte Modell, welches seinen Ansatzpunkt ebenfalls in vermachteten Gütermärkten hat.

---

[128] Vgl. hierzu Wilson (1996).

Aufbauend auf einem Modell von Markusen, Morey und Olewiler (1995) hat sich eine Literatur entwickelt die zeigt, daß in Modellen mit nicht-kompetitiven Gütermärkten die strategische Wahl von Emissionssteuern - abhängig vom Grad des aus der Umweltverschmutzung resultierenden marginalen Wohlfahrtsverlustes (dem Grenzleid der Verschmutzung) - zu ineffizient niedrigen (Fall des Race to the bottom) aber auch zu ineffizient hohen Steuersätzen (NIMBY-Fall) führen kann. Im Jargon des analytischen Rahmens von Wilson (1996) kann der Nettowert μ einer zusätzlichen Einheit Kapital in Modellen mit unvollkommenen Gütermärkten von der Parameterkonstellation abhängend also positiv oder negativ (oder zufällig gleich Null) sein. Markusen, Morey und Olewiler gehen von einem Monopolisten aus, der mit steigenden Skalenerträgen produziert und sowohl den heimischen Markt als auch einen ausländischen Markt beliefern kann. Als Begleiterscheinung des Produktionsprozesses treten nationale (i.e. nicht grenzüberschreitende) Umweltbelastungen auf. Für die Belieferung des Auslandsmarktes fallen Transportkosten an. Die Firma muß daher ermitteln, ob es für sie profitabler ist, in beiden Ländern ein Werk zu errichten und die Märkte lokal zu bedienen, oder nur eine Produktionsstätte aufrechtzuerhalten und den Auslandsmarkt durch Exporte zu bedienen, oder gar nicht zu produzieren. Das Ansiedlungsverhalten der Firma antizipierend entscheiden die Regierungen des In- und Auslandes simultan und non-kooperativ über die Höhe der Umweltsteuer, die sie der Firma abverlangen, insofern diese sich in ihrer Jurisdiktion ansiedelt.

Die Arbeit von Markusen, Morey und Olewiler kann aus mehreren Gründen kritisiert werden. Zum ersten vergleichen diese die Umweltsteuern, die als Nash-Gleichgewichte im non-kooperativen Spiel resultieren, mit Steuersätzen, die sie als "non-strategic Pigouvian tax rates" bezeichnen, also mit Steuersätzen, die vom strategischen Steuerwettbewerb der Nationen absehen. Ferner treffen Markusen, Morey und Olewiler die Annahme, daß die Besitzanteile an der monopolistischen Firma weltweit gestreut sind, so daß die Profite, die diese Firma erzielt, nicht in das Kalkül der nationalen Regierungen einfließen.

Ähnliche Modelle wurden von Rauscher (1995) und Hoel (1997) analysiert. Beide sehen allerdings von Transportkosten ab, so daß sich das Ansiedlungsproblem der Firma drastisch vereinfacht. Während Rauscher in der Frage des Besitzes der Firma der Analyse von Markusen, Morey und Olewiler folgt, berücksichtigt Hoel die Profite im Entscheidungskalkül der Regierungen. Die Analyse von Hoel ist auch deshalb bemerkenswert, weil er in der Lage ist, qualitative Ergebnisse unter recht allgemeinen Annahmen abzuleiten, statt auf numerische Simulationen Rekurs nehmen zu müssen, wie Markusen, Morey und Olewiler. Hoel kann allerdings kein genaues Parameterkriterium für das Auftreten eines Race to the bottom bzw. des NIMBY-Falles angeben. Es bleibt in seiner Analyse daher beispielsweise unklar, ob der Parameter für das Grenzleid der Verschmutzung die non-kooperative und die kooperative Emissionssteuersatzwahl beeinflußt, oder nicht.

1.4.5 Fazit

Als Fazit ergibt sich wie im Falle des Güterhandels, daß unter den idealtypischen Bedingungen der traditionellen Theorie, insbesondere bei Absenz von Marktunvollkommenheiten und staatlichen Verzerrungen, kein wechselseitiges Unterbieten der Umweltstandards diagnostiziert werden kann. Ein Race to the bottom ist hingegen in Second-Best-Ökonomien möglich. Allerdings hat unser Überblick veranschaulicht, daß ein Race to the bottom kein generisches Ergebnis ist. Die Standortkonkurrenz der Jurisdiktionen in Umweltpolitiken kann auch zu ineffizient hohen Umweltsteuersätzen, also einem NIMBY-Szenario, führen. Die ineffiziente Wahl von Umweltsteuern in dezentralen Systemen beruht allerdings auf der Annahme der Absenz anderer wirtschaftspolitischer Instrumente. Es bleibt insbesondere unerklärt, warum die Regierung nicht andere, direktere Methoden verwendet, um mobiles Kapital (Firmen) zu attrahieren. Möglicherweise sind politökonomische Gründe dafür verantwortlich, weshalb bestimmte Instrumente nicht, oder nicht im angemessenen Ausmaß eingesetzt werden. Eine diesbezügliche Ursachenforschung ist eine wichtige Aufgabe für die Zukunft, wie Wilson (1996) zurecht hervorhebt.

1.5 Grenzüberschreitende Umweltprobleme

Wir wenden uns nun kurz der zweiten Problemklasse von Umweltproblemen zu, den grenzüberschreitenden Umweltproblemen.[129] Transnationale Umweltprobleme haben per se nichts mit Globalisierung oder wirtschaftlicher Integration zu tun: Auch ohne offene Grenzen sind hier die Bürger wechselseitig von den wirtschaftlichen Aktivitäten der Haushalte und Firmen in anderen Ländern betroffen. Die Probleme, die bei dezentraler Entscheidung über die Umweltpolitik durch die Marktbeziehungen auftreten können, und die wir in den vorigen Abschnitten dargelegt haben, werden hier von einem zusätzlichen Problem überlagert, dem Trittbrettfahrerproblem: Jedes Land profitiert von den Anstrengungen anderer Länder und hat keinen, oder einen zu geringen Anreiz, selbst Kosten für eine Problemlösung in Kauf zu nehmen.

Ein erster Nexus zur 'Globalisierung' ergibt sich nun dadurch, daß sich diese Problematik in einer offenen Volkswirtschaft verschärft: Unternimmt ein Staat als Vorreiter Anstrengungen zur Linderung eines transnationalen Umweltproblems - belastet er z.B. seine Firmen für die verschmutzenden Emissionen -, so birgt dies nicht nur die Gefahr, daß sich die anderen Staaten als Trittbrettfahrer verhalten. Aufgrund der weltwirtschaftlichen Integration erhöhen sich auch die gesellschaftlichen Kosten einer solchen Vorreiterinitiative, weil die Wettbewerbsposition der

129 Althammer (1998) hat zu diesem Thema eine umfangreiche Monographie vorgelegt. Kürzere Überblicke finden sich bei Hoel (1997b) und Killinger und Schmidt (1998).

eigenen Industrie geschwächt wird und weil sich für die heimischen Firmen ein Anreiz ergibt, den Standort zu verlegen. Ein Argument, der internationalen Arbeitsteilung abzuschwören, ist dies allerdings nicht. Der Kern des Problems liegt nicht in der außenwirtschaftlichen Verflechtung, sondern im Charakter der Umweltbelastungen, die (auch ohne offene Grenzen) internationaler Natur sind. Unstrittig ist, daß nur koordinierte, kooperative Lösungen Abhilfe schaffen können. Ebenso klar ist, daß - anders als im nationalstaatlichen Kontext - keine Behörden existieren, die eine solche Kooperation schaffen und durchsetzen können.

Wie aber läßt sich das Trittbrettfahrerproblem überwinden und Kooperation erreichen? Einige grenzüberschreitende Umweltprobleme sind regionaler Natur, so daß nur wenige Staaten betroffen sind. Verhandlungslösungen scheinen hier leichter realisierbar. Als Beispiel ist die Problemlösung im Falle des Sauren Regens in Europa zu nennen. Schwieriger sind Probleme globalen Ausmaßes, in denen globale Umweltgüter wie die Atmosphäre (der Treibhauseffekt, der stratosphärische Ozonabbau) oder die Artenvielfalt betroffen und eine Vielzahl von Parteien beteiligt sind. Hier ergibt sich nun ein zweiter Berührungspunkt zwischen Handel und Umweltschutz, weil neben positiven Anreizinstrumenten wie z.B. Transfers finanzieller oder technologischer Art oder politisch-moralischer Überzeugungsarbeit auch Handelssanktionen – als negative Anreizinstrumente – eingesetzt werden können, um kooperatives Verhalten zu erzwingen. Auf diese Option werden wir in Kapitel 3 noch eingehen. Wir können aber festhalten, daß geschlossene Grenzen das Trittbrettfahrerproblem nicht lösen, die positiven Wirkungen wirtschaftlicher Integration aber vereiteln würden.

1.6 Das empirische Bild

Im Anschluß an die theoretischen Überlegungen in den vorigen Abschnitten ist ein kurzer Blick auf die empirische Forschung angezeigt. Entgegen dem Bild, welches in der Öffentlichkeit vorherrschen mag - und welches nicht zuletzt geprägt ist von politischen Schlagworten wie z.B. Ross Perots Warnung vor einem 'Giant sucking sound' im Zusammenhang mit der Nordamerikanischen Freihandelszone (NAFTA) oder von spektakulären Einzelfällen - kommt die Forschung auf der Basis von Befragungen und Regressionsanalysen nahezu einstimmig zum Schluß, daß die Umweltregulierung für die Wettbewerbsfähigkeit und die Standortwahl der Firmen nur geringe Bedeutung besitzt wie die Untersuchungen und Literaturüberblicke von Jaffe et. al. (1995) und von Levinson (1996) zeigen. In diesen Überblicksarbeiten finden sich aber auch die Klage über die mangelnde internationale Vergleichbarkeit der Daten und der Hinweis auf das Inferenzproblem, welches daraus erwächst, daß die Wettbewerbslage und die Standortentscheidung von Firmen von vielen Politikparametern bestimmt werden. Auch darf der bisherige Befund nicht über Vermutungen flagranten Politikversagens in einzelnen Ländern hinweg täuschen (SRU, 1998, S.328). Weitere Untersuchungen erscheinen daher dringend angezeigt.

Das Gesamtbild, welches sich aus der bisherigen Forschung ergeben hat, ist trotz dieser Einschränkungen allerdings so klar, daß nach Erklärungen für diesen Befund zu suchen ist. Angeboten werden heute insbesondere die folgenden.[130] Erstens, die Kosten, die den Firmen durch Umweltregulierung entstehen sind im Vergleich zu anderen Kosten gering. Zweitens erscheint es für multinationale Firmen in der Regel kostengünstiger, eine einmal entwickelte Technologie an allen Firmenstandorten einzusetzen, statt die Technologien jeweils den unterschiedlichen lokalen Standards anzupassen. Drittens schließlich, scheint die öffentliche Meinung der lokalen Bevölkerung für die Firmen von größerer Bedeutung zu sein, als die Umweltregulierung per se.

1.7 Schlußfolgerungen

Im vorliegenden Kapitel wurde eine Bestandsaufnahme der Beziehungen zwischen nationaler Umweltpolitik und wirtschaftlicher Integration angefertigt. Summa summarum ergibt sich, daß außenwirtschaftliche Integration und die Anliegen des Umweltschutzes nicht im Widerspruch zueinander stehen müssen. Berücksichtigt man, daß durch Außenhandel und andere Formen der wirtschaftlichen Integration Wachstum und Entwicklung gefördert und damit die Präferenzen für saubere Umwelt gestärkt werden, so kann sogar von einem komplementären Verhältnis gesprochen werden. Diese wohlwollende Einschätzung der Beziehung zwischen der außenwirtschaftlicher Integration und dem Umweltschutz beruht im wesentlichen auf den Einsichten der Theorie des Policy Targeting: Handelspolitik ist kein gutes Instrument zur Erreichung des Umweltzieles und Umweltpolitik sollte nicht zur Erreichung umweltferner Ziele zweckentfremdet werden. Die Theorie des Policy Targeting lehrt, daß Instrumente, die die jeweiligen Ziele an der Wurzel packen, keine schädlichen Nebenwirkungen aufweisen. Bei Politikversagen ist die Beziehung zwischen außenwirtschaftlicher Liberalisierung und Umweltschutz allerdings nicht mehr harmonisch: dann sind die eingangs genannten Befürchtungen der Umweltschützer durchaus nachvollziehbar. Zu den zentralen Aufgaben der zukünftigen Forschung wird es zählen, die polit-ökonomischen Ursachen ineffizienten Instrumenteneinsatzes aufzuspüren und deren Auswirkungen empirisch abzuschätzen.

---

130 Vgl. Levinson (1996) und Bhagwati und Srinivasan (1996).

2. Umwelt, Handel und Kapitalmobilität bei monopolistischer Konkurrenz

2.1 Einleitung

Die Liberalisierung der Handels- und Kapitalströme in der Europäischen Union und in der Nordamerikanischen Freihandelszone, um nur die beiden prominentesten Beispiele zu nennen, hat eine hitzige Debatte über die Interaktion der Handelspolitik mit der Umweltpolitik ausgelöst. Umweltschützer befürchten, daß außenwirtschaftliche Liberalisierungsschritte mit signifikanten negativen ökologischen Wirkungen und einer Tendenz zum gegenseitigen Herunterkonkurrieren von Umweltstandards verbunden sind. Unsere Bestandsaufnahme in Kapitel 2 hat demgegenüber gezeigt, daß eine zunehmende wirtschaftliche Integration dann nicht im Widerspruch mit dem Umweltziel steht, wenn die Wirtschaftspolitik über eine genügende Anzahl an Instrumenten verfügt und diese zielorientiert (optimal) einsetzt. Da die Vermutung besteht, daß dies aus polit-ökonomischen Gründen in der Praxis nicht unbedingt der Fall ist, stellt sich die Frage, welche der Befürchtungen der Umweltschützer bei einem eingeschränkten Instrumentarium eintreten. Aus der Literaturanalyse im vorigen Kapitel wissen wir, daß selbst unter diesen Umständen nicht notwendigerweise ein Race to the Bottom die Folge ist, ein NIMBY-Szenario ist häufig ebenfalls begründbar.

Die bisherige Literatur knüpft im wesentlichen an Modellen vollkommenen Wettbewerbs und an Oligopolmodellen an. Im folgenden entwickeln wir demgegenüber eine Analyse der Wirkungsweise der Umweltpolitik bei Güterhandel und Kapitalmobilität in einem Modell monopolistischer Konkurrenz. In der Monographie von Rauscher (1997a, S.201ff) finden sich diesbezüglich einige erste Überlegungen. Rauscher (1997a, S.211) bemerkt jedoch: „It would be desirable to move on from here and discuss optimal environmental policies. But this road will not be taken. Even the simple Dixit and Stiglitz (1977) model soon turns out to be very complex. Even in the closed economy case, the derivation of optimal environmental policies can pose serious difficulties (...)." Wie die folgenden Ausführungen zeigen, sind die angesprochenen Hürden nicht unüberwindlich. Im Gegenteil lassen sich mit einem Modell monopolistischer Konkurrenz in der Tradition von Dixit-Stiglitz-Krugman die Befürchtungen der Umweltschützer sogar sehr anschaulich beschreiben und analysieren.

Die weiteren Ausführungen gliedern sich wie folgt.[131] Zunächst werden wir eine Einordnung des Grundgedankens, der im Mittelpunkt unserer Überlegungen steht, in die bisherige Literatur vornehmen. In Abschnitt 2.2 stellen wir das Modell vor. Für unseren Analysezweck entwickeln wir eine geeignete Variante des Dixit-Stiglitz-Krugman Modells der monopolistischen Konkurrenz, welches in der Neuen Außenhandelstheorie und der Neuen Ökonomischen Geographie inzwischen ein weites Anwendungsfeld gefunden hat (Helpman und Krugman, 1985; Venables, 1987; Krugman, 1980, 1991; Martin und Rogers, 1995a, 1995b). Die Gleichgewichte bei Autarkie und Integration werden in Abschnitt 2.3 abgeleitet. Für den Autarkiefall weisen wir die Second-Best Umweltsteuern aus. In Abschnitt 2.4 analysieren wir die Relokations- und Wohlfahrtswirkungen der wirtschaftlichen Integration. Die Frage des Race to the bottom wird in Abschnitt 2.5 aufgegriffen, wo wir die dezentrale Wahl der Umweltsteuern bei wirtschaftlicher Integration diskutieren. In Abschnitt 2.6 ziehen wir einige Schlußfolgerungen.

Die nachfolgenden Überlegungen sind insbesondere von den in Kapitel 1.4.4 diskutierten Arbeiten abzugrenzen, die die dezentrale Wahl von Umweltsteuern bei Kapitalmobilität in Modellvolkswirtschaften zum Gegenstand haben, deren Gütermärkte vermachtet sind. Der zentrale Unterschied zu den Arbeiten, die im Literaturüberblick des letzten Kapitels besprochen wurden besteht darin, daß die Wahl der Umweltpolitik in einem neuen Modellrahmen, einem Modell monopolistischer Konkurrenz, analysiert wird und daß hierbei auf den sogenannten "Home market effect" eingegangen wird. Der "Home market effect" bringt zum Ausdruck, daß ein Importzoll die Konsumentenpreise verringern und somit die Wohlfahrt im Importland erhöhen kann, weil der Zoll eine Relokation der Firmen in das Inland induziert und somit Transportkosten verringert (Venables, 1987; Helpman und Krugman, 1989; Baldwin und Venables, 1995). Unterstellen wir, daß den Regierungen nur ein umweltpolitisches Instrument - eine Steuer auf Schadstoffemissionen – zur Verfügung steht, so wird dieses nicht nur mit dem Ziel der Internalisierung der sozialen Kosten der Umweltverschmutzung gesetzt, sondern auch zur Ausbeutung des "Home market effects" zweckentfremdet. Reduziert eine Regierung ihren Umweltsteuersatz, so kann sie eine Relokation der Firmen in ihr Land auslösen. Dies bringt den Konsumenten aufgrund der Transportkostenersparnis geringere Preise ("Home market effect") und ein höheres Steuereinkommen. Allerdings muß lokal auch mehr Verschmutzung in Kauf genommen werden. Die Wahl der Umweltsteuer hat ferner einen Spillover auf die andere Region: zwar profitiert diese, weil die Firmenpreise importierter Güter

[131] Die folgenden Überlegungen sind in Pflüger (2001 c) eingeflossen.

aufgrund der Steuersenkung im Inland geringer sind und weil deren lokale Verschmutzung zurückgeht. Jedoch fallen nun Transportkosten für eine größere Anzahl von Gütern an und die ausländischen Steuereinnahmen gehen zurück. Weil diese Spillovereffekte teilweise positiv, teilweise negativ sind, ergibt sich in unserem Modell sowohl die Möglichkeit eines Race to the bottom als auch eines NIMBY-Szenarios. Die nachfolgende Analyse zeigt stringent: Die dezentrale Wahl der Umweltsteuern führt zu einem Race to the bottom (NIMBY-Szenario), wenn die Bedeutung der Schadstoffemissionen im Produktionsprozeß (gemessen an der Produktionselastizität der Emissionen) gering (groß) ist im Vergleich zu den Transportkosten und zu den Preisaufschlägen, die die monopolistischen Firmen setzen.

Im Gegensatz zu den Arbeiten in der Tradition von Markusen, Morey und Olewiler (1995) ist der Parameter für das Grenzleid der Umweltverschmutzung in unserer Analyse *nicht* die Ursache für das Auseinanderfallen der non-kooperativ gewählten Umweltsteuern von den kooperativ gewählten Umweltsteuern. Unser Ergebnis spiegelt vielmehr die Einsicht, daß ein hohes (niedriges) Grenzleid bereits vom Zentralplaner – also in der kooperativen Lösung – zu hohen (niedrigen) Umweltsteuern führt. Ein Vorzug unseres Chamberlin-Modells gegenüber dem Modell von Markusen, Morey und Olewiler besteht, darin, daß in den langfristigen Gleichgewichten alle Profite wegkonkurriert werden. Es stellt sich daher nicht das Problem der Ausschüttung der Profiteinkommen. Die Einnahmen aus der Umweltsteuern fließen bei uns annahmegemäß den jeweiligen (lokal ansässigen) Haushalten zu. Im Gegensatz zu Hoel (1997) sind wir in der Lage, genau zu spezifizieren, unter welchen Parameterbedingungen eine Race to the bottom bzw. ein NIMBY-Szenario auftritt. Weil in unserer Analyse Transportkosten berücksichtigt werden, führen Unterschiede in den Politikinstrumenten, im Gegensatz zum Hoel-Modell nicht zwangsläufig dazu, daß die Firmen sich entweder im einen oder im anderen Land ansiedeln.

2.2 Das Modell

Wir charakterisieren zunächst das Modell. Es werden zwei symmetrische Regionen betrachtet, das Inland und ein Ausland. Beide Regionen verfügen über eine fixe Ausstattung an Kapital und Arbeit. In beiden Regionen wird ein homogenes Agrargut mit konstanten Skalenerträgen unter Bedingungen vollkommener Konkurrenz produziert. Annahmegemäß wird die Umwelt bei der Produktion des Agrargutes nicht durch Schadstoffe belastet. Wir wählen dieses Agrargut als Numéraire. Wegen der Handelbarkeit dieses Gutes nimmt der Wechselkurs den Wert eins an. Aus den Annahmen über dieses Gut folgt des weiteren, daß der relative Lohn (das Lohngefälle) zwischen den beiden Regionen fixiert ist. Jedes Land produziert überdies ein Bündel differenzierter Industriegüter. Beim Transport dieser Güter fallen Kosten an. Bei der Modellierung dieser Kosten folgen wir dem

Konzept von Samuelson (1952; 1954a) und unterstellen einfach, daß ein Teil der Ladung beim Transport wegschmilzt (sogenannte Eisbergtransportkosten). Jede einzelne Varietät wird von einer monopolistischen Firma mit drei Produktionsfaktoren produziert. Um überhaupt produzieren können, braucht jede Firma eine Einheit Kapital. Aus dieser Annahme folgt zum einen, daß die Anzahl der in jeder Region produzierbaren differenzierten Güter durch das insgesamt verfügbare Kapital bestimmt wird. Zum anderen weist der Produktionsprozeß eines differenzierten Gutes wegen dieser Erfordernis steigende Skalenerträge auf. Variable Produktionsfaktoren sind Arbeit und Schadstoffemissionen.[132] Die Schadstoffemissionen verursachen Umweltbelastungen, die die Wohlfahrt der jeweiligen regional ansässigen Bevölkerung negativ beeinflußt. Die Regierungen erheben eine Steuer auf Schadstoffemissionen, um diese Externalität zu regulieren. Aus unseren Annahmen über Technologien und Präferenzen folgt, daß die differenzierten Güter in jeder Region symmetrisch sind. Ausländische Variablen werden nachfolgend durch ein Sternchen charakterisiert.

Die Nutzenfunktion des repräsentativen Haushaltes im Inland sei wie folgt spezifiziert:

$$U = \alpha \ln D + C - \eta \sum_{i=1}^{n} e_i \tag{2.1}$$

Der Vektor differenzierter Güter ist in Gleichung (2.1) durch D symbolisiert und das Agrargut durch C. Der Parameter α ist konstant und unterliege wie bei Martin und Rogers (1995b) der Restriktion $0 < \alpha < 1$. Die Nutzenfunktion des repräsentativen Haushaltes ist additiv separabel in eine quasi-lineare Obernutzenfunktion und den Wohlfahrtsverlust, der mit der Umweltverschmutzung verbunden ist. Das mit der Umweltverschmutzung verbundene Grenzleid findet Ausdruck im konstanten Parameter $\eta > 0$. Die Umweltverschmutzung ist das Ergebnis der aggregierten Schadstoffemissionen der regionalen Firmen, $\sum_{i=1}^{n} e_i$. Die Schadstoffemissionen einer Firma i sind hierbei durch e_i ($i = 1...n$) repräsentiert. Der Konsum heimischer Varietäten des differenzierten Gutes sei durch D_i ausgedrückt und der Konsum importierter Varietäten durch D_j. Wie in Dixit und Stiglitz (1977) sei die Substitutionselastizität zwischen zwei beliebigen Varietäten durch den konstanten Parameter $\rho > 1$ gegeben. Die Parameter a_i und a_j bringen Präferenzgewichte für heimische und ausländische Güter zum Ausdruck. Die Unternutzenfunktion kann somit wie folgt geschrieben werden:

[132] In der Umweltökonomik ist es üblich, Schadstoffemissionen als Produktionsfaktor zu modellieren (Cropper und Oates, 1992).

$$D = \left[\sum_{i=1}^{n} (a_i D_i)^{\frac{\rho-1}{\rho}} + \sum_{j=n+1}^{n+n^*} (a_j D_j)^{\frac{\rho-1}{\rho}} \right]^{\frac{\rho}{\rho-1}} \tag{2.2}$$

n^* ($j = n+1 \ldots n+n^*$) steht für die Anzahl ausländischer Varietäten. Die Budgetbedingung des heimischen repräsentativen Konsumenten lautet:

$$\sum_{i=1}^{n} p_i D_i + \sum_{j=N+1}^{n+n^*} \tau p_j D_j + C = Y \tag{2.3}$$

Y steht in Gleichung (2.3) für das Einkommen des Haushaltes. Die Eisbergtransportkosten kommen im Parameter $\tau > 1$ zum Ausdruck. Wird eine Einheit einer ausländischen Varietät importiert, so steht nur der Anteil $1/\tau$ für den Konsum zur Verfügung. Die Eisbergtransportkosten erhöhen für den Konsumenten den Preis eines differenzierten Gutes auf τp_j. Heimische Güter können hingegen zu Preisen p_i bezogen werden. Der Nutzenmaximierungsprozeß läßt sich in zwei Schritten durchführen. Die Budgetanteile, die für das Bündel differenzierter Güter und das Agrar-Numéraire-Gut verwendet werden, resultieren aus der Maximierung von (2.1) unter der Nebenbedingung:

$$PD + C = Y \tag{2.4}$$

$$P = \left[\sum_{i=1}^{n} \left(\frac{p_i}{a_i} \right)^{1-\rho} + \sum_{j=n+1}^{n+n^*} \left(\frac{\tau p_j}{a_j} \right)^{1-\rho} \right]^{\frac{1}{1-\rho}} \tag{2.5}$$

Gleichung (2.5) gibt den idealen Preisindex, P, für das Bündel differenzierter Güter in Einheiten des Numéraire an. Die Nachfragefunktionen des Konsumenten lauten:

$$D = \frac{\alpha}{P} \tag{2.6}$$

$$C = Y - \alpha \tag{2.7}$$

Im zweiten Nutzenmaximierungsschritt teilt der Konsument die Gesamtausgaben für das Bündel differenzierter Güter auf die einzelnen Varietäten auf. Dadurch ergeben sich die Nachfragefunktionen

$$D_i = p_i^{-\rho} a_i^{\rho-1} P^{\rho} D = \alpha p_i^{-\rho} a_i^{\rho-1} P^{\rho-1} \tag{2.8}$$

$$D_j = (\tau p_j)^{-\rho} a_j^{\rho-1} P^{\rho} D = \alpha(\tau p_j)^{-\rho} a_j^{\rho-1} P^{\rho-1} \tag{2.9}$$

Für den indirekten Nutzen $V(\cdot)$ des repräsentativen heimischen Konsumenten folgt daher:

$$V = \alpha \ln\left(\frac{\alpha}{P}\right) + Y - \alpha - \eta \sum_{i=1}^{N} e_i \tag{2.10}$$

Wie aus Gleichung (2.10) ersichtlich wird, hängt der indirekte Nutzen positiv vom Einkommen und negativ vom Preisindex und der Umweltverschmutzung ab.

Wir unterstellen, daß es im Inland L Haushalte gibt. Jeder Haushalt bietet unelastisch eine Einheit Arbeit ohne Nutzenverlust an. Ferner ist jeder Haushalt im Besitz von K/L Kapitaleinheiten. Die Erträge aus der Umweltsteuer werden annahmegemäß pauschal ausgeschüttet. Bezeichnen wir den Umweltsteuersatz mit dem Symbol ψ und unterstellen wir, daß alle Firmen ein identisches Volumen an Schadstoffen produzieren (dies ergibt sich im symmetrischen Gleichgewicht), so bezieht jeder Haushalt einen Anteil $\psi en/L$ aus diesen Steuereinnahmen. Schreiben wir nun W für den Lohnsatz und R für die Kapitalrendite, so ist das Einkommen des repräsentativen inländischen Konsumenten gegeben durch:

$$Y = W + \frac{RK}{L} + \frac{\psi en}{L} \tag{2.11}$$

Aus Gründen der Symmetrie läßt sich das Nachfrageverhalten des repräsentativen ausländischen Konsumenten wie folgt charakterisieren:

$$D_i{*} = (\tau p_i^{*})^{-\rho} a_i^{*\rho-1} P^{*\rho} D{*} = \alpha(\tau p_i^{*})^{-\rho} a_i^{*\rho-1} P^{*\rho-1} \tag{2.8*}$$

$$D_j{*} = p_j^{*-\rho} a_j^{*\rho-1} P^{*\rho} D{*} = \alpha p_j^{*-\rho} a_j^{*\rho-1} P^{*\rho-1} \tag{2.9*}$$

Der Arbeitseinsatz in der Produktion des Agrargutes wird mit L_C bezeichnet. Bei geeigneter Wahl der Einheiten läßt sich die Produktionsfunktion für das Agrargut wie folgt formulieren: $X_C = L_C$. Aufgrund vollkommenen Wettbewerbs auf dem Markt für das Agrargut entspricht der Preis dieses Gutes den Grenzkosten und zugleich den Durchschnittskosten. Da das Agrargut zugleich das Numéraire ist, nimmt der Lohnsatz den Wert eins an.

Im Bereich der differenzierten Güter wird jede Produktvarietät von einer einzigen Firma angeboten und jede Firma produziert nur einen einzigen Produkttyp. Nach der Installation einer Einheit Kapital geht der Produktionsprozeß gemäß folgender linear-homogener Produktionsfunktion vonstatten:

$$X_i = L_i^{\omega} e_i^{1-\omega} \qquad \text{wenn } e_i \leq \kappa L_i \tag{2.12}$$

$$X_i = 0 \qquad \text{wenn } e_i > \kappa L_i$$

ω ist ein konstanter Technologieparameter ($0 \leq \omega \leq 1$). Wie in Copeland und Taylor (1994a; 1994b) beschränkt der Parameter κ die Substitutionsmöglichkeiten zwischen Arbeit und Schadstoffemissionen. Dadurch ist sichergestellt, daß das Produktionsvolumen für einen gegebenen Einsatz an Arbeit eine obere Schranke nicht überschreitet. Wir unterstellen im weiteren eine innere Lösung. Aus der Kostenminimierung lassen sich die variablen Kosten der Firma i, $C(\cdot)$, und die konditionale Nachfrage nach Arbeit, $L_i(\cdot)$, und Emissionen, $e_i(\cdot)$, ableiten:

$$C(\cdot) = c(\cdot) X_i \tag{2.13a}$$

$$L_i(\cdot) = \omega W^{-1} c(\cdot) X_i \tag{2.13b}$$

$$e_i(\cdot) = (1-\omega)\psi^{-1} c(\cdot) X_i \tag{2.13c}$$

Die wirtschaftspolitische Regulierung der Umweltexternalität durch eine Umweltsteuer schlägt sich in den Grenzkosten einer Firma i nieder: $c(\cdot) \equiv \omega^{-\omega}(1-\omega)^{\omega-1} W^{\omega} \psi^{1-\omega}$. Ein Teil der Nachfrage nach jeder Varietät ist, durch die Eisbergtransportkosten verursacht, indirekt. Die Profite der repräsentativen inländischen Firma, Π_i, lauten daher wie folgt:

$$\Pi_i = (p_i - c) L D_i + (p_i * - c) L * \tau D_i^* - R \tag{2.14}$$

Unterstellen wir, daß die Anzahl der differenzierten Güter sehr groß ist, so ist die Preiselastizität der Nachfrage annähernd konstant, $\rho > 1$. Wir unterstellen, daß der repräsentative Produzent den Parameter ρ als die exakte Elastizität der

Nachfrage ansieht und folglich den Einfluß seines Preises auf das Preisniveau ignoriert. Die Bedingungen erster Ordnung für die Profitmaximierung lauten:

$$p_i = p_i{}^* = \frac{\rho c}{\rho - 1} \tag{2.15}$$

Die Preise spiegeln konstante Aufschläge auf die Grenzkosten in beiden Märkten wieder. Für die weitere Diskussion erweist sich folgende Notation als hilfreich:

$$s_i \equiv p_i^{\,1-\rho} = \left(\frac{c\rho}{\rho - 1}\right)^{1-\rho} \quad ; \quad s_i^* \equiv \left(\tau p_i^*\right)^{1-\rho} = \left(\frac{\tau c\rho}{\rho - 1}\right)^{1-\rho} \tag{2.16}$$

Bezeichnen wir die optimierten Profite des repräsentativen Produzenten mit Π_i^{Opt} und verwenden wir die Gleichungen (2.15) und (2.16) in der Profitfunktion (2.14), so erhalten wir:

$$\Pi_i^{Opt} = \frac{Ls_i P^{\rho-1}\alpha Y + L^* s_i^* P^{*\rho-1}\alpha Y^*}{\rho} - R \tag{2.17}$$

Die Ausbringungsmenge eines profitmaximierenden heimischen Produzenten läßt sich folgendermaßen formulieren:

$$X_i = LD_i + L^* \tau D_i^* = \frac{Ls_i P^{\rho-1}\alpha Y + L^* s_i^* P^{*\rho-1}\alpha Y^*}{p_i} \tag{2.18}$$

Aus den Gleichungen (2.15), (2.17) und (2.18) erhalten wir eine Beziehung zwischen R und X_i im Nullprofitgleichgewicht:

$$X_i = \frac{R(\rho - 1)}{c} \tag{2.19}$$

Beuten wir die Symmetrieannahme aus, so gelangen wir zu den entsprechenden Gleichungen für die repräsentative ausländische Firma.

$$\Pi_j = \left(p_j - c^*\right)L\tau D_j + \left(p_j{}^* - c^*\right)L^* D_j^* - R^* \tag{2.14*}$$

$$p_j = p_j^* = \frac{\rho c^*}{\rho - 1} \tag{2.15)*}$$

$$s_j \equiv (\tau p_j)^{1-\rho} = \left(\frac{\tau c^* \rho}{\rho - 1}\right)^{1-\rho} \quad ; \qquad s_j^* \equiv p_j^{*1-\rho} = \left(\frac{c^* \rho}{\rho - 1}\right)^{1-\rho} \tag{2.16)*}$$

$$\Pi_j^{Opt} = \frac{Ls_j P^{\rho-1}\alpha Y + L^* s_j^* P^{*\rho-1}\alpha Y^*}{\rho} - R^* \tag{2.17)*}$$

$$X_j = \frac{Ls_j P^{\rho-1}\alpha Y + L^* s_j^* P^{*\rho-1}\alpha Y^*}{p_j} \tag{2.18)*}$$

$$X_j = \frac{R^*(\rho - 1)}{c^*} \tag{2.19)*}$$

Unter Verwendung der Definition (2.5) und den Gleichungen (2.16), (2.16)*, (2.17) und (2.17)* ermitteln wir die Preisniveaus im Inland und im Ausland:

$$P = \left[ns_i + n^* s_j\right]^{\frac{1}{1-\rho}} \tag{2.5)'}$$

$$P^* = \left[ns_i^* + n^* s_j^*\right]^{\frac{1}{1-\rho}} \tag{2.5)'*}$$

2.3 Die Gleichgewichte bei Autarkie und bei Integration

2.3.1 Das Autarkiegleichgewicht

Wir ermitteln zunächst das Modellgleichgewicht unter der Annahme, daß kein Außenhandel möglich ist und daß Kapital international immobil ist. Bei Autarkie ist die Anzahl der Firmen durch den regionalen Kapitalstock bestimmt. Für das Inland gilt somit: $n = K$. Im Gleichgewicht müssen sich für jede Produktvarietät Angebot und Nachfrage entsprechen, $X_i = LD_i$. Im symmetrischen Gleichgewicht können wir den Firmenindex vernachlässigen. Unter Verwendung der Gleichungen (2.8), (2.15), (2.5)' und (2.19) erhalten wir $X = \alpha(\rho - 1)L / \rho cK$ und $R = \alpha L / \rho K$. Die gleichgewichtige Kapitalrendite sinkt, je mehr Kapital pro Arbeitskraft zur Verfügung steht. Die gleichgewichtige Ausbringungsmenge eines

Produzenten hängt negativ vom Emissionssteuersatz ab, der in die Grenzkosten einfließt. Negativ ist auch die Beziehung zwischen dem Gleichgewichtsoutput und dem Verhältnis von Kapital zu Arbeit in der Volkswirtschaft. Der Faktoreinsatz im Autarkiegleichgewicht ist durch $L_i = \alpha\omega(\rho - 1)L / \rho K$ und $e = \alpha(1-\omega)(\rho - 1)L\psi^{-1} / \rho K$ beschrieben. Diese Ergebnisse reflektieren die zwei heimischen Verzerrungen unseres Modells. Es kann leicht gezeigt werden, daß der gleichgewichtige Arbeitseinsatz für $\rho \to \infty$, also wenn die Marktmacht auf dem Gütermarkt gegen Null tendiert, gegen den Wert im sozialen Optimum strebt (siehe Anhang III-2-1). Das Ausmaß an Schadstoffemissionen hängt ebenfalls von der Marktmacht auf den Gütermarkt ab und von der Emissionssteuer, ψ, mit welcher die Umweltexternalität reguliert wird. Für das Preisniveau im Autarkiegleichgewicht kann ermittelt werden, $P = K^{\frac{1}{1-\rho}} c\rho / (\rho - 1)$. Das gleichgewichtige Einkommen ist durch $Y = 1 + \alpha[\rho(1-\omega) + \omega] / \rho$ gegeben.

Verwenden wir diese Informationen, so können wir den Second Best Umweltsteuersatz bei Autarkie, ψ^{Aut}, dadurch ermitteln, daß wir den indirekten Nutzen (2.10) maximieren. Dadurch ergibt sich

Proposition 2-1: Der Second-Best Umweltsteuersatz im Autarkiegleichgewicht ist durch $\psi^{Aut} = \eta L(\rho - 1) / \rho$ gegeben.

ψ^{Aut} steigt mit dem Grenzleid der Umweltverschmutzung η und mit dem Parameter ρ, der als inverser Indikator für die Marktmacht der Firmen auf den Gütermärkten angesehen werden kann. Dieses Ergebnis findet seine qualitative Entsprechung in optimalen Second-Best Umweltsteuersätzen, die für den Monopolfall abgeleitet worden sind (Vgl. Buchanan, 1969; Barnett, 1980; Baumol and Oates, 1988, Kapitel 6). Würde die Regierung über ein zweites Instrument in Form von (ad valorem) Produktionssubventionen o verfügen, die die Grenzkosten der Firmen auf $c(1 - o)$ senkten, so liesse sich eine erstbeste Lösung implementieren. Die nutzenmaximierenden Niveaus der Emissionssteuer und der Produktionssubventionen wären dann durch $\psi = \eta L$ und $o = 1 / \rho$ gegeben. Durch die Emissionssteuer würde mithin der Grenzschaden der Verschmutzung vollkommen internalisiert und durch die Produktionssubvention würde die Gütermarktverzerrung korrigiert (siehe Anhang III-2-5).

2.3.2 Das Integrationsgleichgewicht

Bei freiem Handel und international vollkommen mobilem Kapital gilt:

$$n + n^* = K + K^* \tag{2.20a}$$

Die vollkommene Kapitalmobilität führt dazu, daß sich die Kapitalrenditen im In- und Ausland ausgleichen, $R = R^*$. Im langfristigen Gleichgewichte werden sämtliche Profite wegkonkurriert. Verwenden wir die Gleichungen (2.5)', (2.5)'*, (2.17) und (2.17)*, so lauten die Nullprofitbedingungen im In- und Ausland:

$$R\rho = \frac{\alpha L}{n + \gamma^* n^*} + \frac{\gamma \alpha L^*}{n^* + \gamma n} \tag{2.20b}$$

$$R\rho = \frac{\gamma^* \alpha L}{n + \gamma^* n^*} + \frac{\alpha L^*}{n^* + \gamma n} \tag{2.20c}$$

Die Größen $\gamma \equiv \frac{s_i^*}{s_j^*} = \frac{\tau p_i^* D_i^*}{p_j^* D_j^*} = \left(\frac{\tau c}{c^*}\right)^{1-\rho}$ und $\gamma^* \equiv \frac{s_j}{s_i} = \frac{\tau p_j D_j}{p_i D_i} = \left(\frac{\tau c^*}{c}\right)^{1-\rho}$ drücken den relativen Ausgabenanteil aus, welcher von einem ausländischen (inländischen) Konsumenten für inländische (ausländische) im Vergleich zu ausländischen (inländischen) Gütern ausgegeben wird.[133] Die drei Gleichungen (2.20a), (2.20b) und (2.20c) bestimmen simultan die Kapitalrendite, R, und die Firmenzahlen im In- und Ausland, n und n^*. Als Lösung erhält man:

$$n = \frac{(K + K^*)[L(1-\gamma^*) - L^* \gamma^* (1-\gamma)]}{(L + L^*)(1-\gamma)(1-\gamma^*)} \tag{2.20d}$$

---

133 Wir unterstellen die Bedingung $\gamma < 1$ und $\gamma^* < 1$ (oder, äquivalent, $s_i > s_j$ und $s_j^* > s_i^*$). Ökonomisch interpretiert bedeutet dies, daß die Transportkosten mindestens so groß sind, daß jede Varietät im Inlandsmarkt billiger ist, als eine importierte ausländische Varietät. Diese „Home Market"-Bedingung ist im Falle symmetrisch-identischer Regionen, auf den wir uns weiter unten konzentrieren werden, erfüllt. Vergleiche Venables (1987) zu dieser Bedingung.

$$n^* = \frac{(K + K^*)[L^*(1-\gamma) - L\gamma(1-\gamma^*)]}{(L + L^*)(1-\gamma)(1-\gamma^*)} \tag{2.20e}$$

$$R = \alpha(L + L^*) / \rho(K + K^*) \tag{2.20f}$$

Die Ausbringungsmenge und Faktoreinsätze einer Firma lassen sich aus den Gleichungen (2.19) und (2.13) berechnen.

2.4 Relokations- und Wohlfahrtswirkungen der Integration

2.4.1 Relokationswirkungen

Die Relokationseffekte, die durch die Integration induziert werden, lassen sich ganz einfach dadurch ermitteln, daß die Anzahl der Firmen in den beiden Regionen im Autarkiegleichgewicht, also K und K^*, mit der Anzahl der Firmen bei Güterhandel und Kapitalmobilität, wie in (2.20d) und (2.20e) beschrieben, saldiert wird. Es ist hierbei sinnvoll, dem Verfahren von Martin und Rogers (1995a) zu folgen, und einzelne Charakteristika zu isolieren. Von besonderer Bedeutung sind in unserem Kontext natürlich regional unterschiedliche Umweltpolitiken. Wir charakterisieren nachfolgend aber auch die Auswirkungen von Unterschieden in anderen Charakteristika der Länder.

Zunächst unterstellen wir, daß die beiden Regionen über eine identische Ressourcenausstattung verfügen: $K = K^*$ und $L = L^*$. Aus (2.20d) folgt für die Firmenzahl im Inland im Integrationsgleichgewicht:

$$n = \frac{K(1 - 2\gamma^* + \gamma\gamma^*)}{(1-\gamma)(1-\gamma^*)} \tag{2.21a}$$

Als Relokationseffekt ermitteln wir

$$\Delta n = \frac{K(\gamma - \gamma^*)}{(1-\gamma)(1-\gamma^*)} \tag{2.21b}$$

Die wirtschaftliche Integration der beiden Regionen führt zu einer Firmenrelokation vom Ausland (Inland) ins Inland (Ausland) wenn $\gamma > \gamma^*$ ($\gamma < \gamma^*$). Sehen wir von unterschiedlichen Präferenzgewichten zunächst ab (d.h. haben wir $a_i = a_j = a_i^* = a_j^* = 1$), so wird die Region, in welcher die Firmen geringere

Grenzkosten haben, eine Zuwanderung erfahren, da $\gamma > \gamma^*$ ($\gamma < \gamma^*$) wenn $c < c^*$ ($c > c^*$). Besteht der einzige Unterschied zwischen den Regionen in einer unterschiedlichen Toleranz für Umweltverschmutzung und somit in unterschiedlichen Umweltsteuern, so bedeutet dies, daß die wirtschaftliche Integration eine Relokation in die Region mit den geringeren Umweltsteuern induziert. Aus Gleichung (2.21b) ist ersichtlich, daß die Größe des Relokationseffektes von der Differenz $\gamma - \gamma^*$ bestimmt ist. Intuitiv interpretiert implizieren geringe Umweltsteuern, daß der relative Preis differenzierter Güter in Einheiten des Numéraire niedrig ist. Die wirtschaftliche Integration induziert eine höhere Nachfrage nach differenzierten Gütern. Wegen der Skalenerträge in der Produktion haben die Firmen einen Anreiz, sich dort anzusiedeln, wo die Nachfrage größer ist. Es ist an dieser Stelle darauf hinzuweisen, daß die Faktoren γ und γ^* nicht nur von den Umweltsteuern beeinflußt werden, sondern auch von den Präferenzgewichten.[134] Im Kontext unserer Überlegungen bedeutet dies, daß eine scharfe Umweltregulierung dann nicht zu einer Firmenverlagerung führen, wenn die Subjekte eine besondere Vorliebe für dessen Güter (ausgedrückt durch die Präferenzgewichte) aufweisen.[135]

Wenden wir uns Unterschieden in der Marktgröße in den beiden Regionen zu, die durch unterschiedliche Populationsniveaus Ausdruck finden. Wir unterstellen $K/L = K^*/L^*$ und $\gamma = \gamma^*$. Als Ergebnis erhalten wir, daß eine Firmenrelokation in das Land mit der größeren Bevölkerung und somit der höheren lokalen Nachfrage einsetzt:

$$\Delta n = \frac{(KL - K^* L^*)}{(L + L^*)(1 - \gamma)} \qquad (2.21c)$$

Dieses Ergebnis ist aus der neuen Außenhandelstheorie bekannt (Krugman, 1980, 1991; Helpman and Krugman, 1985).[136]

Unterscheiden sich die beiden Regionen alleine in der Relation verfügbaren Kapitals bezogen auf die Bevölkerung, so sind die Relokationswirkungen nicht eindeutig:

---

134 Würde man in der Manier von Martin und Rogers (1995a) unterstellen, daß zusätzlich auch im Inland und im Ausland bei der lokalen Belieferung der Konsumenten Eisbergtransportkosten anfallen – die als Proxy für die jeweilige Infrastruktur angesehen werden könnten – so würden auch günstige lokale Transportkosten verhindern, daß Firmen wegen schärferen Umweltstandards in das Ausland fliehen.

135 Zu einer vollen Konzentration des Sektors differenzierter Güter im Inland kommt es wenn: $(1-\gamma)/\gamma(1-\gamma^*) \leq 1$.

136 Die Bedingung für eine vollständige Konzentration der Firmen im Inland lautet: $L^*/L \leq \gamma$.

$$\Delta n = \frac{K - K^*}{2}\left[-1 + \frac{\alpha(1+\gamma)}{\rho(1-\gamma)}\right] \tag{2.21d}$$

Zwei Faktoren zeichnen für dieses Ergebnis verantwortlich. Bei Autarkie impliziert ein niedriger relativer Kapitalbestand bezogen auf die Arbeitskräfte, daß die Kapitelrendite hoch ist. Wird Kapital im Zuge der wirtschaftlichen Integration mobil, so wird es in die Region wandern, wo dieser Effekt ausgeprägter ist. Dieser Wirkungskanal kommt durch den ersten Term in der eckigen Klammer (den Faktor minus eins) zum Ausdruck. Ist das Kapital-Arbeits-Verhältnis niedrig, so ist allerdings auch das Kapitaleinkommen gering. Dieser zweite Effekt kommt im zweiten Term in der eckigen Klammer zum Ausdruck und wirkt dem ersten Kanal entgegen.[137]

2.4.2 Wohlfahrtswirkungen der Integration

Wir wenden uns nun der Wohlfahrtsanalyse der wirtschaftlichen Integration zu. Dabei unterstellen wir nunmehr, daß die beiden Regionen mit der Ausnahme von unterschiedlichen Umweltpräferenzen und somit Umweltsteuern in allen Belangen identisch sind. Der Wohlfahrtseffekt der wirtschaftlichen Integration ist beschrieben in

Lemma 2-1: Halten wir die Umweltsteuer auf ihrem Autarkieniveau fixiert, so ist der Wohlfahrtseffekt der Integration für das Inland unter den Annahmen $L = L^*$, $K = K^*$, $a_i = a_j = a_i^* = a_j^* = 1$ gegeben durch

$$\Delta V = \frac{\alpha(1-\omega)}{\rho}\left[\frac{\rho}{(\rho-1)(1-\omega)} ln\left(\frac{1-\gamma\gamma^*}{1-\gamma}\right) - \frac{\gamma-\gamma^*}{(1-\gamma)(1-\gamma^*)}\right]$$

wobei $\gamma = \tau^{1-\rho}(\eta/\eta^*)^{(1-\omega)(1-\rho)}$ und $\gamma^* = \tau^{1-\rho}(\eta^*/\eta)^{(1-\omega)(1-\rho)}$

Lemma 2.1 läßt sich beweisen, wenn man an Gleichung (2.10) anknüpfend die Änderung des indirekten Nutzens berechnet, $\Delta V = -\alpha\Delta ln P + \Delta Y - \eta e(n-K)$ und in Rechnung stellt, daß die Schadstoffemissionen auf ihrem Autarkieniveau verharren, wenn der Umweltsteuersatz ψ^{Aut} beibehalten bleibt. Außerdem sind die Informationen über die Preisniveaus, Einkommen und Firmenzahlen, die wir in

---

[137] Die Bedingung für eine vollständige Konzentration der Firmen im Inland lautet:: $\frac{K}{K^*} \geq \frac{\alpha(1+\gamma)+\rho(1-\gamma)}{\alpha(1+\gamma)-\rho(1-\gamma)}$.

den Abschnitten 2.3.1 und 2.3.2 abgeleitet haben, zu verwenden. Hieran anknüpfend erhalten wir:

Proposition 2.2: Der Wohlfahrtseffekt der wirtschaftlichen Liberalisierung für den repräsentativen heimischen Konsumenten ist positiv, wenn seine Toleranz für Umweltverschmutzung geringer oder höchstens gleich ist der Toleranz des ausländischen repräsentativen Konsumenten (wenn $\eta \geq \eta^*$). Im anderen Falle (wenn $\eta < \eta^*$) ist der Wohlfahrtseffekt nicht eindeutig.

Der Beweis von Proposition 2.2 knüpft unmittelbar an Lemma 2.1 an. Ist die Toleranz für Umweltverschmutzung in beiden Regionen gleich groß (d.h. ist $\eta = \eta^*$, und daher, $\gamma = \gamma^*$), so führt die wirtschaftliche Integration zu keiner Firmenrelokation und das Einkommen und die Umweltverschmutzung verharren in jeder Region auf dem Autarkieniveau (siehe den zweiten Term in der eckigen Klammer, die ΔV in Lemma 2.1 charakterisiert). Der inländische Konsument zieht jedoch einen Nutzengewinn aus der wirtschaftlichen Integration, weil sich die Produktvielfalt vergrößert, was sich im Modell in einer Verringerung des Preisniveaus niederschlägt (erster Term in der eckigen Klammer). Wenn $\eta > \eta^*$, und daher $\gamma < \gamma^*$, so ergibt sich eine Firmenverlagerung vom Inland in das Ausland, die den Nutzengewinn, die der heimische Haushalt aus der wirtschaftlichen Integration erzielt, zwar schmälert (weil nun mehr Güter importiert werden müssen und dies mit Transportkosten verbunden ist) aber positiv beläßt. Der negative Effekt auf die Steuereinnahmen und damit das Einkommen ist geringer als der positive Effekt, der mit der geringeren lokalen Umweltverschmutzung verbunden ist, so daß der zweite Term in der eckigen Klammer ebenfalls positiv ist. Ist $\eta < \eta^*$, und damit $\gamma > \gamma^*$, so haben die beiden Terme in der eckigen Klammer entgegengesetzte Vorzeichen und der Netto-Wohlfahrtseffekt der wirtschaftlichen Integration ist nicht eindeutig.

2.5 Endogene Wahl der Umweltsteuern im Integrationsgebiet

Bei der Analyse der Wohlfahrtswirkungen der wirtschaftlichen Integration haben wir bislang unterstellt, daß die Umweltsteuern auf dem Autarkieniveau beibehalten werden. Wir adressieren nun die Frage der endogenen Wahl der Umweltsteuern bei freiem Handel und vollkommener Kapitalmobilität. Wir unterstellen hierfür, daß die beiden Regionen identisch sind und daß die beiden Regierungen über kein anderes wirtschaftspolitisches Instrument als einen Umweltsteuersatz verfügen. Die Umweltsteuerwahl der Regierungen und jene des Zentralplaners knüpft unmittelbar am indirekten Nutzen der jeweiligen repräsentativen Konsumenten, also an Gleichung (2.10) und der äquivalenten Gleichung für das Ausland, an.

Zunächst bestimmen wir, wie die indirekten Nutzenfunktion auf die Umweltsteuersätze im In- und Ausland reagieren. Differenzieren wir also die indirekten Nutzenfunktionen nach diesen Steuersätzen, so erhalten wir:

$$q_1 \equiv \frac{dV}{d\psi} = \frac{-\alpha\varepsilon_{P,\psi} + Y\varepsilon_{Y,\psi} - \eta ne\left(\varepsilon_{n,\psi} + \varepsilon_{e,\psi}\right)}{\psi} \tag{2.22}$$

$$q_2 \equiv \frac{dV}{d\psi^*} = \frac{-\alpha\varepsilon_{P,\psi^*} + Y\varepsilon_{Y,\psi^*} - \eta ne\left(\varepsilon_{n,\psi^*} + \varepsilon_{e,\psi^*}\right)}{\psi^*} \tag{2.23}$$

$$q_1^* \equiv \frac{dV^*}{d\psi^*} = \frac{-\alpha\varepsilon_{P^*,\psi^*} + Y^*\varepsilon_{Y^*,\psi^*} - \eta n^* e^*\left(\varepsilon_{n^*,\psi^*} + \varepsilon_{e^*,\psi^*}\right)}{\psi^*} \tag{2.24}$$

$$q_2^* \equiv \frac{dV^*}{d\psi} = \frac{-\alpha\varepsilon_{P^*,\psi} + Y^*\varepsilon_{Y^*,\psi} - \eta n^* e^*\left(\varepsilon_{n^*,\psi} + \varepsilon_{e^*,\psi}\right)}{\psi} \tag{2.25}$$

wobei $\varepsilon_{m,\psi} \equiv d\ln m / d\ln\psi$ und $\varepsilon_{m,\psi^*} \equiv d\ln m / d\ln\psi^*$ angeben, wie die endogenen Variablen $m = P, P^*, Y, Y^*, n, n^*, e, e^*$ auf relative Änderungen der Umweltsteurn ψ und ψ^* reagieren. Diese Elastizitäten sind aus dem Modell zu ermitteln. Im folgenden indizieren wir relative Änderungen wiederum durch eine Tilde (~), i.e. $\tilde{m} \equiv d\ln m = dm/m$.

Verwenden wir nun die Gleichungen (2.5)', (2.16) und (2.13), so folgt für die relative Änderung des Preisniveaus $\tilde{P} = P_1[\tilde{n} + (1-\rho)(1-\beta)\tilde{\psi}] + P_2[\tilde{n}^* + (1-\rho)(1-\omega)\tilde{\psi}^*]$ wo $P_1 < 0$, $P_2 < 0$ in Anhang III-2-2 definiert sind. Daher folgt für die Elastizitäten: $\varepsilon_{P,\psi} = P_1[\varepsilon_{n,\psi} + (1-\rho)(1-\omega)] + P_2\varepsilon_{n^*,\psi}$ und $\varepsilon_{P,\psi^*} = P_1\varepsilon_{n,\psi^*} + P_2\varepsilon_{n^*,\psi^*} + P_2(1-\rho)(1-\omega)$. Wegen der Cobb-Douglas Technologie sind die proportionalen Änderungen der Emissionen durch $\tilde{e} = -\tilde{\psi}$ gegeben, so daß folgt: $\varepsilon_{e,\psi} = -1$ und $\varepsilon_{e,\psi^*} = 0$. Die relative Änderung des Einkommens, die aus (2.11) ableitbar ist, ist durch $\tilde{Y} = y_3\tilde{n}$ gegeben, wobei $y_3 > 0$ in Anhang III-2-2 definiert ist. Folglich gilt: $\varepsilon_{Y,\psi} = y_3\varepsilon_{n,\psi}$ und $\varepsilon_{Y,\psi^*} = y_3\varepsilon_{n,\psi^*}$. Die relative Änderung der Firmenzahl ist aus (2.21) berechenbar: $\varepsilon_{n,\psi} = (1-\rho)(1-\omega)\left[\frac{\gamma}{1-\gamma} - \frac{\gamma^*}{1-\gamma^*} + \frac{2\gamma^*}{1-2\gamma^* + \gamma\gamma^*}\right]$. Unter Ausbeutung der Symmetrieannahme, lassen sich die entsprechenden Elastizitäten der ausländischen Variablen ableiten (Siehe Anhang II-2-3).

Mit diesen Informationen können wir die kooperativ und non-kooperativ gewählten Second-Best Umweltsteuern ableiten. Die Wahl eines Zentralplaners ist beschrieben in

Lemma 2-2: Die vom Zentralplaner gewählten Umweltsteuern sind durch $\psi^{Co-op} = \eta L(\rho - 1)/\rho$ gegeben.

Der Zentralplaner maximiert die gemeinsame Wohlfahrt, die durch die Summe der indirekten Nutzen des repräsentativen In- und Ausländers gegeben ist. Anknüpfend an (2.22) - (2.25), wählt der Zentralplaner die heimische Steuer ψ, so daß $q_1 + q_2^* = 0$ und die ausländische Steuer ψ^*, so daß $q_1^* + q_2 = 0$, was, aufgrund der unterstellten Identität der beiden Regionen natürlich identische Bedingungen liefert. Der Sozialplaner berücksichtigt die Spillovers, die mit der Wahl der Umweltsteuern auf die jeweils andere Region verbunden sind. Da die Regionen identisch sind gilt: $\psi = \psi^*$, $n = n^* = K$, $P_1^* = P_2$, $P_1 = P_2^*$ und $\varepsilon_{P,\psi} = -\varepsilon_{n^*,\psi} = 2(1-\rho)(1-\omega)\gamma/(1-\gamma)^2 < 0$. Die Bedingung $q_1 + q_2^* = 0$ kann daher umformuliert werden zu: $\alpha(1-\rho)(1-\omega)(P_1 + P_2) = \eta Ke$ wobei $P_1 + P_2 = 1/(1-\rho)$ und $e = \alpha(1-\omega)(\rho-1)L\psi^{-1}/\rho K$, so daß ψ^{Co-op} wie in Lemma 2-2 beschrieben folgt. Es ist zu erkennen, daß die Umweltsteuer, die der Sozialplaner für ein System identischer Regionen ermittelt, mit der Umweltsteuer zusammenfällt, die für den Autarkiefall ermittelt wurde.

Die non-kooperativ von den beiden Regionalregierungen gewählten Second-Best Emissionssteuern sind charakterisiert in

Lemma 2-3: Die Second-Best Umweltsteuern sind bei non-kooperativer Wahl durch $\psi^{NonCo-op} = \psi^{*NonCo-op} = F(\tau,\rho,\omega)\psi^{Co-op}$ gegeben, wo $F(\cdot)$ ein in Anhang III-2-4 definierter multiplikativer Faktor ist.

Die Bedingungen erster Ordnung für die Second-Best Umweltsteuern sind durch $q_1 = 0$ und $q_1^* = 0$ gegeben. Diese Bedingungen beinhalten implizit die Second-Best Umweltsteuern der beiden Regionen, gegeben die Umweltsteuer der anderen Region. Im Gegensatz zum Zentralplaner berücksichtigen die Regionalregierungen bei ihrer Wahl der Umweltsteuersätze die Möglichkeit der Relokation der Firmen. Gegeben die Annahme der Identität der beiden Regionen genügt es, eine der beiden Bedingungen – zum Beispiel die erste – heranzuziehen. Da die

Regionen identisch sind, können wir die Bedingung $q_1 = 0$ wie folgt umschreiben:

$$-\alpha(P_1 - P_2)\varepsilon_{n,\psi} - \alpha P_1(1-\rho)(1-\omega) + Yy_3\varepsilon_{n,\psi} - \eta Ke\varepsilon_{n,\psi} + \eta Ke = 0 \qquad (2.26)$$

Die Wahl der Umweltsteuer durch dezentrale Regierungen ist von fünf Gesichtspunkten bestimmt, wie aus Gleichung (2.26) ersichtlich ist. Die Wohlfahrtsvorteile, die aus einer marginalen Erhöhung der Umweltsteuer erwachsen, bestehen darin, daß die Umweltverschmutzung zurückgeht, weil die in der Region verbleibenden Firmen weniger Schadstoffe emittieren (letzter Term in 2.26) und weil verschmutzende Firmen in die andere Region abwandern (vierter Term). Mit der marginalen Erhöhung der Umweltsteuer sind aber auch Wohlfahrtsverluste verbunden. Zum einen erhöhen sich die Preise der heimischen Güter (zweiter Term). Ferner führt die Abwanderung von Firmen dazu, daß die Steuerbasis und damit die Steuereinnahmen sinken. Durch die Abwanderung der Firmen in die andere Region steigen im Inland auch die Konsumentenpreise, weil für die Lieferung dieser Güter nun Transportkosten anfallen (erster Term, der "Home market effect"[138]). Der multiplikative Faktor $F(\cdot)$ wird durch Transportkosten, die Substitutionselastizität zwischen den differenzierten Gütern und die Produktionselastizität der Arbeit bestimmt. Dieser Faktor ist hingegen unabhängig vom Parameter. Durch Computersimulation läßt sich zeigen, daß $F(\cdot)$ einen Wert größer, gleich oder kleiner als eins annehmen kann, so daß der non-kooperativ gewählte Umweltsteuersatz, geringer, gleich oder größer sein kann, als der Umweltsteuersatz, den ein Sozialplaner wählt.

Ein intuitiv anschaulichere Verständnis für dieses Ergebnis, welches sowohl die Möglichkeiten eines Race to the bottom als auch eines NIMBY-Szenarios erkennbar macht, läßt sich dadurch gewinnen, daß man beachtet, daß die dezentrale Wahl der Umweltsteuern mit Spillovers auf die andere Region verbunden ist. Wir schreiben zunächst die Bedingungen erster Ordnung der non-kooperativen Steuersatzwahl, d.h. Gleichung (2.26) um, in dem wir von beiden Seiten den Term $\alpha(1-\rho)(1-\omega)P_2$ subtrahieren. Formen wir die resultierende Gleichung so um, daß die Bedingung erster Ordnung der kooperativen Steuersatzwahl, auf der linken Seite erscheint, so erhalten wir:

$$-\alpha(1-\rho)(1-\omega)(P_1 + P_2) + \eta Ke = [\alpha(P_1 - P_2) - Yy_3 + \eta Ke]\varepsilon_{n,\psi} - \alpha(1-\rho)(1-\omega)P_2 .$$

---

138 In Anhang III-2-2 zeigen wir daß: $(P_1 - P_2) < 0$.

Der Sozialplaner wählt die Umweltsteuer so, daß die linke Seite dieser Gleichung gleich Null wird. Die non-kooperativ gewählten Umweltsteuersätze sind daher ineffizient gering (hoch) wenn, die rechte Seite – abgekürzt mit RHS – unter Berücksichtigung des Umweltsteuersatzes des Zentralplaners positiv (negativ) ist. Die vier Komponenten von RHS lassen sich durch die Modellparameter ausdrücken. Man erhält

$$RHS = \left\{ \frac{\alpha(1-\tau^{1-\rho})}{(1-\rho)(1+\tau^{1-\rho})} - \frac{\alpha(1-\omega)(\rho-1)}{\rho} + \alpha(1-\omega) \right\} \varepsilon_{n,\psi} - \frac{\alpha(1-\omega)\tau^{1-\rho}}{1+\tau^{1-\rho}} \tag{2.27}$$

wo $\varepsilon_{n,\psi} = 2(1-\rho)(1-\omega)\tau^{1-\rho} / (1-\tau^{1-\rho})^2 < 0$. Klammern wir nun alle positiven multiplikativen Faktoren aus, so folgt für das Vorzeichen von RHS: $signRHS = sign\left[\frac{\rho}{\rho-1} - \frac{2(1-\omega)}{1-\tau^{1-\rho}}\right]$. Man kann daher formulieren:

Proposition 2-3: Die dezentrale Wahl der Umweltsteuern durch zwei Regionalregierungen führt zu ineffizient niedrigen (hohen) Umweltsteuern, wenn $sign\left[\frac{\rho}{\rho-1} - \frac{2(1-\omega)}{1-\tau^{1-\rho}}\right] > 0$ (<0).

Die Proposition 2-3 besagt, daß es zu einem Race to the bottom (einem NIMBY-Szenario) kommt, wenn die Bedeutung der Schadstoffemissionen im Produktionsprozeß (durch die Produktionselastizität der Schadstoffemissionen $1-\omega$ gemessen) im Verhältnis zu den Transportkosten und zum Preisaufschlag $\rho/(\rho-1)$ niedrig (hoch) ist. Dieses Parameterkriterium folgt als "Nettoergebnis" aus der Interaktion der vier Spillover-Terme in Gleichung (2.27). Eine Zerlegung von (2.27) zeigt folgendes:

Erstens, die ersten beiden Terme von RHS, der Home market effect und der Steuereinnahmeneffekt, sind positiv und wirken daher in Richtung auf ein Race to the bottom. Die beiden letzten Terme, der Verschmutzungseffekt, der mit einer Relokation der Firmen verbunden ist und der Spillover-Effekt auf die Preise (welchen der Sozialplaner internalisiert) sind hingegen negativ und wirken daher in Richtung auf ein NIMBY-Ergebnis.

Zweitens, die Beziehung zwischen den non-kooperativen und den kooperativen Umweltsteuersätzen ist unabhängig vom Präferenzparameter α. Dieser Parameter wirkt auf alle Terme von RHS in linearer und positiver Weise (und hat daher keinen Einfluß darauf, ob RHS positiv oder negativ ist). Ferner, und bedeutender ist, daß der Parameter für das Grenzleid der Umweltverschmutzung, η, nicht im Externalitätenterm erscheint. Dies zeigt, daß bei einer geringen Toleranz für Umweltverschmutzung (hoher Wert des Grenzleidparameters) nicht nur die dezentral agierenden Regierungen sondern auch der Zentralplaner einen hohen Umweltsteuersatz wählen werden.

Drittens, die Parameter τ,ω und ρ beeinflussen mehr als einen Term von RHS. Daher ist a priori unklar, welcher Parameter in Richtung eines Race to the bottom, oder gerade entgegen wirkt. Zum Beispiel ist der erste Term in der geschwungenen Klammer in (2.27) groß, wenn die Transportkosten τ hoch sind, was mit der Beschreibung des Home market effects in Helpman und Krugman (1989) korrespondiert. Der absolute Wert der Elastitzität der Firmenzahl in Bezug auf den heimischen Umweltsteuersatz, $\varepsilon_{n,\psi}$, der multiplikativ in den Home Market Term eingeht, sinkt mit wachsendem τ. Der letzte Term von RHS, der die Bedeutung, die der Zentralplaner den Preisen beimißt, die die ausländischen Haushalte für heimische Güter bezahlen, wird absolut betrachtet groß, wenn τ kleine Werte annimmt, so daß hohe (geringe) Transportkosten insgesamt ein Race to the bottom (NIMBY) begünstigen. Wenden wir uns der Produktionselastizität der Schadstoffemissionen zu, so können wir zunächst feststellen, daß sich der Steuereinkommenseffekt und der Verschmutzungsterm zum Ausdruck $\alpha(1-\omega)/\rho$ zusammenfassen lassen. Ist $1-\omega$ niedrig, so ist dieser Ausdruck klein. Er wird daher vom Home market term dominiert und ergo ist die geschweifte Klammer negativ. Da der Preisspilloverterm ebenfalls klein ist, wird bei niedrigen Werten von $1-\omega$ ein Race to the bottom resultieren. Mit steigendem $1-\omega$ wird ab einem gewissen Punkt der Fall eintreten, daß die geschweifte Klammer positiv wird. Da der Preisspilloverterm ebenfalls vom absoluten Wert her ansteigt, wird ein NIMBY-Szenario resultieren. Der letzte zu diskutierende Parameter ist die Substitutionselastizität zwischen den differenzierten Gütern, ρ. Ist ρ gering, so ist der Home market effect stark. Die Absolutwerte des Steuereinkommenseffektes und des Preisspilloverterms werden jedoch groß, wenn ρ klein wird. Simulationen zeigen, daß die beiden letztgenannten Effekte stärker sind als der erste Effekt wenn ρ verringert wird, was impliziert, daß es höhere Transportkosten τ und/oder einer höheren Produktionselastitzität der Arbeit, ω, bedarf, um zu einem Race to the bottom zu führen.

Die Proposition 2.3 zeigt, daß es im non-kooperativen Fall selbst dann nicht zwangsläufig zu ökologischem Dumping kommt, wenn die Regierungen nur über ein wirtschaftspolitisches Instrument, eine Emissionssteuer, verfügen. Verfügen die Regierungen über (ad-valorem) Produktionssubventionen als zweites wirtschaftspolitisches Instrument, so verschwindet die Möglichkeit eines Ökodumpings gänzlich. In Anhang III-2-5 ist abgeleitet, daß der Sozialplaner in diesem Falle die Emissionssteuer und die Produktionssubventionen wie oben im Autarkiefalle wählt und daß auch in der non-kooperativen Lösung der Steuersatz

$\psi = \eta L$ gewählt wird. Mithin verschwindet der Anreiz, die Emissionssteuer zweckfremd einzusetzen, wenn zusätzlich das Instrument der Produktionssubventionen zur Verfügung steht.

2.6 Schlußfolgerungen

Wir haben in diesem Kapitel gezeigt, daß die von Umweltschützern geäußerten Befürchtungen, die materiellen Vorteile wirtschaftlicher Liberalisierung könnten hinter den Umweltschäden zurückbleiben, und die Regierungen könnten sich gezwungen sehen, exzessiv niedrige Umweltsteuern zu setzen, um einer Kapitalflucht vorzubeugen, in einem Modell monopolistischer Konkurrenz durchaus stützen lassen. Allerdings haben wir von vorneherein ausgeschlossen, daß den Regierungen ein anderes Instrument als ein Umweltsteuersatz als Handlungsparameter zur Verfügung steht. Selbst unter dieser sehr einschränkenden Annahme ist ein Race to the Bottom nicht zwangsläufig. Von der Konstellation der Parameter abhängig, können Regierungen durchaus auch exzessiv hohe Umweltsteuern wählen, um nicht "zu viele verschmutzende Firmen in den eigenen Hinterhöfen" beherbergen zu müssen.

3. Umweltpolitik und die Ordnung des Welthandels

3.1 Einleitung

In den letzten Jahren ist es vermehrt zu Konflikten zwischen den Anliegen des Umweltschutzes und der Welthandelsordnung gekommen. Die Auseinandersetzung zwischen den USA, Kanada und der Europäischen Union um das europäische Einfuhrverbot für Fleisch hormonbehandelter Rinder ist hierfür ein aktueller Beleg. Die Diskussionen um Genfood und Abfallentsorgung versprechen keine geringeren Reibungen. Die Abstimmung des Regelwerkes des Welthandels mit den nationalen Umweltpolitiken einerseits und den multilateralen Umweltschutzabkommen andererseits zählt zu den großen Herausforderungen, mit denen sich die Welthandelsorganisation (WTO) gegenwärtig konfrontiert sieht. Wie wir in Kapitel 1 dargelegt haben, sehen Umweltschützer die Institutionen des Welthandels im Verdacht, strenge nationale Umweltpolitiken zu unterminieren. Aus diesen Kreisen sind daher Forderungen nach einer "Ökologisierung" der Welthandelsordnung laut geworden. Advokaten des Freihandels hingegen weisen auf die bereits bestehenden Möglichkeiten, innerhalb der Welthandelsordnung Umweltziele zu verfolgen, und warnen vor einer Überforderung und Zweckentfremdung der WTO. In der Diskussion steht auch die Forderung nach Schaffung einer Weltumweltorganisation.

Die nachfolgenden Ausführungen haben die Konfliktfelder zwischen den Regelwerken der Umwelt und des Handels und die in der Diskussion stehenden Lösungsansätze zum Gegenstand. Sie gliedern sich wie folgt: In Abschnitt 3.2 versuchen wir zunächst die Wurzeln der Konflikte zwischen den Umwelt- und den Freihandelsinteressen aufzuzeigen. Hierfür muß ein Blick auf die historische Entwicklung der beiden Regelwerke geworfen werden. Bevor wir in Abschnitt 3.4 auf die verschiedenen Vorschläge zur Lösung dieser Konflikte eingehen können, ist in Abschnitt 3.3 zu klären, in welcher Beziehung die Ziele des freien Handels und des Umweltschutzes stehen. Wir rekapitulieren an dieser Stelle in Kürze die zentralen Einsichten, die wir in Kapitel 1 erarbeitet haben. Daran anknüpfend zeigen wir, daß es trotz der prinzipiellen Komplementaritätsbeziehung zwischen den Zielen des Freihandels und des Umweltschutzes, die unser Überblick in Kapitel 1 festgestellt hat, aus drei Gründen zu Spannungen kommen kann. In Abschnitt 3.5 ziehen wir Schlußfolgerungen.

3.2 Zu den Ursachen der Konflikte

Die Institutionen und Regeln des Welthandels wurden entwickelt bevor das allgemeine Umweltbewußtsein erwachte.[139] Daher kann es nicht überraschen, daß der Begriff 'Umwelt' im 1947 abgeschlossenen Allgemeinen Zoll- und Handelsabkommen (GATT 1947) nicht erscheint. Das GATT wurde – wie der Internationale Währungsfonds und die Weltbank – ins Leben gerufen, um die Weltwirtschaftsordnung nach dem Kollaps in den 30er Jahren und dem Zweiten Weltkrieg wieder funktionsfähig zu machen. Während die letzten beiden Instanzen dazu erkoren wurden, währungs- und entwicklungspolitische Aufgaben zu übernehmen, sollte das GATT den freien Handel durch Regelbindung der Nationen fördern. Auf Betreiben der Vereinigten Staaten wurde der Multilateralismus zum Leitgedanken des GATT[140]. Das GATT fußt im wesentlichen auf drei Prinzipien, erstens, dem Grundsatz des wechselseitigen Abbaus von Handelshemmnissen, zweitens, den Prinzipien der Meistbegünstigung und Nichtdiskriminierung, die eine Ungleichbehandlung der Anbieter aus verschiedenen Ländern verbieten, und drittens, dem Grundsatz der Inländerbehandlung, welcher fordert, daß ausländische Anbieter keinen (künstlichen) Wettbewerbsnachteilen gegenüber inländischen Produzenten ausgesetzt werden dürfen. Unter den Handelsrestriktionen räumt das GATT den Zöllen den Vorrang vor anderen Handelshemmnissen ein, um eine höchstmögliche Transparenz zu gewährleisten. Unter Vorbehalten erlaubt der GATT-Vertrag Ausnahmen von diesen generellen Regeln (in Artikel XX) und eine Entbindung von

---

139 Zur Entwicklung der Welthandelsordnung vgl. WTO (1998), Hauser und Schanz (1995), Deutsche Bundesbank (1997, S.139ff; 1992, S.121ff.) und Esty (1994, S.46ff und Appendix A).

140 Mit dem 1930 erlassenen Smoot-Hawley Act, der eine kräftige Anhebung der amerikanischen Zölle verfügte, hatten die Vereinigten Staaten maßgeblich mit zum Zusammenbruch der Weltwirtschaft beigetragen. 1934 begannen die USA diese Politik zu korrigieren, wobei zunächst eine Politik der bilateralen Zollreduktion verfolgt wurde. Bilaterale Abkommen sind allerdings ihrerseits problematisch, denn erstens, sind sie per Konstruktion von begrenzter Natur, zweitens, können sie dazu führen, daß eine Umlenkung des Handels vom eigentlich effizienten zum zollbegünstigten Produzenten stattfindet und drittens führt das Anwachsen der Zahl bilateraler Abkommen - in den USA waren es bis 1945 bereits 32 - zu einer Erhöhung des bürokratischen Aufwandes. Von diesen Erfahrungen geleitet wurden die USA zur treibenden Kraft der (heutigen) multilateralen Handelsordnung. Vgl. Burtless et.al. (1998, S.11ff), Krugman und Obstfeld (1997, S.237ff).

den Verpflichtungen des GATT (in Artikel XXV:5, der sogenannten "Waiver-Regelung"). Für die Umweltpolitik von Belang sind insbesondere die Artikel XX (b) und (g), die unter gewissen Bedingungen handelsbeschränkende Maßnahmen – zum Schutz des Lebens und der Gesundheit von Menschen, Tieren und Pflanzen und zur Erhaltung erschöpflicher Naturschätze – zulassen.[141]

Das Zeitalter systematischer Umweltpolitik beginnt – zunächst in den reichen Industrieländern – in den 60er Jahren.[142] Im Mittelpunkt standen anfänglich nationale und regionale Umweltprobleme. Die internationale Umweltpolitik erlebte ihre Anfänge durch die UNO-Konferenz über die menschliche Umwelt, die 1972 in Stockholm auf Initiative der Vereinigten Staaten und der skandinavischen Länder abgehalten wurde. Auf dieser Konferenz artikulierte sich bereits ein Konflikt, der auch heute noch zu den fundamentalen Problemen der internationalen Umweltpolitik gehört, die Spannung zwischen den umweltpolitischen Forderungen der Industrieländer und den Entwicklungszielen der ärmeren Länder. Trotzdem wurde auf dieser Konferenz ein Konsens über dreierlei erzielt, die Gründung des Umweltprogramms der Vereinten Nationen (UNEP), die Berücksichtigung von Umweltgesichtspunkten durch andere UN-Organisationen und eine Befürwortung des Verursacherprinzips in der Umweltpolitik. Seit der Stockholmer Erklärung wurde eine Vielzahl internationaler Umweltabkommen geschlossen, so zum Beispiel 1973 die Konvention über den Handel mit gefährdeten Arten (CITES), 1985 die Wiener Konvention zum Schutz der Ozonschicht mit regelmäßigen Folgeprotokollen (z.B. 1987 in Montreal) und 1989 die Basler Konvention über den grenzüberschreitenden Transport von Sondermüll. Einen Höhepunkt erlebte die internationale Umweltpolitik in der UN-Konferenz über Umwelt und Entwicklung (UNCED) 1992 in Rio de Janeiro, in welcher sich die Teilnehmerstaaten auf das Leitbild einer nachhaltigen Entwicklung verpflichteten. Mit diesem Leitbild soll gleichzeitig dem Entwicklungsziel der Entwicklungsländer und den Bedürfnissen zukünftiger Generationen entsprochen werden.[143] In Rio wurden auch eine umweltpolitische Agenda 21 und mehrere Konventionen vereinbart, so z.B. über den Artenschutz und den Klimaschutz.

Die periodisch stattfindenden Verhandlungsrunden des GATT blieben von den aufkeimenden umweltpolitischen Maßnahmen zunächst unberührt.[144] Noch zu

---

141 Vgl. Hauser und Schanz (1995, S. 259f.).

142 Natürlich gab es schon früher Bemühungen um Umwelt- und Naturschutz, allerdings nicht in systematischer Form. Zu den Entwicklungslinien der Umweltpolitik vgl. Anderson (1997), Esty (1994), Weizsäcker (1994) und Mäler (1990).

143 Zum Leitbild der Nachhaltigkeit siehe Abschnitt 1.2.1. oben

144 Eine Ausnahme stellt z.B. das in der Tokyo-Runde als Nebenabkommen abgeschlossene – aber nicht für alle GATT-Mitglieder verbindliche – Abkommen über technische Handelsbarrieren (TBT = technical barriers to trade) dar, welches solche technischen Regulierungen und Standards für zulässig erklärt, die zum Schutz des Lebens und der Gesundheit von Menschen, Tieren und Pflanzen und der Umwelt dienen. Vgl. Althammer (1998, S.221).

Beginn der achten und bislang letzten GATT-Runde waren Umweltfragen kein zentraler Verhandlungsgegenstand. Zentrale Ergebnisse dieser ‚Uruguay-Runde', die auf der Ministerkonferenz von Marrakesch 1994 abgeschlossen wurde, waren die Überführung des "GATT 1947" in das "Neue GATT" ("GATT 1994"), die Regelbindung des Dienstleistungshandels (das GATS), ein verbessertes Streitschlichtungsverfahren und die schon 1947 angestrebte Gründung einer Welthandelsorganisation (WTO). In den Güterabkommen sind z.B. allgemeine Zollsenkungen und Liberalisierungsschritte in den Bereichen Landwirtschaft, Textil und Bekleidung und der Vergabe öffentlicher Aufträge vorgesehen. Die Rio-UNCED-Konferenz hinterließ beim Abschluss der Uruguay-Runde allerdings insofern ihre Spuren, als das Ziel einer nachhaltigen Entwicklung in die Präambel des WTO-Abkommens aufgenommen wurde. Weitere Neuerungen von umweltpolitischem Belang finden sich in den "gesundheitspolizeilichen und pflanzenschutzrechtlichen Regeln" (SPS rules = sanitary and phytosanitary rules) und den Regeln über technische Handelshemmnisse (TBT = technical barriers to trade), die die Vorbehalte des Artikels XX in mancherlei Hinsicht lockern, in anderer Hinsicht aber verschärfen, in der Festschreibung der Zulässigkeit der Subventionierung eines Teils der Anpassungskosten der Firmen an neue Umweltgesetze und in der Aufnahme einer Ausnahmeklausel in das Dienstleistungsabkommen (Artikel XIV GATS) ähnlich jener des GATT.[145]

Es ist leicht nachzuvollziehen, daß die Welthandelsordnung und die Umweltpolitik in Konflikt geraten mußten. Eine erste Wurzel dieses Konfliktes kann in der *Zunahme der Berührungsflächen* zwischen dem Außenhandel und den Umweltschutzanliegen in den letzten Jahrzehnten gesehen werden. Zwei Entwicklungen sind hierfür verantwortlich. Zum einen ist vor allem in den Industrieländern die Sensibilität gegenüber Umweltproblemen und mithin der Anspruch an die Umweltpolitik ständig gestiegen. Dies ist auf den gewachsenen Wohlstand und die damit steigende Nachfrage nach sauberer Umwelt und die immer härter werdende wissenschaftliche Erkenntnis über die Relevanz einiger globaler Umweltprobleme, wie z.B. des Ozon-Problems, zurückzuführen. Auch ist verstärkt ins Bewußtsein gerückt, welchen Anspruch das starke Wachstum der Weltbevölkerung an den Ressourcenbestand und die Regenerationsfähigkeit des Umweltsystems stellt. Zum anderen erleben wir derzeit – bedingt durch den Abbau von Handelshemmnissen und Kapitalmobilitätsbarrieren und die weltweit wachsende Akzeptanz der marktwirtschaftlichen Ordnung und der Freihandelsidee[146] – eine Phase der Internationalisierung des Wirtschaftens, die alles bisher Dagewesene in

---

145 Vgl. Esty (1994, S.48ff), Hauser und Schanz (1995) und WTO (1998, S. 54).

146 Dies ist einerseits eine Folge des Endes des Kalten Krieges. Andererseits haben sich - nicht zuletzt unter dem Eindruck des Entwicklungserfolges der südostasiatischen Länder und der eigenen Mißerfolge - mehr und mehr Entwicklungsländer von einer Politik der Abschottung und Importsubstitution abgewandt.

den Schatten stellt.[147] Der steigende Konkurrenzdruck auf den Güter- und Faktormärkten sensibilisiert aber die hiervon Betroffenen für Unterschiede in den nationalen Sozial- und Umweltpolitiken.

Die *institutionelle Ausgangsposition*, vor deren Hintergrund sich die geschilderten Entwicklungen vollziehen, ist die zweite Wurzel des Konfliktes. Die internationale Umweltpolitik ist bislang in einer Vielzahl bilateraler und regionaler Abkommen verankert und institutionell innerhalb der Vereinten Nationen zersplittert: dem Umweltprogramm UNEP, dem Entwicklungsprogramm UNDP und der Kommission für nachhaltige Entwicklung UNCSD.[148] Eine zentrale Institution, welche internationale Umweltschutzbelange fördert und durchsetzt, gibt es bislang nicht. Das GATT auf der anderen Seite hat sich zu einem erfolgreichen Vehikel für den Freihandel entwickelt und ist institutionell durch die WTO gestärkt worden.[149] In Konfliktfällen zwischen Freihandels- und Umweltinteressen vertritt das GATT – auch nach den Modifikationen im Zuge der Uruguay-Runde – die ersteren. In Ermangelung einer zentralen umweltpolitischen Organisation, die vielleicht auf anderen Wegen für Abhilfe hätte sorgen können, wurden Streitfragen an das GATT bzw. an die WTO herangetragen, mit Ergebnissen, die oft genug zur Frustration von Umweltschützern geführt haben.

Gesetze, die *nationale Umweltgüter* betreffen, sind bereits zum Gegenstand von Streitschlichtungsverfahren des GATT und der WTO geworden. Noch unter dem alten GATT für Aufsehen gesorgt hat 1991 der sogenannte "Thunfischfall". Weil Delphine in großer Zahl zu Opfern der Fangmethoden mexikanischer Fischer wurden, hatten die USA ein Importverbot gegenüber mexikanischem Thunfisch erhoben, denn ein US-amerikanisches Gesetz schreibt den eigenen kommerziellen Fischern vor, Fangmethoden einzusetzen, bei denen Delphine geschont werden.[150] Mexiko hatte gegen dieses Importverbot geklagt und von dem GATT-Panel Recht bekommen. In der Begründung verweist das Panel auf das Hoheitsrecht Mexikos

---

147 Diese Aussage gilt inzwischen auch im Vergleich mit der ersten großen Globalisierungsphase im letzten Jahrhundert. Vgl. die Ausführungen in Teil I.

148 Vgl. Esty (1994, S.231).

149 In bislang acht Verhandlungsrunden seit dessen Gründung wurde eine außerordentliche Verringerung von Handelsrestriktionen erzielt. Diese Entwicklung ist nicht ohne Widerstände und alles andere als geradlinig verlaufen. Ursächlich für die oft zähen Verhandlungsprozesse und die noch verbleibenden Barrieren nicht-tarifärer Natur und Ausnahmebereiche, die der GATT-Disziplin bislang noch nicht unterworfen wurden, war und ist nicht zuletzt das in Politikzirkeln nach wie vor vorherrschende merkantilistische Denken. Eine pointierte Charakterisierung dieses 'GATT-think' findet sich in Krugman (1992).

150 Mexikanischen Fischern ist der Einsatz sogenannter "Taschennetze" erlaubt. Zum "Thunfischfall" vgl. z.B. Esty (1994), Althammer (1995), SRU (1998) und WTO (1998).

und es billigt die Verwendung eines "dolphin safe"-Labels in den USA.[151] Ähnliche Streitfälle haben sich in den letzten Jahren gehäuft.[152] Für Schlagzeilen hat jüngst auch die Weigerung der Europäischen Union gesorgt, die Einfuhr von Hormonrindfleisch zu gestatten. Ein WTO Schiedsgericht hat den hiergegen vorgebrachten Klagen der USA und Kanadas mit dem Verweis auf fehlende wissenschaftliche Evidenz für eine Gesundheitsgefährdung inzwischen stattgegeben und ihnen das Recht auf Strafzölle eingeräumt.

Konfliktstoff versprechen auch *multilaterale Umweltschutzabkommen*. Von den bis dato ungefähr 200 abgeschlossenen Abkommen beinhalten 20 ein Verbot des Handels mit bestimmten Stoffen, wie z.B. die Basler Konvention, oder sie erlauben den Einsatz von Handelssanktionen als Instrument zur Durchsetzung der Abkommen, wie z.B. das Montrealer Protokoll zum Schutz der Ozonschicht.[153] Die Verträglichkeit solcher Handelsklauseln mit dem geltenden WTO-Recht ist allerdings fragwürdig. Auch wenn es in dieser Frage noch nicht zu einer Anrufung des GATT gekommen ist, erscheinen Konflikte vorprogrammiert, insbesondere wenn sich Nichtsignatarstaaten eines Umweltabkommens mit Handelsrestriktionen konfrontiert sehen.[154] Würde – so spekuliert der *Economist* – beispielsweise ein Nichtunterzeichner der Basler Konvention, dem der Marktzugang von einem Signatar des Abkommens verweigert wird, weil er Stoffe zur Weiterverarbeitung importiert, deren Handel dieses Abkommen verbietet, eine Klage vor der WTO vorbringen, so würde dieser Klage nach heutigen Regeln mit hoher Wahrscheinlichkeit stattgegeben.[155] Ein ähnliches Problem könnte sich auch bei den Regelungen zum Schutze der Ozonschicht, die bislang als Musterbeispiel erfolgreicher internationaler Umweltpolitik gefeiert werden, ergeben.[156] Strenge Fristen für den Ausstieg aus der Produktion und Verwendung von Stoffen, die die Ozonschicht schädigen (FCKW und andere) galten und gelten bislang vor allem für die Industrieländer, die bislang auch die Hauptverursacher des Problems waren. Daß ein Trittbrettfahrerverhalten begrenzt blieb, wird vor allem der Drohung mit Handelssanktionen bei Nichteinhaltung zugeschrieben. Konflikte könnten sich ergeben, wenn die (längeren) Ausstiegsfristen für Transformations- und Entwicklungsländer bindend werden.

Die ablehnende Haltung, die solche Panel-Entscheide bei Umweltschützern gegenüber dem GATT bzw. der WTO hervorrufen, ist in mancherlei Hinsicht verständlich. So wurden die GATT-Entscheide hinter verschlossenen Türen von

151 Ein anderer Grund für die Stattgabe der Klage Mexikos lag darin, daß der US-Standard an die Anzahl der von US-Fischern zufällig getöteten Delphine geknüpft ist und daher den mexikanischen Fischern vorab gar nicht bekannt sein konnte.

152 Siehe die Auflistungen in Esty (1994, Appendix C) und in WTO (1999).

153 Vgl. WTO (1998, S.55).

154 Vgl. Anderson (1997, S.329), WTO (1998, S.56) und Sandhövel (1998, S.504).

155 Vgl. Economist (1998, S.27).

156 Siehe hierzu Enders und Porges (1992) und Esty (1994, S.151f. und S.218f).

Experten getroffen, die weder die Kompetenz noch die Legitimation besitzen, Umweltschutzinteressen zu vertreten. Aber auch wenn sich die WTO inzwischen erkennbar um mehr Transparenz bemüht, Umweltexperten in ihre Verfahren einbezieht oder plant, auch Nichtregierungsorganisationen die Teilnahme an Verfahren und die Möglichkeit von Eingaben zu gestatten[157], so ist und bleibt sie die Instanz zur Sicherung möglichst freien Handels. Umweltschützer vermuten daher, daß sie in Konfliktfällen zwangsläufig den Kürzeren ziehen. Dieser Spannungszustand zwischen den Welthandelsregeln und der Umweltpolitik ist nicht nur für die Advokaten des Umweltschutzes unbefriedigend. An Forderungen, wie diesem Spannungszustand Abhilfe geleistet werden könnte, mangelt es nicht. Bevor auf diese eingegangen wird, gilt es allerdings die Beziehungen zwischen den Zielen des freien Handels und des Umweltschutzes zu klären.

3.3 Komplementaritäten und Reibungsflächen

3.3.1 Zur Komplementarität von Handel und Umweltpolitik

Der in Kapitel 1 gegebene Überblick hat aufgezeigt, daß die Reibungsflächen zwischen Außenhandel und Umweltpolitik kleiner sind als der erste Anschein erwarten läßt. Zwei Einsichten sind für diese Einschätzung grundlegend. Zum einen verfolgen Freihändler und Umweltschützer ein gemeinsames Ziel, die Förderung der gesellschaftlichen Wohlfahrt. Zum anderen stellt der Außenhandel für sich genommen im Regelfall gar nicht die eigentliche Ursache von Umweltproblemen dar. Werden Politikmaßnahmen gewählt, die an den Wurzeln der Umweltprobleme ansetzen, so ist eine Vertiefung der wirtschaftlichen Integration dem Umweltziel sogar eher förderlich. Wir rufen zunächst die zentralen Argumente in Erinnerung.

- Erstens, der Außenhandel fördert Wachstum und Entwicklung. Dies kommt dem Umweltziel zugute, weil ein Beitrag zum Abbau der Armut und damit zu einer Verringerung des Bevölkerungswachstums und zur Überwindung verschmutzungsintensiver Entwicklungsstadien geleistet wird, weil der Wettbewerbsdruck zum effizienteren Umgang mit den Ressourcen zwingt und weil sich umweltschonender technischer Fortschritt schneller ausbreiten kann.

- Zweitens, werden die wirtschaftenden Akteure mit den sozialen Kosten ihrer Aktivitäten konfrontiert, d.h. findet eine volle Internalisierung statt,

---

157 Vgl. Economist (1998, S.28).

so ist die Aufnahme und Vertiefung internationaler Wirtschaftsbeziehungen vorteilhaft.

- Drittens, der These, daß es im Zuge der Internationalisierung der Wirtschaftsprozesse zu einem *Unterbietungswettlauf* von Umweltstandards kommt, kann der Boden entzogen werden, wenn die hierbei angestrebten umweltfernen Ziele durch direktere und damit geeignetere wirtschaftspolitische Instrumente adressiert werden.
- Viertens, sind die *Umweltprobleme grenzüberschreitender Natur*, so verschärfen sich zwar die Kosten umweltpolitischer Vorreiterinitiativen. Da das Problem im Kern aber ein Trittbrettfahrerproblem ist, welches völlig losgelöst von etwaigen außenwirtschaftlichen Verflechtungen besteht, ist hier das zentrale Problem die Erreichung internationaler Kooperation. Ein Berührungspunkt zwischen Handel und Umweltschutz ergibt sich hier insofern, als neben positiven Anreizinstrumenten wie z.B. Transfers finanzieller oder technologischer Art oder politisch-moralischer Überzeugungsarbeit auch Handelssanktionen, als negative Anreizinstrumente, eingesetzt werden können, um kooperatives Verhalten zu erreichen.

3.3.2 Reibungsflächen

Wenn trotz dieser Überlegungen heute von einem Spannungsverhältnis zwischen den Zielen des Umweltschutzes und des Freihandels die Rede ist, so hat dies folgende drei Gründe.

1. Es wird ein *Politikversagen* vermutet, etwa dergestalt, daß die notwendige umweltpolitische Lenkung (i.e. die Konfrontation der Verschmutzer mit den sozialen Kosten) unterbleibt oder in der Form, daß die Umweltpolitik zweckentfremdet wird, weil die eigentlich angezeigten Politikmaßnahmen auf anderen Feldern (z.B. Maßnahmen zur Bekämpfung der Arbeitslosigkeit) nicht durchgeführt werden. Wie wir erörtert haben, kommt die empirische Forschung bislang allerdings zum Schluß, daß umweltpolitische Maßnahmen kaum Auswirkungen auf die Standortentscheidungen der Firmen haben. Die Sorge eines Unterbietungswettlaufs von Umweltstandards erscheint im Lichte dieser Ergebnisse unberechtigt. Ein Staatsversagen im ersteren Sinne ist hingegen nicht leicht von der Hand zu weisen. So formuliert beispielsweise der Sachverständigenrat für Umweltfragen (SRU)[158], daß "...die politischen Entscheidungsträger in manchen Einzelstaaten nicht notwendigerweise ihre Maßnahmen am wohlfahrtstheoretisch gebotenen Internalisierungsbedarf ausrichten beziehungsweise anhand von Umweltqualitätszielen nach Maßgabe der einheimischen Bevölkerung bestimmen." In krasser Form

---

158 SRU (1998, S.328).

findet sich ein solches Politikversagen sicherlich in undemokratischen Ländern.[159] Allerdings lehrt die *Ökonomische Theorie der Politik*, daß auch in demokratischen Ländern in den politischen Entscheidungsprozessen gut organisierbare Partikularinteressen eher zum Zuge kommen als allgemeinere Anliegen, wie beispielsweise der Umweltschutz.[160] Wie wir bereits in Kapitel 1 erörtert haben, erscheint es legitim, von Ökodumping zu sprechen, wenn den Verschmutzern nicht ihre gesamten sozialen Kosten angelastet werden.[161]

2. Eine Spannung zwischen dem Freihandelsziel und dem Interesse des Umweltschutzes läßt sich auch aus einer unterschiedlichen Einschätzung der *Effektivität und Legitimität von Handelssanktionen* als Durchsetzungsinstrument für kooperatives Verhalten bei grenzüberschreitenden Umweltproblemen ableiten.

3. Die vielleicht dornigsten Problemfelder heute haben weder mit einem Politikversagen noch mit grenzüberschreitenden Umweltproblemen physischer Natur etwas zu tun, sondern ergeben sich aus unterschiedlichen *ethischen Einstellungen* gegenüber Produkten und Produktionsweisen und aus abweichenden Einschätzungen der *Gesundheitsgefährdungen*, die mit dem Import und Verzehr oder Gebrauch eines Gutes verbunden sind.[162] Diese Konfliktbereiche lassen sich auch als grenzüberschreitende Umweltprobleme psychologischer Natur bezeichnen.[163] Der "Thunfisch-Fall" steht stellvertretend für die erste Problemklasse, der "Hormon-Fall" für die zweite. In beiden Fällen prallen das Selbstbestimmungsrecht der Länder in der Umweltpolitik und das Ziel freien Handels aufeinander.

---

159 Vgl. hierzu Rodrik (1997b) und Cooper (1994, S.32ff).

160 Vgl. Frey (1992, Kap.8).

161 So beispielsweise der SRU (1998, S.324f)

162 Der Sachverständigenrat zur Begutachtung der gesamtwirtschaftlichen Entwicklung charakterisiert diesen Konflikt als Spannungszustand zwischen dem Ursprungslandprinzip der internationalen Handelsordnung und dem Bestimmungslandprinzip der nationalen Umweltpolitik. Vgl. SVR (1998).

163 Vgl. Blackhurst und Subramanian (1992).

3.4 Institutionelle Reformvorschläge

3.4.1 Zur Beziehung der Teilordnungen

In den drei aufgezählten Spannungsfeldern ist eine Einigung zwischen den jeweils legitimen Interessen des Umweltschutzes und des Freihandels zu finden. Der Rat von Sachverständigen für Umweltfragen (SRU) formuliert zurecht, daß hierbei[164] "das GATT/WTO-System keinen Vorrang gegenüber anderen Regelungswerken für sich in Anspruch nehmen kann" und daß die "durch ein einzelnes Regelsystem bestimmten Handlungsmöglichkeiten nur soweit reichen dürfen, wie den aus dem Gesamtzusammenhang aller (Teil-)Ordnungen abzuleitenden Gemeinwohlzielen in hinreichendem Umfang genügt wird." Aus den bisherigen Überlegungen folgt auch, daß es fruchtbar ist, bei der Abstimmung der Welthandelsordnung mit der im Entstehen begriffenen Umweltordnung die Komplementarität von Freihandel und Umweltpolitik im Hinblick auf das Wohlfahrtsziel auszubeuten. Der in Kapitel 1 charakterisierte Leitgedanke der nachhaltigen Entwicklung ist hier eine hilfreiche Brücke. Schließlich erscheint es aus Effizienzgründen sinnvoll, eine klare Trennung der Aufgaben des GATT – als Regelsystem zur Förderung des freien Welthandels – und eine Regelinstanz für die Umwelt vorzunehmen.

3.4.2 Zur Schaffung einer Weltumweltorganisation – GEO

Die grundlegenden Überlegungen deuten die Notwendigkeit der Schaffung einer zentralen Regelinstanz für die Umwelt bereits an.[165] In der Tat findet die Idee einer Weltumweltorganisation (GEO – Global Environmental Organization) mehr und mehr Befürworter.

Ein erster wichtiger Grund hat mit der Internationalisierung der Wirtschaftsprozesse und den aufgezählten Spannungsfeldern gar nichts zu tun, wohl aber mit der Erkenntnis, daß eine wachsende Anzahl von Umweltproblemen nicht mehr lokaler sondern globaler Natur ist. Durch *Zentralisierung* der bisher institutionell zersplitterten Bemühungen könnte ein Bollwerk für den internationalen Umweltschutz entstehen, welches das Umweltziel langfristig auf ähnliche Weise gegen kurzfristige Länderinteressen durchsetzen könnte, wie das GATT die Freihandelsidee im Bereich des Handels.[166] Der GEO wären unter anderem die Aufgaben zuzuweisen, als Schiedsstelle bei transnationalen Umweltkonflikten zu agieren, die Regelung globaler Umweltprobleme und die Produktkennzeichnung voranzutreiben.

---

164 SRU (1998, S.325).

165 Vgl. Esty (1994), Anderson (1997 und 1998) und Jones (1998).

166 In diesem Sinne können die Advokaten des Umweltschutzes vom GATT lernen. Vgl. Esty (1994 , Kap.4).

Die GEO würde andererseits ein *institutionelles Gegengewicht* zum GATT bilden und könnte im Konfliktfall mit Freihandelsinteressen als legitimierter Advokat des Umweltziels auftreten. Mit der Schaffung der Behörde ist natürlich noch nicht geklärt, wie im Konfliktfall die Spannung zwischen Umwelt- und Freihandelsziel beseitigt würde. Denkbar wäre beispielsweise die Einrichtung eines paritätisch mit Advokaten beider Interessen besetzten Ausschusses, der in Streitfragen eine Lösung finden müsste.[167] Konflikten ließe sich allerdings dadurch vorbeugen, daß die Regelinstanzen bei der Entstehung und Fortentwicklung der jeweiligen Regeln und Abkommen zusammenarbeiten. So könnte das GATT die Schlußfolgerungen der GEO übernehmen, wie es bereits die Empfehlungen des IMF übernimmt. Andererseits könnte das GATT bei der Entwicklung und Fortschreibung von internationalen Umweltabkommen den Status eines Beobachters und Beraters einnehmen. Eine Kooperation des GATT und der GEO wäre für beide Seiten fruchtbar. Eine Sanktionierung von Handelsprovisionen durch das GATT würde der GEO "Zähne" bei der Durchsetzung internationaler Umweltabkommen verleihen. Für die WTO und den Freihandel wäre eine solche Kooperation von Vorteil, weil die WTO einbringen könnte, daß nur dann handelseinschränkende Maßnahmen ergriffen werden, wenn keine effektiveren Instrumente existieren und daß etwaige Handelsprovisionen den Prinzipien der Verhältnismäßigkeit und Transparenz entsprechen und nicht protektionistischen Interessen dienen.[168]

Aus verschiedenen Gründen ist allerdings nicht damit zu rechnen, daß es zur baldigen Gründung einer Weltumweltorganisation kommen wird.[169] So würde die Einrichtung einer neuen Umweltbehörde zunächst einmal Geld kosten. Die Finanzierungsfrage ist vor dem Hintergrund des gegenwärtig stattfindenden Zurückdrängens staatlicher Aktivitäten und nicht geringer Ressentiments gegen Bürokratien kein geringes Problem. Auch ist mit Widerständen von den bisherigen UN-Institutionen zu rechnen, die in der GEO aufgehen müssten.[170] Ganz grundlegend bestehen aber auch Ressentiments gegen die Abgabe von nationaler Souveränität. In diesem Zusammenhang ist wiederum die Nord-Süd-Problematik von besonderer Relevanz, denn die Entwicklungsländer werden sich gegen die Schaffung einer Institution verwahren, die vor allem den Umwelteifer des Nordens spiegelt und ihre eigenen Entwicklungsinteressen bedroht.[171] Ein anderes fundamentales Problem betrifft die Konkretisierung des umweltpolitischen Leitbildes einer zukünftigen GEO. Dem Leitbild einer nachhaltigen Entwicklung zuzustimmen, war nicht zuletzt wegen dessen Unschärfe und Unverbindlichkeit leicht. Für die praktische Umsetzung muß dieses Leitbild in konkrete Regeln gegossen werden, die sich in der Praxis in Handlungsanweisungen umsetzen lassen. Während die Vorteilhaftig-

---

167 Vgl. Sandhövel (1998).

168 Vgl. Anderson, (1998, S.249).

169 Vgl. Anderson (1998, 249) und Esty (1994, S.230f).

170 Vgl. hierzu Sandhövel (1998).

171 Vgl. Esty (1994, S.238).

keit des internationalen Tausches und die daraus abgeleitete Freihandelsidee zu den Lehren der ökonomischen Theorie gehört, die von den meisten Ökonomen egal welcher Denkschule geteilt werden, findet sich in der heutigen Umweltökonomik, neben einer neoklassischen Denkrichtung, die als konkrete Regeln z.B. das Konzept der Internalisierung und das Verursacherprinzip anbietet, auch eine Denkschule, die sich als "Ökologische Ökonomie" bezeichnet, und die radikalere Regeln für den Umweltschutz und die Ressourcenschonung fordert.[172] Selbst wenn sich diese Spannung aufheben und andere Widerstände gegen eine Weltumweltorganisation brechen ließen, wird internationale Umweltpolitik ein mühsamer Prozeß sein, wie die Erfahrungen mit dem GATT auf dem Feld des Außenhandels zeigen.

3.4.3 Zum ökologischen Reformbedarf des GATT

Die Ansichten über den ökologischen Reformierungsbedarf des GATT divergieren stark. Advokaten des Umweltschutzes präsentieren einen langen Katalog von Änderungsvorschlägen, während stramme Freihändler nur geringen Reformbedarf erkennen wollen.[173] Selbst wenn man den Standpunkt einnimmt, daß die WTO als Institution zur Förderung des Freihandels gegründet wurde und man sie überfordern und in einen Interessenkonflikt zwingen würde, wenn man ihr zusätzlich noch Umweltbelange zuordnete, kommt man angesichts der beschriebenen aktuellen und potentiellen Spannungen mit der Umweltpolitik nicht umhin, einen Reformierungsbedarf der WTO zu konstatieren. Eine Strategie des "Weiter so wie bisher" wäre gefährlich, weil einzelne Länder umso mehr geneigt sein könnten, unilaterale Handelsmaßnahmen gegen andere Länder mit niedrigeren Standards vorzunehmen. Andererseits könnte die Bereitschaft der entwickelten Länder an der Aufrechterhaltung einer liberalen Handelsordnung und einer weiteren Vertiefung multilateraler Handelsrunden abnehmen. Schließlich würde die Entstehung von weiteren regionalen Handelsabkommen mit Umweltnebenabkommen (Beispiel: Nordamerikanische Freihandelszone – NAFTA) zu einer vermehrten regionalen Zersplitterung der internationalen Umwelt- und Handelspolitik führen.

Es ist plausibel anzunehmen, daß der öffentliche Druck hinsichtlich einer Ökologisierung der WTO davon abhängt, ob es gelingt, eine Weltumweltorganisation zu etablieren oder nicht. Gibt es keine solche, so erscheint der Anpassungsdruck größer.[174] Die Forderung nach einer institutionellen Stärkung der internationalen Umweltbemühungen die Renato Ruggiero noch als amtierender Generaldirektor der WTO in einer Rede jüngst erhoben hat, könnte als Reaktion in diese Richtung

---

172 Vgl. Common (1995). In Kapitel 1 haben wir bei der Definition der Nachhaltigkeit diese „ökologische Sichtweise" genauer beschrieben.

173 Esty (1994, Kap.2) charakterisiert das Spektrum.

174 Diese Position wird von Esty (1994, S.205) vertreten.

gedeutet werden.[175] Als Übergangslösung wäre ein mit internationalen Experten besetzter Ausschuss – ähnlich dem International Panel on Climate Change – in Erwägung zu ziehen, der später in der GEO aufgehen würde und in der Interimszeit dessen Funktionen wahrnimmt, fortentwickelt und den skizzierten Druck auf die WTO lindert.[176] Darüber hinaus hat es die WTO selbst in der Hand, durch eine Reihe von Verfahrensänderungen den ersten Druck zu verringern. Als Minimalstrategie könnte die WTO eine Informationsrolle in Hinblick auf die Möglichkeit der Konfliktlösung durch nichthandelsbezogene Maßnahmen übernehmen und private Aktionen wie z.B. die Einführung von Öko-Siegeln, Konsumentenboykotte oder die Annahme freiwilliger Verhaltenskodizes durch Firmen ermuntern.[177] Der 1994 geschaffene Ausschuss für Handel und Umwelt in der WTO kann als Teil einer solchen Strategie verstanden werden. Bemühungen um mehr Transparenz und Offenheit seitens der WTO sind ebenfalls nicht zu leugnen. Auch wäre es sinnvoll, zukünftig bereits schon im Vorfeld bzw. im Zuge der Verhandlungen neuer Handelsabkommen unter angemessener Beteiligung der Öffentlichkeit die Umweltnebenwirkungen der angestrebten Liberalisierungsschritte zu erforschen und darauf aufbauend Empfehlungen für begleitende Reformen der Umweltpolitik abzuleiten.[178]

Vor allem aber muß sich die WTO mit den drei Spannungsfeldern, die im vorherigen Abschnitt identifiziert wurden, auseinandersetzen. In welcher Art und Weise etwaige Regeländerungen in das GATT einfließen – ob in der Form von Änderungen des Vertragstextes oder in Form von Zusätzen, Ausnahmeregelungen, Nebenabkommen oder Reinterpretationen des bisherigen Vertragstextes –, ist eine Frage, die vor allem den juristischen Sachverstand fordern wird.[179] Die inhaltliche Auseinandersetzung sollte die grundsätzliche Komplementarität des Außenhandels und des Umweltziels berücksichtigen.

1. Aus divergierenden nationalen Umweltpolitiken oder einem vermuteten Politikversagen Forderungen nach Aufnahme einer Ökodumping-Klausel in das GATT abzuleiten oder nach einer Harmonisierung der Umweltstandards und handelspolitischen Eingriffen oder Handelssanktionen zu rufen, erscheint schon deshalb problematisch, weil ein zumindest partielles Politikversagen in allen Nationen vermutet werden kann.[180] Auch steht es grundsätzlich keiner Nation an, über die Umweltziele anderer Länder zu befinden. Dies gilt heute insbesondere für die

---

175 Vgl. WTO (1999).

176 Vgl. Esty (1994, S.214f.) und SRU (1998, S.334).

177 Vgl. Anderson (1998, S.246) und Bhagwati und Srinivasan (1996).

178 Als Anknüpfungspunkt eignen sich beispielsweise die Erfahrungen mit dem Verhandlungsprozess bei der Schaffung der Nordamerikanischen Freihandelszone. Vgl. Esty (1994, S.214f.).

179 Esty (1994, S.216) skizziert die Möglichkeiten der Änderungen des GATT.

180 Eine positivere Einschätzung von Harmonisierungsforderungen vertreten Rodrik (1997b, S.27ff) und Althammer (1998, Kap.6.4).

Industrieländer, die aufgrund ihres Wohlstandes ganz andere Prioritäten haben als Länder, die sich in der Entwicklung befinden. Ein anderer gewichtiger Grund gegen solche Forderungen besteht darin, daß hierdurch ein Einfalltor für Interessengruppen geschaffen würde, die weniger das Umweltziel als ihre eigenen Partikularziele zu verwirklichen trachten.

2. Eine generelle Ablehnung von Handelssanktionen als Instrument zur Erreichung und Durchsetzung kooperativen Verhaltens im Umweltbereich läßt sich nur schwer begründen.[181] Multilaterale Umweltabkommen, die Handelssanktionen als Durchsetzungsinstrument vorsehen und die von allen WTO-Mitgliedern unterzeichnet worden sind, sind auch heute schon WTO-kompatibel. Zweifel sind allerdings angebracht, ob Handelssanktionen bei globalen Umweltproblemen als Instrument zur Erreichung von Kooperation sichere Vorteile gegenüber positiven Anreizinstrumenten besitzen, etwa weil man dem sanktionierten Land Handels- und somit Einkommensgewinne versagt, die dem Umweltziel förderlich wären. Das Problem der Legitimität von Handelssanktionen stellt sich vor allem wegen der unterschiedlichen Einstellungen der einkommensstarken Industrieländer und der einkommensschwachen Entwicklungsländer gegenüber globalen Umweltproblemen. Die Entwicklungsländer können mit gutem Recht behaupten, daß der Großteil dieser Probleme den heutigen Industrieländern anzulasten ist. Bei der Verteilung der Lasten eines multilateralen Umweltabkommens sollte dies genauso berücksichtigt werden, wie die unterschiedliche Dringlichkeit, welche einem konkreten globalen Umweltproblem – in Relation zu anderen Problemen etwa der regionalen Verschmutzung oder der Entwicklung – beigemessen wird. Die ablehnende Haltung von Entwicklungsländern gegenüber einer Legitimierung von Handelssanktionen ist nicht zuletzt in der Sorge begründet, daß ihnen die Industrieländer hierdurch einen unangemessen hohen Anteil der Kosten aufbürden könnten. Würde eine solche Lastenverteilung hingegen in einvernehmlicher internationaler Abstimmung erfolgen, so wäre – unter Vorbehalten wie z.B. jenem der Verhältnismäßigkeit – die Festschreibung der Zulässigkeit von Handelssanktionen als Druckmittel gegen Trittbrettfahrer im WTO-Recht durchaus erwägenswert.[182] Der Sachverständigenrat für Umweltfragen erachtet überdies einseitige Handelsmaßnahmen bei unmittelbarer Betroffenheit eines Importlandes zur Abwehr einseitig grenzüberschreitender Umweltschäden und bei Bedrohung von Ressourcennutzungsrechten dann für zulässig, wenn der oder die Schädiger eindeutig identifizierbar und andere Bedingungen erfüllt sind.[183] Dieser Vorschlag ist insofern skeptischer zu beurteilen als der vorige, als es in konkreten Situationen schwer

---

181 Der Sachverständigenrat zur Begutachtung der gesamtwirtschaftlichen Entwicklung (SVR) hingegen lehnt in seinem jüngsten Jahresgutachten handelspolitische Sanktionen zur Durchsetzung umweltpolitischer Ziele oder multilateraler Lösungen für globale Umweltgüter ab. SVR (1998, Ziffer 512).

182 Siehe hierzu Bhagwati und Srinivasan (1996, S.198f.)

183 SRU (1998, S.332). Eine genauere Analyse dieser Situation findet sich in Bhagwati und Srinivasan (1996, S. 196ff).

fallen wird, zu beurteilen, ob diese Bedingungen tatsächlich erfüllt sind, und weil sich bei zwei oder wenigen beteiligten Nationen keine unüberwindbaren Hürden für Verhandlungslösungen stellen sollten.

3. Auch in Streitfragen, die unterschiedliche Einschätzungen über Produktionsverfahren oder das Gefährdungspotential von Produkten zum Gegenstand haben, müssen Kompromisse zwischen dem legitimen Selbstbestimmungsrecht der Länder in der Umweltpolitik und dem Ziel freien Handels gefunden werden. Da die Souveränität der Länder zu achten ist, erscheint es nicht akzeptabel, daß Länder mit höheren Präferenzen für ein Umweltziel – also mit vermeintlich „höheren Moralvorstellungen" – sich anmaßen, anderen diese Präferenzen aufzuzwingen. Die Wertschätzung für Umweltgüter ist einkommensabhängig und häufig kulturspezifisch. Zum Beispiel ist es nicht legitim, den Mexikanern, die im Vergleich zu den Amerikanern weniger Wert auf den Schutz von Delphinen und mehr Wert auf die Produktivität der Thunfischindustrie legen, die amerikanischen Moralvorstellungen zu oktroyieren. Die nationale Souveränität zu respektieren erfordert aber auch, daß US- oder EU-Bürger nicht gezwungen werden dürfen, ein Gut importieren und konsumieren zu müssen, wenn sie dessen Produktionsverfahren (im "Thunfisch-Fall") missbilligen oder aber Bedenken haben, weil sie schwerwiegende Gesundheitsgefährdungen befürchten (im "Hormonfall"). Ein naheliegender Weg das Selbstbestimmungsrecht beider Seiten zu berücksichtigen, ohne die internationale Arbeitsteilung zu beeinträchtigen, besteht in der Einführung von Öko-Siegeln. Für die WTO erscheint diesbezüglich insofern Änderungsbedarf angezeigt, als sie anerkennen sollte, daß Güter, die unterschiedlich hergestellt werden, in den Augen der Bürger unterschiedliche Produkte sind bzw. sein können. In der Frage der Beurteilung von handelseinschränkenden Maßnahmen, wie z.B. Einfuhrverboten, sind zwei Gesichtspunkte zu berücksichtigen. Einerseits werden dadurch auch Einkommenszuwächse unterbunden, die das sanktionierte Land zu umweltschonender Produktion führen würden und andererseits stellt sich auch hier das Problem, daß Einzelinteressen ihre protektionistischen Ziele betreiben und damit einen den Welthandel gefährdenden Domino-Effekt auslösen könnten. Gerade wegen des letztgenannten Problems wird man also nicht umhin kommen, die Intentionen von solchen Handelsrestriktionen zu prüfen. Will ein Land eine Importrestriktion vornehmen, auch wenn die Möglichkeit der Produktkennzeichnung besteht, etwa weil es diese für nicht ausreichend hält, um Gesundheitsgefährdungen vorzubeugen (das Beispiel Genfood kann zur Veranschaulichung der Problematik herangezogen werden), so könnte es Zweifel an der Integrität seiner Position und den Verdacht puren Protektionismus dadurch zerstreuen, daß es Handelskonzessionen auf anderen Feldern anbietet.[184] Eine Weltumweltorganisation oder eine entsprechende Vorläuferinstitution wäre im Prozeß der Überprüfung einer Importrestriktion ein hilfreiches institutionelles Pendant zur

[184] Dieser Vorschlag wird in Bhagwati und Srinivasan (1996) entwickelt.

WTO, welches die Interessen des Gesundheits- und Umweltschutzes vertreten könnte.

3.5 Schlußfolgerungen

Anliegen des Umweltschutzes sind in den letzten Jahren vermehrt in Konflikt mit der Welthandelsordnung geraten. Die Abstimmung des Regelwerkes des Welthandels mit den nationalen und internationalen Umweltpolitiken zählt zu den größten Herausforderungen, mit denen sich die Welthandelsorganisation (WTO) gegenwärtig konfrontiert sieht. Vorschläge zum Abbau dieser Spannungen sind im Lichte einer Analyse der Beziehungen zwischen dem Umweltziel und dem Freihandelsziel zu prüfen. Dabei zeigt sich, daß die Reibungsflächen zwischen dem Welthandel und dem Umweltschutz kleiner sind, als der erste Anschein erwarten läßt. Spannungen resultieren insbesondere aus Vermutungen eines Politikversagens in der Umweltpolitik, aus unterschiedlichen Einschätzungen der Effektivität und Legitimität des Einsatzes von Handelssanktionen als Instrument zur Erreichung und Durchsetzung von internationaler Kooperation, aus unterschiedlichen Beurteilungen von Produktionsverfahren sowie des Gefährdungspotentials einzelner Güter. Die Schaffung einer zentralen Weltumweltorganisation erscheint sinnvoll, um die internationale Umweltpolitik schlagkräftiger zu machen, aber auch um ökologischen Reformdruck von der Welthandelsorganisation zu nehmen. Da mit einer baldigen Gründung einer solchen Institution nicht zu rechnen ist, sollte eine institutionelle Übergangslösung gesucht werden. Des weiteren hat es die WTO in der Hand, durch Anpassungen ihrer Verfahrensweisen (Informationsrolle, Ermunterung privater Aktionen wie z.B. die Einführung von Öko-Siegeln oder Konsumentenboykotte) ersten Reformdruck zu beseitigen. Die substantiellen Konfliktfelder machen eine behutsame Anpassung des WTO-Regelwerkes notwendig.

Teil IV

Postskriptum

Ausgangspunkt unserer Arbeit war die Feststellung, daß sich die Doktrin und die Politik des Freihandels gegenwärtig neuen Herausforderungen gegenübersehen, die daraus erwachsen, daß große Teile der Öffentlichkeit in den Industrieländern die Vertiefung der internationalen Arbeitsteilung und weitere außenwirtschaftliche Liberalisierungsschritte mit Sorge, Kritik und Ablehnung betrachten. Wie tief die Ressentiments gegen die „Globalisierung" und die Institutionen des Welthandels sitzen und wie gegensätzlich die Interessen von Industrie- und Entwicklungsländern, aber auch die Interessen innerhalb der Industrieländer sind, ist dieser Tage einmal mehr deutlich geworden. Die Welthandelskonferenz in Seattle, von Kommentatoren im Vorfeld bereits als Startpunkt für eine „Milleniums-Runde" auserkoren, ist von Bürgerprotesten in einem nicht erwartetem Ausmaß begleitet worden und daran gescheitert, daß auf politischer Ebene die Abstimmung über einen neuen Themenkatalog nicht gelang. Gerade die Gegenstände unserer Arbeit zählten in den Straßen Seattles und an den Verhandlungstischen der Politiker zu den zentralen Feldern der Auseinandersetzung.[185] Die Konflikteskalation in Genua im Herbst 2001 belegt, daß diese Einschätzung nicht an Aktualität verloren hat. Sind die Befürchtungen begründet? Sind die Arbeitnehmer in den industrialisierten Ländern, oder zumindest jene mit geringer Qualifikation dazu verdammt, zu Hungerlöhnen arbeiten zu müssen oder in die Arbeitslosigkeit abgeschoben zu werden? Ist das Fortschreiten der weltwirtschaftlichen Verflechtung mit verheerenden Konsequenzen für die Umwelt verbunden, die nur vereitelt werden können, wenn die Globalisierung aufgehalten und umgekehrt wird? Ruiniert die WTO die Umwelt? Im Angesicht des Mißerfolges der Seattle-Konferenz und der Verhärtung der Fronten neigen nicht wenige Verfechter der Freihandelsidee dazu, solche Befürchtungen gänzlich von der Hand zu weisen oder zumindest herunterzuspielen. Sind die Befürchtungen damit unbegründet und bilden sie einmal mehr nur ein willkommenes Deckmäntelchen für gesellschaftliche Partikularinteressen?

Auf Basis unserer theoretischen Überlegungen ist festzustellen, daß die aufgezählten Befürchtungen durchaus berechtigt sind. Im Bereich der Arbeitswelt gilt dies, weil Mechanismen wie der Stolper-Samuelson-Kanal, die Möglichkeit des ‚Outsourcing' oder auch andere, bislang im Hintergrund der Diskussion stehende, Transmissionsmechanismen der Globalisierung eine Verschiebung der relativen Nachfrage nach Arbeit zugunsten der qualifizierten Arbeitskräfte und damit ein wachsendes Lohndifferential implizieren. Treten in den Arbeitsmärkten Friktionen im Sinne von Real- oder Relativlohnrigiditäten auf, so steigen die Anpassungslasten sogar noch weiter, weil die sektoralen Umstrukturierungsprozesse von einem Einkommensrückgang begleitet sind, der mit der Entstehung von Arbeitslosigkeit einhergeht. Im Bereich der Umwelt lassen sich die Befürchtungen insofern theoretisch stützen, als selbst für Regierungen, die sich dem Gemeinwohl verpflichtet fühlen, Anreize gegeben sein können, die umweltpolitischen Instrumente

185 Vergleiche hierzu die Berichterstattung im Economist vom 4.Dezember 1999 und in der Süddeutschen Zeitung vom 6. Dezember 1999.

zur Erreichung zweckfremder Ziele zu instrumentalisieren. Allerdings haben unsere Ausführungen auch gezeigt, daß diese theoretischen Fälle nicht zwingend sind: Ganz grundlegend beruhen diese darauf, daß andere Verzerrungen (neben der Umwelt-Externalitäten-Problematik) bestehen und diese nicht mit den geeigneten, d.h. an den Wurzeln ansetzenden wirtschaftspolitischen Instrumenten angegangen werden. Selbst wenn man aber einräumt, daß es in der Realität zu einem solchen zielgerechten Instrumenteneinsatz nicht kommen muß oder daß der wirtschaftspolitische Instrumentenkasten (aus den verschiedensten Gründen) eingeschränkt sein kann, so bedeutet dies nicht zwangsläufig, daß ein zerstörerischer Unterbietungswettlauf in Umweltpolitiken einsetzen muß. Unsere Überlegungen, insbesondere im Kontext des Modells monopolistischer Konkurrenz, zeigen, daß, im Gegenteil auch Überbietungswettläufe, die allerdings ebenfalls ineffizient sind, theoretisch möglich sind.

Vor dem Hintergrund dieser theoretischen Überlegungen ist es nicht angezeigt, die Befürchtungen der Globalisierungsskeptiker pauschal zurückzuweisen. Ändert sich diese Einschätzung, wenn man nicht nur den theoretischen Argumenten, sondern auch den empirischen Untersuchungen Beachtung schenkt? Die Mehrzahl der empirischen Arbeiten, die sich mit der Verschlechterung der Einkommens- und Beschäftigungssituation unqualifizierter Arbeitskräfte beschäftigt haben, sieht in der ‚Globalisierung' nicht den Hauptverursacher. Die Ergebnisse, die wir mit einem numerischen Modell für die Bundesrepublik ermittelt haben, stützen diese Einschätzung. Unser Ergebnis beruht insbesondere darauf, daß wirklich drastische Verteilungskonsequenzen deshalb unterbleiben, weil ‚Globalisierungsschocks' sehr bald zu einer vollkommenen Spezialisierung im Bereich der handelbaren Güter führen. Andere empirische Untersuchungen, wie sie vor allem für die USA angestellt worden sind, ermitteln demgegenüber durchaus substantielle negative Auswirkungen seitens des Nord-Süd-Handels oder des ‚Outsourcing' auf die relative Lohnposition der Unqualifizierten. Die Ursache dieser Diskrepanzen in den Ergebnissen erklärt sich zum einen durch die unterschiedlichen empirischen Verfahren und methodischen Vorgehensweisen, die wir ausführlich beschrieben und kritisiert haben. Zum anderen führen Unterschiede bei der Operationalisierung, Datenauswahl und Datenerhebung leicht zu unterschiedlichen Ergebnissen. Als fundamentales Problem hat sich auch die Trennung zwischen dem Einfluß der ‚Globalisierung' und dem Einfluß des – als Gegenthese dienenden – technischen Fortschritts schon rein deshalb erwiesen, weil die beiden wechselseitig eng verknüpft sind. Im Arbeitsmarktbereich ist es aus diesen Gründen geboten, noch kein abschließendes Urteil zu fällen. Etwas klarer ist das empirische Bild im Umweltbereich. Die bisherigen Studien indizieren, daß die umweltpolitischen Regulierungsmaßnahmen weder ein entscheidender Faktor für die Standortwahl der Firmen, noch für deren Wettbewerbsfähigkeit sind. Allerdings verbleiben auch hier nicht geringe Unsicherheiten, etwa weil die Datenlage unbefriedigend ist und weil ein direkter Einblick in die Motive der Firmen nicht gegeben ist. Überdies sind die bisherigen Regulierungsmaßnahmen im Umweltbereich bislang, verglichen mit anderen Kosten, gering. Es bedarf allerdings keiner hellseherischen Fähigkeiten um zu erkennen, daß sich dies ändern wird, weil die Nachfrage nach sauberer Umwelt im Zuge des wirtschaftlichen Wachstums stetig wachsen wird.

Die theoretischen und empirischen Überlegungen zusammengenommen rechtfertigen daher in unseren Augen nicht das von Globalisierungskritikern geforderte Abrücken von der internationalen Arbeitsteilung. Vielmehr scheint uns eine Politik angezeigt, die sich die Wohlfahrtsgewinne, die mit der Intensivierung der Außenwirtschaft verbunden sind, zunutze macht und flankierende wirtschaftspolitische Maßnahmen ergreift, wie sie in unserer Arbeit allerdings nur angedeutet werden konnten. Im Arbeitsmarktbereich zählen dazu neben längerfristig angelegten Qualifizierungsmaßnahmen kurzfristig vor allem Einkommensunterstützungszahlungen. Wirtschaftspolitische Maßnahmen zum Abbau von Verzerrungen, etwa im Bereich der Steuern oder der Arbeitsmärkte, können einen wichtigen Beitrag leisten, um zu verhindern, daß die Umweltpolitik zweckentfremdet wird. Was den institutionellen Aspekt des Welthandels und der nationalen und internationalen Umweltpolitiken anbelangt, so scheint die Schaffung einer Weltumweltorganisation und eine behutsame Anpassung des WTO-Regelwerkes geboten.

Anhang

Anhang II-4-1: Gütergruppen der Input-Output-Analyse

		Gütergruppe
I93,I80	1	Landwirtschaft
I93,I80	2	Forstw., Fischerei usw.
N93,N80	3	Elektrizität, Dampf, Warmwasser
N93,N80	4	Gas
N93,N80	5	Wasser
I93,E80	6	Kohle, Erzeugnisse des Kohlenbergbaus
I93,I80	7	Bergbauerzeugnisse (ohne Kohle, Erdöl, Erdgas)
I93,I80	8	Erdöl, Erdgas
E93/E80	9	Chem. Erzeugnisse, Spalt- und Brutstoffe
I93,I80	10	Mineralölerzeugnisse
E93/E80	11	Kunststofferzeugnisse
I93/E80	12	Gummierzeugnisse
I93,I80	13	Steine und Erden, Baustoffe usw
I93,I80	14	Feinkeramische Erzeugnisse
E93/E80	15	Glas und Glaswaren
E93/E80	16	Eisen und Stahl
I93,I80	17	NE-Metalle, NE-Metallhalbzeug
E93/E80	18	Gießereierzeugnisse
E93/E80	19	Erzeugnisse der Ziehereien, Kaltwalzwerke etc.
E93/E80	20	Stahl und Leichtmetalbbauerzeugnisse, Schienenfahrzeuge
E93/E80	21	Maschinenbauerzeugnisse
I93,I80	22	Büromaschinen, ADV-Geräte und -Einrichtungen
E93/E80	23	Straßenfahrzeuge
E93/E80	24	Wasserfahrzeuge
I93,I80	25	Luft- und Raumfahrzeuge

E93/E80	26	Elektrotechnische Erzeugnisse
E93/E80	27	Feinmechanische und optische Erzeugnisse, Uhren
E93/E80	28	EBM-Waren
I93,I80	29	Musikinstrumente, Spielwaren, Sportgeräte, Schmuck usw.
I93,I80	30	Holz
I93,I80	31	Holzwaren
I93,I80	32	Zellstoff, Holzschliff, Papier, Pappe
E93/E80	33	Papier- und Pappewaren
E93/E80	34	Erzeugnisse der Druckerei und Vervielfältigung
I93,I80	35	Leder, Lederwaren, Schuhe
I93,I80	36	Textilien
I93,I80	37	Bekleidung
I93,I80	38	Nahrungsmittel (ohne Getränke)
I93,I80	39	Getränke
I93/E80	40	Tabakwaren
N93,N80	41	Hoch- und Tiefbauleistungen
N93,N80	42	Ausbauleistungen
E93/E80	43	Dienstl des Großhandels u.ä., Rückgewinnung
N93,N80	44	Dienstl des Einzelhandels
E93/E80	45	Dienstl der Eisenbahnen
E93/E80	46	Dienstl der Schiffahrt, Wasserstraßen, Häfen
N93,N80	47	Dienstl des Postdienstes und Fernmeldewesens
E93/E80	48	Dienstl des sonstigen Verkehrs
N93,N80	49	Dienstl der Kreditinstitute
N93,N80	50	Dienstl der Versicherungen (ohne Sozvers)
N93,N80	51	Dienstl der Gebäude- und Wohnungsvermietung
I93,I80	52	Marktbest Dienstl des Gastgewerbes u d Heime
E93/E80	53	Dienstl der Wissenschaft und Kultur und der Verlage
N93,N80	54	Marktbest Dienstl des Gesundh und Veterinärwesens
N93,N80	55	Sonstige marktbest Dienstl
N93,N80	56	Dienstl der Gebietskörperschaften
N93,N80	57	Dienstl der Sozialverischerung
N93,N80	58	Dienstl d priv Org o E, häusl Dienste

Legende: Eigene Klassifikation der 58 Gütergruppen der Input-Outputanalyse wie im Text beschrieben; Legende: I = Importgut, E = Exportgut, N = nichthandelbares Gut; 80 = Jahr 1980; 93 = Jahr 1993

Anhang II-4-2: Zuordnung der Wirtschaftszweige der Bundesanstalt für Arbeit (WZW 73) zu den Gütergruppen der Input-Output-Analyse (IO)

IO	WZW 73
1,2	00
3,4,5	04
6	05
7,8	06,07,08
9	09,10
10	11
11	12
12	13
13	14
14	15
15	16
16	17
17	18
19	20,21,22
20	23,24,25
21	26,27
23	28,29,30
24	31
25	32
22	33
26	34
27	35,36
28	37
29	38,39
30	40
31	41,42
32,33	43
34	44
35	45,46
36	47,48,49,50,51
	53
37	52
38	54,55,56
39	57

40	58
41	59,60
42	61
43,44	62
45	63
47	64
48	65
	67,68
46	66
49,50	69
51,52	70,71
55	72,73
	79,80,81,82,83,84,85,86
53	74,75,76,77
54	78
58	87,88,89,90
56	91,92
	94
57	93

Quelle: Eigene Zuordnung; Anmerkung: den Wirtschaftszweig 99 („Missing“) eliminieren wir für unsere Berechnungen.

Anhang II-4-3: Berechnungen aus der IAB-Stichprobe

Anteile an den Lohnsummen:

Unqualifizierte (Gruppen 1 und 3) und Qualifizierte (Gruppen 2,4,5,6)

	Gruppe 1+3	Gruppe 2+4+5+6
Exporte	30%	70%
Importe	37%	63%
Nichtgehandelte	21%	79%

Beschäftigungsanteile:

Unqualifizierte (Gruppen 1 und 3) und Qualifizierte (Gruppen 2,4,5,6)

	Gruppe 1+3	Gruppe 2+4+5+6
Exporte	41%	34%
Importe	33%	34%
Nichtgehandelte	26%	32%
	100%	100%

Quelle: Berechnungen auf Basis der IAB-Beschäftigtenstichprobe (siehe die Erläuterung im Text).
Qualifikationsstufen: 1 = ohne abgeschlossene Berufsausbildung und ohne Abitur; 2 = mit abgeschlossener Berufsausbildung und ohne Abitur; 3 = ohne abgeschlossene Berufsausbildung und mit Abitur; 4 = mit abgeschlossener Berufsausbildung und mit Abitur; 5 = Fachhochschulabschluss; 6 = Hochschulabschluss; wir blenden aus unseren Berechnungen aus die Gruppen: 7 = Ausbildung unbekannt; 9 = Missing. Vgl. Bender et. al., (1996).

Anhang III-2-1: Soziales Optimum bei Autarkie

Das Optimierungsproblem des Sozialplaners lautet:

$$\text{Max } U = \alpha ln\left\{\left[\sum_{i=1}^{n} D_i^{\frac{\rho-1}{\rho}}\right]^{\frac{\rho}{\rho-1}}\right\} + C - \eta\sum_{i=1}^{n} e_i \quad \text{mit den Nebenbedingungen}$$

$$n = K \,,\; nL_i + L_C = L \,, \quad C = L_C \,,\; X_i = L_i^{\omega} e_i^{1-\omega} \,,\; D_i = X_i / L \,.$$

Substituiert man diese Nebenbedingungen in den Maximanden und leitet man diesen – bei Unterstellung der Symmetrie - nach L_i und $e_i = e$ ab, so folgt: $L_i = \alpha\omega / K$ und $e = \alpha(1-\omega)/\eta K$.

Anhang III-2-2: Notation

$$P_1 \equiv \frac{P^{-(1-\rho)}}{1-\rho} s_i n < 0 \,; \qquad P_2 \equiv \frac{P^{-(1-\rho)}}{1-\rho} s_j n^* < 0 \,; \qquad y_3 \equiv \frac{\psi e n / L}{Y} > 0$$

Mit $n = n^*$: $\quad P_1 - P_2 = \dfrac{P^{-(1-\rho)}}{1-\rho} n(s_i - s_j) < 0 \qquad$ weil $s_i > s_j$

Anhang III-2-3: Relative Änderungen der ausländischen endogenen Variablen bei proportionalen Veränderungen der Umweltsteuern

$$\tilde{P}^* = P_1^*[\tilde{n} + (1-\rho)(1-\omega)\tilde{\psi}] + P_2^*[\tilde{n}^* + (1-\rho)(1-\omega)\tilde{\psi}^*]$$

wobei $P_1^* \equiv \dfrac{P^{*-(1-\rho)}}{1-\rho} s_i^* n < 0 \,;$ $\qquad P_2^* \equiv \dfrac{P^{*-(1-\rho)}}{1-\rho} s_j^* n^* < 0 \,;$

Daher:

$$\varepsilon_{P^*,\psi^*} = P_1^* \varepsilon_{n,\psi^*} + P_2^* \varepsilon_{n^*,\psi^*} + P_2^*(1-\rho)(1-\omega)$$

$$\varepsilon_{P^*,\psi} = P_1^* \varepsilon_{n,\psi} + P_2^* \varepsilon_{n^*,\psi} + P_1^*(1-\rho)(1-\omega).$$

$\tilde{e}^* = -\tilde{\psi}^*$ wegen der Cobb-Douglas Technologie

Folglich: $\varepsilon_{e^*,\psi^*} = -1$

$$\varepsilon_{e^*,\psi} = 0$$

$$\tilde{Y}^* = y_3 * \tilde{n}^* \qquad \text{wo } y_3^* \equiv \frac{\psi^* e^* n^*}{L^* Y^*}$$

Daher:

$$\varepsilon_{Y^*,\psi^*} = y_3 * \varepsilon_{n^*,\psi^*}$$

$$\varepsilon_{Y^*,\psi} = y_3 * \varepsilon_{n^*,\psi}$$

Anhang III-2-4: Definition von $F(\cdot)$:

$$F(\cdot) \equiv (\varepsilon_{n\psi} - 1)\left[\left(\frac{\rho-1}{\rho}\right)\varepsilon_{\rho\psi} - \frac{\varepsilon_{n\psi}(1-\tau^{1-\rho})}{(1-\rho)(1-\omega)(1+\tau^{1-\rho})} - \frac{1}{1+\tau^{1-\rho}}\right]^{-1}$$

wo $$\varepsilon_{n\psi} \equiv \frac{2(1-\rho)(1-\omega)\tau^{1-\rho}}{(1-\tau^{1-\rho})^2}.$$

Anhang III-2-5: Die Analyse mit zwei wirtschaftspolitischen Instrumenten, einer Emissionssteuer und einer (ad-valorem) Produktionssubvention

Als zweites Instrument neben der Emissionssteuer werden hier (ad-valorem) Produktionssubventionen o in das Modell eingeführt, die die Grenzkosten der Firmen von c auf $c(1-o)$ reduzieren. In diesem Anhang werden die Änderungen, die sich gegenüber dem Modell im Text (Kapitel III-2) ergeben dadurch gekennzeichnet, daß zusätzlich zur Gleichungsbezifferung ein o erscheint. Alle anderen Gleichungen des Modells bleiben erhalten.

Einkommen des repräsentativen Haushaltes

$$Y = W + RK / L + \psi eN / L - ocxN / L. \tag{11o}$$

Profite einer Firmen und Preissetzung

$$\pi_i = (P_i - c(1-o))LD_i + (P_i^* - c(1-o))LtD_i^* - R \tag{14o}$$

$$P_i = P_i^* = \rho c(1-o)/(\rho-1) \tag{15o}$$

$$s_i \equiv P_i^{1-\rho} = [c(1-o)\rho/(\rho-1)]^{1-\rho}; \quad s_i^* \equiv (tP_i^*)^{1-\rho} = [tc(1-o)\rho/(\rho-1)]^{1-\rho} \tag{16o}$$

$$x_i = R(\rho-1)/c(1-o). \tag{19o}$$

Modellösung bei Autarkie

$$x = \alpha(\rho-1)L/\rho c(1-o)K$$

$$R = \alpha L/\rho K$$

$$l = \alpha\beta(\rho-1)L/\rho K(1-o)$$

$$e = \alpha(1-\beta)(\rho-1)L\psi^{-1}/\rho K(1-o)$$

$$P = K^{\frac{1}{1-\rho}} c(1-o)\rho/(\rho-1)$$

$$Y = 1 + RK/L + \psi eK/L - ocxK/L.$$

Wahl der beiden Politikinstrumente bei Autarkie

Die Bedingungen erster Ordnung für die Wahl der beiden Instrumente lauten:

$dV/d\psi = 0 \Leftrightarrow \psi = \eta L(\rho-1)/\rho(1-o)$ (nach einigen Umformungen).

$$dV/do = 0 \Leftrightarrow \frac{1}{1-o} = \frac{\rho}{\beta(\rho-1)+\eta L(1-\beta)(\rho-1)\psi^{-1}}$$

(nach einigen Umformungen)

Als Lösung aus diesen beiden Gleichungen erhält man: $\psi = \eta L$ und $o = 1/\rho$.

Lösung des Modells bei Handel und Kapitalmobilität

$$N = \frac{K[1-2\gamma^* + \gamma\gamma^*]}{(1-\gamma)(1-\gamma^*)}; \quad N^* = \frac{K[1-2\gamma+\gamma\gamma^*]}{(1-\gamma)(1-\gamma^*)}; \quad R = \alpha L/\rho K \tag{21o}$$

wo nun: $\gamma \equiv \left(\frac{tc(1-o)}{c^*(1-o^*)} \right)^{1-\rho}$ und $\gamma^* \equiv \left(\frac{tc^*(1-o^*)}{c(1-o)} \right)^{1-\rho}$.

Output und Faktoreinsätze einer heimischen Firma folgen aus (19o) and (13) und das heimische Preisniveau aus (5).

Die relativen Änderungen der endogenen Variablen in Reaktion auf Änderungen der Emissionssteuer und der Produktionssubventionen um ein Gleichgewicht, in dem beide Länder identisch sind, lauten wie folgt:

$$\varepsilon_{N,\psi} = 2(1-\rho)(1-\beta)\gamma/(1-\gamma)^2.$$

$$\varepsilon_{N,o} = -2(1-\rho)\gamma o/(1-\gamma)^2(1-o).$$

wo $\gamma = t^{1-\rho}$

$$\varepsilon_{P,\psi} = (p_1 - p_2)\varepsilon_{N,\psi} + p_1(1-\rho)(1-\beta)$$

$$\varepsilon_{P,\psi^*} = -(p_1 - p_2)\varepsilon_{N,\psi} + p_2(1-\rho)(1-\beta)$$

$$\varepsilon_{P,o} = (p_1 - p_2)\varepsilon_{N,o} - p_1(1-\rho)o/(1-o)$$

$$\varepsilon_{P,o^*} = -(p_1 - p_2)\varepsilon_{N,o} - p_2(1-\rho)o^*/(1-o^*)$$

wo $p_1 = 1/(1-\rho)(1+t^{1-\rho})$

$p_2 = t^{1-\rho}/(1-\rho)(1+t^{1-\rho})$

$\varepsilon_{e,\psi} = -1$; $\varepsilon_{e,\psi^*} = 0$.

$\varepsilon_{e,o} = o/(1-o)$; $\varepsilon_{e,o^*} = 0$.

$$\varepsilon_{Y,\psi} = (y_3 - y_4)\varepsilon_{N,\psi}$$

$$\varepsilon_{Y,\psi^*} = -(y_3 - y_4)\varepsilon_{N,\psi}$$

$$\varepsilon_{Y,o} = (y_3 - y_4)\varepsilon_{N,o} + y_3 o/(1-o) - y_4/(1-o)$$

$$\varepsilon_{Y,o^*} = -(y_3 - y_4)\varepsilon_{N,o}$$

wo $y_4 = ocxK / LY$

Kooperative Wahl der Politikinstrumente

Die Bedingungen erster Ordnung lauten:

$$dV / d\psi + dV^* / d\psi = 0$$

$$dV / do + dV^* / do = 0.$$

Unter Verwendung der obigen Information kann man nach einigen Rechenschritten die zwei Gleichungen, die bereits im Autarkiefall abgeleitet wurden, replizieren.

Daher folgt: $\psi = \eta L$ und $o = 1/\rho$.

Non-kooperative Wahl der beiden Politikinstrumente

Die Bedingungen erster Ordnung lauten:

$dV / d\psi = 0 \Leftrightarrow$

$$\psi^{-1}\eta(1-\beta)\left(\frac{\rho-1}{\rho}\right)\left(\frac{1}{1-o}\right)L(\varepsilon_{N,\psi}-1) = -\left[\frac{(1-\gamma)}{(1-\rho)(1+\gamma)}\varepsilon_{N,\psi} + \frac{1-\beta}{1+\gamma}\right] + \left[\left(\frac{\rho-1}{\rho}\right)\left(\frac{1-\beta-o}{1-o}\right)\right]\varepsilon_{N,\psi}$$

(nach einigen Umformungen).

$$dV / do = 0 \Leftrightarrow$$

$$\psi^{-1}\eta(1-\beta)\left(\frac{\rho-1}{\rho}\right)\left(\frac{1}{1-o}\right)L\left(\left(\frac{-2(1-\rho)\gamma}{(1-\gamma)^2}\right)+1\right)=$$

$$-\left[\frac{(1-\gamma)}{(1-\rho)(1+\gamma)}\left(\frac{-2(1-\rho)\gamma}{(1-\gamma)^2}\right)-\frac{1}{1+\gamma}\right]+\left[\left(\frac{\rho-1}{\rho}\right)\left(\frac{1-\beta-o}{1-o}\right)\right]\left(\frac{-2(1-\rho)\gamma}{(1-\gamma)^2}\right)+\left(\frac{\rho-1}{\rho}\right)\left(\frac{-\beta}{1-o}\right.$$

(nach einigen Umformungen).

Als Lösung erhält man aus diesen beiden Bedingungen:

$$\psi = \eta L \text{ und } o = \frac{(1-\gamma)[1+(\rho-1)\gamma]}{\rho+(\rho-2)(2\rho-1)\gamma}.$$

Für unendliche hohe Transportkosten, $\gamma \rightarrow 0$ und daher $o \rightarrow 1/\rho$.

Die non-kooperative gewählte Produktionssubvention steigt mit den Transportkosten und approximiert den kooperativ gewählten Satz, wenn die Transportkosten unendlich groß sind: das ist intuitiv, weil die Produktionssubventionen im Falle von Handel und Kapitalmobilität nicht nur den heimischen Konsum sondern auch den ausländischen Konsum subventionieren; dies ist eine positive Externalität für die Haushalte in der anderen Region; abgesehen vom Falle unendlich hoher Transportkosten (die jeden Handel unterbinden), hat diese Externalität zur Konsequenz, daß der non-kooperativ gewählte Satz der Produktionssubvention geringer ist, als der kooperativ gewählte.

Symbolverzeichnis

Lateinische Symbole

A	Index für: Autarkiegleichgewicht
a_0, a_1, a_2	Konstante Parameter (Regressionsanalyse)
a_i, a_j	Konstante Parameter in der Nutzenfunktion (Präferenzgewichte)
a_{ji}	Inputkoeffizient für den Faktor j in Sektor i
$\overline{AB}$	Graphisches Maß für eine relative Ausdehnung des High-Tech-Sektors
$\tilde{b}_{ji}$	Direkte Wirkung des technischen Fortschritts auf den Inputkoeffizienten des Faktors j in Sektor i
C	Agrargut
C_i	Kostenfunktion für das Gut i
c_i	Grenzkostenfunktion für das Gut i (bei linear-homogener Produktionsfunktion zugleich: Durchschnittskosten)
$C^N C^N$	Kurve der minimalen Stückkosten im Norden
$C^S C^S$	Kurve der minimalen Stückkosten im Norden
c_0, c_1, c_2	Konstante Parameter (Faktorgehaltsanalyse)
d	Dummy-Variable
D	CES-Bündel differenzierter Güter

D_i	Konsum einer heimische Varietät
D_j	Konsum einer ausländische Varietät
E	Ausgaben
EA	Exportangebot
$E_{T,t}$	Ausgaben bei Handel in Zeitpunkt t
e_i	Schadstoffemissionen der Firma i
f	Funktion (relative Nachfrage nach Gütern)
$F(\cdot)$	Multiplikativer Faktor, Umweltmodell
F_0	Ursprung der Faktorausstattungsbox
F_A	Faktorausstattung bei Autarkie
F_B	Hilfspunkt in der Faktorausstattungsbox
F_C	Konsumpunkt in der Faktorausstattungsbox
F_P	Produktionspunkt bei Lohnrigidität nach Globalisierungsschock
g	Index für: Globalisierung
H	Qualifizierte Arbeit; Humankapital
H_e	Effektiver Bestand an qualifizierter Arbeit
$H_{e,T}$	Effektiver Bestand an qualifizierter Arbeit bei Handel
H_i	Humankapitaleinsatz in Sektor i
H_T	Nettofaktorgehalt des Handels (qualifizierte Arbeit)
h_i	Humankapitalintensität in Sektor i
h_i^m	Maßgröße für die Intensität des Einsatzes qualifizierter Arbeit
I	Einkommen (eines Haushaltes oder der Volkswirtschaft)
IN	Importnachfragekurve
i	Index für einen Produktionssektor oder eine Firma
j	Index für Produktionsfaktoren
K	Kapital

K^D	Kapital in heimischem Besitz
K^F	Ausländisches Kapital, im Inland installiert
k_i	Kapitalintensität in Sektor i (Bezugsgröße: unqualifizierte Arbeit)
L	Unqualifizierte Arbeit
L_e	Effektiver Bestand an unqualifizierter Arbeit
$L_{e,T}$	Effektiver Bestand an unqualifizierter Arbeit bei Handel
L_i	Arbeitseinsatz in Sektor i
L_T	Nettofaktorgehalt des Handels (unqualifizierte Arbeit)
l	Index für Individuen bzw. Haushalte
M_i	Importe des Gutes i
m	Index für endogene Variablen im Umweltteil
MB_l	Marginale Zahlungsbereitschaft für ein Öffentliches Gut des Individuums l
MC	Grenzkosten der Bereitstellung des Öffentlichen Gutes
N	Index für: Nicht-handelbare Güter
n	Anzahl heimischer Varietäten
NE , NE'	Relative Nachfrage
No	Relative Faktorausstattung im „Norden“; zugleich Index für: „Nord“
o	Produktionssubvention (ad valorem)
p_i	Outputpreis in Sektor i
$p*$	Relativer Preis des High-Tech-Gutes (bezogen auf das Low-Tech-Gut)
p_{wi}	Wertschöpfungspreise der Industrien i
P	Idealer Preisindex (zur CES-Unternutzenfunktion)
P_1 , P_2 , P_1^* , P_2^*	Sammelgrößen (Umweltmodell)
P_t	Produktionspunkt im Zeitpunkt t

q_1, q_2, q_1^*, q_2^*	Ableitungen der indirekten Nutzenfunktionen der repräsentativen Haushalte im Inland und im Ausland (Umweltmodell)
r	Kapitalrendite
R	Kapitalrendite (im Umweltmodell)
Sü	Index für: Süden
s	Anteil des Wertes der Importe an volkswirtschaftlicher Wertschöpfung
$\tilde{s}_{ji}$	Änderungen des Inputkoeffizienten eines Faktors j in Sektor i aufgrund veränderter Faktorpreise
s_i, s_i^*, s_j, s_j^*	Sammelgrößen (Umweltteil)
t	Parameter für die Technologie
t	Index für die Zeit
T	als Index: bei Handel
T_t	Konsumpunkt in Zeitpunkt t
$\widetilde{TFP}_i$	Totale Faktorproduktivität in Sektor i
U	Nutzenfunktion (direkter Nutzen)
V	Indirekter Nutzen
w	Reallohn
W	Lohnsatz (im Umweltmodell)
W	Index für: Welt
w_j	Entlohnungssatz für Arbeit der Qualifikationsstufe j
w'	relativer Lohn der unqualifizierten Arbeit (bezogen auf Lohn der qualifizierten Arbeit)
X_i	Ausbringung (Output) in Sektor oder Firma i
X_i^D	Nachfrage nach Gut i
X_i^C	Nachfrage nach Gut i im Krugman-Rigiditätsmodell
$X_{i,T}$	Produktion des Gutes i bei Handel
$X_{i,T}^D$	Nachfrage nach Gut i bei Handel

x_i Ausbringung pro Kopf (bezogen auf Einsatz unqualifizierter Arbeitskräfte)

Y Realeinkommen (eines Haushaltes oder einer Volkswirtschaft, Bezugsgröße kontextabhängig)

y_3 Sammelgröße (Umweltmodell)

z Zwischengut in der Produktion des Finalgutes i

z^* Spezialisierungsschwelle

Griechische Symbole

α Parameter in der Nutzenfunktion

β_i Parameter für Produktionselastizität in Cobb-Douglas-Funktion (Arbeitsmarktteil)

γ_L Konstanter Parameter (Budgetanteil für Low-Tech-Güter in Cobb-Douglas-Nutzenfunktion)

γ, γ^* Sammelgröße (im Umweltteil)

γ_{zi} Kostenanteil des Zwischengutes z in der Produktion des Finalgutes i

∂_i Sammelmaß für die Leichtigkeit der Faktorsubstitution in Sektor i

δ_i Budgetanteile der Güter in Cobb-Douglas-Nutzenfunktion (II.4)

$\varepsilon_{m,\psi}$ Elastizitäten der endogenen Variablen m bezüglich der Änderung der Umweltsteuer ψ: $\varepsilon_{m,\psi} \equiv d \ln m / d \ln \psi$

ϕ Zollsatz

θ_{ji} Kostenanteil eines Faktors j in Sektor i

$|\theta|$ Differenz der Einkommensanteile der Faktoren in den beiden Industrien

υ Grenzleid der Arbeit

λ_{ji} Beschäftigungsanteil des Faktor j in Sektor i

$\lvert\lambda\rvert$	Differenz der Beschäftigungsanteile der Faktoren in jeder Industrie
μ	Netto-Bewertung einer zusätzlichen Einheit Kapital
κ	Technologieparameter zur Begrenzung der Substitutionsmöglichkeiten der Cobb-Douglas-Produktionsfunktion im Umweltteil
η	Parameter für das Grenzleid der Umweltverschmutzung
ψ	Umweltsteuersatz
π_{X_i}	Mit den Faktoranteilen gewichtete Mittel der technischen Fortschrittsfaktoren $\tilde{b}_{ji}$ in Sektor i, i.e. Veränderung der totalen Faktorproduktivität in Sektor i
π_j	Einsparung des Faktor j durch technischen Fortschritt
Π_i	Profite der Firma i
ρ	Parameter in CES-Nutzenfunktion
ρ_j	Anteil des Faktors j am volkswirtschaftlichen Einkommen
σ, σ'	aggregierte Substitutionselastizität
σ_i	Substitutionselastizitäten der Produktionsfunktion in Sektor i (im Modell mit zwei Faktoren)
$\sigma_{jj';i}$	Partielle Allen-Substitutionselastizität in der Produktionsfunktion für Gut i
σ_S	Substitutionselastizität des Angebots (entlang der Transformationskurve)
σ_D, σ'_D	Substitutionselastizität der Nachfrage
τ	Transportkostenparameter (Eisbergtransportkosten)
ω	Parameter der Cobb-Douglas-Produktionsfunktion (im Umweltteil)
ξ	Stochastischer Störterm
ζ	Parameter (Sammelgröße für andere Parameter)

Sonstige Symbole

~ Tilde: bezeichnet eine relative Änderung; z.B. $\tilde{X}_i = d \ln X_i = dX_i / X_i$

* Ein Stern bezeichnet eine ausländische Variable

Abbildungs- und Tabellenverzeichnis

Abbildungen

Tabellen

Literaturverzeichnis

Abrego, L., Whalley, J. (2000): The Choice of Structural Model in Trade-Wages Decompositions. Review of International Economics, 8(3), 462-477

Althammer, W. (1998): Internationale Aspekte der Umweltpolitik. Mohr Siebeck, Tübingen.

Althammer, W., Buchholz, W. (1995): Strategic Trade Incentives in Environmental Policy, Finanzarchiv, N.F., 52:3, 293-305

Anderson, K. (1992): The Standard Welfare Economics of Policies Affecting Trade and the Environment. In: Anderson, K., Blackhurst, R. (Eds.): The Greening of World Trade Issues, Harvester Wheatsheaf, New York, 25-48

Anderson, K. (1997): Environmental Standards and International Trade. In: Bruno, M., Peskovic, B. (Eds.): Annual World Bank Conference on Development Economics 1996, World Bank, Washington, 317-338

Anderson, K. (1998): Environmental Standards and Labor Standards: What Role for the WTO? In: Krueger, A. O. (Ed.): The WTO as an International Institution, The University of Chicago Press, Chicago und London, 231-255

Anderson, K. Blackhurst, R. (Eds.) (1992): The Greening of World Trade Issues, Harvester Wheatsheaf, New York

Arndt, S. W. (1998): Globalization and the Gains from Trade. In: Koch, K.J., Jaeger, K. (Eds.): Trade, Growth, and Economic Policy in Open Economies. Essays in Honour of Hans-Jürgen Vosgerau. Springer-Verlag, Berlin, 3-12

Aronsson, T., Löfgren, K.-G. (1997): Green Accounting, What do we Know and What do we Need to Know, Department of Economics, Umea University, June 1997

Bairoch, P., Kozul-Wright, R. (1996): Globalization Myths: Some Historical Reflections on Integration, Industrialization and Growth in the World Economy. UNCTAD Working Paper No.113

Baldwin, Richard E. (1995a): Does Sustainability Require Growth? In: Goldin, I. A., Winters, L. A.: The Economics of Sustainable Development, Cambridge University Press, Cambridge, 51 – 78

Baldwin, Richard E. (1995b): The Problem with Competitiveness. In: Ems, E. (Ed.): 35 Years of Free Trade in Europe. Messages for the Future, EFTA, Geneva, 75-90

Baldwin, Richard E., Venables, A.J. (1995): Regional Economic Integration. In: Grossman, G. M., Rogoff, K. (Eds.): Handbook of International Economics, vol.III, North-Holland, Elsevier, Science V.V., 1597-1644

Baldwin, Richard E., Martin, Ph. (1998): Two Waves of Globalisation: Superficial Similarities, Fundamental Differences. NBER Working Paper 6904

Baldwin, Robert E. (1994): The Effects of Trade and Foreign Direct Investment on Employment and Relative Wages. OECD Economic Studies 23: 7-54.

Baldwin, Robert E. (1999): Inferring Relative Factor Price Changes from Quantitative Data. NBER Working Paper 7019

Baldwin, Robert E., Cain, G. G. (1997): Shifts in US Relative Wages: The Role of Trade, Technology and Factor Endowments. CEPR Discussion Paper 1596.

Barnett, A. H. (1980): The Pigouvian Tax Rule under Monopoly, American Economic Review LXX, December, 1037-1041

Barrett, S. (1994): Strategic Environmental Policy and International Trade, Journal of Public Economics 54, 325-338

Bartel, A. P., Lichtenberg, F. R. (1991): The Age of Technology and its Impact on Employee Wages. Economic Innovation and New Technology 1 (2): 215-231

Bartelsman, R. E., Gray, W. B. (1996): The NBER Manufacturing Productivity Database. NBER Technical Working Paper 205

Batra, R. N. (1973): Studies in the Pure Theory of International Trade. Macmillan, London

Batra, R. N., Casas, F. R. (1976): A Synthesis of the Heckscher-Ohlin and the Neoclassical Models of International Trade. Journal of International Economics 6, 21-38

Baumol, W. J., Oates, W. E. (1988): The Theory of Environmental Policy, Cambridge University Press, Cambridge

Beghin, J., Roland-Horst, D., Van der Mensbrugghe, D. (1994): A Survey of the Trade and Environment Nexus: Global Dimensions. OECD Economic Studies No.23. Winter, 167 – 192

Bender, S., Hilzendegen, J., Rohwer, G., Rudolph, H. (1996): Die IAB-Beschäftigtenstichprobe 1975 – 1990. Beiträge zur Arbeitsmarkt- und Berufsforschung, BeitrAB 197

Berman, E., Bound, J., Griliches, Z. (1994): Changes in the Demand for Skilled Labor within U.S. Manufacturing: Evidence from the Annual Survey of Manufactures, Quarterly Journal of Economics, 109 (2), 367-97

Bhagwati, J. N. (1964): The Pure Theory of International Trade: A Survey. Economic Journal 74, 1-94

Bhagwati, J. N. (1971): The Generalized Theory of Distortions and Welfare. In: Bhagwati, J. N., Jones, R. W., Mundell, R. A., Vanek, J. (Eds.): Trade, Balance of Payments, and Growth. Papers in International Economics in Honor of Charles P. Kindleberger, Amsterdam

Bhagwati, J. N. (1991): Free Traders and Free Immigrationists: Strangers or Friends? Working Paper 20. New York: Russell Sage Foundation

Bhagwati, J. N. (1994): Free Trade: Old and New Challenges. Economic Journal 104, 231-246

Bhagwati, J. N. (1995): Trade and Wages: Choosing Among Alternative Explanations. Federal Reserve Bank of New York, Economic Policy Review 1, 42-47

Bhagwati, J. N. (1998a): Trade and Wages: A Malign Relationship? In: Collins, S. M. (Ed.): Imports, Exports, and the American Worker, Brookings Institution Press, Washington D.C., 49-99

Bhagwati, J. N. (1998b): Play it Again, Sam: A New Look at Trade and Wages. Paper presented at Yale Conference in Honor of T.N. Srinivasan's 65th birthday, March 27 and 26, 1998

Bhagwati, J. N., Kosters, M. H. (Eds.) (1994): Trade and Wages. Leveling Wages Down? The AEI Press. Publisher for the American Enterprise Institute, Washington, D.C.

Bhagwati, J. N., Hudec, R. E. (Eds.) (1996): Fair Trade and Harmonization. Prerequisites for Free Trade? MIT-Press, Cambridge, Massachussetts

Bhagwati, J. N., Srinivasan, T. N. (1996): Trade and the Environment: Does Environment Diversity Detract from the Case for Free Trade? In: Bhagwati, J. N., Hudec, R. E. (Eds.): Fair Trade and Harmonization. Prerequisites for Free Trade? Volume 1. Economic Analysis, MIT-Press, Cambridge, Massachussetts, 159-223

Bhagwati, J. N., Srinivasan, T. N. (1983): Lectures on International Trade. First Edition. The MIT Press, Cambridge, Massachusetts

Bhagwati, J. N., Dehejia, V. H. (1994): Freer Trade and Wages of the Unskilled - Is Marx Striking Again? In: Bhagwati, J. N., Kosters, M. H. (Eds.): Trade and Wages. Leveling Wages Down? The AEI Press. Publisher for the American Enterprise Institute, Washington, D.C., 36 - 75

Bhagwati, J. N. (1996): The Demand to Reduce Domestic Diversity among Trading Nations. In: Bhagwati, J. N., Hudec, R. E. (Eds.): Fair Trade and Harmonization. Prerequisites for Free Trade? Volume 1. Economic Analysis, MIT-Press, Cambridge, Massachussetts, 9-40

Bhagwati, J. N., Panagariya, A., Srinivasan, T. N. (1998): Lectures on International Trade. Second Edition. The MIT Press, Cambridge, Massachusetts

Blackhurst, R., Subramanian, A. (1992): Promoting Multilateral Cooperation on the Environment. In: Anderson, K., Blackhurst, R. (Eds.): The Greening of World Trade Issues, Harvester Wheatsheaf, New York, 247-268

Bliss, C. (2000): The Application of Toy Economic Models to the Analysis of Globalization. Nuffield College, Oxford, mimeo.

Borjas, G. J., Freeman, R.B., Katz, L. F. (1992): On the Labor Market Effects of Immigration and Trade. In Borjas, G. J., Freeman, R.B. (Eds.): Immigration and the Work Force: Economic Consequences for the United States and Source Areas, University of Chicago Press, 213-244

Borjas, G. J., Freeman, R. B., Katz, L. F. (1996): Searching for the Effect of Immigration on Labor Markets, American Economic Review, P&P 86, 246-251

Borjas, G. J., Freeman, R. B., Katz, L. F. (1997): How Much Do Immigration and Trade Affect Labor Market Outcomes? Brookings Papers on Economic Activity 1:107, 1-90

Bound, J., Johnson, G. (1995): What are the Causes of Rising Wage Inequality in the United States? Federal Reserve Bank of New York Economic Policy Review 1, 9-17

Brander, J. A., Spencer, B. J. (1985): Export Subsidies and Market Share Rivalry, Journal of International Economics 18, 83-100

Brecher, R. A. (1974a): Optimal Commercial Policy for a Minimum-Wage Economy, Journal of International Economics 4, 139-149

Brecher, R. A. (1974b): Minimum Wage Rates and the Pure Theory of International Trade, Quarterly Journal of Economics 88, 98-116

Brecher, R. A., Choudhri, E. U. (1996): Liberalizing Multinational Investment: The Stolper-Samuelson Question Revisited. In: Feenstra, R. C., Grossman, G. M., Irwin, D. A. (Eds.): The Political Economy of Trade Policy: Papers in Honor of Jagdish Bhagwati. MIT-Press, Cambridge, 77-88

Bretschger, L. (1996): Wachstumstheorie, Oldenbourg Verlag München und Wien

Brundtland, G. H. (1987): Unsere gemeinsame Zukunft, Weltkommission für Umwelt und Entwicklung, Eggenkamp Verlag, Greven

Buchanan, J. M. (1969): External Diseconomies, Corrective Taxes, and Market Structure, American Economic Review LIX, March, 174-177

Burda, M. C., Dluhosch, B. (1998): Globalization and European Labour Markets. CEPR Discussion Paper 1992

Burtless, G. (1995): International Trade and the Rise in Earnings Inequality. Journal of Economic Literature, 33: 800-816

Burtless, G., Lawrence, R. Z., Litan, R. E., Shapiro, R. J. (1998): Globaphobia. Confronting Fears about Open Trade. Brookings Institution, Progressive Policy Institute und Twentieth Century Fund, Washington D.C. und New York

Calmfors, L., Skedinger, P. (1995): Does Active Labour-Market Policy Increase Employment? Theoretical Considerations and Some Empirical Evidence from Sweden, Oxford Review of Economic Policy,11: 91-109

Carraro, C., Siniscalco, D. (Eds.) (1997): New Directions in the Theory of the Environment. Cambridge University Press, Cambridge England

Caves, R. E., Frankel, J. E., Jones, R. W. (1993): World Trade and Payments. An Introduction. Sixth Edition. Harper Collins College Publishers, New York

Cline, W. R. (1997): Trade and Income Distribution. Institute for International Economics Washington, DC

Cohen, D. (1998): The Wealth of the World and the Poverty of Nations. MIT-Press.

Collins, S. M. (Ed.) (1998a): Imports, Exports, and the American Worker, Brookings Institution Press, Washington D.C.

Collins, S. M. (1998b): Economic Integration and the American Worker: An Overview. In: Collins, S. M. (Ed.): Imports, Exports, and the American Worker, Brookings Institution Press, Washington D.C., 3-45

Common, M. (1995): Sustainability and Policy. Limits to Economics. Cambridge University Press, Cambridge England

Cooper, R. N. (1994): Environment and Resource Policies for the World Economy, The Brookings Institution, Washington, D.C.

Copeland, B. R., Taylor, M. S. (1994a): North-South Trade and the Environment, Quarterly Journal of Economics, 755-787

Copeland, B. R., Taylor, M. S. (1994b): Trade and Transboundary Pollution, American Economic Review, 85:4, 718 - 719

Cortes, O., Jean, S. (1999): Does Competition from Emerging Countries Threaten Unskilled Labour in Europe? An Applied General Equilibrium Approach. In: Brenton, P., Pelkmans, J. (Eds.): Global Trade and European Workers, Macmillan Press Ltd, Houndsmills, Basingstoke, 96-122

Courant, P. N., Deardorff, A. V. (1990): On the Likelihood of Factor Price Equalization with Nontraded Goods, International Economic Review, 31(1), 589-596

Cowell, F. A. (1986): Microeconomic Principles. Philip Allan, Oxford

Cropper, M. L., Oates, W. E. (1992): Environmental Economics: A Survey, Journal of Economic Literature Vol.XXX, 675-740

Dasgupta P. M., Heal, G. H. (1979): Economic Theory and Exhaustible Resources, Cambridge University Press, Cambridge

Davis, D. R. (1996a): Does European Unemployment Prop Up American Wages? NBER Working Paper 5620.

Davis, D. R. (1996b): Technology, Unemployment, and Relative Wages in a Global Economy, NBER Working Paper 5636.

Davis, D. R. (1998a): Does European Unemployment Prop Up American Wages? National Labor Markets and Global Trade, American Economic Review 88, 478-494.

Davis, D. R. (1998b): Technology, Unemployment, and Relative Wages in a Global Economy, European Economic Review 42, 1613-1633.

Deardorff, A. V. (1997): Factor Prices and the Factor Content of Trade Revisited: What's the Use? Paper prepared for a conference, Responses to International Liberalization Christchurch, New Zealand, August 25-27

Deardorff, A. V. (1998): Fragmentation in Simple Trade Models. Paper presented in a session on Globalization and Regionalism: Conflict or Complements? North American Economics and Finance Association, Chicago IL, January 4, 1998

Deardorff, A. V. (2000): Factor Prices and the Factor Content of Trade Revisited: What's the Use? Journal of International Economics, 50, 73-80

Deardorff, A. V., Hakura, D. S. (1994): Trade and Wages - What are the Questions? In: Bhagwati, J. N., Kosters, M. H. (Eds.): Trade and Wages. Leveling Wages Down? The AEI Press. Publisher for the American Enterprise Institute, Washington, D.C., 77-107

Deardorff, A. V., Stern, R. M. (Eds.) (1994): The Stolper-Samuelson Theorem: A Golden Jubilee, The University of Michigan Press

Deardorff, A. V., Staiger, R. W. (1988): An Interpretation of the Factor Content of Trade, Journal of International Economics 24, 93-107.

Dehejia, V. H. (1993): Kaleidoscopic Comparative Advantage and the Rising Skill Differential. Mimeo, Columbia University, August 25, 1993

Dehejia, V. H. (1996): International Trade And the Domestic Wage Structure. Alternative Explanations, Konjunkturpolitik 42, 155-180

Deutsche Bundesbank (1992): Internationale Organisationen und Abkommen im Bereich von Währung und Wirtschaft, Sonderdruck

Deutsche Bundesbank (1997): Internationale Organisationen und Abkommen im Bereich von Währung und Wirtschaft, Sonderdruck

Dixit, A. K., Norman, V. D. (1980): Theory of International Trade. Cambridge University Press, Cambridge

Dixit, A., Stiglitz, J. E. (1977): Monopolistic Competition and Optimum Product Diversity, American Economic Review, 67, 297-308

Dornbusch, R., Fischer. S., Samuelson, P.A. (1980): Heckscher-Ohlin Trade Theory with a Continuum of Goods, Quarterly Journal of Economics 95, 203-224

Drèze, J. H., Sneessens, H. (1994): Technical Development, Competition from Low-Wage Economies and Low-Skilled Unemployment. Swedish Economic Policy Review 1, 185-219

Eaton, J., Grossman, G. M. (1986): Optimal Trade and Industrial Policy Under Oligopoly, Quarterly Journal of Economics, 101, 383-406

Economist (1998): A Survey of World Trade, Oktober

Enders, A., Porges, A. (1992): Successful Conventions and Conventional Success: Saving the Ozone Layer, In: Anderson, K., Blackhurst, R. (Eds.): The Greening of World Trade Issues, Harvester Wheatsheaf, New York, 130-144

Esty, D. C. (1994): Greening the GATT: Trade, Environment, and the Future, Institute for International Economics, Washington D.C.

Ethier W. J. (1972): Nontraded Goods and the Heckscher-Ohlin Model, International Economic Review 13, 132-147

Ethier, W. J. (1984): Higher Dimensional Issues in Trade Theory. In: Jones, R. W., Kenen, P.B. (Eds.): Handbook of International Economics, vol. I, Elsevier Science Publishers B.V., 131-184.

Faini, R., De Melo, J. Zimmermann, K. F. (eds.) (1999): Migration. The Controversies and Evidence. Cambridge University Press.

Feenstra, R. C. (1998a): New Technology and Trade: A Threat to Low-skilled Workers? Swedish Economic Policy Review 5, 137-160

Feenstra, R. C. (1998b): Integration of Trade and Disintegration of Production in the Global Economy, Journal of Economic Perspectives 12, 31-50

Feenstra, R. C. (1998c): Facts and Fallacies about Foreign Direct Investment. Paper prepared for the NBER conference on International Capital Flows, October 17-18, 1997

Feenstra, R. C., Hanson, G. H. (1996): Foreign Investment, Outsourcing and Relative Wages. In: Feenstra, R. C., Grossman, G. M., Irwin, D. A. (Eds.): The Political Economy of Trade Policy: Papers in Honor of Jagdish Bhagwati. MIT-Press, Cambridge, 89-127

Feenstra, R. C., Hanson, G. H. (1997a): Foreign Direct Investment and Relative Wages: Evidence from Mexico's Maquiladoras, Journal of International Economics 42, 371-393

Feenstra, R. C., Hanson, G. H. (1997b): Globalization, Outsourcing, and Wage Inequality, American Economic Review P&P 86, 240-245

Feenstra, R. C., Hanson, G. H. (1997c): Productivity Measurement and the Impact of Trade and Technology on Wages: Estimates for the U.S., 1972-1990. NBER Working Paper 6052

Feldstein, M., Horioka, Ch. (1980): Domestic Saving and International Capital Flows, Economic Journal 90, 314-329

Findlay, R. (1995): Factor Proportions, Trade, and Growth. MIT-Press, Cambridge

Findlay, R. Grubert, H. (1959): Factor Intensities, Technological Progress and the Terms of Trade, Oxford Economic Papers 11, 111-121.

Fischer, R. D., Serra, P. (1996): Income Inequality and Choice of Free Trade in a Model of Intraindustry Trade, Quarterly Journal of Economics, 111, 41-64

Fisher, A. C. (1987): Natural Resources. In: Eatwell, J., Milgate, M. Newman, P. (Eds.): The New Palgrave, Macmillan Press, London, 612-614

Fitzenberger, B. (1996): Wages, Prices and International Trade. Trends Across Industries for an Export Champion. Diskussionsbeiträge des

Sonderforschungsbereichs 178 Internationalisierung der Wirtschaft Serie II Nr. 323, Universität Konstanz, Oktober

Fitzenberger, B. (1997): Außenhandel, technischer Fortschritt und Arbeitsmarkt in Westdeutschland von 1975 bis 1990. Mitteilungen aus der Arbeitsmarkt- und Berufsforschung 30, 642-651

Fitzenberger, B. (1999): Wages and Employment Across Skill Groups. An Analysis for West Germany. Physica, Heidelberg.

Forrester, V. (1997): Der Terror der Ökonomie. Wien.

Francois, J. F., Nelson, D. (1998): Trade, Technology, and Wages: General Equilibrium Mechanics, Economic Journal 108, 1483-1499

Freeman, R. B. (1995): Are Your Wages Set in Bejing? Journal of Economic Perspectives 9, 15-32.

Freeman, R. B., Katz, L. F. (Eds.) (1995): Differences and Changes in Wage Structures, Chicago.

Frey, B. S. (1992): Umweltökonomie. Dritte, erweiterte Auflage, Vandenhoeck und Ruprecht, Göttingen

Friedberg, R. M., Hunt, J. (1995): The Impact of Immigrants on Host Country Wages, Employment and Growth, Journal of Economic Perspectives 9, 23-44

GATT (1992): International Trade 90-91. General Agreement on Tariffs and Trade, Genf.

Goldin, I., Winters, L.A. (Eds.) (1995a): The Economics of Sustainable Development, Cambridge University Press, Cambridge

Goldin, I. und Winters; L.A. (1995b): Economic Policies for Sustainable Development. In: Goldin, I., Winters, L. A. (Eds.): The Economics of Sustainable Development, Cambridge University Press, Cambridge, 1-15

Grossman, G. M. (1995): Pollution and Growth: What Do We Know? In: Goldin, I., Winters, L. A. (Eds): The Economics of Sustainable Development, Cambridge University Press, Cambridge, 19-46

Haberler, G. (1950): Some Problems in the Pure Theory of International Trade, Economic Journal 60, 223-240.

Haisken-De New, J. P., Zimmermann, K. F. (1996): Wage and Mobility Effects of Trade and Migration, CEPR Discussion Paper 1318

Hamermesh, D. S. (1993): Labor Demand. Princeton University Press.

Harrigan, J. (1997): Technology, Factor Supplies, and International Specialization. Estimating the Neoclassical Model, American Economic Review 87, 475-494

Harrigan, J., Balaban, R. A. (1999): U.S. Wages in General Equilibrium: The Effects of Prices, Technology, and Factor Supplies, 1963-1991. Mimeo. Federal Reserve Bank of New York

Hartwick, J. (1977): Intergenerational Equity and the Investing of Rents from Exhaustible Resources, American Economic Review, 66, 972-974

Haskel, J., Slaughter, M. J. (1998): Does the Sector Bias of Skill-biased Technical Change Explain Changing Wage Inequality? NBER Working Paper 1940

Haskel, J., Slaughter; M. J. (1999): Trade, Technology and UK Wage Inequality, NBER Working Paper 2091

Hauff, M. v. (1998): Welthandel und Umweltschutz, WISU (Das Wirtschaftsstudium), 8-9/98, 943 – 952

Hauser, H., Schanz, K.-U. (1995): Das neue GATT. Die Welthandelsordnung nach Abschluß der Uruguay-Runde. R. Oldenbourg Verlag München Wien

Helpman, E., Krugman, P. R. (1985): Market Structure and Foreign Trade, The MIT-Press, Cambridge

Helpman, E., Krugman, P. R. (1989): Trade Policy and Market Structure, The MIT-Press, Cambridge

Hesse, H. (1996): Internationale Konkurrenz: Ursache von Arbeitslosigkeit und Lohnungleichheit? In: Gahlen, B., Hesse, H., Ramser, H.-J. (Hrsg.): Arbeitslosigkeit und Möglichkeiten ihrer Überwindung. Wissenschaftliches Seminar Ottobeuren, Bd. 25. Tübingen, 331-358

Hesse, H. (1998): Korreferat zum Referat von O. Landmann und M. Pflüger. In: Gahlen, B., Hesse, H., Ramser, H.J. (Hrsg.): Verteilungsprobleme der Gegenwart. Diagnose und Therapie. Tübingen, Mohr Siebeck, 159-167

Hicks, J. R. (1932): The Theory of Wages. London, Macmillan.

Hoel, M. (1997a): Environmental Policy with Endogenous Plant Locations, Scandinavian Journal of Economics 99(2), 241-259

Hoel, M. (1997b): International Coordination of Environmental Taxes. In: Carraro, C., Siniscalco, D. (Eds.): New Directions in the Theory of the Environment. Cambridge University Press, 105 - 146

International Monetary Fund (1997): World Economic Outlook.

International Monetary Fund (1999): World Economic Outlook.

Irwin, D. A. (1991): Challenges to Free Trade, Journal of Economic Perspectives, 5, 201-208

Irwin, D. A. (1996): Against the Tide. An Intellectual History of Free Trade. Princeton University Press

Jaffe, A. B., Peterson, S. R., Portney, P. R., Stavins, R. N. (1995): Environmental Regulation and the Competitiveness of U.S. Manufacturing: What Does the Evidence Tell Us? Journal of Economic Literature 33, March, 132 – 163

Johnson, H. G. (1957): Factor Endowments, International Trade and Factor Prices, Manchester School of Economic and Social Studies, 270-283

Johnson, H. G. (1965): Optimal Trade Intervention in the Presence of Domestic Distortions. In: Caves, R., Johnson, H.G., Kenen, P.B. (eds.): Trade, Growth and the Balance of Payments: Essays in Honour of G. Haberler. Rand McNally 1965, 3-34

Johnson, H. G. (1966): Factor Market Distortions and the Shape of the Transformation Curve, Econometrica, 34 (3), 686-698

Jones, K. (1998): Trade Policy and the Environment: The Search for an Institutional Framework, Aussenwirtschaft, 53, 409-434

Jones, R. W. (1965): The Structure of Simple General Equilibrium Models, Journal of Political Economy 73, 557-572.

Jones, R. W. (1970): The Role of Technology in the Theory of International Trade. In: Vernon, R. (Ed.): The Technology Factor in International Trade, NBER, 73-92

Jones, R. W. (1998): Comment. In: Collins, S. M. (Ed.), Imports, Exports, and the American Worker, Brookings Institution Press, Washington D.C., 83-94

Jones R. W., Neary, P. J. (1984): The Positive Theory of International Trade. In: Jones, R.W., Kenen, P. B. (Eds.): Handbook of International Economics, vol. I, Elsevier Science Publishers B.V., 1-62.

Kappel R., Landmann, O. (1997): Die Schweiz im globalen Wandel. Verlag Neue Zürcher Zeitung, Zürich

Katz, L. F. (1992): Understanding Recent Changes in the Wage Structure. NBER-Reporter Winter 1992/93, 10-15

Katz, L. F., Murphy, K. (1992): Changes in Relative Wages 1963-87: Supply and Demand Factors, Quarterly Journal of Economics 107, 35-78

Katz, L. F., Summers, L.H. (1989): Can Interindustry Wage Differentials Justify Strategic Trade Policy? In: Feenstra, R. C. (Ed.): Trade Policies for International Competitiveness, University of Chicago Press, 85-116

Kemp, M. C. (1969): The Pure Theory of International Trade and Investment. Prentice Hall Inc., Englewood Cliffs N.J.

Kennedy, P. W. (1994): Equilibrium Pollution Taxes in Open Economies with Imperfect Competition, Journal of Environmental Economics and Management 27, 49-63

Kierzkowski, H. (1982): Wage Relativities in an Open Economy, Weltwirtschaftliches Archiv 118, 690-706

Killinger, S., Schmidt, C. (1998): Nationale Umweltpolitik und internationale Integration. Theoretische Ansätze im Überblick, Finanzarchiv, 55 (2), 219-53

Kohler, W. (1999): Trade and Wages: What Can Factor Contents Tell Us? Working Paper 9906, February 1999, Johannes Kepler Universität Linz

Komiya, R. (1967): Non-Traded Goods and the Pure Theory of International Trade, International Economic Review 8, 132-152

Kosters, M. H. (1994): An Overview of Changing Wage Patterns in the Labor Market. In: Bhagwati, J. N., Kosters, M. H. (Eds.): Trade and Wages. Leveling Wages Down? The AEI Press. Publisher for the American Enterprise Institute, Washington, D.C., 1-35

Krueger, A. B. (1997): Labor Market Shifts and the Price Puzzle Revisited. NBER Working Paper 5924

Krueger, A. B., Pischke, J.-St. (1997): Observations and Conjectures on the U.S. Employment Miracle. NBER Working Paper 6146

Krugman, P. R. (1980): Scale Economies, Product Differentiation, and the Pattern of Trade, American Economic Review 70, 950-959

Krugman, P. R. (1981): Intraindustry Specialization and the Gains from Trade, Journal of Political Economy 89:5, 959-974

Krugman, P. R.(1987): Is Free Trade Passé? Journal of Economic Perspectives 1 (2): 131-144

Krugman, P. R. (1991): Increasing Returns and Economic Geography, Journal of Political Economy 99(3), 483-499

Krugman, P. R. (1992): Does the New Trade Theory Require a New Trade Policy? World Economy, 15, 423-441

Krugman, P. R.(1993): Inequality and the Political Economy of Eurosclerosis. CEPR Discussion Paper 867

Krugman, P. R. (1994a): Past and Prospective Causes of High Unemployment. In: Reducing Unemployment: Current Issues and Policy Options. A

Symposium Sponsored by The Federal Reserve Bank of Kansas City, Jackson Hole, Wyoming, 49-98.

Krugman, P. R. (1994b): Europe Jobless, America Penniless? Foreign Policy 95, 19-34

Krugman, P. R. (1994c): Does Third World Growth Hurt First World Prosperity? Harvard Business Review, July-August 1994, 113-121

Krugman, P. R. (1994d): Competitiveness: A Dangerous Obsession. Foreign Affairs 73, March/April 1994, 28-44

Krugman, P. R. (1994e): The Myth of Asia's Miracle. Foreign Affairs 73, No.6, 1994, 62-78

Krugman, P. R. (1994f): Peddling Prosperity: Economic Sense and Nonsense in the Age of Diminished Expectations, Norton

Krugman, P. R. (1995a): Growing World Trade: Causes and Consequences. Brookings Papers on Economic Activity 1:1995, 327-377

Krugman, P. R. (1995b): Technology, Trade, and Factor Prices. NBER Working Paper 5355.

Krugman, P. R. (1996a): Domestic Distortions and the Deindustrialization Hypothesis. In: Feenstra, R. C., Grossman, G. M., Irwin, D. A. (Eds.): The Political Economy of Trade Policy. Papers in Honor of Jagdish Bhagwati, The MIT-Press, 33-49

Krugman, P R. (1997): Trade and Wages. In: Kreps, D., Wallis, K. F. (Eds.): Advances in Economics and Econometrics: Theory and Applications, Cambridge England, 1-18

Krugman, P. R. (2000): Technology, Trade, and Factor Prices, Journal of International Economics, 50, 51-71

Krugman, P. R., Obstfeld, M. (1997): International Economics. Theory and Policy. Fourth Edition. Harper Collins, New York

Krugman, P. R., Venables, A. J. (1995): Globalization and the Inequality of Nations, Quarterly Journal of Economics, 110, 859-880

Krugman, P. R., Lawrence, R. Z. (1994): Trade, Jobs and Wages, Scientific American, April, 44-49

Kuhn, P., Wooton, I. (1991): Immigration, International Trade and the Wages of Native Workers. In: Abowd, J. M., Freeman, R. B. (Eds.), Immigration, Trade, and the Labor Market, University of Chicago Press, 285-304

Landmann, O. (1999): Die Globalisierung: Wachstumsmotor oder Job-Killer? Hamburger Jahrbuch für Wirtschaftswissenschaften, 1-19

Landmann, O., Pflüger, M. (1992): Handelspolitik bei unvollkommener Konkurrenz: Einsichten aus der „neuen" Außenhandelstheorie, WISU. Das Wirtschaftsstudium, Heft 6, 494-501

Landmann, O., Pflüger, M. (1996): Arbeitsmärkte im Spannungsfeld von Globalisierung und technologischem Wandel. In Külp, B. (Hrsg.): Arbeitsmarkt und Arbeitslosigkeit, Freiburg, 173-230.

Landmann, O,. Pflüger, M. (1998): Verteilung und Außenwirtschaft. Verteilungswirkungen der Globalisierung. In: Gahlen, B., Hesse, H., Ramser, H.-J. (Hrsg.), Verteilungsprobleme der Gegenwart. Diagnose und Therapie. Tübingen, Mohr Siebeck, 127-157

Lawrence, R. Z. (1994a): The Impact of Trade on OECD Labor Markets. Occasional Papers No.45, Group of Thirty, Washington, DC, 1994

Lawrence, R. Z. (1994b): Trade, Multinationals, & Labor. NBER Working Paper 4836

Lawrence, R. Z. (1996): Single World, Divided Nations? International Trade and OECD Labor Markets. Brookings Institution Press. OECD Development Centre Paris 1996.

Lawrence, R. Z., Evans, C. L. (1996): Trade and Wages: Insights from the Crystal Ball. NBER-Working Paper 5633

Lawrence, R. Z., Slaughter, M. J. (1993): International Trade and American Wages in the 1980s: Giant Sucking Sound or Small Hiccup? Brookings Papers on Economic Activity, Microeconomics, 2, 161-226.

Leamer, E. E. (1984): Sources of International Comparative Advantage. Theory and Evidence. The MIT Press, Cambridge.

Leamer, E. E. (1994): Trade, Wages and Revolving Door Ideas. NBER Working Paper 4716

Leamer, E. E. (1995): The Heckscher-Ohlin Model in Theory and Practice. Princeton Studies in International Finance, No.77

Leamer, E. E. (1996a): What's the Use of Factor Contents? NBER-Working-Paper 5448

Leamer, E. E. (1996b): In Search of Stolper-Samuelson Effects on U.S. Wages. NBER Working Paper 5427.

Leamer, E. E. (1996c): Wage Inequality from International Competition and Technological Change: Theory and Country Experience, American Economic Review, P.P., Vol. 86, No. 2, 309-314.

Leamer, E. E. (1998): In Search of Stolper-Samuelson Linkages between International Trade and Lower Wages. In: Collins, S. M. (Ed.), Imports,

Exports, and the American Worker, Brookings Institution Press, Washington D.C., 141-203

Leamer, E. E. (2000): What's the Use of Factor Contents? Journal of International Economics, 50, 17-49

Leamer, E. E., Levinsohn, J. (1995): International Trade Theory: The Evidence. In: Grossman, G. M., Rogoff, K. (Eds.): Handbook of International Economics, vol III, 1339-1394

Leontieff, W. W. (1954): Domestic Production and Foreign Trade, Economia Internazionale 7, 3-32

Levinson, A. (1996): Environmental Regulation and Industry Location: International and Domestic Evidence. In: Bhagwati, J. N., Hudec, R. E. (Eds.): Fair Trade and Harmonization. Prerequisites for Free Trade? Volume 1. Economic Analysis, MIT-Press, Cambridge, Massachussetts, 429-458

Lloyd, P. J. (1992): The Problem of Optimal Environmental Policy Choice. In: Anderson, K., Blackhurst, R. (Eds.): The Greening of World Trade Issues, Harvester Wheatsheaf, New York, 49-72

Long, N. V., Siebert, H. (1991): Institutional Competition Versus ex-ante Harmonization: The Case of Environmental Policy, Journal of Institutional and Theoretical Economics (JITE), 296-311

Low, P. (Ed.) (1992): International Trade and the Environment. World Bank Discussion Paper 159, The World Bank, Washington D.C.

Lucas, R. E. (1988): On the Mechanics of Economic Development, Journal of Monetary Economics 22, 1, 3-42

Lucas, R. E. (1990): Why Doesn't Capital Flow from Rich to Poor Countries? American Economic Review 80, 92-96

Lücke, M. (1997): European Trade with Lower-Income Countries and the Relative Wages of the Unskilled - An Explorative Analysis for West Germany and the UK. Kiel Working Paper 819

Lücke, M. (1999): Sectoral Value Added prices, TFP Growth, and the Low-skilled Wage in High-income Countries. Kiel Working Paper 923

Mäler, K.-G. (1990): International Environmental Problems, Oxford Review of Economic Policy, 6, 80-108

Mankiw, N. G. (1995): The Growth of Nations. Brookings Papers on Economic Activity 1, 275-325

Mankiw, N. G., Romer, D. Weil, D. (1992): A Contribution to the Empirics of Growth, Quarterly Journal of Economics 107, 2: 407-437.

Markusen, J. R. (1995): The Boundaries of Multinational Enterprises and the Theory of International Trade, Journal of Economic Perspectives 9, 169-189.

Markusen, J. R., Venables, A. J. (1996): Multinational Production, Skilled Labor, and Real Wages. NBER Working Paper 5483

Markusen, J. R., Morey, E. R., Olewiler, N. (1993): Environmental Policy When Market Structure and Plant Locations are Endogenous, Journal of Environmental Economics and Management 24, 69-86

Markusen, J. R., Morey, E. R., Olewiler, N. (1995): Competition in Regional Environmental Policies When Plant Locations are Endogenous, Journal of Public Economics 56, 55-77

Martin, H.-P., Schumann, H. (1996): Die Globalisierungsfalle. Reinbek.

Martin, P. J., Rogers, C. A. (1995a): Industrial Location and Public Infrastructure, Journal of International Economics 39, 335-351

Martin, P. J., Rogers, C. A. (1995b): Trade Effects of Regional Aid. In: Baldwin, R., Haaparanta, P., Kiander, J. (Eds.): Expanding Membership of the European Union, Cambridge University Press, 166-188

Martins, J. O. (1994): Market Structure, Trade and Industry Wages, OECD Economic Studies 22

Melvin, J. R. (1968): Production and Trade with Two Factors and Three Goods, American Economic Review 58, 1249-1268

Minford, P., Riley, J., Nowell, E. (1995): The Elixir of Growth: Trade, Non-Traded Goods and Development. CEPR-Discussion Paper 1165

Minhas, B.S. (1962): The Homohypallagic Production Function, Factor Intensity Reversals and the Heckscher-Ohlin Theorem, Journal of Political Economy 70, 138-156

Motta, M., Thisse, J. F. (1994): Does Environmental Dumping Lead to Delocation? European Economic Review 38, 563-576

Murphy, K., Welch, F. (1991): The Role of International Trade in Wage Differentials. In: Kosters, M. H. (Ed.): Workers and Their Wages: Changing Patterns in the United States, AEI-Press, Washington D.C., 39-69.

Nahuis, R. (1999): Global Integration and Wages in a General Equilibrium World Model: Contributions of WorldScan. In: Brenton, P. Pelkmans, J., Global Trade and European Workers, Macmillan Press Ltd, Houndsmills, Basingstoke, 123-146

Neary, P. J. (1985): International Factor Mobility, Minimum Wage Rates, and Factor-Price Equalization: A Synthesis, Quarterly Journal of Economics 100, 551-570

Neven, D., Wyplosz, C. (1995): Does Europe Have a Competitiveness Problem? In: Ems, E. (Ed.): 35 Years of Free Trade in Europe. Messages for the Future, EFTA, Geneva, 91-105

Neven, D., Wyplosz, C. (1996): Relative Prices, Trade and Restructuring in European Industry. Working Paper Lausanne, May

Nickell, S., Bell, B. (1995): The Collapse in Demand for the Unskilled and Unemployment Across the OECD, Oxford Review of Economic Policy 11, 40-62.

Nordhaus, W. D. (1992): Lethal Model 2: The Limits to Growth Revisited, Brookings Papers on Economic Activity, 1-59

Oates, W. E., Schwab, R. M. (1988): Economic Competition Among Jurisdictions: Efficiency Enhancing or Distortion Inducing? Journal of Public Economics 35, 333-354

Obstfeld, M. (1998): The Global Capital Market: Benefactor or Menace? Journal of Economic Perspectives 12 (4), 9-30

OECD (1994): The Environmental Effects of Trade. Paris.

OECD (1994a): The OECD Jobs Study. Facts, Analysis, Strategies. Organisation for Economic Co-Operation and Development, Paris

OECD (1994b): The OECD Jobs Study. Evidence and Explanations. Part I: Labour Market Trends and Underlying Forces of Change. Organisation for Economic Co-Operation and Development, Paris

OECD (1994c): The OECD Jobs Study. Evidence and Explanations. Part II: The Adjustment Potential of the Labour Market. Organisation for Economic Co-Operation and Development, Paris

OECD (1995a): The OECD Jobs Study. Implementing The Strategy. Organisation for Economic Co-Operation and Development, Paris

OECD (1995b): Linkages. OECD and Major Developing Economies. Summary. Organisation for Economic Co-Operation and Development, Paris

OECD (1996): Employment Outlook. July 1996, Paris.

OECD (1997): Employment Outlook. July 1997, Paris.

OECD (1998): Open Markets Matter. The Benefits of Trade and Investment Liberalisation. Paris

OECD (1999): Employment Outlook. July 1999, Paris

Panagariya, A. (1998): Evaluating the Factor-Content Approach to Measuring the Effect of Trade on Wage Inequality. Working Paper May 14, Center for International Economics, Department of Economics, University of Maryland, College Park

Panagariya, A. (2000): Evaluating the Factor-Content Approach to Measuring the Effect of Trade on Wage Inequality, Journal of International Economics, 50, 91-116

Panagariya, A. (o.D.): Technology and Wage Inequality in North and South. Mimeo. Department of Economics, University of Maryland, College Park

Pearce, D., Atkinson, G. (1995): Measuring Sustainable Development. In: Bromley, D. W. (Ed.): Handbook of Environmental Economics, Blackwell, Oxford, 166-181

Pearce, D. W., Turner, R. K. (1990): Economics of Natural Resources and the Environment, Harvester Wheatsheaf

Pflüger, M. (1999a): Globalisierung und Nachhaltigkeit, Zeitschrift für Umweltpolitik und Umweltrecht, 135-154

Pflüger, M. (1999b): Umweltpolitik und Welthandelsordnung – Konfliktfelder und Lösungsansätze, Aus Politik und Zeitgeschichte, Beilage zu Das Parlament, B 46-47, 13-21

Pflüger, M. (2001a): Trade, Capital Mobility, and the German Labour Market, Weltwirtschaftliches Archiv, 137 (3), 473-497

Pflüger, M. (2001b): Trade, Technology and Labour Markets. Empirical Controversies in the Light of the Jones Model, IZA Discussion Paper 324

Pflüger, M. (2001c): Ecological Dumping under Monopolistic Competition, Scandinavian Journal of Economics 103 (4), 689-706

Radke, V. (1995): Sustainable Development - Eine ökonomische Interpretation, Zeitschrift für angewandte Umweltforschung 8 (4), 532-543

Rauscher, M. (1991): National Environmental Policies and Economic Integration, European Journal of Political Economy,7, 313-329

Rauscher, M. (1994): On Ecological Dumping, Oxford Economic Papers 46, 822-840

Rauscher, M. (1995): Environmental Regulation and the Location of Polluting Industries, International Tax and Public Finance 2 (2), 229-244

Rauscher, M. (1997a): International Trade, Factor Movements, and the Environment. Clarendon Press, Oxford.

Rauscher, M (1997b): Environmental Regulation and International Capital Allocation. In: Carraro, C., Siniscalco, D. (Eds.): New Directions in the Theory of the Environment, Cambridge University Press, 193 - 238

Richardson, J. D. (1995): Income Inequality and Trade: How to Think, What to Conclude, Journal of Economic Perspectives 9, 33-55

Rifkin, J. (1994): The End of Work. Putnam's Sons. New York

Rodrik, D. (1997a): Has Globalization Gone Too Far? Institute for International Economics, Washington.

Rodrik, D. (1997b): Sense and Nonsense in the Globalization Debate, Foreign Policy, Summer, 19-37

Rybczynski, T. M. (1955): Factor Endowment and Relative Commodity Prices, Economica 22, 336-341.

Sachs, J. D., Warner, A. (1995): Economic Reform and the Process of Global Integration, Brookings Papers on Economic Activity 1, 1-118.

Sachs, J. D., Shatz, H. J. (1994): Trade and Jobs in U.S. Manufacturing, Brookings Papers on Economic Activity 1, 1-84.

Sachs, J. D., Shatz, H. J. (1996a): International Trade and Wage Inequality in the United States: Some New Results. Development Discussion Paper 524, Harvard Institute for International Development, February

Sachs, J. D., Shatz, H. J. (1996b): U.S. Trade with Developing Countries and Wage Inequality, American Economic Review, P.P., 86: 234-239.

Sachs, J. D., Shatz, H. J. (1998): International Trade and Wage Inequality in the United States: Some New Results. In: Collins, S. M. (Ed.): Imports, Exports, and the American Worker, Brookings Institution Press, Washington D.C., 215-254

Saeger, S. S. (1996): Globalization and Economic Structure in the OECD. Unpublished Ph.D. dissertation, Harvard University

Saeger, S. S. (1997): Globalization and Deindustrialization: Myth and Reality in the OECD, Weltwirtschaftliches Archiv 133, 579-608

Samuelson, P. A. (1948): International Trade and the Equalization of Factor Prices, Economic Journal 58, 163-184

Samuelson, P. A. (1949): International Factor-Price Equalization Once Again, Economic Journal 59, 181-197

Samuelson, P. A. (1952): The Transfer Problem and Transport Costs: The Terms of Trade When Impediments are Absent, Economic Journal 62, 278 - 304

Samuelson, P. A. (1954a): The Transfer Problem and Transport Costs, II: Analysis of Effects of Trade Impediments, Economic Journal 64, 264 – 289

Samuelson, P. A. (1954b): The Pure Theory of Public Expenditure, Review of Economics and Statistics, 36, 387 – 389

Sandhövel, A. (1998): Strategien für ein Miteinander von Umweltordnung und Welthandelsordnung, Zeitschrift für angewandte Umweltforschung 11, 496-508

Sauernheimer, K. (1996): Aussenhandel, Reallöhne und Beschäftigung, Ordo 47, 51-71

Schmid, M. (1999): Globalization in a Minimal Model of Vertical Trade – The Role of Mobile Factors of Production. Mimeo, Universität Bamberg

Siebert, H. (1996): Die Weltwirtschaft im Umbruch: Müssen die Realeinkommen der Arbeitnehmer sinken? Kieler Arbeitspapier 744, Institut für Weltwirtschaft, Kiel

Siebert, H., Eichberger, J., Gronych, R., Pethig, R. (1980): Trade and Environment. A Theoretical Enquiry. Elsevier, Amsterdam

Simon, J. L. (1996): The Ultimate Resource 2, Princeton University Press, Princeton, New Jersey

Slaughter, M. J. (1995): Multinational Corporations, Outsourcing, and American Wage Divergence, NBER Working Paper 5253

Slaughter, M. J. (1997): International Trade and Labor-Demand Elasticities Mimeo, Dartmouth College

Slaughter, M. J. (1998): What are the Results of Product Price Studies and What Can We Learn from Their Differences? NBER Working Paper 6591

Slaughter, M. J., Swagel, P. (1997): The Effect of Globalization on Wages in the Advanced Economies, IMF Working Paper 97/43.

Smith, A. (1999): The Labour Market Effects of International Trade. A Computable General Equilibrium Model. In: Dewatripont, M., Sapir, A., Sekkat, Kh. (Eds.): Trade and Jobs in Europe. Much Ado About Nothing? Oxford University Press, 95-112

Snape, R. H. (1992): The Environment, International Trade and Competitiveness. In: Anderson, K., Blackhurst, R. (Eds.): The Greening of World Trade Issues, Harvester Wheatsheaf, New York, 73-92

Snower, D. J. (1994): Evaluating Unemployment Policies: What do the underlying Theories tell us? Oxford Review of Economic Policy 11, 110-135

Solow, R. M. (1986): On the Intergenerational Allocation of Natural Resources, Scandinavian Journal of Economics, 141-149

Solow, R. M. (1991): Sustainability. An Economist's Perspective. Marine Policy Center. Woods Hole Oceanographic Institution, Massachusetts

Solow, R. M. (1992): An Almost Practical Step Toward Sustainability. Resources For the Future, Washington, D.C.

Srinivasan, T.N. (1995): Comment on Krugman (1995a). In: Brookings Papers on Economic Activity, 1, 368-373

SRU (1998): Umweltgutachten 1998 des Rates von Sachverständigen für Umweltfragen. Metzler-Poeschel Stuttgart

Statistisches Bundesamt (1980): Volkswirtschaftliche Gesamtrechnungen, Fachserie 18, Reihe 2 Input-Output-Tabellen

Statistisches Bundesamt (1993): Volkswirtschaftliche Gesamtrechnungen, Fachserie 18, Reihe 2 Input-Output-Tabellen

Stiglitz, J. E. (1979): A Neoclassical Analysis of the Economics of Natural Resources. In: Smith, V.K. (Ed.): Scarcity and Growth Reconsidered, herausgegeben von V.K. Smith, 36-66

Stolper, W., Samuelson, P. A. (1941): Protection and Real Wages, Review of Economic Studies 9, 58-73.

Streissler, E. (1993): Das Problem der Internalisierung. In König, H. (Hrsg.): Umweltverträgliches Wirtschaften als Problem von Wissenschaft und Politik, Schriften des Vereins für Socialpolitik NF Band 224, Duncker und Humblot, Berlin, 87-110

SVR (1998): Jahresgutachten 1998/99 des Sachverständigenrates zur Begutachtung der gesamtwirtschaftlichen Entwicklung. Deutscher Bundestag, 14. Wahlperiode, Drucksache 14/73

Symposium (1995): Income Inequality and Trade, Journal of Economic Perspectives 9

Symposium (1996a): Globalization and the U.S. Labor Market, American Economic Review P+P

Symposium (1996b): Technology, Human Capital, and the Wage Structure, American Economic Review P+P

Symposium (1996c): The Distribution of Wages and Unemployment, American Economic Review P+P

Symposium (1996d): Trade Theory, Economic History, and the Emergence of the Modern World Economy, American Economic Review P+P

Symposium (1996e): Inequality, Oxford Review of Economic Policy 12

Symposium (1997): Wage Inequality, Journal of Economic Perspectives 11

Taylor, A. M. (1996): International Capital Mobility in History: The Savings-Investment Relationship. NBER Working-Paper 5743.

Turner, R. K., Pearce, D., Bateman, I. (1994): Environmental Economics. An Elementary Introduction. Harvester Wheatsheaf, New York u.a.

Ulph, A. (1994a): Strategic Environmental Policy and International Trade - The Role of Market Conduct, CEPR-Discussion-Paper No. 1065

Ulph, A. (1994b): Environmental Policy, Plant Location and Government Protection. In: Carraro, C. (ed.): Trade, Innovation, Environment. Fondazione Eni Enrico Mattei, Kluwer Academic Publishers, Dordrecht, 123-163

Ulph, A. (1996): Environmental Policy and International Trade when Governments and Producers Act Strategically, Journal of Environmental Economics and Management 30, 265-281

Ulph, A. (1997): Environmental Policy and International Trade. In: Carraro, C., Siniscalco, D. (Eds.): New Directions in the Theory of the Environment. Cambridge University Press, 147-192

Ulph, A., Ulph, D. (1994): Trade, Strategic Innovation and Strategic Environmental Policy - A General Analysis, CEPR-Discussion-Paper No. 1063

UNCTAD (1998): World Investment Report. United Nations Conference on Trade and Development. New York und Genf.

UNDP (1997): Human Development Report 1997. United Nations Development Programme. Oxford University Press.

UNDP (1997): Human Development Report 1999. United Nations Development Programme. http://www.undp.org/.

Vanek, J. (1968): The Factor Proportions Theory: The N-Factor Case, Kyklos 24, 749-756

Venables, A. J. (1987): Trade and Trade Policy with Differentiated Products: A Chamberlinian-Ricardian Model, Economic Journal 97, 700-717

Venables, A. J. (1998): Fragmentation and Multinational Production, Mimeo 14. September

Weitzman, M. L. (1997): Sustainability and Technical Progress, Scandinavian Journal of Economics, 1-13

Weizsäcker, C.-C. von (1997): Der Freihandel als Friedensstifter, Frankfurter Allgemeine Zeitung, 15. November

Weizsäcker, E. U. von (1994): Erdpolitik. Ökologische Realpolitik an der Schwelle zum Jahrhundert der Umwelt. 4., aktualisierte Auflage, Wissenschaftliche Buchgesellschaft, Darmstadt

Williamson, J. G. (1996): Globalization and Inequality Then and Now: The Late 19th and Late 20th Centuries Compared. NBER Discussion Paper 5491

Williamson, J. G. (1998): Globalization, Labor Markets and Policy Backlash in the Past, Journal of Economic Perspectives 12 (4), 51-72

Wilson, J. D. (1996): Capital Mobility and Environmental Standards: Is There a Theoretical Basis for a Race to the Bottom? In: Bhagwati, J., Hudec, R.E. (Eds.): Fair Trade and Harmonization. Prerequisites for Free Trade?, Vol.1 Economic Analysis,The MIT-Press, Cambridge, 393-427

Wong, K.Y.(1995): International Trade in Goods and Factor Mobility. The MIT-Press, Cambridge.

Wood, A. (1991): The Factor Content of North-South Trade in Manufactures Reconsidered,Weltwirtschaftliches Archiv 127 (4): 719-743

Wood, A. (1994): North-South Trade, Employment and Inequality. Clarendon Press, Oxford

Wood, A. (1995): How Trade Hurt Unskilled Workers, Journal of Economic Perspectives 9, 57-80

Wood, A. (1998): Globalisation and the Rise in Labour Market Inequalities, Economic Journal 108, 1463-1482

World Bank (1995): The Employment Crisis in Industrial Countries. Is International Integration to Blame? Washington, D.C.

World Bank (1997): Global Economic Prospects and the Developing Countries. Washington, D.C.

WTO (1998): Annual Report. World Trade Organization. Geneva.

WTO (1998): Trading into the Future. Second Edition. Secretariat of World Trade, Geneva

WTO (1999): High Level Symposium on Trade and Environment – 15-16 March. http://www.wto.org/wto/environ/environm.htm

Namensverzeichnis

Sachverzeichnis

Wirtschaftswissenschaftliche Beiträge

Band 146: E. Lübke, Ersparnis und wirtschaftliche Entwicklung bei alternder Bevölkerung, 1997. ISBN 3-7908-1022-3

Band 147: F. Deser, Chaos und Ordnung im Unternehmen, 1997. ISBN 3-7908-1023-1

Band 148: J. Henkel, Standorte, Nachfrageexternalitäten und Preisankündigungen, 1997. ISBN 3-7908-1029-0

Band 149: R. Fenge, Effizienz der Alterssicherung, 1997. ISBN 3-7908-1036-3

Band 150: C. Graack, Telekommunikationswirtschaft in der Europäischen Union, 1997. ISBN 3-7908-1037-1

Band 151: C. Muth, Währungsdesintegration – Das Ende von Währungsunionen, 1997. ISBN 3-7908-1039-8

Band 152: H. Schmidt, Konvergenz wachsender Volkswirtschaften, 1997. ISBN 3-7908-1055-X

Band 153: R. Meyer, Hierarchische Produktionsplanung für die marktorientierte Serienfertigung, 1997. ISBN 3-7908-1058-4

Band 154: K. Wesche, Die Geldnachfrage in Europa, 1998. ISBN 3-7908-1059-2

Band 155: V. Meier, Theorie der Pflegeversicherung, 1998. ISBN 3-7908-1065-7

Band 156: J. Volkert, Existenzsicherung in der marktwirtschaftlichen Demokratie, 1998. ISBN 3-7908-1060-6

Band 157: Ch. Rieck, Märkte, Preise und Koordinationsspiele, 1998. ISBN 3-7908-1066-5

Band 158: Th. Bauer, Arbeitsmarkteffekte der Migration und Einwanderungspolitik, 1998. ISBN 3-7908-1071-1

Band 159: D. Klapper, Die Analyse von Wettbewerbsbeziehungen mit Scannerdaten, 1998. ISBN 3-7908-1072-X

Band 160: M. Bräuninger, Rentenversicherung und Kapitalbildung, 1998. ISBN 3-7908-1077-0

Band 161: S. Monissen, Monetäre Transmissionsmechanismen in realen Konjunkturmodellen, 1998. ISBN 3-7908-1082-7

Band 162: Th. Kötter, Entwicklung statistischer Software, 1998. ISBN 3-7908-1095-9

Band 163: C. Mazzoni, Die Integration der Schweizer Finanzmärkte, 1998. ISBN 3-7908-1099-1

Band 164: J. Schmude (Hrsg.) Neue Unternehmen in Ostdeutschland, 1998. ISBN 3-7908-1109-2

Band 165: A. Rudolph, Prognoseverfahren in der Praxis, 1998. ISBN 3-7908-1117-3

Band 166: J. Weidmann, Geldpolitik und europäische Währungsintegration, 1998. ISBN 3-7908-1126-2

Band 167: A. Drost, Politökonomische Theorie der Alterssicherung, 1998. ISBN 3-7908-1139-4

Band 168: J. Peters, Technologische Spillovers zwischen Zulieferer und Abnehmer, 1999. ISBN 3-7908-1151-3

Band 169: P.J.J. Welfens, K. Gloede, H.G. Strohe, D. Wagner (Hrsg.) Systemtransformation in Deutschland und Rußland, 1999. ISBN 3-7908-1157-2

Band 170: Th. Langer, Alternative Entscheidungskonzepte in der Banktheorie, 1999. ISBN 3-7908-1186-6

Band 171: H. Singer, Finanzmarktökonomie, 1999. ISBN 3-7908-1204-8

Band 172: P.J.J. Welfens, C. Graack (Hrsg.) Technologieorientierte Unternehmensgründungen und Mittelstandspolitik in Europa, 1999. ISBN 3-7908-1211-0

Band 173: T. Pitz, Recycling aus produktionstheoretischer Sicht, 2000. ISBN 3-7908-1267-6

Band 174: G. Bol, G. Nakhaeizadeh, K.-H. Vollmer (Hrsg.) Datamining und Computational Finance, 2000. ISBN 3-7908-1284-6

Band 175: D. Nautz, Die Geldmarktsteuerung der Europäischen Zentralbank und das Geldangebot der Banken, 2000. ISBN 3-7908-1296-X

Band 176: G. Buttler, H. Herrmann, W. Scheffler, K.-I. Voigt (Hrsg.) Existenzgründung, 2000. ISBN 3-7908-1312-5

Band 177: B. Hempelmann, Optimales Franchising, 2000. ISBN-3-7908-1316-8

Band 178: R.F. Pelzel, Deregulierte Telekommunikationsmärkte, 2001. ISBN 3-7908-1331-1

Band 179: N. Ott, Unsicherheit, Unschärfe und rationales Entscheiden, 2001. ISBN 3-7908-1337-0

Band 180: M. Göcke, Learning-by-doing und endogenes Wachstum, 2001. ISBN 3-7908-1343-5

Band 181: W. Schelkle, Monetäre Integration, 2001. ISBN 3-7908-1359-1

Band 182: U. Blien, Arbeitslosigkeit und Entlohnung auf regionalen Arbeitsmärkten, 2001. ISBN 3-7908-1377-X

Band 183: A. Belke, Wechselkursschwankungen, Außenhandel und Arbeitsmärkte, 2001. ISBN 3-7908-1386-9

Band 184: F. Jöst, Bevölkerungswachstum und Umweltnutzung, 2002. ISBN 3-7908-1405-9

Band 185: F. Bulthaupt, Lohnpolitik und Finanzmärkte in der Europäischen Währungsunion, 2001. ISBN 3-7908-1424-5

www.ingramcontent.com/pod-product-compliance
Lightning Source LLC
LaVergne TN
LVHW050637051026
849532LV00002B/424

9783790814668